རྟག་རྩེའི་ལོ་རིམ་མེ་ལོང་།

达孜年鉴

2018

（总第7卷）

达孜县人民政府　主办

达孜县地方志办公室　编

方志出版社
Publishing House of Local Records

图书在版编目（C I P）数据

达孜年鉴. 2018 / 达孜县地方志办公室编. -- 北京：方志出版社，2018.6

ISBN 978-7-5144-3138-4

Ⅰ. ①达… Ⅱ. ①达… Ⅲ. ①区（城市）– 拉萨 – 2018 – 年鉴 Ⅳ. ①Z527.54

中国版本图书馆CIP数据核字(2018)第166642号

达孜年鉴（2018）

编　　者：达孜县地方志办公室

责任编辑：刘方圆

出 版 人：冀祥德

出 版 者：方志出版社

地址　北京市朝阳区潘家园东里9号（国家方志馆 4 层）

邮编　100021

网址　http://www.fzph.org

发　　行：方志出版社图书经销中心

电话（010）67110500

经　　销：各地新华书店

印　　刷：河南金雅昌文化传媒有限公司

开　　本：889 × 1194　　1/16

印　　张：21

字　　数：496千字

版　　次：2018年6月第1版　　2018年6月第1次印刷

印　　数：001 ~ 500册

ISBN 978-7-5144-3138-4　　定价：350.00元

达孜县行政区划图

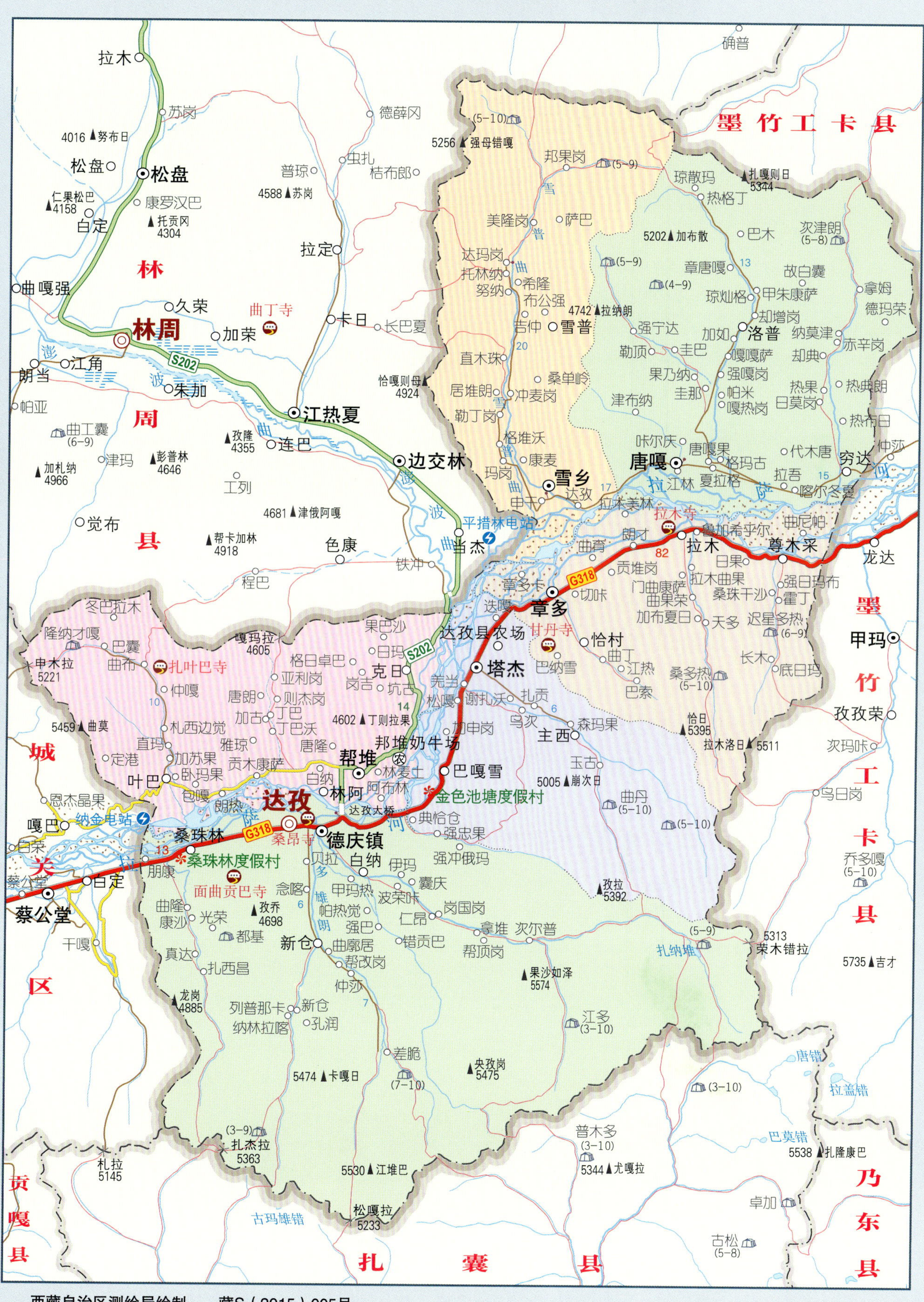

西藏自治区测绘局绘制　藏S（2015）005号

2017年11月10日，西藏自治区党委副书记、主席齐扎拉（前排右一）在达孜县德庆镇白纳村宣讲党的十九大精神

2017年3月13日，西藏自治区党委常务副书记、区政协党组书记邓小刚（右二）在达孜县公安局检查指导工作

2017年7月13日，民政部副部长宫蒲光（中）在达孜县民政局考察民政工作

2017年9月13日，西藏自治区党委常委、拉萨市委书记白玛旺堆（前排左二）一行在达孜工业园区调研

2017年9月13日，西藏自治区党委常委、拉萨市委书记白玛旺堆（前排右二）在达孜县中心小学调研

2017年11月9日，西藏自治区人大常委会副主任嘎玛（前排右二）在达孜县检查指导工作

2017年7月7日，西藏自治区副主席其美仁增（前排左三）一行在达孜县检查指导脱贫攻坚工作

2017年7月2日，民政部基层民政工作督导组（西藏片区）组长从飞军（右）为达孜县设立全区首个村级民政事务服务中心挂牌

2017年10月19日，西藏自治区纪委副书记王瑞田（右三）在达孜县调研

2017年9月19日，西藏自治区高级人民法院党组书记、院长索达（右一）在达孜县人民法院检查指导工作

2017年7月3日，西藏自治区民政厅厅长嘎玛泽登（中）在达孜县福利院调研

2017年8月16日，西藏自治区教工委副书记、区教育厅党组副书记、厅长杜建功（前排左一）一行在达孜县中心小学调研

2017年5月11日，西藏自治区统计局局长刘柏呈（中）一行在S5线指挥部调研

2017年10月13日，国家统计局西藏调查总队队长胡国亮（右一）在达孜县德庆镇新仓村调研

2017年5月18日，西藏自治区林业厅厅长云登（右四）、拉萨市林业局局长次达（右三）在达孜县异地搬迁点考察庭院经济

2017年3月8日，西藏自治区新闻出版广电局局长韩辉（右二），拉萨市广电局党组副书记、调研员索群（左二）在达孜县检查指导“扫黄打非”工作

2017年8月20日，江苏省镇江市委副书记、市长张叶飞（前排左二），镇江市副市长曹丽虹（前排左三）带领镇江党政代表团一行在达孜工业园区参观考察

2017年5月3日，拉萨市委副书记、市长果果（中）在达孜县调研净土健康产业发展情况

2017年4月13日，西藏日报社党委书记、自治区“四讲四爱”宣讲团副团长王能生（中）在达孜县“四讲四爱”领导小组办公室检查指导工作

2017年8月5日，团中央基层组织建设部副部长曹锐（右一）一行在达孜县开展“走进青年、转变作风、改进工作”调研活动

2017年2月16日，中国西促会投资西部研究院副院长李珊娜（右一）在达孜县考察扎叶巴旅游开发项目

2017年5月22日，西藏自治区党委宣传部常务副部长孟晓林（左一），拉萨市委常委、宣传部部长吴亚松（左二）带队“四讲四爱”检查督导组在达孜县检查指导工作

2017年10月21日，西藏自治区人民检察院党组成员、常务副检察长汪留国（右二）在达孜县人民检察院调研

2017年12月26日，西藏自治区环保厅副厅长张天华（前排左二）、拉萨市副市长林生（前排左一）带队自治区环境保护考核拉萨组一行在达孜县检查指导环境保护工作

2017年9月8日，西藏自治区质监局副巡视员、办公室主任黄朝云（右三），拉萨市质监局党组书记、局长次仁卓嘎（右二）在达孜县调研

2017年6月30日，国务院安委会第八巡查组副组长王向明（中）一行在达孜工业园区考察指导安全生产相关工作

2017年3月17日，拉萨市委副书记、常务副市长胡洪（前排左三）在达孜县参加援藏项目开工仪式

2017年10月17日，拉萨市委副书记肖志刚（右三）在达孜县检查指导工作

2017年2月10日，拉萨市委常委、市委政法委书记、公安局党委书记马军（左一）在达孜县看望慰问民警

2017年10月3日，拉萨市委常委、市委政法委书记、市公安局党委书记马军（前排左二）在达孜县德庆镇检查指导工作

2017年4月12日，拉萨市委常委、宣传部部长吴亚松（前排右一）在达孜县“四讲四爱”领导小组办公室检查指导工作

2017年6月1日，拉萨市人大常委会副主任计明南加（左三）一行在达孜县邦堆乡对乡镇“人大代表之家”工作进行验收

2017年7月3日，拉萨市副市长方桂林（左排左二）在藏缘青稞酒业有限公司调研

2017年4月14日，拉萨市副市长陆从福（左四）在达孜县调研

2017年10月8日，拉萨市政协副主席孙宝祥（中）在达孜县调研

2017年8月29日，中央第六环境保护督察组一行在达孜工业园区开展现场督察工作

2017年8月29日，中央第六批督察组下沉督查达孜工作组组长李向群（左二）一行在达孜工业园区考察指导环保工作

2017年10月19日，中组部组织二局一处调研员、副处长蒋洪福（前排左二）一行在达孜县邦堆乡林阿村调研

2017年3月2日，西藏自治区文物局督察处处长王存香（中）一行在达孜县督查文保单位消防安全工作

2017年10月11日，拉萨市纪委副书记苏新勇（右）在达孜县调研

2017年3月15日，拉萨市纪委副书记张斌（右一）在达孜县调研

2017年7月21日，拉萨市民宗局党组书记拉巴顿珠（左二）在达孜县桑阿寺检查指导工作

2017年12月20日，拉萨市总工会主席平措朗杰（后排右二）在达孜县慰问建档困难职工

2017年6月19日，拉萨市农牧局党组书记其美旺姆（前排左一）在达孜县原种藏鸡养殖基地调研

2017年8月19日，拉萨市农牧局局长崔勇刚（中）一行在达孜县考察农牧业项目推进情况

2017年10月17日，农行拉萨分行行长李磊（右五）、副总经理达娃卓玛（右一）一行在达孜工业园区调研

2017年2月27日，县委书记张干，县委副书记、县长春新与“五保”老人欢度“藏历新年”

2017年7月11日，拉萨市委组织部副部长、市强基办综合组组长赵翔（左二）一行在达孜县调研

2017年3月19日，拉萨市文化局副局长卫东（右二）听取区级传承人西洛（右一）讲述面具制作

2017年3月10日，林芝市商务局党组副书记、副局长华彬（右一）在达孜县调研招商引资情况

2017年4月12日，达孜县召开信访工作会议

2017年4月19日，中国人民政治协商会议第二届达孜县委员会第二次会议召开

2017年7月5日，达孜县召开环境保护暨中央环保督察迎检工作会议

2017年11月3日，达孜县召开2017年度脱贫摘帽验收考核动员大会

2017年11月13日，中共达孜县委理论学习中心小组召开 2017年第十一次集中学习（扩大）会

2017年12月6日，达孜县开展党的十九大精神理论知识测试活动

2017年12月27日，达孜县召开创先争优强基础惠民生活动第六批驻村工作总结表彰暨第七批驻村工作动员大会

2017年3月28日，唐嘎乡庆祝“西藏百万农牧解放”58周年纪念活动

2017年9月16日，组织县中心小学学生参观西藏自然科学博物馆，开展“四讲四爱—民族团结一家亲—同心共筑中国梦”主题教育实践活动

2017年10月28日，达孜县“五保”老人欢度“重阳节”

2017年11月10日，达孜县德庆镇白纳村村民通过藏文报纸了解党的十九大报道情况

2017年12月25日，达孜县举办“不忘初心、牢记使命、 践行合格党员”主题演讲比赛

《达孜年鉴》编纂委员会

《达孜年鉴》编辑部

编辑说明

一、《达孜年鉴》2012年开始编纂，每年出版1卷，2018年卷为第7卷。

二、《达孜年鉴》以马克思列宁主义、毛泽东思想、邓小平理论、“三个代表”重要思想、科学发展观、习近平新时代中国特色社会主义思想为指导，坚持辩证唯物主义和历史唯物主义的立场、观点、方法，始终坚持“实事求是、质量第一、存史资政、服务大众”的办鉴宗旨，全面、系统、翔实地记述达孜县上一年度政治、经济、文化、社会等各项事业的基本情况，为社会各界与国内外人士了解和研究当今达孜县提供翔实资料。

三、《达孜年鉴》分为正文与彩页两部分。正文采取分类编辑法，以类目、分目、条目为主要框架结构，个别包含多方面资料的条目，则在段落间加插楷体标题提示，方便读者查阅全书。

四、《达孜年鉴（2018）》载录达孜县2017年经济社会发展的基本资料，设有特载、综述、大事记、政治、援藏工作、军事、法治、经济管理、社会事业、城市建设·环保、邮政·通信、金融、乡（镇）概况、附录等内容。

五、《达孜年鉴》的编辑宗旨，在于求真务实，力求真实生动地反映达孜县在改革开放和现代化建设中取得的崭新成就。

六、《达孜年鉴》所提供的内容和数据，分别来自于达孜县各有关部门和乡（镇）人民政府，经各级领导审核，但由于口径与统计方法不同，恐有不一致之处，使用时应以县统计局提供的数据为准。本书中农田土地面积的计量单位使用“亩”。

《达孜年鉴》编辑部

2018年4月1日

目　录

特　载

综　述

大事记

政　治

中共达孜县委员会

中共达孜县委办公室

达孜县人民代表大会常务委员会

达孜县人民代表大会常务委员会办公室

达孜县人民政府

达孜县人民政府办公室

中国人民政治协商会议达孜县委员会

中国人民政治协商会议达孜县委员会办公室

中共达孜县纪律检查委员会(监察局)

中共达孜县委组织部(编办)

中共达孜县委宣传部

中共达孜县委统战部(民族宗教事务局)

达孜县总工会

共青团达孜县委员会

达孜县妇女联合会

达孜县工商业联合会

达孜县藏语文工作委员会办公室（编译局）

达孜县创先争优强基础惠民生活动领导小组办公室

援藏工作

军　事

达孜县人民武装部

达孜县公安消防大队

武警达孜中队

法 治

中共达孜县委政法委员会

达孜县公安局

达孜县人民检察院

达孜县人民法院

达孜县司法局

经济管理

达孜县发展和改革委员会

达孜县财政局

达孜县国土资源规划局

达孜县统计局

达孜县工业和信息化局（商务局、国资委）

达孜工业园区管理委员会

达孜县安全生产监督管理局

达孜县国家税务局

达孜县工商行政管理局

拉萨达孜县旅游发展投资有限公司

达孜县虎峰城市建设投资有限公司

社会事业

达孜县民政局

达孜县人力资源和社会保障局

达孜县净土产业投资开发有限公司

达孜县卫生局

达孜县食品药品监督管理局

达孜县人民医院

达孜县文化广播电影电视（新闻出版、文物）局

达孜县农牧（科技）局

达孜县扶贫开发领导小组办公室

达孜县林业绿化局

达孜县水利局

达孜县教育(体育)局

达孜县中学

达孜县供电有限公司

城市建设·环保

达孜县住房和城乡建设局

达孜县环境保护局

邮政·通信

达孜县邮政分公司

达孜县电信局

中国移动通信集团西藏有限公司达孜县分公司

联通达孜县营业部

金　融

中国农业银行股份有限公司达孜县支行

乡（镇）概况

德庆镇

邦堆乡

塔杰乡

唐嘎乡

雪 乡

章多乡

附 录

在全区经济工作会议上的讲话

中共达孜区委书记　张　干

（2018 年 1 月 30 日）

一、2017 年经济工作亮点纷呈

2017 年，面对错综复杂的国际国内形势和艰巨繁重的改革发展稳定任务，在党中央的亲切关怀下，在自治区、拉萨市的坚强领导下，在江苏镇江的大力援助下，我们以习近平新时代中国特色社会主义思想为指引，紧紧围绕“四个全面”战略布局，深入贯彻落实“六大战略”，经济社会保持平稳健康发展。

精准扶贫在攻坚中全力冲刺。我们坚持把脱贫攻坚工作作为当前最大的政治任务和头等大事来抓，逐步完善精准扶贫政策支撑体系。县级领导当好“排头兵”、乡镇领导当好“突击手”、村居干部当好“司号员”，在精准识别、因户施策、脱贫考核等环节持续用力，实现了所有贫困村脱贫指标均符合贫困村退出条件，贫困发生率低于 2%，基本完成摘帽任务，初步实现“两年脱贫”目标。

实体产业在融合中不断壮大。一产上，粮食生产持续稳定。依托净土产业的快速发展和农牧民专业合作社的带动，农牧业现代化步伐逐渐加快。

二产上，我们充分发挥工业园区这一载体，进一步完善了工业园区的各类设施，全力践行“亲”“清”新型政商关系，持续巩固了工业园区的经济引领地位。三产上，我们在全国大力宣传达孜全域旅游，提高知晓度，同时，重点推进了扎叶巴景区等几个大项目，完善了基础设施。三次产业融合发展，有效推动了县域经济平稳健康发展。

*城乡发展在统筹中优化提质。*强力推进主城区给水管网改造、污水处理收集系统工程、城区主要支干道路提升改造、城区美化亮化工程、路灯改造等一批重大城建项目，城乡配套设施日趋完善。狠抓城市精细化管理，常态化开展环境卫生整治，畅通县乡村三级道路，积极推进美丽乡村建设，成功创建一批生态乡镇和示范村，生态优势更加明显，群众生活更加舒心。

*民生事业在发展中有效改善。*坚持抓民生就是抓发展的理念，民生支出占财政支出的比重持续增加，尤其是教育投入方面，继续将财政收入的20% 投入到教育领域。持续加大医疗卫生软硬件建设，全面完成包虫病筛查工作，金叶敬老院不断完善，民生保障标准不断提高，农牧民群众获得感、幸福感不断增强。

*党的建设在严实中全面加强。*思想政治建设有力推进，通过深入“四讲四爱”主题教育实践活动，推动十九大精神在达孜落地生根。全面落实从严治党新要求，“两个责任”进一步压实。扎实推进“两学一做”学习教育常态化制度化，圆满完成村两委换届工作，村“两委”班子全面加强。国家监察体制改革试点工作有序推进，首轮巡察全面完成，政治生态持续向好。统战工作发挥新优势，非公经济发展不断壮大。

*干部作风在克难中不断锤炼。*一年来，达孜广大党员干部在脱贫攻坚、征地拆迁、维护稳定、项目建设等急难险重的任务中，敢于担当、勇于作为，树立了新时代党员干部队伍的新形象。特别是三月份、“党的十九大”维稳期间，广大党员干部全员在岗在位，全面打赢了维稳安保攻坚战，展现了“特别能吃苦、特别能战斗、特别能奉献”的优良作风。

成绩的取得弥足珍贵，既得益于上级党委、政府的坚强领导，也得益于江苏镇江的无私援助和社会各界的大力支持，更得益于全区上下的辛勤努力。在此，我代表区委，向达孜广大党员干部和群众，向关心支持达孜发展的各级领导、社会各界人士，表示衷心的感谢，致以崇高的敬意！

二、牢牢把握经济工作的主动权

对今年的经济形势，中央和区市经济工作会议作出了科学判断，为我们观大势、谋全局、干实事指明了方向，提供了根本遵循。我们必须坚持辩证思维，科学研判形势，牢牢把握工作主动权。

*（一）要认清发展大势。*党的十九大及中央经济工作会议指出，中国特色社会主义进入新时代，社会主要矛盾发生转化，经济发展从高速发展转向高质量发展阶段。中央对经济工作的领导坚强有力，我国发展仍处于重要战略机遇期，经济长期向好的基本面没有变。中央给予西藏“收入全留、补助递增、专项扶持”的财税优惠政策，持续大力度扶持的方针没有变。要正确把握政策取向，深刻领会习近平新时代中国特色社会主义经济思想，认真贯彻稳中求进这个重要原则，认识“稳”的方向和重点，把握“进”的领域和任务，确保经济运行在合理区间。

*（二）要抢抓发展先机。*2018 年是改革开放40 周年，中央将出台一系列重大改革措施，有利于增强市场活力，释放制度红利，激发创新创业。要抓住实施乡村振兴战略的新机遇。今后一个时期，国家将在农业发展、农民增收、农村基础设施改善等领域带来更多利好，为县域经济增长提供新的动力。同时，自治区、拉萨市也将出台相应的改革举措，必将为达孜带来新发展。我们一定要学习好区市经济工作会的内涵，把握好各项优惠政策、改革措施，全力实现达孜经济社会新跨越。

*（三）要发挥自身优势。*目前，达孜撤县设区工作正在进行，大家要清楚地认识到，这是我们达孜最大的机遇、也是最大的优势。我们要把握这一历史机遇，紧紧围绕市委提出的“一心两翼”总体布局和“东延西扩”战略部署，突出区位优势，在城镇化建设上持续发力，在吸引集聚人才、资本、技术等产业要素方面久久为功。经过多年的发展积累，我们的基础设施已经相对完善，三次产业基础得到不断

夯实。我们也在实践中锻炼了一支务实进取、能打硬仗、善于攻坚的干部队伍。尤其是2017年，我们克服诸多不利因素，顺利实现地区生产总值16.19亿元，同比增长9.8%。这些都是我们的优势和潜力所在，必须乘势而上、顺势而为、敢于担当，在撤县设区这个新的起点作出新贡献、彰显新作为，创造新的业绩和辉煌。

在看到机遇的同时，存在的问题和困难同样不容忽视。实体经济占比小、带动弱；企业发展政策依赖性强；巩固脱贫攻坚成果任务依然艰巨；抓项目经验不足、推进难度较大；精准扶贫、环境治理、征地拆迁等领域引发的矛盾和问题不少，改善民生仍需付出更多努力；干部队伍中不愿为、不敢为的现象还不同程度存在。对此，我们要保持清醒的认识，增强忧患意识，坚持问题导向，在今后的工作中，采取有效措施切实加以解决。

三、全力做好2018年的经济工作

2018年是贯彻党的十九大精神的开局之年，是实施“十三五”规划承上启下的关键一年，也是决胜脱贫攻坚、全面深化改革的重要一年，做好今年经济工作具有十分重要的意义。

今年经济工作的总体思路是：全面贯彻党的十九大精神，以习近平新时代中国特色社会主义思想为指导，加强党对经济工作的领导，坚持稳中求进工作总基调，坚持新发展理念，紧扣社会主要矛盾变化，按照高质量发展的要求，以供给侧结构性改革为主线，深入实施“六大战略”，突出发展产业振兴实体，统筹推进稳增长、促改革、调结构、惠民生、防风险各项工作，坚定不移开展反分裂斗争，坚定不移促进经济社会发展，坚定不移保障和改善民生，坚定不移促进民族交往交流交融，确保经济社会持续健康发展。

做好今年的经济工作，要把握以下几点要求：一要提高政治站位。习近平新时代中国特色社会主义思想，是指导我们做好新形势下经济工作的根本遵循和行动指南。我们要进一步提高政治站位，把讲政治落实到经济工作的各个方面，全面提升抓经济工作的能力和水平。二要坚持稳中求进。稳中求进是做好经济工作的方法论。所谓稳，就是要稳定经济增长、稳定发展环境、稳定社会大局，做到稳得坚决、稳得牢靠。所谓进，就是要在结构调整、方式转变、改革开放、质量效益、农牧民生活上求进，做到进得积极、进得有力。三要抓重点、补短板、强弱项。这是推动发展的基本方法。要紧紧围绕中央、区、市决策部署，进一步明晰经济发展思路，什么是重点就抓什么，什么是短板就补什么，什么是弱项就突什么，一以贯之，一抓到底，确保取得实实在在的成效。四要推动高质量发展。这是党的十九大确定的发展思路。要始终坚持质量第一、效益优先，紧紧围绕高质量发展定目标、出政策、上项目，加快实现向高质量发展的根本转变。

要重点抓好五个方面工作：

一是拓展发展空间，促进开放型经济水平大提升。撤县设区必将加快达孜城镇化建设进程，我们要按照拉萨整体规划，加快规划制定、加紧启动建设，高标准推进城市道路、绿化、水系建设，做好城市开发基础工作，努力将达孜打造成“两岸三区东部宜居城”。要统筹好区内外两个市场，加强与镇江经贸企业合作，主动对接融入长江经济带工业绿色发展试验区，助推达孜在拉萨县（区）经济中领跑。各乡镇要按照错位发展、优势互补的思想，充分挖掘本地优势资源，探索特色小镇建设。

二是优化发展环境，加快美丽家园建设步伐。习近平在党的十九大报告中指出，“必须树立和践行绿水青山就是金山银山的理念”“深化商事制度改革”，为提升营商环境水平、优化生态环境提供了遵循。要大力优化投资环境。建立“本地注册”与“本地生产”企业的区别政策对待机制，以实际行动取信外来客商。着力优化政务环境。全面推进政府管理由事前审批更多转为事中事后监管。要着力优化生态环境。紧紧围绕高原生态宜居城建设，持续运用巩固中央环保督察成果，大力推进循环经济建设，推广节能、节水、节地、节材，建设节约型城市，重点推进“厕所革命”，稳步推动邦堆、扎叶巴等生态乡村建设。

三是增强发展活力，确保造血能力大提升。习近平总书记在党的十九大报告中提出“我们要激发全社会创造力和发展活力，努力实现更高质量、更有效率、更加公平、更可持续的发展”。撤县设区将推动市区产业大批次向达孜转移，我们要着力加强基础设施建设，筑巢引凤，全面增强产业承接能力，努力推动三次产业扩容增量。要不断加大强农惠农富农政策力度，稳步提高粮食综合生产能力，保障农牧业生产安全，提高农产品的质量和效益。要将净土、旅游等特色产业培育成优势产业，大力提升净土产品市场竞争力和占有率，全力打造“达孜净土”品牌。以“特色、高端、精品”为导向，打造扎叶巴景区。大力提升工业园区的承载能力，吸引拉萨绿色优质产业向达孜集聚，重点发展低碳、绿色产业链条，加快现代绿色工业园区建设。大力发展实体经济，提高园区经济脱虚向实的速度，全力巩固工业园区的龙头地位。

四是强化发展支撑，确保经济基础大夯实。要进一步强化项目、基础设施、人才队伍三大支撑体系建设，为长远发展打下坚实的基础。着力抓好项目建设。严格落实项目建设管理制度，努力形成“建成一批、实施一批、储备一批”的良性循环机制。着力夯实基础设施。全力加快交通运输、农林水利、文化旅游等领域基础设施建设，加快构建适度超前、功能配套、安全高效的现代化基础设施体系。着力抓好人才建设。吸引市区人口、人才向达孜汇聚，聚焦引进培养、使用评价、创新创业、激励保障等重点环节，建立健全人才工作体制机制，提升人才工作水平。

五是共享发展成果，确保社会事业大改善。习近平总书记在党的十九大报告中指出：“必须坚持以人民为中心的发展思想”。要继续办好惠民利民实事，把更实的政策向边远乡镇倾斜，把更多的财力投向公共服务领域，把更大的温暖送到广大群众心坎上。大力实施精准扶贫。按照“两年脱贫、三年巩固”的目标要求，着力抓好产业扶贫、智志双扶等重点工作，持续巩固脱贫成果。优先发展教育事业，着力提升中小学及学前教育水平。千方百计扩大就业。积极扩大就业岗位，动态消除零就业家庭。强化基本医疗卫生服务。着重提高乡、村医疗卫生服务质量，大力推进区医院整体搬迁和软硬件提升工程，努力推进“健康达孜”建设。要提高城乡文明程度。大力弘扬“爱国、团结、包容、奉献”的社会风尚，全面提高群众文明素质，提升群众幸福感。

四、切实提升党对经济工作的领导

“东西南北中，党是领导一切的”。达孜各级各部门要在区委的统一领导下，凝心聚力、攻坚克难，确保区委各项决策部署落地生根、开花结果。

（一）健全工作机制，加强党对经济工作的领导。做好今年经济工作，要必须坚持党委总揽全局、协调各方，发挥各级党委在经济发展中的领导核心作用。完善经济决策制度。坚持科学决策、民主决策，重大问题决策、重大项目投资和大额资金使用，都要提交党委集体研究决定。严格经济责任制度。充分发挥纪委、监委、审计部门的作用，加强对经济运行和相关经济责任的监督，防控风险、查处违规违纪，确保经济持续健康运行。

（二）转变工作作风，强化服务经济发展的能力。各级党员干部要带头发挥模范带头作用，深入推进作风建设，促进达孜经济持续健康发展。要大力弘扬争先进位的精神，瞄准更高的目标，敢于比拼、敢于争先，力争各项工作在拉萨市乃至自治区争当“排头兵”。要大力弘扬敢于担当的精神。面对急难险重任务，必须做到不回避、不推诿、不扯皮，主动请命、勇挑重担，敢于负责，要把改善民生和凝聚人心作为工作出发点和落脚点，努力把工作干好、把事情办成。

（三）抓好部署落实，凸显经济建设的巨大成效。今年达孜经济发展的任务十分繁重，各级党员领导干部必须扑下身子抓落实，真抓实干求实效，确保区委、区政府的各项决策部署真正落地见效。要发扬钉钉子精神，各级干部都要保持良好精神状态，以锲而不舍的劲头，敢抓、敢闯、敢担当、敢负责，坚决克服等待、观望和畏难情绪，坚决纠正懒政、怠政和为官不为等问题，决不允许在贯彻执行中打折扣、做选择、搞变通。

关山初度尘未洗，策马扬鞭再奋蹄。同志们，让我们紧密团结在以习近平同志为核心的党中央周围，以习近平新时代中国特色社会主义思想为指引，撸起袖子加油干，为奋力开启新时代新达孜新征程做出新的更大的贡献。

政府工作报告

——在达孜区第一届人民代表大会第一次会议上

达孜区人民政府区长 春 新

（2018 年 1 月 31 日）

达孜历史发展回顾

达孜是一方拥有悠久历史文化的沃土，在漫长的历史长河中，达孜大地历经兴衰更替、风雨沧桑，积淀了厚重多彩的虎峰文化。1959 年建县以来，沐浴改革开放的春风，在历届县委的坚强领导下，在镇江市的无私援助下，县政府团结带领全县各族干部群众，坚持解放思想、改革创新、扩大开放、加快发展、务实奋进、艰苦奋斗，在继承中改革创新，在变化中审视县情，在实践中完善思路，在发展中谋求突破，经济社会各项事业取得了前所未有的巨大成就。尤其近五年，全县地区生产总值从 2012 年的 6.95 亿元提高到 2017 年 16.19 亿元，增长 1.33 倍；地方公共财政预算收入从 5512 万元提高到 6.78 亿元，增长 11.3 倍；固定资产投资从 9.05 亿元提高到 29.29 亿元，增长 2.24 倍；农民人均纯收入从 6753.16 元提高到 12212 元，增长 0.81 倍；社会消费品零售总额从 9248 万元提高到 1.95 亿元，增长 1.1 倍；三次产业结构从 16∶50∶34 调整为 10.87∶57.18∶33.12。

这一组组数字，承载着沉甸甸的收获和责任，既体现了辉煌的发展成就，也饱含了艰难的探索和执着的追求。纵观达孜的发展历程，是一部勇于探索、与时俱进的改革史，是一部攻坚克难、勇往直前的创业史，是一部顽强拼搏、追赶跨越的奋斗史！今日的达孜，经济社会快速发展，综合实力显著增强，城乡面貌焕然一新，社会事业竞相推进，生态建设成效显著，呈现出政通人和、经济发展、社会稳定、安居乐业的大好局面。

辉煌的业绩已载入史册，崭新的篇章寄希望于未来。2017 年 7 月 18 日，国务院批准撤销达孜县设立拉萨市达孜区，2018 年 1 月 29 日，在达孜区第一届党代会上宣布拉萨市达孜区正式成立。撤县设区后，我们作为拉萨东部城市发展的重要区域，必将得到区市的更多关注和更大支持，必将有利于融入核心区建设，有利于带动产业发展，有利于提升综合实力，有利于推进行政体制改革，有利于统筹城乡一体发展。随着撤县设区，我们的发展地位、职能、定位将会发生历史性的转变，发展方式将由农村经济转为城市经济，人口、资金、信息、科技等各种要素都将快速聚集，特别是城区扩张、基础设施改善、公共服务配套、旧城区改造等将迎来一个大建设、大改革、大发展的春天。

2017 年工作回顾

刚刚过去的 2017 年，县第十二届人民政府面对复杂多变的外部环境和艰巨繁重的改革发展任务，在区市党委、政府和县委的坚强领导下，深入贯彻落实党的十八大、十九大精神，牢固树立和践行新发展理念，主动适应经济发展新常态，奋力推进“项目攻坚、产业融合、绿色发展、民生改善、依法行政”五大发展行动计划落地见效，县域经济实现了有速度、有质效的稳定增长，社会事业取得了促均衡、利长远的全面进步。

全年完成地区生产总值 16.19 亿元，同比增长 9.8%；财政总收入（全口径）10.32 亿元，其中一般公共财政预算收入 6.78 亿元，同比增长 15.15%；税收收入 244839.52 万元，同比增长 21.8%。固定资产投资达到 29.29 亿元，同比增长 2.3%；社会消费品零售总额 1.95 亿元，同比增长 12.2%；农牧民人均纯收入 12212 元，同比增长 13.47%，城镇登记失业率控制在 2.2% 以内。“京交会”“丝博会”“昆交会”“雪顿节”招商引资成果丰硕，共签约招商引资项目 34 个，到位资金 18.3 亿元。

2017 年，主要做了以下工作：

一、我们齐心协力，稳增长、促转型，发展质量不断提升

农牧产业稳步发展。落实农作物播种面积 8.25 万亩，加大农业科技推广力度，引进示范推广农作物新品种 15 个、农技新技术 15 项，成功试种绿色青稞 8000 亩，实现化肥、农药“零”使用，粮食生产能力持续提高，重点扶持“麦之穗”种植合作社，探索研究有机无公害蔬菜种植，青饲玉米形成 2000 亩规模化种植；牲畜总存栏 8.92 万头（只、匹），肉、奶、禽蛋类总产量达到 1.7 万吨；2017 年度荣获科技工作先进县，基本草原划定验收工作获得全区第一。规模化流转农村土地 7944 亩，农村土地承包经营权确权登记颁证发证率达到 98%。发展农民专业合作社达到 269 家，涉农龙头企业达到 9 家。

净土产业扬优成势。现代农业产业园区强化政府引导、企业带动、科技支撑，完成国家农业综合开发田园综合体申报工作，累计建成高效日光温室 1163 栋，智能连栋温室建设完成，年产值达到 1037.62 万元，启动高效保鲜冷藏库、种苗育苗基地、休闲中心等项目。玫瑰种植基地、食用菌生产基地、菊花种植基地规模不断扩大。积极推进“万户百场十中心”建设，完成创建养殖示范户 700 户，创建养殖场（基地）6 个，其中总投资 8700 万元的唐嘎乡奶牛养殖示范基地完成建设并与西藏泰成乳业有限公司合作，引进奶牛 600 头，短期育肥牦牛 1375 头，年总产值达到 1 亿元。达孜县投资 1.9 亿元的高标准良种奶牛繁育中心项目正式开工建设。“唐嘎藏鸡蛋”获得国家地理标志保护产品认证，投入 5000 万元，唐嘎乡藏鸡养殖示范基地建设工作有序推进，藏鸡年存栏 7 万只，年产藏鸡蛋达到 300 万枚。

工业经济提质增效。工业园区入驻企业达到 1687 家，其中实体型企业 58 家。完成工业总产值 12.82 亿元，同比增长 29%；工业销售产值 12.81 亿元，同比增长 31%；工业增加值 4.19 亿元，同比增长 32%。物流服务中心、镇江路提升改造、小微企业创业孵化基地、民族手工艺创业基地升级改造等项目强力推进，园区承载能力进一步凸显。投资 5.95 亿元，启动工业园区工业建设项目 9 个；累计创建中国驰名商标 3 个，自治区名牌产品近 20 个，西藏圣信工贸有限公司获得第五届西藏旅游商品大赛铜奖，西藏春光食品有限公司“雪域圣谷”青稞香米获得第十五届中国国际农产品交易会参展农产品金奖，西藏藏缘青稞酒业有限公司获得“农业

产业化国家重点龙头企业”称号，西藏优格仓工贸有限公司获得“藏纸制作工艺”及“藏香制备方法”两项发明专利。园区企业累计解决农牧民就业人数达2314人，其中对接我县精准扶贫建档立卡户农牧民338户，实际解决就业123人。

旅游产业如日方升。完成了达孜全域旅游规划编制并通过拉萨市旅委组织的终评。达孜工业园区《国家级工业旅游示范区提升计划》及镇江路核心景观带改造方案、达孜叶巴村文化旅游项目设计方案确定并组织实施。叶巴寺村容村貌整治项目一期基本完工，白纳沟阿古顿巴出生地主题公园、主西沟徒步营地、高原健康休闲运动步道等重点旅游项目的前期设计顺利完成，申报“拉萨人家”项目18户。与高铁公司、携程网、西藏卫视、微信平台等线下、线上媒体合作，通过宣传片、游记攻略、微视频等方式，推介“天上西藏·云上达孜”全域旅游品牌，共开发17个系列的旅游文化商品，全年受众旅客（网友）等超过1亿人次；与国家地理杂志合作，推出“拉北环线”精品游线“达孜全域旅游”篇章，该杂志已发行50万册。2017年接待游客64.11万人次，同比增长34%，旅游收入达到3191.01万元，同比增长40%，全年达孜旅游市场的投诉率、安全事故率均为0。

二、我们持续用力，重统筹、打基础，人居环境不断改善

城市建设步伐加快。2017年新建、续建项目246个，完成项目投资66.36亿元。围绕市、县两级重点项目布局，依法推进S5线、拉萨市东环南线项目、拉萨城投祁连山水泥厂项目、拉萨城投木材交易市场二期、拉萨市公安局看守所等市县重点项目的征地、拆迁工作，累计征地近5000亩。新增城区面积96万平方米；新建城市道路3231米；改造道路540米；新建、续建公路项目6个，总里程28.7公里；新建、续建小型桥梁共14座；新建路沿防护栏2000米，投资610万元完成棚户区改造101户；投资1.42亿元的基层政权——村综合服务中心建设项目快速推进，共开工17个点；新建虎峰佳苑小区商品房面积2911.33平方米，城市服务功能和承载能力不断增强。

配套功能日趋完善。县城给水管网改造全部完工，新建的达孜县自来水有限公司水厂水质监测达标，2017年12月正式启用，县城段基本实现24小时供水。解决1.4万农村人口饮水安全问题。县城污水处理厂主体工程、设备安装工作基本完成，进入调试期，总长18.06公里的县城污水管网铺设有序推进。县城垃圾转运站投入使用，日处理垃圾10吨，五个乡生活垃圾无害化处理设施建设项目稳步推进，县城美化亮化工程范围拓展延伸，亮化覆盖率达80%。引入天空物业，推行达孜政府机关院内保洁、保安自管自治物业服务模式，解决就业12人，物管改革取得新突破、新成效。城市功能性短板补缺工作进程加快，客运车站、旅游厕所、县城主要支干道路灯改造、休闲密集区小公园、停车场等一批公建设施陆续开工建设，部分已建成使用。启动有线电视数字化建设项目，免费安装500户，投资183万元的数字电影院建成。农网升级改造工程投入资金9437.56万元，属历年最高，期间新建章多乡35千瓦变电站一座，新建35千瓦线路26公里；新建10千瓦线路30.186公里，用电保障力不断提升。新增通信基站73个，3G网络覆盖率达100%，4G网络覆盖率达94%，电信新建乡村级光宽资源41个，放装光宽带1600户，城乡配套功能更加完善。

生态环境持续优化。以中央环保督察为契机，重拳攻克一批“老大难”历史遗留环境问题，针对环境问题的企业、合作社进行整顿，关闭6家。全面推进“水、气、土”防治行动和“禁白”活动，投入175万元对县域内8个非法取料点进行生态修复。全面推行河长制工作，确定27名河长及20名河段公安人员，规范河道采石采砂行为。积极开工建设章多乡曲尼帕灌区工程、邦堆乡叶巴沟水土保持综合治理工程和达孜县2017年小型农田水利“重点县”项目。完成植树造林1307.4亩、封山育林12000亩，防沙治沙任务12000亩，完成兑现1934.7亩退耕还林地的粮食折现及生活补助24.18万元，完成国土绿化消除“无树村、无树户”的规划工作。开展“绿盾2017”保护区监督检查专项行动，全面排查并整改国家级自然保护区内违法违规问题7

类6个。坚持标本兼治、突出长效治理，淘汰黄标车及老旧车292辆。

三、我们精准发力，惠民生，促和谐，幸福指数不断攀高

脱贫攻坚履约践诺。按照“两年脱贫，三年巩固”的脱贫承诺，4001名贫困人口稳定脱贫，贫困发生率下降到0.58%，已通过市级验收、区级考核。累计投入6.3249亿元，开工建设扶贫产业项目31个，带动2075名建档立卡贫困群众增收1076.35万元。与中国邮储银行西藏分行签署协议，大胆创新金融扶贫机制，降风险，提成效。为建档立卡贫困户开展培训52期，1520人次受训，解决就业521人。两年累计，产业项目分红809.2万元，带动3936人次增收，人均增收2334.69元，落实生态补偿岗位2669个，兑现生态补偿岗位资金1902万元，向3571人次落实定向政策补助金413.4万元。县城易地搬迁集中安置点安置房300套全面竣工并搬迁入住。农业银行建立一户一策精准扶贫金融服务档案，发放小额贷款4.12亿元，助力群众创业增收。财政投入不断向扶贫领域倾斜，一系列惠民举措落地生根、开枝散叶，切实解决广大群众因病、因学等致贫问题，民生基础得到持续有效巩固。

社会事业有声有色。全年教育支出达2.4亿元，其中本级财政投入1.18亿元，建设完成县中小学设备添置、校容校貌提升、校舍装饰改造、运动场地维修、绿化美化、机关幼儿园新建等多个项目，高分通过义务教育均衡发展国家评估认定。幼儿园临时工工资标准提高至2300元，中职班工资提高至3800元。全年医疗卫生支出达到1.05亿元，其中本级投入3524万元，稳步推进总投资3亿元的卫生系统整体搬迁项目前期工作，县医院升格为二级乙等医院，新增设牙科和急诊科，“先诊疗，后结算”的医疗服务范围全民覆盖。包虫病筛查率达到99.15%。扎实开展食品安全专项整治、联合执法84次，明厨亮灶率和餐饮服务量化分级率均达80%以上。全民参保采集数据24387条，积极推进社会就业，完成技能培训725人，新增就业1189人，劳动力转移就业11696人次。扎实推进“两线合一”，兑现低保资金505.84万元，122名“五保”老人意愿集中供养率达到100%，“五保户”生活供养金在拉萨市每人5910元/年标准上提高至每人12614元/年。加强困难群众基本生活保障和救助，解决61户贫困残疾家庭就业，开展医疗及临时救助323人，扩大城乡医保、养老保险和住房公积金覆盖范围，实现社会保障服务对象全覆盖。民政工作受到民政部高度评价，并代表全区在西南片区工作会议上作经验交流，全区首个村级民政事务服务中心落地达孜。全县公益性岗位工资上调500–1800元。深入开展双拥共建活动，军政军民团结不断巩固。

援藏工作硕果累累。“西藏达孜产业交流中心”在江苏省镇江市正式落地营运，小微企业孵化基地、种苗育苗基地、叶巴寺村容村貌整治、藏家乐、高原“移动医院”等17个、总投资1.43亿元的江苏援建项目开工建设。镇江市7个辖市区与达孜县6乡镇、1个工业园区结对挂钩共建，2017年共签署产业项目合作协议6个、总投资2.23亿元。威斯凯酒店、天空物业、恒顺醋业依托产业项目不断带动贫困户创收致富。投入84.4万元实施“温暖校园”二期工程，完成县中心小学和幼儿园的供暖改造。镇江金山e支教大爱西藏行与县中心小学成功视频连接并开展远程交流。利用“组团式”援藏平台提升医疗人员水平，实施标准化乡镇卫生院建设和苏拉远程会诊系统。与镇江市委党校、江苏科技大学等院校开展合作交流，全年累计安排赴镇江集中培训和岗位锻炼10批次、200人次。

平安建设群防群治。投入317.87万元建设完成寺庙特派员业务用房6套。深化平安达孜建设，开展“星级先进双联户”创建和村级综治信息化建设及“幸福家园”微信平台推广工作；依法打击违法犯罪活动，全面打赢十九大维稳安保攻坚战，社会大局保持和谐稳定。扎实开展安全生产大检查等专项行动230次，安全生产形势总体平稳，工业园区安全生产监督管理局挂牌。拓宽信访渠道，受理来信来访案件44件193人次，其中已化解40件178人次，化解率达到90.9%，重点信访积案化解率达100%，信访工作得到区市的高度认可，荣获国家级“信访三无县”荣誉称号。不断创新民族团结进步创建活动，进一步巩固民族团结进步工作成果。

加强依法治县工作，“七五”普法扎实推进。国防动员和国防教育深入开展，支持工会、共青团、妇联等群团组织开展工作，民族宗教、外事侨务、防灾减灾等事业获得新进展。

四、我们自加压力，提效能、优服务，自身建设不断加强

依法行政透明高效。依法接受县人大及其常委会的监督，自觉接受县政协的民主监督，主动接受社会和舆论监督，认真听取社会各界的意见建议，办理人大代表建议81件、政协委员提案65件，办复率100%。健全政府党组集体学习制度，政府常务会议安排集中学习15次。认真落实重大决策专家咨询、法律顾问、社会公示和听证制度，推进重大事项合法性审查机制。试点推进重大执法决定法制审核制度，行政执法行为进一步规范。

政务环境廉洁高效。扎实开展专题警示教育学习活动，推进“两学一做”学习教育常态化、制度化，政治文化建设进一步加强。认真履行党风廉政建设主体责任。严格执行中央“八项规定”精神，无新建楼堂馆所，“三公”经费同比下降3%，日常接待经费同比下降30%，严格落实“精文简会”相关要求，做到减少数量，控制规模，注重实效。切实抓好各级巡视组巡视反馈问题整改，持续纠正“四风”，发现涉嫌违反中央“八项规定”精神问题7起，谈话函询1人次，提醒谈话19人次，批评教育15人次，约谈19人次，诫勉谈话9人；全年狠抓环保问题督察问责，受理问题线索2起；约谈5人；诫勉谈话1人、政纪处分1人。开展扶贫领域专项整治，强化行政监察和审计监督，政府投资项目、国有资产、政府招投标等重点领域和关键环节的监管全面加强。政治生态环境进一步优化。

为民服务便捷高效。深化“放管服”改革，建立完善行政审批事项等3442项清单，取消、停止、承接行政许可事项5项。实施村级政权建设，县乡村三级便民服务网络初步建立，今年县级便民服务中心办理行政审批事项3460件，解答群众询问4380人次。加大政务信息公开力度，主动回应社会关切，办理12345市民服务热线来电92件，办结率、群众回访率、满意率均达到100%。“县长批示”督查督办机制基本形成，为民服务渠道进一步拓宽。“五证合一、一照一码”改革工作全面启动，设立工商注册、税务登记“绿色通道”，今年新增各类市场主体899户。成功在江苏镇江设立达孜产业交流中心，为达孜产品推介、走向内地搭建平台。

各位代表，回首过去的一年，达孜的变化令人振奋。我们深切体会到：只有始终坚持党的领导，自觉在思想上政治上行动上同以习近平同志为核心的党中央保持高度一致，才能在加快发展的热潮中牢牢把握正确的政治方向；只有发扬担当的勇气、认真的态度、坚持的韧劲，着眼长远打基础，拉高标杆求进位，才能绘就达孜发展的美好蓝图；只有坚定不移改革攻坚，千方百计创新突破，上下齐心、团结协作，汇集民智、主动作为，才能凝聚发展的强大动力；只有不忘初心、牢记使命，始终把人民利益放在首位，始终坚持以人民为中心，才能创造无愧于人民、无愧于时代的骄人业绩。

各位代表，一年来的实践成果，是市委、市政府和县委坚强领导的结果，是县人大、县政协监督支持的结果，是各位老领导、老同志关心关怀的结果，更是全县人民团结奋斗的结果。在此，向全县广大干群，向全体人大代表、政协委员，向离退休老同志，向为脱贫攻坚事业付出辛勤努力的一线人员，向所有关心和支持达孜发展的各界人士，致以崇高的敬意和衷心的感谢！

各位代表，成绩来之不易，经验弥足珍贵。在发展的进程中更要清醒地认识到我们的短板和不足：一是产业结构性矛盾仍然突出，经济总量小，质量和效益不高，重大项目支撑乏力的现状没有根本性改变；二是城管体制改革、机制创新的进程与广大人民对城市管理的美好期待仍有较大差距；三是政府部门思想解放深度、服务发展能力还存在明显不足，少数干部的服务本领、履职能力、担当意识还有待进一步强化。对于这些问题，我们必须认真面对、深刻反思、有效改进。

今后三年工作安排

各位代表，党的十九大为我们今后工作指明了

前进方向，提供了根本遵循，注入了强大动力。达孜已经站在新的历史起点上。今后三年，乘着撤县设区的“东风”，达孜将昂首阔步迈入决战脱贫的攻坚期、同步小康的决胜期、转型发展的关键期。今后三年，达孜的发展机遇将更加难得、发展优势将更加凸显、发展后劲将更加强劲，我们必须要抢抓机遇，乘势而上，锐意进取，牢牢把握战略重点，始终保持战略定力，主动担当作为，以更高的标准、更严的要求、更实的举措奋力开创达孜经济社会发展的新局面！

今后三年，全区经济社会发展的总体要求是：高举中国特色社会主义伟大旗帜，以马列主义、毛泽东思想、邓小平理论、“三个代表”重要思想、科学发展观和习近平新时代中国特色社会主义思想为指导，全面贯彻落实党的十九大和区市党委第九次党代会、历次全会精神以及《高举习近平新时代中国特色社会主义思想伟大旗帜 决胜全面建成小康社会 奋力开启全面建设社会主义现代化达孜新征程的意见》，按照习近平新时代中国特色社会主义经济思想，围绕人民日益增长的美好生活需要和不平衡不充分发展之间的主要矛盾，牢固树立“四个意识”，按照“五位一体”总体布局和“四个全面”战略布局的要求，正确处理好“十三对关系”，坚持稳中求进总基调，以供给侧结构性改革为主线，以提高发展质量和效益为中心，以“一心两翼”区域一体化发展为抓手，突出项目带动，推进转型升级，统筹城乡发展，保障民生改善，维护社会稳定，顺应新时代，呈现新气象，展现新作为，迈向新征程，不忘初心，牢记使命，为决胜全面建成小康社会，奋力开启全面建设社会主义现代化达孜新征程而不懈奋斗！

今后三年，我们将重点抓好“四个定位”：一是打造结构优化、转型升级的发展高地。坚持创新驱动发展战略，着力加强“供给侧”结构性改革，促进产业转型升级，着力提高全要素生产率，大力发展民族特色、科技创新、休闲旅游、生态循环、净土健康等五大产业，形成农业发达、工业壮大、三产繁荣、经济活跃的生动局面。二是打造协同发展、产业集聚的投资乐土。依托“一心两翼”协同发展政策的巨大利好，坚持以产兴城、产城互动，完善达孜工业园区各项基础设施，加强宣传推介、服务优化和招商选资，引进培育一批投资额度大、品牌知名度高、发展前景好的实体大项目，使园区成为吸引产业项目投资的桥头堡、驱动经济发展的重要增长极。三是打造设施完善、环境优美的宜居福地。按照“两岸三区东部宜居城”的发展思路，坚持城区发展向拉萨主城区靠拢，高起点规划、高标准推进城市建设，加强重点城镇基础设施建设，加大乡村公路新改建力度，加大植树造林、水资源保护力度，加强防灾减灾体系建设，发展绿色经济、低碳经济和循环经济，全面提升城区整体品位和档次，形成布局合理、特色鲜明、功能健全、环境优美的城市框架，打造生态文明强区，实现城乡共同发展。四是打造百姓富足、平安健康的幸福名城。把发展社会事业和保障改善民生放在更加突出的位置，基本公共服务体系逐步完善，社会保障体系进一步健全。保障性住房建设稳步推进，文化强区建设取得重大进展，城乡居民的精神文化生活更加丰富多彩。以多办利民惠民实事为载体，提高人民群众的幸福感。

2018 年工作要点

各位代表，2018 年是全面贯彻落实党的十九大精神的开局之年，是加快脱贫攻坚进程和实施“十三五”规划的关键之年，更是第一届达孜区人民政府勇担使命、接续奋斗的起始之年，做好全年各项工作意义深远、责任重大。

2018 年全区经济社会发展的预期目标是：地区生产总值增长 9.74%，公共财政预算收入增长 7%，固定资产投资增长 16.86%，社会消费品零售总额增长 13.5%，农村居民人均可支配收入增长 14%。各项社会事业与经济建设协调发展，同步提高。

实现上述目标，要着重做好以下工作：

一、以协同发展为动力，主攻三个对接，全力增创新的经济增长点

规划对接。贯彻落实好《拉萨市城市总体规划（2009 年—2020 年）》和区、市关于对达孜撤县设区之后的部署定位，尽早制定出台符合达孜实际的

《拉萨市达孜区战略发展规划》，明确发展目标、产业布局、路径举措等，同时强化规划的刚性约束力和执行力，在做好全域规划的同时，完善好城市详细规划。以建设绿色园区、现代化交通枢纽城区和宜居宜业城区为发展定位，重点承接好城市交通建设、土地集中收储、公共服务体系等系列工作。按照《拉萨市全域旅游发展规划》，积极融入拉萨旅游圈，加强与周边景区的联合营销，与江苏省镇江市旅委、布达拉旅游集团合作，推出达孜精品一日游、二日游、三日游精品游线，成功注册并全面打响“藏鹤仙子”旅游品牌。此外，全力配合区、市做好生态红线划定和黑颈鹤自然保护区功能区调整工作，确保发展与生态并重、并行。

服务对接。利用各种资源、要素优势，推进镇江达孜、兄弟县区之间的产业、项目、人才等方面的交流与合作，推动发展资源建设和应用的跨地域战略性合作，探索区域性共享、共赢服务机制，争做全市率先联动发展的排头兵、主力军、桥头堡。要高度重视现代金融服务发展能力，用好用活用足西藏金融特殊优惠政策，做大做强融资担保平台，充分发挥好金融服务经济作用。此外，要加强政务服务中心窗口示范作用，开辟重点项目审批“直通车”，完善“吃、住、办”一条龙服务，加快建设“电子商务”服务体系，探索发展专业咨询、会计、律师等社会中介服务。

重点对接。优化区域产业布局，在特色化、规模化、标准化、集约化上下功夫，做大做强产能规模，丰富产品种类，提升产业档次。在产业对接上，积极参与“央企入藏”活动，加快推进德庆—白纳阿古登巴休闲公园，邦堆—光伏三期、叶巴村特色小镇，章多—拉萨市城投祁连山水泥厂、雪山朗玛矿泉水，塔杰—高标准奶牛繁育，唐嘎—原种藏鸡养殖、牦牛育肥，雪乡—饲草连片种植等项目建设，打造各具特色、产业集群、互补发展的优势经济。在技术对接上，主动与科研院所、高等院校开展合作，着力开展好高新技术产业培育计划，重点扶持科技型中小企业。在人才对接上，坚持招才引智与成果转化相结合，引进一批人才、激活一批团队、壮大一批产业。

二、以绿色园区为载体，夯实发展后劲，全力构筑产业聚集平台

狠抓基础保障。健全资金投入机制，创新融资模式，千方百计筹措资金，继续加大工业园区基础设施建设力度。总投资3880万元的檀山路、创业路、中小微企业孵化器二期等基础设施建设项目将于2018年第一季度陆续完工并投入使用，总投资5400万元的污水处理厂将于2018年5月份正式投入使用，西藏达孜大酒店、西藏达孜净土健康产品展销中心将在江苏镇江进一步发展壮大，园区发展空间进一步拓展，承载能力进一步增强。围绕“马上就办、办就办好”的工作理念，深化园区管理服务保障，加快推进园区企业入驻审批制度改革，提高行政效率，优化项目服务。采取“政府购买服务、企业化经营”方式，不断改进工作推进机制，建立办事高效、运转协调、行为规范的园区管理体系，吸引项目落地，助推企业发展。

着力发展实体。坚持把企业“脱虚向实”作为园区经济提质增效的根本原则长期坚持，通过“控制增量、消化存量”的方式，提高园区经济“脱虚向实”的速度，对于真投资、真有技术、真有产品、能够带动群众就业的实体企业必须落实好最好的优惠政策。要理直气壮做强做优做大国有企业，加快构建现代企业制度，加强资金、技术、人才积累，提升企业核心竞争力和引领经济发展能力。发挥好国有企业振兴实体经济排头兵作用，在重大科技创新、重大项目实施、重大责任担当中发挥主导作用，坚持有所为、有所不为，引领民营企业同向共进，构建“国引民进、共同发展”的实体经济发展大格局。

锻造产业精品。以藏缘青稞酒业、圣信牦牛绒、第三极羊绒、春光食品、盛桃饮品、优敏芭藏香、吞柏古藏香、阳光庄园农副产品、卓玛藏毯等企业为主力全面构建园区净土健康产业品牌，力争彰显品牌效应，激扬企业魅力。积极争取拉萨净土健康产业研究院落户达孜，使其与现有产业形成互动，实现“产、学、研”一体化。投资7.4亿元，全力推进13个净土健康工业项目，如西藏运高新能源有限公司三期光伏发电项目、西藏威斯凯酒店项目、西藏圣信工贸有限公司高原特色羊毛、牦牛绒出口基地项

目等。竭力将园区产品种类做全、产品质态做优、产品服务做精，以效应催化发展，以集聚带动发展。

搭牢双创平台。以推动大众创业、万众创新为主轴，编制完成园区科技孵化器项目总体规划及分布实施方案，加快中小企业孵化基地2期和园区物流服务中心项目，规范开展创业实训和系统孵化，引导广大创业者走合法、优质、高效的创业道路，储备一批成长性中小企业，加快产业集群，全力抓好“大做强”“小升规”“个转企”三项工程，壮大企业群体，延伸和优化产业链，为工业经济发展提供后续动力。鼓励科技创新与实体经济有机结合，实施好“达孜工匠”计划和“达孜智库”战略，不断优化特色产业形象，提升产业附加值。

三、以振兴乡村为方向，加大倾斜力度，全力抓好农业农村现代化

强基础。坚持公共财政向农牧区倾斜、公共设施向农牧区延伸、公共服务向农牧区覆盖，夯实农牧区发展基础。按照产业兴旺、生态宜居、乡风文明、治理有效、生活富裕的总要求，制定乡村振兴战略规划，加快推进农业农村现代化。本年度，将多方筹资，加大农牧区基础设施建设力度，建设完成达孜县曲尼帕灌区工程、邦堆乡叶巴沟水土保持生态清洁小流域综合治理工程、2017年小农水利“重点县”建设工程等一批重点农田水利工程项目，进一步强化农业基础支撑；改造棚户区186户，启动农村客运及县际班线改革工作，加快建设基层政权建设、易地搬迁安置点商业区、幼儿园、市政道路建设及300套小康安居工程建设等一批重大项目，确保年内建设完成。村级邮站服务点建设将实现全覆盖。投资14.7亿元的东环线南线（虎峰大道）将于2018年上半年建成通车。污水处理厂投入使用，紧跟东环线南线、北线项目，进一步完善道路污水、给水管网，补齐基础设施短板，着力夯实发展基础。

育园区。在完成土地确权的基础上，充分尊重农民意愿，鼓励承包土地向专业大户、家庭农场、农民合作社、农业产业园区流转。进一步加快农业产业园区建设，重点启动建设净土农业现代产业园，投资8700万元建设农业产业园高标准钢架结构温室38栋，投资1.88亿元建成高标准温室大棚项目，不断深化智能温室、连栋温室、高效冷藏库、工厂化育苗基地招商工作，发掘和培育菊花种植基地、食用菌基地等新兴产业，扩大大棚蔬菜、瓜果、花卉、食用菌等地标产品的影响力，完善食用菌生产、药用菌酒类饮料加工、藏药材种植、蔬菜水果保鲜、饲料生产加工等配套设施，加快实施“菜篮子”“肉篮子”工程建设，积极发展净土生态农业和休闲观光农业，努力形成一二三产融合、产加销游一体、产业链条完整的现代农业新格局。

扶龙头。坚持农业结构调整和产业扩张，大力扶持鼓励特色种养业、农民专业合作社、农业龙头企业、家庭农场等农牧区新型经营主体，鼓励发展农牧业生产型服务组织，实现每个乡都有适合乡情、运营管理有效、可持续发展有力的经济体。本年度，将重点培育支持金麦穗蔬菜大棚种植、饲草规模种植、泰成牦牛短期育肥、唐嘎原种藏鸡扩大规模、章多青稞基地建设、高标准奶牛养殖中心投用等乡镇高效特色农业产业，通过政策扶持、资源聚集、市场引导、延伸产业链条、推广农产品深加工等方式，做大做优“一乡一特”，并积极推进市级合作社、龙头企业争创工作，激发龙头带动，促就业、促分红、促增收，助力乡村振兴。

美乡村。积极开展美丽乡村示范创建工作，加强村域规划管理，广泛发动农牧民群众房前屋后播草栽花种树，积极开展农房及院落风貌整治和村庄美化绿化。大力推进农业清洁生产，建立“村收集、乡转运、县处理”垃圾处理模式，加快城乡污水、垃圾处理设施建设，推动垃圾分类和乡镇医疗废弃物无害化处理。坚持“宜林则林、宜灌则灌、宜草则草”的原则，大力开展国土绿化行动，逐步达到美丽乡村建设标准。

四、以改善民生为根本，统筹各项事业，全力促进社会协调发展

狠抓精细管理。推进精细化、网格化、智慧化管理，运用好“城管＋公安”的城市管理模式，对城区“脏、乱、违”进行重点整治，严厉打击马路市场、店外店经营、非法运营等行为，改善城区环境。广泛倡导“绿色生活行动”“光盘行动”，积极创建“绿色单位”“绿色企业”；全面开启“厕所革命”，加快

推进“绿色围城”，全力消除“无树村、无树户”。健全完善自然保护区、水源涵养区、生态脆弱保护区等重要生态功能区的生态综合补偿机制。启动实施好“巷巷硬、巷巷绿、巷巷亮、巷巷美”，全方位提升城区的建设标准和品位，逐步打造“宜居达孜”。

统筹社会事业。加大教育投入，确保“三个增长”。持续巩固义务教育发展成效，加快推进学前教育基础设施建设，着力提升学龄儿童全阶段的教学质量，深化教师队伍建设，推进习近平新时代中国特色社会主义思想进课堂。制定更加完善的就业创业政策，推进更高质量和更充分就业，优化就业服务机制和失业调控机制。加大劳动执法监察，严格落实工程建设领域工资保证金、银行代发工资等制度，切实构建和谐劳动关系。强化社会保障，不断扩大教育、养老、失业、医疗、工伤和生育保险等各类优惠政策的覆盖面，中职生、高校生学费、路费、生活补助及大病统筹报销等惠民政策实现所有达孜籍群众全覆盖，共享发展成果。加强农村留守儿童关爱保护。加强廉租房、公租房等住房保障供应体系，稳步实施“小康安居工程”。推进卫生与健康，提升公共卫生服务水平，巩固包虫病防治成果，推进医药卫生制度改革，继续深化“先诊疗、后结算”模式，及早落实县人民医院搬迁项目，加快建成标准化乡（镇）卫生院，探索实施村级卫生所项目，全面提升基层医疗卫生水平。实施文化惠民，认真开展文化宣传、文化下乡、文化保护和群众性文体活动。深化防灾减灾体系建设，不断提升防灾减灾救灾能力。

持续巩固脱贫。坚持减贫与防贫结合，特惠与普惠协同，增收项目与社会救助衔接，继续落实巩固“六个一批”具体措施。加快推进剩余 6 个易地扶贫搬迁点建设，实现 344 户 1171 人全部入住。推进迁出区域土地承包经营权、生产资料流转和迁出宅基地及房屋财产权处置，增加迁出贫困群众的稳定性收入来源。持续推进“企帮村”行动，构筑专项扶贫、行业扶贫、社会扶贫相结合的大扶贫格局，强化产业扶贫带动。注重扶贫同扶志、扶智相结合，强化贫困人口职业技能培训，确保贫困群众稳定就业、稳步增收。建立完善乡（镇）、驻村工作队、村居干部脱贫攻坚考核评价体系，强化扶贫成效考核及表彰鼓励，以绣花精神抓实抓细脱贫各项工作。

构建社会和谐。高举各民族大团结的旗帜，坚持绵绵用力、久久为功。依法管理宗教事务，全面落实利寺惠僧政策，积极引导宗教与社会主义社会相适应。完善社会治安防控体系，依法严厉打击各类违法犯罪活动，保持良好社会秩序。健全公共安全体系，严格落实安全生产责任制，开展道路交通、矿山、建筑、消防、寄递物流、危险化学品、特种设备等行业专项整治行动，坚决遏制重特大安全事故。依法规范信访秩序，完善公共法律服务体系，完善并出台民工工资联席会议制度，减少“双拖欠”隐患，深入推进“七五”普法，引导群众通过法律渠道解决问题。健全食品药品信息化诚信监管体系，争创食品安全示范城。积极支持人民武装、双拥共建、广播电视、气象地震、邮政通信、妇女儿童、残疾人保障等各项工作。

全力加强政府自身建设

责任在肩，重在担当。站在转型发展的新起点，面对政府工作新要求和人民群众的新期待，我们新一届政府将以更高的标准、更严的要求，切实加强政府自身建设，不断提高工作质量，更好地肩负起历史使命。

一、始终把“依法行政”作为根本原则。按照“法定职责必须为、法无授权不可为”的原则，全面加快法治政府建设，自觉接受监督。把公众参与、专家论证、风险评估、合法性审查、集体研究讨论作为重大决策的法定程序，做到民主决策、科学决策、依法决策，切实提升政府工作法治化水平，让党和人民赋予的权力始终在法治的约束下规范运行。

二、始终把“务实高效”作为基本要求。强化《达孜区人民政府工作规则》的执行力，把抓落实作为政府工作的生命线，脚踏实地不敷衍，埋头苦干不懈怠，夙兴夜寐，激情工作。强化担当意识，坚持勇于攻坚、敢于负责；强化创新意识，少讲“不好办”，多想“如何办”，解决好瓶颈制约；强化效率意识，坚决杜绝“不作为、慢作为、乱作为”。

三、始终把“为民服务”作为永恒主题。坚持把人民群众对美好生活的向往作为我们的奋斗目标，在决策中体现民意，在工作中维护民利，在发展中改善民生，真心实意为群众排忧解难。认真办好政府门户网站、区长信箱、12345群众热线等便民服务平台，及时回应群众的关切和期待，维护好人民群众的根本利益。

四、始终把“廉洁从政”作为行为准绳。坚定不移推进政府系统党风廉政建设和反腐败斗争，严格落实党风廉政建设责任制，将权力关进制度的笼子里。认真执行中央“八项规定”，严格预算管理，严控“三公”经费支出，不断降低行政成本。严肃查处违法违纪案件，努力做到干部清正、政府清廉、政治清明。

各位代表，新常态蕴含新机遇，新作为推动新发展。新的一年，战斗号角激励着我们，人民期待鞭策着我们，美好愿景鼓舞着我们。让我们在区委的坚强领导下，在区人大、政协的监督支持下，紧紧团结全区人民，不忘初心，牢记使命，不采华名，不兴伪事，以永不懈怠的精神状态和勇往直前的奋斗姿态，为在全区全面建成小康社会，奋力开启全面建设社会主义现代化达孜新征程而努力奋斗。

名词解释

1. 十三对关系：处理好国家投资和社会投资的关系；处理好重大项目和民生项目的关系；处理好发挥优势和补齐短板的关系；处理好城镇就业和就近就便、不离乡不离土、能干会干的关系；处理好扶贫搬迁向城镇聚集和向生产资产富裕、基础设施相对完善地区聚集的关系；处理好央企在藏资源开发和解决当地农牧民增加收入、解决就业的关系；处理好保护生态和富民利民的关系；处理好城市发展和提高农牧区基本公共服务能力的关系；处理好高校毕业生政府就业和市场就业的关系；处理好简政放权和地方承接的关系；处理好企业增产提效和改善企业职工福利待遇、促进农牧民群众增收的关系；处理好中央关心、全国各族人民支援和全区各族群众自力更生、艰苦奋斗的关系；处理好干部当担干事和容错纠错的关系。

2. 万户百场十中心：2017年至2020年期间，培育1万户奶牛养殖户，每户养殖4–5头牛；建设100座标准化奶牛场，每座300–500头；建设改造10个高标准奶牛中心，每个中心1000头以上。

3. “禁白”：禁止使用各种塑料制品包装物。

4. “放管服”：简政放权、放管结合、优化服务。

5. “一心两翼”：一心即拉萨市城关区，两翼即堆龙区和达孜区。

6. “五位一体”：经济建设、政治建设、文化建设、社会建设、生态文明建设五位一体。

7. “四个全面”：指的是全面建成小康社会、全面深化改革、全面依法治国、全面从严治党。

8. “供给侧”改革：就是从供给、生产端入手，通过解放生产力，提升竞争力促进经济发展。具体而言，就是要求清理僵尸企业，淘汰落后产能，将发展方向锁定新兴领域、创新领域，创造新的经济增长点。

9. 五险合一：城镇职工基本养老、城镇职工医疗、失业、工伤和生育五项社会保险实行统一登记、统一基数、统一征缴和统一稽核。

10. “大做强”“小升规”“个转企”：大企业做强、小企业升规范、个体工商户转企业。

11. 小康安居工程：对2016年7月30日前登记为拉萨户籍的居民和农牧民，有意愿参与且属于城镇棚户区改造、老旧住宅小区、农牧区危旧房、平方一层等房屋进行就地安置或集中安置的工程项目。

12 “绿色生活行动”：绿色消费、绿色出行、绿色居住，实现广大人民按自然、环保、节俭、健康的方式生活。

13. “光盘行动”：注重节约，把每一顿饭、每一碗饭都吃完，不浪费。

14. “厕所革命”：对发展中国家的厕所进行改造的一项举措，最早由联合国儿童基金会提出，厕所是衡量文明的重要标志，改善厕所卫生状况直接关系到这些国家人民的健康和环境状况。

15. “三公”经费：指政府部门人员因公出国（境）经费、公务车购置及运行费、公务招待费产生的消费。

16.“三个增长”：一是指各级政府教育财政拨款的增长要高于同级财政经常性收入的增长；二是在校学生人均教育经费逐步增长；三是教师工资和学生人均公用经费逐步增长。

17.“绿色通道”：指医疗、交通运输等部门设置的手续简便、安全快捷的通道；泛指简便、安全、快捷的途径和渠道。

18.“绿色围城”项目：围绕打造“青山拥南北，碧水灌东西，绿脉系名城，林卡缀家园”的城市景观特色，分三期对绕城环线、城市游园和门户景观进行绿化，实施河谷荒滩造林、低质林改造、封山(滩)育林、南北山山坡造林、防沙治沙等工程，打造高标准生态景观廊道及城市游园，拓展城市宜居空间，提高市民幸福指数。

19.“两线合一”：农村居民最低生活保障标准与困难群众扶贫标准相统一。

20.“五证合一”：指的是营业执照、组织机构代码证、税务登记证、社会保险登记证和统计登记证五证合一。

21.“一照一码”：“一照”即营业执照，“一码”即统一社会信用代码。

22.“京交会”：为国际服务贸易的洽谈交易平台、国际服务贸易政策的研讨发布窗口、各国服务贸易企业的交流合作桥梁。

23.“丝博会”：丝绸之路国际博览会。

24.“昆交会”：中国昆明进出口商品交易会。

达孜区人民代表大会常务委员会工作报告

——在达孜区第一届人民代表大会第一次会议上

达孜区人大常委会党组书记、主任 米 玛

（2018年2月5日）

达孜人大溯源

人民代表大会是我国的根本政治制度，是人民行使国家权力机关。人大工作作为党的工作的重要组成部分、社会主义民主法治建设的重要依托，也同社会主义建设一样，在披荆斩棘中破浪前行。达孜县第一届人民代表大会于1966年1月6日至13日召开，届时出席会议代表61人。大会听取和审议了政府工作报告，总结了平叛改革以来的政府工作，讨论通过了今后的各项任务，并选举产生了达孜县第一届人民委员会委员15人、县长1人、副县长2人、出席拉萨市首届人民代表大会代表13人，迈出了达孜民主政治改革的坚实一步。从此，达孜人大在历届县委的坚强领导和区、市业务部门的精心指导下，开始了社会变革和经济发展的伟大实践。经过52年的发展，达孜人大始终坚持围绕中心、服务大局的工作理念，为达孜实现人民当家做主，走上社会主义康庄大道，谱写了一篇篇壮丽而华美的诗篇。

达孜县第十二届人民代表大会以来的发展回顾

达孜县第十二届人民代表大会第一次会议于2016年9月18日召开。大会应到代表94名，实到代表86名。会议审议通过了《达孜县人大常委会工作报告》《达孜县人民政府工作报告》《达孜县人民法院工作报告》《达孜县人民检察院工作报告》；会议书面审议了达孜县人民政府关于达孜县五年来国民经济和社会发展计划执行情况的报告、财政预算执行情况的报告和达孜县人民政府关于县第十一届人民代表大会期间代表议案，建议、批评和意见办理情况的报告；会议选举产生了达孜县人大常委会主任1名、副主任4名、政府县长1名、副县长9名、县人民法院院长1名、县人民检察院检察长1名、达孜县第十二届人民代表大会常务委员会委员19名、达孜县关于出席拉萨市第十一届人民代表大会代表26名。

自达孜县第十二届人民代表大会第一次会议召开以来人大各项工作得到突飞猛进：一是代表素质得到了明显的提高。人大常委会以代表之家为载体，不断加强代表的业务培训，除了积极开展法律法规知识的学习外多次组织乡（镇）人大主席团及各级人大代表进行业务培训，从而不断提高代表素质，增强代表履职能力和履职意识；二是人大各项制度不断完善健全。县人大常委会结合自身实际，先后召开多次主任会议研究制定了《人大党组学习制度》《人大常委会重大事项报告制度》等共23项议事规则，做到了凡事有章可循、凡事有法可依，使人大工作进入了真正的制度化、法制化、标准化；三是代表闭会期间的活动不断丰富。常委会利用走出去与请进来相结合，不断加强代表闭会期间的活动，多次组织代表赴本县和其他兄弟县区以及内地先进城市进行考察、参观，从而进一步拓宽了代表的视野，增强了履职意识和责任意识；四是监督作用得到充分发挥。县人大常委会根据年初工作计划内容，及时对全县重点项目、重点区域以及对人民群众最关注、最直接、最现实的问题进行监督、检查，并将监督检查报告及时反馈给县委，为县委决策提供了强有力的依据。

历史的脚步永不停息，时光向前，岁月留踪。立足新起点，开启新征程，在全县上下深入贯彻落实党的十九大精神，实施“十三五”规划全面建成小康社会的关键之年召开了中国共产党拉萨市达孜区第一次代表大会。时代催人奋进，使命激荡人心，达孜人大始终坚持党的领导，坚持正确的政治方向，以党的十九大和习近平新时代中国特色社会主义思想引领人大各项工作，认真行使宪法和法律赋予的职责，充分发挥地方权力机关的职能作用，以人大工作的新成就，以社会主义民主法治建设的大进步，谱写着达孜全面建成小康社会，推进跨越式发展和长治久安的新篇章。

2017年主要工作

2017年，达孜县第十二届人大常委会在中共达孜县第九届委员会的坚强领导和拉萨市人大常委会的指导下，通过“一府两院”的支持配合及各位代表的共同努力，不断坚持党的领导、坚持党的治藏方略，以习近平系列重要讲话精神为指导，全面贯彻党的十八届六中全会和党的十九大精神，按照区、市九届三次会议精神，紧紧围绕全县工作大局，认真履行宪法和法律赋予职责，全体代表牢记使命，不负重托，积极参与全县经济建设和社会发展的实践中，充分发挥地方国家权力机关作用，圆满完成了达孜县第十二届人民代表大会第二次会议确定的目标任务。

一、坚持党的领导，确保县委决策贯穿始终

始终坚持党的领导作为人大常委会工作的灵魂，切实把人大履职尽责置于党的领导之下，充分发挥人大党组的领导核心作用，紧紧围绕全县工作大局，明确工作思路和工作重点，依照法律程序将县委的主张变成有法律效力的决议、决定，保证了县委决策得到贯彻落实。

（一）积极服务，融入全县中心工作

县人大常委会始终讲政治、顾大局，坚决服从县委的工作安排。一年来，先后承担了维护社会稳定、加强民族团结、宗教事务管理、信访化解、强基惠民、精准扶贫精准脱贫等重要工作。按照县委统一部署，由两名副主任分别担任了精准扶贫精准脱贫指挥部办公室主任、精准扶贫精准脱贫交叉督导组组长，工作中勇于担当，不辱使命，为顺利推进全县各项工作发挥了积极作用和应有贡献。

（二）精心组织，认真开展各类会议

一年来，县人大常委会严格按照《代表法》《选举法》《地方组织法》的相关规定，分别组织召开人民代表大会2次、人大常委会11次、人大主任会议13次。同时，县人大常委会定期听取和审议“一府两院”工作报告，以及县发展改革委员会关于国民经济发展计划执行情况和财政局关于预算执行情

况所作的报告，促进了各项报告、计划的依法规范运行。在 4 月 19 日召开的达孜县第十二届人民代表大会第二次会议期间，代表们积极建言献策，就结合全县经济社会发展和社会局势稳定工作提出了建设性的意见、建议和批评。

（三）遵守程序，严格行使干部任免权

人大常委会坚持党管干部与依法任命干部相结合的原则，严格执行干部任免办法和任免程序；通过任前调查、任职发言、投票表决、宪法宣誓等法定程序，依法任免“一府两院”工作人员。2017 年，全年共任免国家机关工作人员 37 名，为新任职的人员颁发了任命书，并举行宪法宣誓仪式，彰显了宪法权威、增强了公职人员的宪法意识和责任意识，实现了县委重要人事意图和人民群众意愿。

（四）关注民生，精心组织代表视察

一年来，县人大常委会在积极配合区、市人大调研、视察工作的同时，通过组织区、市、县、乡四级人大代表、乡（镇）人大主席团成员和人大专职工作人员等先后开展了行之有效的参观、视察、调研和监督等闭会期间的活动。分别对县工业园区各实体企业产品展厅、县城亮化工程以及县中心小学集中办学、县运高新能源有限公司、达孜县蒽扎娜拉家具厂、达孜县妇女手工合作社、达孜县金叶敬老院、德庆镇德庆奶牛养殖专业合作社、县净土健康产业园区、县异地搬迁集中安置点、拉萨市城市规划科技展览馆、西藏自然科学博物馆等共开展调研、视察 23 次、参与人数达 690 人次。另外还组织到拉萨市城关区、堆龙德庆区、墨竹工卡县、曲水县人大、日喀则市江孜县、白朗县等周边地市和县区相关学习。做到了活动前有方案，活动中有交流、活动后有简报和总结。通过不同方式，不同渠道开展视察活动，使代表们全面了解了市、县社会各项事业发展所取得的成就，从而增强了代表的履职意识，激发了代表的履职热情。

（五）依法监督，积极开展执法检查

人大常委会组织相关部门和部分代表对全县农村合作医疗资金管理和使用情况、精准扶贫精准脱贫工作运行情况、县中学、县中心小学、县幼儿园“三包”经费科学管理和规范使用情况开展了专项监督检查并形成监督检查报告提请县委，为县委决策提供了依据，也得到了县委主要领导的重要批示。（对《农村合作医疗资金管理和使用情况调研报告》的批示：“深入调查研究，关心群众疾苦，积极建言献策，态度好，值得全县干部学习”；对全县《精准扶贫精准脱贫工作运行情况调研报告》的批示：“你们围绕精准扶贫精准脱贫这项工作，履职尽责，在全县树立了主动作为，敢于担当的良好形象”；对《“三包”经费科学管理和规范使用调研报告》的批示：“人大履职监督常态化做得很好，要继续保持，同时要进一步延伸监督的深度和广度，深入到人民群众反映强烈的突出问题领域，细致检查，为县委决策提供依据”）

二、优化服务创新，代表作用得到充分发挥

人大常委会不断创新方式方法，切实加强和改进代表工作，发挥代表主体作用，支持和保障代表依法履行职责。

（一）构建培训平台，促进代表履职水平提高

在区、市人大常委会组织的代表培训基础上，县人大常委会主动作为，定期不定期组织四级人大代表、各乡（镇）人大主席和人大专职工作人员有针对性地就如何提高乡（镇）人大工作水平、如何发挥人大地位和作用、如何使用代表的权利和义务、如何提出代表意见建议等内容开展了培训。2017 年各乡（镇）结合自身实际，以召开座谈会、以会代训等方式全年累计业务培训次数 18 次、参与人数达 540 人次。通过培训，县、乡两级人大代表对人大业务知识有了进一步的认识，提高了代表的履职能力和履职水平。

（二）构建活动平台，促进代表履职作用发挥

人大常委会采取及时交办、重点督办、听取专项工作报告等方式，把代表意见建议办理工作作为保障代表履职、尊重代表民主权利的一项重要工作来抓。达孜县第十二届人民代表大会第二次会议期间代表们共提出 81 项意见、建议和批评。为了代表们所提出的意见、建议和批评得到切实有效的解决，县人大常委会联同县政府及时组织召开意见建议交办会听取承办单位对县十二届人大二次会议代表意见、建议和批评的办理情况，要求各承办

单位提高思想认识，高度重视代表意见建议办理工作，切实加强意见建议办理办复率。闭会期间，人大常委会主要领导及时组织力量深入各单位和乡（镇）、村委会就办理情况进行跟踪督办，通过加强督办，提高了承办单位对代表意见、建议办理工作的质量和效率，使得城乡教育、医疗卫生、环境整治等一批群众反映强烈的问题得到落实。

（三）构建沟通平台，促进代表履职能力提升

县人大常委会始终坚持代表的主体地位不动摇，积极搭建平台、丰富载体、优化服务，充分发挥代表在参与管理地方国家事务中的主体作用，代表工作不断创新，工作活力不断彰显：一是加强代表联系选民制度。县人大常委会将每月10日作为选民接待日，并通过日常走访选民、召开选民座谈会等多种形式保持与选民的广泛联系，深入了解民情民意、广泛集中民智，自觉接受选民的监督；二是加强代表闭会期间活动。为了进一步加强和规范代表闭会期间的活动，保障代表依法履行职责，充分发挥代表作用，广泛调动代表履职积极性，达孜县人大常委会根据《中华人民共和国全国人民代表大会和地方各级人民代表大会代表法》，结合全县工作实际，2017年6月制定了《达孜县人大常委会关于开展代表闭会期间活动实施方案》，并根据方案内容认真组织开展代表活动；三是加强包乡包村联系制度。为了进一步加强和指导乡（镇）人大主席团工作，常委会组成人员定期不定期深入各自联系点走访调研，对工作中存在的问题和困难及时分析，并拿出切实可行的指导意见，为乡（镇）人大主席团开展工作提供强有力的保障。

三、加强自身建设，不断提升人大各项工作

县人大常委会始终把加强自身建设作为开展各项工作的基础，从加强思想作风建设、业务学习建设、实践能力建设、制度建设入手，狠抓自身各项建设，取得了较好的成绩。

（一）加强理论知识学习

县人大常委会班子除了积极参加县委理论中心组开展的各项学习活动以外及时开展人大党组理论中心组学习会议、人大常委会主任学习会议，同时，常委会班子成员以普通党员身份积极参加人大办公室党支部组织的各项学习教育活动，学习方式上主要以集中学习和个人自学相结合。一年来，人大常委会组成人员共撰写心得体会16篇、观后感8篇，从而不断提高思想政治觉悟和理论知识水平。

（二）开展党建促脱贫工作

通过开展党建促脱贫活动、结合干部包村帮扶制度，常委会班子成员积极贯彻帮扶政策，多次走访贫困群众家中宣讲扶贫政策，并结合自己的帮扶对象制定切实可行的脱贫计划。2017年人大常委会班子成员人均慰问结对户不低于5次，累计帮扶物资达2万余元。同时，根据人常委会的工作安排每逢节假日或特殊时期常委会主要领导及时走访慰问驻村工作队和离退休干部职工。

（三）创建“人大代表之家”

为打造代表学习培训、履职交流的载体；构建代表联系选民、畅达民意的桥梁；建设代表向选民述职、接受选民评议的平台；拓宽代表工作评议、听取专项报告的渠道，根据自治区人大关于在全区创建推广“人大代表之家”的工作要求，2017年7月达孜县人大常委会经请示县委批准后正式成立了“达孜县人大代表之家”，为今后代表学习、交流、履职提供了平台。目前，我县县乡两级“人大代表之家”均已全面覆盖，并积极发挥作用。通过推行日常管理规范化、常态化开展代表接待选民和代表述职等活动，为代表履职搭建了活动平台，有效提高了人大代表的政治素养和履职能力。把“代表之家”真正意义上建成代表的活动之家、温馨之家、和谐之家。

过去一年工作所取得的成绩，得益于县委正确领导，得益于区、市人大常委会对业务工作的指导，得益于“一府两院”的积极配合，得益于全体人大代表、常委会组成人员以及常委会机关工作人员共同努力的结果。在此，我谨代表县人大常委会向所有关心、支持、帮助人大工作的各级领导和社会各界人士表示崇高的敬意和衷心的感谢！

回顾过去一年的工作，我们也清醒地认识到，常委会工作与新时代达孜发展的新要求、人民群众的期待、宪法法律赋予的职责还存在差距。主要是

监督工作的实效还有待增强；代表建议督办工作仍需改进；代表履职水平还有待提高、深入基层了解民意尚有不足。对此，我们将高度重视，认真研究，切实加以改进，努力把人大工作推向前进。

2018年主要任务

2018年，是达孜撤县设区的开局之年，是注定达孜永载史册的大喜之年，也是全面贯彻落实党的十九大、区市党委九届三次全委会、中共达孜区委一届一次会议精神之年，是决胜全面建成小康社会，实施“十三五”规划承上启下的关键之年，也是我国改革开放40周年。党的十九大以来，以习近平总书记为核心的党中央围绕人民代表大会制度和人大工作发表了一系列重要讲话，站在党和国家事业全局的高度，提出了一系列新观点、新论断、新要求，为做好地方人大工作提供了思想指导和行动指南。中央和自治区相继出台了关于加强地方人大工作建设的若干意见和决定，这是新形势下推进社会主义民主法治建设的重要部署，人大工作也将迎来前所未有的良好机遇和发展环境。

各位代表！面对新的机遇和挑战，新一届人大常委会的工作思路和总体要求是：深入学习习近平总书记系列重要讲话和中央、区、市关于加强和改进地方人大工作的系列文件精神，全面贯彻落实党的十九大、区、市党委九届三次全委会和中共达孜区委一届一次会议精神。在中共达孜区委的正确领导下，坚持党的领导、人民当家做主、依法治国的有机统一，牢固树立创新、协调、绿色、开放、共享的发展理念，紧紧围绕中共达孜区委一届一次会议提出的目标任务，以更加奋发有为的精神状态和更加扎实有力的工作举措，切实履行宪法和法律赋予的职责，在民主政治建设、推动改革发展、发挥代表作用、深化人大工作等方面充分发挥地方权力机关职能作用，奋力开创人大工作新局面。在此，我代表达孜县第十二届人民代表大会对新一届人大常委会工作提出以下建议。

一、进一步加强人大自身建设

打铁还需自身硬，新一届人大常委会要把坚持正确的政治方向贯穿到人大依法履职的全过程，努力适应新形势、新常态下人大工作的新要求，不断加强自身建设，努力提高履职水平：一是加强政治理论学习。区人大常委会党组要不断完善学习制度，并认真开展人大党组学习活动外党组成员要以普通党员身份积极主动参加人大机关支部组织开展的各项学习教育活动。学习内容上突出中央、区、市以及达孜区委重要会议精神、习近平系列重要讲话以及党的十九大报告精神和相关法律法规、人大业务知识等内容，从而进一步提升人大机关工作人员综合素质和依法履职的水平；二是全面落实从严治党工作。按照中央“八项规定”和自治区“约法十章”“九项要求”、市委“八项要求”，持之以恒纠正“四风”，常委会组成人员及机关干部守好道德“底线”，不碰党纪“红线”、远离法律“高压线”。严格落实党风廉政建设责任制，大力践行“忠诚干净担当”要求，抓好“一准则三条例”等党内法规的贯彻执行，努力营造良好的党内政治生态和风清气正的人大机关氛围；三是建立健全工作机制。根据《中华人民共和国地方各级人民代表大会和地方各级人民政府组织法》和《中共中央关于转发〈中共全国人大常委会党组关于加强县乡人大工作和建设的若干意见〉的通知》《中共西藏自治区委员会关于进一步加强和改进人大工作的意见》《关于县级人大常委会应设立“一室三委”的工作要求》，达孜区人大常委会将此项工作摆在重要的位置，逐步建立健全“一室三委”工作机构，并充分发挥在常委会审议工作中的智囊参谋作用、在监督和支持“一府两院”工作中的推进作用和在人民群众合法权益中的维护作用，从而充分发挥地方人大及其常委会的职能作用。

二、进一步创新人大监督方式

区人大常委会要把思想和行动统一到新时期中央和区、市对加强地方人大工作和建设的新要求上来，紧密结合达孜区工作实际，着手抓好以下工作：一是在监督实效上下功夫。加强对法律法规实施的难点、经济社会发展的重点、人民群众关注的焦点进行强有力的监督，确保“一府两院”依法行政、公正司法，为达孜发展营造良好的法治环境；二是在监督重大事项上下功夫。要不断健全完善人大常委会重大事项决定权制度，建立科学的讨论决定机制和保障实施机制，找准人大行使决定权和推进改革发展、民主法治建设的结合点，把加强民主法治建设的重大措施以及区域发展总体规划、财政预算调整、城镇建设、民生工程、建设项目等作为行使重大事项决定权的重点，及时听取和审议有关报告，深入调研论证，依法作出决议、决定；三是在监督方式上下功夫。每半年“一府两院”和政府组成部门负责人向区人大常委会述职半年以来的工作开展情况，年末由区人大常委会随机抽取一定比例的单位（部门）第一责任人向人大常委会述职述廉，并进行民主评议。评议结果通过公示栏、网信达孜等形式进行公示公开，此项工作将作为监督干部的一项重要举措来抓，确保各单位、各部门以务实为民、开拓创新的精神做好各项工作；四是在行使任免上下功夫。始终坚持党管干部与人大依法行使任免权相统一的原则，把政治过硬、业务精湛、作风优良、群众信赖作为干部任免依据，严把任免程序，并加强干部任期内履职进行监督，保证人民赋予的权力始终用来为人民服务。

三、进一步加强代表培训工作

人大代表是人民代表大会的主体，代表工作是人大及其常委会的基础和保证，人大代表的水平直接关系到人大及其常委会依法行使职能的效果。为切实提高新一届人大代表的整素质和履职水平，充分发挥人大代表在加快全面小康建设中的重要作用：一是加强人大常委会对人大代表的培训力度。要结合实际，制定科学合理的代表培训方案，进一步优化培训人员结构、加大培训力度、拓宽培训资源、丰富培训内容、增强培训实效，并积极创造有利条件让人大代表有机会接受更高水平的学习培训，提升代表素质，从而推动人大工作和代表工作不断进步；二是加强人大常委会与兄弟县区的沟通联系。组织代表“走出去与请进来”相结合，不断拓宽代表的视野，提高代表素质，另外，争取江苏镇江援建市县对我区人大工作的关心和支持，输送更多的代表前往江苏参观学习，在不断拓宽代表的视野，提高代表素质的同时把内地先进的做法和好的经验应用到全区的发展大局中；三是加强人大常委会与代表的联系沟通。坚持邀请区级人大代表列席区人大常委会会议，参加常委会组织开展的各类活动，为代表的知情知政，履行代表职责创造良好的条件。

四、进一步加强乡（镇）人大工作

乡（镇）人大作为最基层的国家权力机关，是人大工作的重要组成部分，新一届区级人大常委会要在原有的常委会班子联系乡（镇）的制度上进一步加强对乡（镇）人大工作的指导力度：一是继续开展举办学习培训班、经验交流会、工作座谈会等活动及时帮助乡（镇）人大解决工作中遇到的问题和困难，实现区、乡人大工作的联动，形成人大工作发展合力；二是组织乡（镇）人大主席参加区人大常委会组织开展的专题调研、执法检查、视察等活动，切实加强与基层人大的联系，着力提高乡（镇）人大业务水平；三是乡级“代表之家”要进一步发挥载体作用，不断创新工作方法，开展丰富多彩、生动活泼、行之有效、富有创新的活动来充分发挥“家”的功能，激发代表的履职热情，真正使“代表之家”成为提高代表素质的基地、代表议政督政的平台、代表与选民联系沟通的桥梁。

各位代表！达孜区发展进步的新征程已经开启，使命光荣而艰巨。让我们更加紧密地团结在以习近平同志为核心的党中央周围，在中共达孜区委的坚强领导下，以时不我待的责任意识，为民情怀和奋发有为的工作激情，不负全区人民重托，砥砺前行，忠诚履职，为全面完成“十三五”规划，决胜全面小康，建设团结美丽健康幸福新达孜做出新的更大的贡献。

中国人民政治协商会议
第二届达孜区委员会常务委员会
工 作 报 告

——在政协第一届拉萨市达孜区委员会第一次会议上

达孜区政协主席 赵彩娥

（2018 年 2 月 3 日）

2017 年工作回顾

2017 年，是实施“十三五”规划的重要一年，是供给侧结构性改革的深化之年，是贯彻落实区、市、县第九次党代会精神的关键之年，也是我县打赢脱贫攻坚战的决胜之年。一年来，人民政协踏着全县开创、奠基、奋进、跨越的铿锵节拍，和着全县经济实力大跨越、产业结构大调整、发展后劲大增强、城乡面貌大变化、民生福祉大改善、发展活力大释放、行政效能大提升的豪迈旋律，紧紧依靠县委的坚强领导，市政协的精心指导和县人大、县政府及有关部门的大力支持以及社会各界的热情参与，紧扣全县工作大局，切实履行政治协商、民主监督、参政议政职能，着力探索创新、凝心聚力、强基固本，主动谋事，认真干事，努力成事，书写了我县人民政协事业发展的新篇章。

一、加强学习、提升自我，履职为民更加坚定

一年来，常委会坚持强化理论引领和思想建设，着力提升政治把握能力，增强政治定力，广泛凝聚共识，不断巩固团结奋斗的共同思想政治基础。坚持党组理论中心组、主席会议和常委会议学习制度，发挥示范带头作用。通过参加政协理论培训班、举办报告会、专题讲座、座谈交流等多种形式，组织委员深入学习贯彻中共十八大、十九大和十八届历

次全会、十九届一中全会精神，深入学习贯彻习近平总书记系列重要讲话精神，特别是党的十九大召开后，第一时间召集全县政协委员传达学习党的十九大精神及解读涉及人民群众普遍关心、关注的惠民政策，重点传达了党的十九大报告中就做好政协工作提出的一系列新理念、新思想、新要求。深刻理解中共中央关于加强社会主义协商民主建设和人民政协协商民主建设的重大部署，准确把握人民政协作为协商民主重要渠道和专门协商机构的作用，更加明确政协履职的根本遵循和着力方位。通过加强学习，引导委员不断增强政治意识、大局意识、核心意识、看齐意识，进一步增强中国特色社会主义道路自信、理论自信、制度自信、文化自信，进一步增强中国特色社会主义的思想认同、政治认同、感情认同。全年党组理论中心组学习12次，撰写心得体会15篇、常委会学习4次。

二、围绕中心、服务大局，协商议政更加有为

一年来，常委会组织全体政协委员，团结一心，开拓前进。二次全会以后，分别召开了5次常委会议、9次主席会议，政协委员座谈会10次，提出各类意见、建议30余条，有力地助推了决胜全面建成小康达孜。

全委会议整体协商呈现新特点。政协全会是全体政协委员全面参与履职的重要舞台。常委会高度重视政协协商议政职能的履行，精心部署全会的各项工作。全会期间，委员们肩负着推进幸福、美丽、宜居、小康达孜建设的历史使命，与县党政领导一起共商大事、共谋大计。全会重点围绕政协常委会工作报告、提案工作报告和“一府两院”工作报告深入开展讨论，精心组织大会发言，有29位委员作了大会口头或书面发言，积极建言献策。全会闭幕后，及时整理了12条建议和50多条意见。这些建言成果引起了县委、县政府领导的高度关注。

常委会议专题协商体现新作为。常委会议是大会闭幕期间政协履职的重要平台。县政协常委会建立了半年协商制，为了增强协商议政的实效，常委会注重把握了“四个环节”：一是精心确定议题；二是组织深入调研；三是充分开展协商；四是注重建议的办理落实。“建设秀美达孜”“打赢脱贫攻坚战”是全县人民群众的新祈盼，如何更好地推动达孜经济实现又好又快发展和人民安居乐业是个新课题。对此，常委会先后围绕“巩固精准扶贫易地搬迁成果”，“加强环境保护，建设秀美达孜”这两个重大议题开展专题协商，委员们发言踊跃，坦诚中肯，梳理整理出了40条有建设性的意见建议。协商成果分别报送党委、政府，有力地推动了全县重点工作的顺利开展。

主席会议、委员协商座谈谋求新效果。主席会议是负责处理常委会日常工作的重要会议，委员协商座谈是达孜政协开展多年的一项创新实践。常委会在对主席会议和委员协商座谈的谋划中，注重做到“议题的针对性、协商的灵活性、调研的互动性、建议的操作性”，从而保证了每一次协商活动的圆满成功。主席班子成员经常深入基层走访委员，了解基层状况，鼓励委员直面困难、坚定信心、“危”中寻“机”“危”中求“进”。常委会还注重组织和引导委员参与谋划“乡村振兴”工作，力求做到早介入、深调研、多献策；注重组织和引导委员支持和参与“禁白”工作，力求做到多帮忙、多宣传、多配合；政协注重组织和引导委员助推“脱贫攻坚”，力求做到理解好、支持好、行动好。

三、关注民生、反映民意，民主监督更加深入

一年来，常委会坚持把维护人民群众根本利益作为履行职能的出发点和落脚点，组织政协委员深入调查研究，积极撰写提案，推进民主监督，多形式地反映社情民意信息，努力维护人民群众最关心、最直接、最现实的利益问题。

政协提案工作扎实有效。提案是政协履行职能的一大品牌，更是参政议政、民主监督的有效途径。二届二次全会以来，共收集提案78件，其中立案65件。常委会注重完善提案办理的相关制度，建立提案交办前与有关部门沟通协商机制，联合县人大、县政府召开第一次意见建议、提案交办前的协调会，为提案交办奠定基础。并把抓好提案督办、提高办理质量作为提案工作的重中之重。及时会同“两办”督查室，对委员提案进行了联合督办。通过政协主席、副主席督办重点提案，走访重点承办单位，邀请提案人一起参与提案的督办工作，组织

开展面对面协商或视察督办重要提案以及提案办理工作“回头看”活动等有效形式，进一步探索现场督办、跟踪督办、联合督办等有效途径，增强了办理提案的实效。截至目前，共办结38件，办结率达到58.4%，答复率达到100%。

民主监督活动推进有力。常委会注重增强民主监督的针对性、有效性和时效性，加强和改进了统一选派民主监督员工作。通过政协民主监督员参加有关单位的情况通报会、座谈会、明察暗访、专题调研和征询民意等活动，对被监督部门贯彻方针政策、执行法律法规、开展依法行政、加强党风廉政建设和作风效能建设等方面的情况进行监督，并及时提出意见和建议，有力地推进了部门工作的提升和作风的转变。一年来，为环保、法院、教育、组织等部门派送10多名委员担任特邀监督员，参与旁听庭审、卫生监督、教育评议等工作，履行好政协“三大”职能。

反映民意渠道畅通有序。反映社情民意信息是政协关注民生的一大特色。常委会一直高度重视反映社情民意信息工作，建立和完善了反映社情民意信息工作制度，把收集反映社情民意信息贯穿于政协开展的各项工作和活动之中，做到政协班子走访委员时注重听取社情民意信息反映，积极抓好乡镇政协委员联络员反映社情民意信息工作，努力发挥委员的优势和特长，进一步提高反映社情民意信息工作的质量，注重发挥信息员队伍的作用。常委会要求每位委员和信息员立足岗位，深入了解民情，积极反映社情民意，促使一些热点难点问题得到较好的解决。一年来，共收集社情民意22条，经过及时的转办，大多数社情民意得到有关部门的高度重视，提出的问题得到合理的答复反馈，充分发挥了信息促进工作的监督作用。

四、坚持主题、增进联谊，团结民主更加紧密

坚持联络联谊，汇集政协力量。协调联动更趋常态。常委会发挥政协联系广泛优势，加强联络联谊，建立健全了政协领导和办公室联系界别的联络机制、委员走访制度，领导带队对全县政协委员上门走访，倾听委员的真知灼见，帮助委员解决生产、生活中的困难与问题；今年，县政协牵头县直各部门、各乡镇开展全县巩固“禁白”成果活动，联合公安局、环保局、工商局、县执法大队对辖区内开展了2次联合宣传执法活动，组织各成员单位召开了4次巩固“禁白”工作推进会。政协班子带队深入五乡一镇检查巩固“禁白”工作开展情况，召开委员“禁白”工作专题座谈会，要求全县政协委员发挥好联系广泛的优势，当好环境保护的宣传者、践行者、建言者、监督者。许多基层政协委员自发组织群众清扫乡村垃圾，巩固“禁白”成果。

坚持活动交流，弘扬政协主题。一年来，常委会自觉坚持党的领导，在政协履职过程中，做到重要问题、重大事项主动向县委请示汇报，把县委的决策自觉贯彻到政协工作之中，坚持围绕县委县政府中心工作履职尽责，做到思想上同心、目标上同向、工作上同步，使政协工作与党政工作形成良性互动。同时，广泛听取了各部门、各团体对政协工作的意见建议，不断完善了与各部门之间的对口联系，互通信息，协同合作，开辟了工作新途径，增强了工作活力和成效。主动加强与兄弟县区政协的沟通联系，年中与萨嘎县、江孜县、甘肃省舟曲县政协等开展了视察互动活动，交换了工作心得，交流了工作经验，拓宽了工作思路。全年接待调研考察活动10余次，接待300多人，积极宣传推介我县的经济社会发展成就和人文历史，提升了达孜的美誉度和享誉度。

坚持团结民主，展现政协风采。文史工作是政协一项经常性、基础性工作。一年来，常委会为了补齐我县文史工作短板，填补政协文史工作空白，充分发挥政协文史资料“存史、资政、团结、育人”的作用，常委会召开了全县文史资料征集工作部署会议，成立了领导小组，制定了全县文史资料征集方案，签订了工作协议。发动全县力量、团结各方整合资源征集文史资料，目前已完成老县史的编译工作，预计2018年编纂出版达孜县史，必将对于挖掘、抢救、整合达孜历史文化资源，弘扬达孜历史文化，推动达孜文化大发展大繁荣起到积极的作用。

五、发挥优势、凝聚合力，维护稳定更加有力

主动服从服务大局。按照县委的统一要求，认真落实好县级干部“包乡包村包寺”工作责任制，主

动做好各敏感节点维稳安保、值班等工作，特别是高度重视三月份和十九大前后的维稳安保工作，政协班子深入所包乡村排查安全隐患，切实将各类矛盾纠纷等隐患消除在萌芽状态。一年来，政协班子主动配合积极参与了县域内征地、拉萨市脱贫摘帽验收、河长制、“禁白”、村“两委”换届选举等中心工作，为维护达孜平安和谐、全县工作顺利推进贡献力量、做出表率。

六、转变作风、夯实基础，自身建设更加强化

常委会高度重视自身建设，主动适应新形势新任务的要求，为全面提高人民政协履行职能的能力和水平提供保证。 围绕打造有为政协、效能政协、和谐政协、活力政协的目标，坚持不懈地加强自身建设，促进自我完善、自我提升。

思想政治建设不断加强。政协是政治组织，思想引领至关重要。常委会认真贯彻中央和区市县党委关于全面从严治党的决策部署，切实履行管党治党的主体责任，充分发挥党组的领导核心和政治保证功能，充分发挥把方向、管大局、保落实的作用，把从严治党的要求落实到工作的全方位和全过程。2017 年 6 月，政协机关成立独立党支部，建立健全了支部各项制度，政协党组坚持将党建工作与政协工作同部署、同检查、同考核、同落实，扎实开展“两学一做”学习教育并使之常态化、制度化，认真落实“三会一课”“主题党日”等制度，对内提升了精气神，对外树立了新形象。机关党员干部自觉克服“二线”意识、“边缘”情绪，牢固树立政治意识、大局意识、核心意识和看齐意识，形成了以上率下、以为立位的良好精神风貌。

委员履职能力逐渐提高。县政协严格按照《政协章程》和政协工作规则的要求，坚持做好以职责、权力为主题的履职培训，做好以形势、使命为内容的责任培训，做好以岗位、任务为内容的能力培训。一年来，先后三次组织开展了提案办理工作专题培训、党的十九大精神传达学习会和委员“走出去”赴镇江培训，切实提高了委员的使命意识，丰富了政协工作知识，增强了履职的责任感，提升了参政议政能力。

机关作风建设持续强化。以建设学习型、创新型、服务型、效能型、廉洁型机关为目标，以目标管理责任制为抓手，着力强化机关干部炼境界、炼思维、练能力、炼作风、炼方法的自觉意识与自觉行动，政协办公室的工作积极性与创造性得到不断增强，与党政职能部门和界别的对口联系协调更加紧密，服务中心、服务基层、服务委员、服务群众的意识和水平日益提高，统筹协调服务保障功能得到有效发挥。一年来，政协班子带领机关干部慰问因病住院、困难委员 26 人；深入包扶乡村、结对帮扶户开展“走基层，送温暖”活动，先后将价值 15000 元的生活物资和慰问金送到贫困群众手里，将党和政府的关怀送到群众心里，为推动社会和谐稳定发挥了积极作用。

过去一年的工作实践，我们深深地体会到，做好新形势下政协工作：必须坚持党的领导。只有自觉接受县委领导，与县委保持思想上同心、目标上同向、行动上同步，政协工作才能方向明、思路清、效果好。必须坚持委员主体。只有用事业凝聚委员，用实践锻炼委员，用机制激励委员，用平台吸引委员，才能更好地调动委员的积极性、创造性，发挥好政协的独特优势。必须坚持改革创新。只有牢牢把握时代脉搏，总结新鲜经验，探索政协工作规律，不断改革创新，才能使政协事业焕发生机和活力。必须坚持服务大局。只有服从服务大局，在助推上着力，在参谋上用功，在凝心聚力上做贡献，才能着眼大目标，立足大格局，做出大贡献。必须坚持履职为民。只有牢固树立以人民为中心的思想，始终把群众利益放在第一位置，把群众呼声作为第一信号，把群众满意作为第一追求，才能赢得群众的信赖、社会的尊重。

各位委员、同志们：回首过去的一年，县政协在探索中发展，在创新中前进，取得了一定成绩。这主要得益于县委的正确领导，得益于县人大、县政府的大力支持，得益于社会各界和广大群众的关心拥护，得益于广大政协委员和政协工作者的不懈努力。在此，我谨代表县政协常委会，向全体委员，向所有关心、重视和支持政协工作的各级领导、各个部门、各界人士，表示衷心的感谢和崇高的敬意！

在总结成绩的同时，我们也清醒地认识到工作

中存在的困难和问题。主要表现在：调研视察活动少；重协商、轻落实，调研成果转化机制亟待完善；民主监督工作相对薄弱，建议性的监督较多，批评性的监督较少；“年委员”“季常委”现象不同程度存在，委员联络服务机构缺失、委员能力素质有待提高。对此，我们将继续予以高度重视，切实加以改进。

2018年工作思路

各位委员、同志们：2018年，是全面建成小康达孜的决胜阶段。做好2018年政协工作，意义深远，责任重大。为此，今后一年工作的指导思想是：认真贯彻落实党的十九大精神，高举习近平新时代中国特色社会主义思想伟大旗帜，在以习近平同志为核心的党中央的坚强领导下，牢固树立“四个意识”，切实增强“四个自信”，紧紧围绕区委确定的抓好“发展、稳定、生态”三件大事的总体要求、全面建成小康达孜的奋斗目标、按照“五位一体”总体布局，坚持“六大战略”，坚持政协“两大主题”，认真履行政协“三大职能”，充分发挥协调各方、汇聚力量、建言献策、服务大局功能，以更加昂扬的工作热情，立足政协事业，不忘初心、牢记使命，投身决胜全面建成小康达孜火热实践中，为奋力开启全面建设社会主义现代化达孜新征程贡献新的力量。

一、做到三个坚持，体现政协工作新作为

坚持追赶超越。追赶着超越是习近平总书记对陕西的嘱托，也是我们决胜小康的使命担当。我们要坚定追赶超越的信心和决心，聚焦“一心两翼”作用的有效发挥，打破常规思维，跳出达孜看达孜，振奋精神，苦干实干，努力以大作为推动达孜大发展。要有追赶超越的具体行动，立足发展实际，着眼三产融合转型、乡村振兴建设等重大事项，尽心履职，主动作为，努力为我区“十三五”目标顺利实现建言献策。

坚持改善民生。要坚持以人民为中心的发展思想，积极回应人民群众对美好幸福生活的向往，多做联系、服务群众的工作，多办顺民意、暖民心、惠民生的好事实事。从群众最切身利益的问题入手，开展调查研究，提出建设性意见、建议。要紧盯重点民生工程、脱贫攻坚工作、卫生与健康等，深入开展专题视察、专项民主监督等活动。要发挥政协人才荟萃、智力密集、联系广泛的优势，及时收集社情民意，传递百姓心声，推动有关问题有效解决。

坚持广泛协商。要聚焦全区经济社会发展新常态，坚持把促进解决经济社会发展中的热点、难点问题作为经常性协商内容，发挥好协商民主的重要渠道作用。要建立以界别为基础、以专题为重点，以对口为纽带、以座谈为形式的协商制度，重点围绕事关我区经济社会发展不平衡、不充分的热点、难点等协商建言。要加强对政协机关的指导，引导基层政协委员参与本辖区重大事项协商，推动政协工作向基层延伸。

二、突出“三个创新”，提升政协工作新水平

创新学习方式。要深入学习贯彻党的十九大以及习近平总书记系列重要讲话精神，认真落实党的十九大报告对政协工作的新要求新部署，牢牢把握正确的政治方向，不断增强政治意识、大局意识、核心意识和看齐意识。要积极开展“读书习文”活动，加强交流，促进共同提高。要定期组织委员和机关干部“走出去”考察，学习先进经验，汲取成功做法，提升履职能力和水平。

创新履职方式。要结合生态达孜建设、现代农业、休闲旅游、供给侧结构性改革等重点，精心选择调研视察课题，主动出击，在实践中验证提出的意见建议，扩大人民政协的影响力。要采取提案工作培训、向社会征集提案、提案现场办理、领导领衔督办、上门协商督办、委员视察督办等办法，加强对提案办理的跟踪，确保提案办理实效。要通过委员监督、民主测评等形式，对行政部门、司法机关和政府职能部门进行监督，拓展民主监督的广度和深度。

创新管理模式。要经常开展内容丰富、形式多样的学习培训活动，提高委员综合素质，努力打造“懂政协、会协商、善议政”的委员队伍。要改进调查研究方式，推行预先告知制度，深入实际、深入基层、深入群众了解实际情况，掌握第一手资料，认真研究论证，提出具体实在的对策建议。要强化委员教育管理，拓展委员知情渠道，完善委员联络制度，

充分调动工作积极性，发挥委员在本职工作中的带头作用，界别群众中的代表作用，积极传播好声音、汇聚正能量。

三、实现“三个满意”，谱写政协工作新篇章

让政协各界满意。要立足建设“学习型、创新型、服务型、和谐型”政协机关，严格落实各项规章制度，大力弘扬“责任、带头、规范、创新、务实”的新风气。要充分尊重委员主体地位，广泛开展委员每年至少参加一次政协活动，提出一件较高质量的提案、反映一条有价值的社情民意、兴办一件有益于人民的实事的“四个一”活动，为委员履职创造更多机会、更大平台、更好载体。同时政协机关作为委员“娘家”，一定要多为委员“打气”、多为委员“充电”、多为委员“喝彩”，让委员愿进政协门、乐作政协人、爱干政协事。

让人民群众满意。要围绕区委、区政府的重大民生决策、民生实事，深入开展调查研究，提出意见建议。围绕现代农业、卫生与健康、社会保障、食药安全、环境保护等问题，开展民主监督和视察活动，推动各项民生事业健康发展。要组织引导委员广泛开展为民服务活动，积极参加助残济弱、扶贫帮困、捐资助学社会公益事业，倾力为困难群体解难事、做好事、办实事，努力使改革发展的成果惠及广大百姓，让人民群众不断有更多获得感。

让各级组织满意。要把政协工作放到全区工作大局中去谋划和推进，找准履职的切入点，充分发挥政协“智囊团”“人才库”的作用，主动围绕区委、区政府的决策部署，深入调查研究，广泛开展协商，积极建言献策，为推动区域经济持续健康发展和社会和谐稳定，营造齐心协力的良好氛围。要切实加强政协机关自身建设，不断提高服务水平，加强党风廉政建设，努力建设一支廉洁、务实、高效的政协干部队伍，进一步树立政协良好形象。

各位委员、同志们：扬帆起航正当时，砥砺奋进又一春。人民政协使命光荣、责任重大，大有可为、大有作为。全区经济社会发展的宏伟蓝图已经绘就。新起点、新征程鼓舞人心，新目标、新号角催人奋进，区政协将在中共拉萨市达孜区委的坚强领导下，不忘初心、牢记使命，砥砺奋进，为书写伟大复兴中国梦的达孜篇做出新的更大贡献。

坚持全面从严治党 严格监督执纪 推动党风廉政建设和反腐败斗争工作进入新时代

——在中共拉萨市达孜区第一届第一次代表大会上的工作报告

区委常委、纪委书记、监察委主任 扎西泽姆

（2018年1月29日）

一、2017年工作回顾

2017年，在市委的坚强领导下，在拉萨市纪委的有力指导和推动下，达孜县委站位全局、忠诚履职，切实担负起管党治党的主体责任，坚定不移推进全面从严治党。县、乡（镇）两级纪委深化落实“三转”，服务发展、主动作为，严格监督执纪问责，不断巩固深化作风建设成果。经过一年的努力，各级党组织管党治党的政治责任明显增强，全县党风廉政建设和反腐败工作取得新成效。

（一）主体责任落实迈出新步伐

统筹推进责任落实。先后召开了县委九届二次全会和全县政府系统廉政工作会议，对全县的党风廉政建设工作作出总体安排部署；组织召开了县委常委班子民主生活会，重点查找和解决班子成员在落实“一岗双责”方面存在的问题；成立了县委主体责任办公室，加强对全县各级党委（党组）主体责任落实的督促指导。县委、县政府主要领导带头做表率，主动向市委、市纪委报告党风廉政建设责任制落实情况；随时听取县纪委工作汇报，全力为纪委排除工作中的困难和阻力。2017年，县委常委会专题研究党风廉政建设相关议题8个，县委主要领导听取纪委工作汇报40余次。

认真开展对下约谈。严格按照《对下级党委（党组）书记开展约谈的工作方案》要求，对各乡（镇）党委书记和纪委书记、县直各单位行政“一把手”、各寺庙管委会主要负责人进行约谈。共约谈全县各单位行政“一把手”51人、各乡（镇）纪委书记6人，汇总发现问题30余项，并建立了工作台账跟踪督促整改。切实传导了压力，推动了“两个责任”落实。

“双述”工作全面铺开。县委书记亲自主持召开“双述”会议，县纪委逐一审核各乡（镇）、县直各部门上报的述责述廉报告，确定3个部门党委（党组）书记分别就本单位落实全面从严治党主体责任情况、存在的主要问题和下一步工作打算等进行现场述责述廉，并接受现场质询和民主测评。确定10家县直单位作书面述责述廉。各乡（镇）党委和纪委也组织召开了“双述”会议。进一步压实了责任，实现了全面从严治党向纵深发展。

巡察制度初步建立。根据自治区党委、拉萨市委关于开展巡察工作的部署要求，及时研究制定了我县《巡察工作实施方案》《巡察5年规划》和《2017年巡察工作计划》等多项指导性文件；建立21项上墙制度，规范巡察工作人员行为和工作流程，严明巡察工作纪律等。按规定组建了巡察办公室、设立了2个巡察组，并如期进驻4家单位开展巡察。目前，首轮巡察工作已全部结束，巡察发现党的领导弱化问题4条、党的建设缺失问题5条、全面从

严治党不力问题1条，向县纪委移交问题线索4条，提出整改意见建议10条。

（二）宣传教育工作呈现新特点

宣传教育更具互联网思维。为进一步提升我县党风廉政宣传教育覆盖面和工作效果，在领导干部中传递廉政文化建设正能量。县纪委开通了“移动云MAS平台”，用于发送纪律检查工作紧急通知，在每周五或节假日前，向全县科级及以上干部发送廉政格言、警句、党纪法规等信息。2017年，共发送短信12000余条。在节假日和敏感时间节点，还通过“网信达孜”微信公众号强调纪律要求，安排部署党风廉政建设和反腐败工作。

宣传教育方式更加多样化。县纪委积极探索理论指导、实例警醒、学考互促相结合的宣传教育模式，以更加多样化的方式，提升宣传教育效果。编辑发放《党员干部廉政工作手册》500余册，并要求将学习工作手册纳入“两学一做”学教工作中认真学习贯彻；先后邀请自治区行政学院教授、市纪委领导为全县在家的县级干部、科级干部、纪检干部共250余人次讲授了从严治党相关理论知识；县纪委主要领导带头为新入党党员讲授廉政党课、为新提拔任用干部进行任前廉政谈话；组织去年至今新提拔任用的领导干部、退休老干部共计29人参观了拉萨市廉政警示教育基地、驻藏大臣衙门旧址和根敦群培纪念馆；组织全县204名科级干部和纪检监察干部开展廉政知识测试、225名科级及以上干部进行了十九大精神理论知识测试。促进形成了更加浓厚的学习氛围。

（三）纪律检查工作突出新要求

突出规范党内政治生活。一是先后2次印发通知，要求各级党委（党组）要切实担负起管党治党主体责任，加强对本单位本部门党员干部的教育监督管理，引导党员干部始终保持清醒头脑，严守党的政治纪律和政治规矩，自觉抵制宗教消极影响，切实做到“七个严禁”。全年，共监督检查发现相关文件传达学习不认真不及时问题2起，约谈相关责任人2人次。二是为营造风清气正的换届环境，在村“两委”换届期间，县纪委再次严明纪律要求，严防换届选举不正之风；县纪委主要领导带队深入村组，检查调研换届工作开展情况，及时发现和解决换届工作中存在的隐患和问题。三是严把选人用人关，及时更新廉政档案资料，严格廉政意见函回复工作，坚决防止“带病提拔”“带病上岗”、违规评先评优问题发生。2017年，县纪委共更新廉政档案157份；出具廉政意见函37份，对982人次进行廉政审核，取消评优提拔资格7人次。

突出扶贫攻坚工作责任担当。一是将开展扶贫领域监督执纪问责工作纳入县纪委九届二次全会工作报告中，作为全年的工作重点。制定印发了县纪委《九届二次全会任务分解表》，将工作任务进一步细化，以推动工作扎实有效开展。二是传达学习了中纪委和区市纪委扶贫领域监督执纪问责会议精神，并及时提交县委常委会传达学习、作出部署；及时通报了我县2起扶贫领域存在问题和其他地区查处的多起典型案例，要求全县各级各部门，特别是扶贫开发相关职能部门的党员领导干部要时刻保持警醒，提高站位，绝不触碰纪律红线。三是县纪委（监察局）牵头组成2个监督检查组，对全县2013—2015年“两项资金”进行抽查；联合县人大、扶贫办、民政局等部门深入各乡（镇）开展了扶贫领域专项监督检查；与县财政局、各乡（镇）纪委组成3个小组，对全县20个行政村“四资”管理使用情况及扶贫领域资金拨付、兑现情况进行了全覆盖清查，助推村“两委”换届选举顺利完成。检查发现的群众脱贫意识淡薄、贫困户户档资料数据不准确、个别涉农资金发放不及时、侵害群众利益等问题均一一反馈至问题责任单位，责令整改落实。

突出推进中央八项规定精神贯彻落实。一是严格执行《拉萨市行政事业单位公务车辆配备使用管理办法》和《达孜县接待工作办法》，未发现违规配备购买公务用车情况和违规公务接待情况。实行定点维修和包干公务加油卡制度，规范车辆维修和燃油费发放。2017年，全县共产生公务接待费84.42万元，同比减少8.0%；近年来，全县未产生任何因公出国（境）费用。二是与全县各单位主要负责人签订了《不违规操办和参加婚丧喜庆欢送宴承诺书》《领导干部廉洁使用公车承诺书》，联合县公安局把“禁赌”工作延伸到全县党员和国家公职人员当中，重申纪律要求，划清纪律底线；在维稳敏感日和重要节假日期间，积极开展交叉检查、纠风专项检查等形式的明察暗访，确保中央八项规定精神落到实处，严防“四风”问题反弹回潮。2017年，县、乡（镇）纪委共下发廉洁过节通知20余次，开展监督检查69组次，检查单位部门900多家次。发现涉嫌违反中央八项规定精神问题7件，其中涉及公车私用问题5件，涉及公务接待1件，公款购买白酒1件。目前初核了结5件，立案2件，给予党纪政纪处分1人，3人因领导责任落实不到位被问责。

突出维稳安保领域问题查处力度。一是在十九大召开前夕，纪委及时将工作重心调整到全县维稳这一大局上来；要求纪委同志严格履行工作程序，牢固树立“没有安全就没有执纪审查”的底线意识，暂缓其他执纪审查工作，消除执纪审查安全隐患。二是在日常监督检查中，县纪委将维稳安保工作落实情况作为监督检查重点内容。在党的十九大召开前后，县纪委在县委领导下，主动作为，将十九大维护稳定工作作为重要的政治任务，全力以赴协助县委狠抓维稳安保领域督导检查。在国庆、中秋和十九大召开期间，县纪委主要负责人每天带队开展明察暗访，并每晚向包县地级领导和县委报告工作，为县委相关决策部署提供依据。期间，县纪委共开展维稳督导60余次，检查单位370余家次，检查发现违纪问题2起，给予党内警告处分4人次、免职1人次、诫勉谈话3人次。切实为十九大胜利召开营造了安定和谐的社会氛围。

突出环境保护问题督查惩治。一是根据《达孜县县乡（镇）党委、政府及有关部门环境保护工作职责规定》，县纪委充分发挥纪检监察机关监督执纪问责工作职能，成立专项整治督察组对全县范围内的4个采沙场，13个采石场，3个生产加工场所开展了专项检查，针对检查发现的非法开采设备未清理、余料清理不彻底、破坏山体恢复不到位等问题，县纪委及时责成问题责任单位进行了整改。二是根据“党政同责、一岗双责”要求及属地管理原则，对生态环境保护决策落实不到位、存在问题整改推进不力、环保执法工作被动等问题严肃问责。2017年，县纪委共受理环境保护问题线索2起，目前已全部办结，共约谈5人，诫勉谈话1人，给予政纪处分1人。

突出强化执纪审查工作效果。一是开通了扶贫领域举报绿色通道，制定了《达孜县纪委（监察局）信访实名举报奖惩办法（试行）》，并编译成藏语版发放至全县各村组，要求传达至普通农牧民群众中知晓，极大调动了广大干部、群众参与监督举报的积极性。2017年，县纪委共受理信访举报26起，处置问题线索23件（函询2件），同比增长75%，主要涉及违反维稳工作纪律、生活纪律、公车私用、侵害群众利益不正之风等；目前已初核了结8件，谈话函询了结1件，立案结案6件，正在办理8件；全年共立案8件，同比增长33%。二是转变执纪审查工作思路，把握运用监督执纪“四种形态”，对苗头性倾向性问题和轻微违纪问题，更多地运用批评教育、诫勉谈话、组织处理、纪律轻处分等方式来处理；对顶风违纪问题坚决予以惩治，绝不姑息迁就；真正体现对党员干部的严格要求和关心爱护。2017年，县纪委共进行谈话函询1人次、提醒谈话19人次、批评教育15人次、约谈19人次、诫勉谈话9人、给予党纪政纪处分7人（含开除党籍1人）、免职1人。其中第一二种形态占比97.2%，第三四种形态占比2.8%。

（四）自身建设取得新突破

学习成效开始显现。委局始终坚持工作例会制度，组织开展理想信念、政策理论、业务知识、党纪条规、“学思践悟”学习。先后4次集中组织全县纪检干部深入学习党的十八届六次全会精神和十八届中央纪委七次全会、九届区纪委二次全会、九届拉萨市纪委二次全会精神和党的十九大精神。积极参加中央、自治区、拉萨市纪委组织的各类培训活动。2017年，共参加中纪委培训3人次，参加自治区、拉萨市纪委培训活动35人次。成立了县纪委（监察局）党支部委员会，制定了党支部学习计划，认真开展“两学一做”学习教育。组织全县纪检工作人员和巡察干部召开组织生活会，参会同志紧扣“纪检监察干部行为规范”和“六项纪律”撰写对照检查材料，逐个开展批评与自我批评，进一步查找了问题，提升了自我。经过一年的努力，全县纪检工作人员理论知识水平和业务工作能力明显提高。

人员力量进一步提升。在上级纪委和县委的大力支持下，县纪委新增下属事业单位纪检监察信息中心，县纪委(监察局)总编制由7个增至10个，工作人员由7人增配至11人；从全县纪检监察系统和县法院、检察院、公安局、司法局、财政局等部门筛选23名业务骨干，组建了我县执纪审查人才资源库；组织召开了2017年纪检监察系统工作会议和反腐败协调小组工作会议，着力解决反腐败工作中存在的问题，提升各成员单位间执纪审查工作沟通协作配合水平。经过努力，县纪委(监察局)执纪审查力量和效率进一步提高。

内部管理不断加强。结合实际制定了达孜县《纪检监察工作人员管理办法(试行)》，对纪检监察工作人员的监督、教育、管理更加规范，为县、乡(镇)、村级纪检工作人员扎实有效开展工作提供了依据和制度保障。根据上级相关规定，在县政府大力支持下，为全县纪检干部(含村级纪检监督员)解决了每人每月220元的岗位津贴，全年共发放岗位津贴9.24万元，进一步激发了工作人员的工作积极性。纪检系统内部率先开展不作为慢作为自查和赌博专项整治，并在全体纪检工作人员和巡察干部中签订了《禁赌承诺书》，进一步强化了约束，加强了管理。借上级部门到我县开展党风廉政建设责任制考核、检查监督执纪问责情况、调研纪检监察机关“三转”等时机，深入开展自查自纠，不断加强制度建设、机构建设，不断规范监督执纪权力运行。

监察改革稳步推进。根据区、市党委相关决策部署，成立了达孜县深化国家监察体制改革试点工作小组，研究制定了《达孜县深化国家监察体制改革试点工作实施方案》；县纪委、县检察院主要领导积极参加自治区、拉萨市组织的相关业务培训，熟悉改革试点工作要求和工作实施步骤；开展了转隶人员谈心谈话，核实和清点了涉改部门编制数和财物情况；协调县人大和相关部门召开了达孜县第十二届人大三次会议和第十二届人大常委会第十次会议，成立了县监察委员会，选举任命了县监察委员会主任、副主任及委员。

各位代表、同志们，在肯定成绩的同时，我们也要清醒地看到，当前我区党风廉政建设和反腐败工作还存在一些亟待解决的问题。一是“重业务、轻党风廉政建设”“重律己、轻律他”“重部署、轻落实”等问题依然存在；主要表现在：一些部门主要负责人不按要求撰写述责述廉报告，用业务述职报告代替述责述廉报告；党风廉政建设工作有安排、有计划、有任务分解，但对落实情况缺乏跟踪督促，年中、年底对工作总结不认真、不细致；个别班子成员自身能够较好做到严于律己，但落实“一岗双责”不够到位，对所分管范围干部职工监管教育力度不够，存在“老好人”现象等；个别领导干部还存在思想认识严重不到位问题，在纪委开展工作中，不配合工作甚至对抗执纪监督和审查调查。二是纪检监察机关工作方式单一，对侵害群众利益不正之风和腐败问题查处力度不够，长期“零查处”；发现问题和处理问题能力不足，各乡(镇)纪委、村级纪检监督员问题线索长期“零报告”；督促扶贫领域相关职能部门履行监管职责工作力度不够，个别乡(镇)纪委“三转”不到位，“既当裁判员又当运动员”问题仍然存在。以上问题，严重制约全区党风廉政建设和反腐败工作深入开展，我们必须高度重视，认真分析原因所在，采取有效措施加以解决。

二、2018年主要任务

2018年，是贯彻落实党的十九大精神的开局之年，是决胜全面建成小康社会的关键之年。2018年，撤县设区工作完成，区监察委员会成立，纪委监委机构组建完成，区纪委监委责任更加重大，做好2018年全区纪检监察工作意义非凡。2018年，我们将在区委和上级纪委监委的坚强领导下，履行好新党章和《中华人民共和国监察法》赋予的纪检监察职责，以脚踏实地、埋头苦干的精神，坚持失责必问、问责必严，开创我区问责新纪元；持续完善机制制度，筑牢“不能腐、不想腐”的堤坝，切实推动全面从严治党向纵深发展。

(一)努力提高纪检监察干部履职能力

打铁必须自身硬。在积极参加“跟岗学习、跟案轮训、挂职锻炼”的基础上，进一步探索提升纪检监察干部业务能力的新途径，强化纪检干部思想认识和责任担当，努力建设一支既懂纪又懂法、守纪律讲规矩的专业化干部队伍，坚决防止“灯下黑”。继续完善纪检监察干部考核管理办法，进一步保障纪检干部职务待遇；持续深化落实“三转”，进一步加强纪检监察系统不作为慢作为整治，提高乡（镇）纪委发现问题和处理问题能力，切实扭转乡（镇）纪委全年问题线索“零报告”局面。及时总结监察体制改革经验和成果，加快纪检监察职能、人员磨合融合，实现党的纪律检查与国家监察有机统一，获得“1+1”大于2的成效。用好监督执纪“四种形态”，达到惩处极少数、教育挽救大多数的政治效果和社会效果。

（二）认真抓好党风廉政建设责任制贯彻落实

与学习党的十九大精神结合起来，督促党员干部特别是领导干部牢固树立“四个意识”、增强“四个自信”，自觉地在思想政治行动上同以习近平同志为核心的党中央保持高度一致。把检查主体责任落实情况作为工作重点，紧抓各乡（镇）党委书记、区直部门行政“一把手”这个关键少数，层层压实责任；督促党委（党组）主要负责人要抓好班子、带好队伍，班子成员履行好“一岗双责”；坚持“一案双查”，增强责任追究震慑力。继续抓好“双述”工作，“双述”内容增加支持保障同级纪委“三转”、落实“四种形态”及本人接受谈话函询、约谈、诫勉谈话、所受党政纪处分等内容。

（三）切实维护党的纪律

加强对政治纪律执行情况的监督检查，将党员信仰宗教问题作为纪检监察重点，严肃查处任何形式的造谣传谣、散布小道消息等问题，坚决反对搞两面派、做两面人，严肃查处对抗组织审查调查行为，保证党的路线方针政策贯彻落实到位。认真排查梳理区管干部问题线索，健全完善廉政档案资料；把好廉政意见回复关，防止“带病提拔”“带病上岗”。督促区委巡察办深入总结首轮巡察工作经验成果，及时研究制定《2018年度巡察工作方案》，组织安排新一轮巡察工作，确保存在问题得到有效整改，违纪违法问题得到严肃公正处理。

（四）持之以恒纠正“四风”

深入分析信访举报工作中存在的不足，不断创新信访监督方式方法，拓宽信访监督渠道，形成“四风”无所遁形的氛围。传达学习习近平总书记关于进一步纠正“四风”、加强作风建设的重要批示精神；完善监督检查方式方法，既紧盯公车私用、私车公养、违规发放补贴、变相公款吃喝等违反中央八项规定精神问题，又要聚焦形式主义、官僚主义方面10个新表现，特别是表态多调门高、行动少落实差等突出问题。加强与相关职能部门的协作配合，将查处基层“微腐败”问题和扶贫领域违纪问题同安排、同部署，深入开展专项整治。加大对“四风”问题、扶贫领域和环保领域不作为慢作为乱作为的查处力度，对发现的问题一律从严从重处理、点名道姓通报曝光，并先于其他问题查处和通报。

各位委员、同志们，全面从严治党永远在路上，新的一年党风廉政建设和反腐败斗争任务更加艰巨，责任更加重大，让我们在市纪委监委和达孜区委的坚强领导下，在全体纪检监察干部的不懈努力下，以猛药去疴、壮士断腕的决心，以专心致志、锲而不舍的干劲，全力开创我区党风廉政建设和反腐败斗争新局面。

达孜区人民法院工作报告

——在达孜区第一届人民代表大会第一次会议上

达孜区人民法院党组书记、院长 蔡 宏

（2018 年 1 月 29 日）

2017 年工作回顾

党的十八大以来，达孜县法院在达孜县委坚强领导下，在县人大及其常委会的有力监督下，在市中院、达孜县政协的民主监督和达孜县政府、社会各界的关心支持下，我们高举中国特色社会主义伟大旗帜，深入贯彻落实习近平新时代中国特色社会主义思想，贯彻落实习近平总书记“治国必治边、治边先稳藏”重要战略思想“加强民族团结、建设美丽西藏”的重要指示精神，贯彻落实达孜县历届全委会精神，主动接受人大及社会各界的监督，紧紧围绕“努力让人民群众在每一个司法案件中感受到公平正义”的目标，狠抓执法办案第一要务，扎实工作、勇于创新，出色完成审判工作任务，自身建设取得明显成绩，体现了司法改革的巨大成效，为保障人民群众权益、深化司法体制改革、服务经济社会发展做出了积极贡献。在涉诉矛盾日益复杂、案多人少矛盾日益突出的情况下，审判质量效率持续保持良好的运行态势，在全区法院审判质量效率指标考核中，达孜法院 5 年工作综合指标始终名列前茅，特别是案件综合结案率稳居全市法院第一。

一、坚持以人民为中心的发展思想、围绕执法办案第一要务，保障人民安居乐业、促进社会公平正义

达孜县法院在工作中始终坚持围绕稳定、发展、民生的工作大局，突出抓好审判质量和效率，2017 年度我院共受理各类案件 310 件，收案数居全市第三名，审（执）结 308 件，诉讼标的额 1616.8 万元，综合结案率为 99.35%。综合结案率、审判质效获全市法院第一，多次受到西藏高院及中院党组表彰，并授予全市模范法院、先进集体等荣誉称号。区高院党组书记、院长索达在今年的全区法院案件推进会上，号召全区法院向达孜法院学习，实现案件结案率“双百”工作目标。

——运用刑事司法手段，维护社会稳定。2017 年，我院共受理刑事案件 7 件，审结 7 件，结案率 100%，严厉打击故意伤害、强奸等其他类严重暴力犯罪，坚持“该严则严”，决不手软，全年共审理此类案件 5 件，占刑事案件总数的 71.4%，判处犯罪分子 5 人。重点加大反腐败工作力度，坚定不移严惩腐败，着力解决发生在群众身边的腐败问题，推动反腐败斗争深入开展，共审结贪污、贿赂等职务犯罪 2 件，判处犯罪分子 2 人。全力支持达孜县纪委开展反腐败工作，通过邀请市纪委、林周、达孜县纪委和达孜县检察院旁听案件、列席审委会、抄送判决书等方式，加强了同市、达孜县纪检部门和检察机关的沟通协调，实现党员领导干部违法犯罪的依法惩治与党纪处分的有机衔接。

——以民商审判保障经济社会发展和民生。2017 年我院受理民商案件 170 件，结案 169 件，结案率达 99.41 %，调解结案 164 件，调解撤诉率 96.5%，审限内结案率达 100%。在民事审判中，一是坚持调解促进稳定的审判指导思想，把定纷止争、力求当事人双方通过诉讼维护合法权益为执法

理念，不断加大调解力度，取得了良好的社会效果和法律效果。走访了达孜县部分乡镇、村委，为各单位提供前沿化、延伸化服务，对审理案件中发现的涉行政管理存在的相关问题，及时向有关单位发出司法建议，促进相关单位依法行政。全年共发出司法建议 10 条，均已得到回复。

——聚力执行攻坚，全力破解执行难题。2017 年以来，达孜县法院牢牢坚持执行强制性、执行信息化和执行规范化的工作原则，执行攻坚工作取得良好效果。全年执行收案 133 件，结案 132 件，结案率 99.25%，执结标的额 126.8 万元。

在执行工作中，为保障债权人的合法权益与维护社会稳定、促进经济发展有机结合起来，使绝大多数案件得以和解执行，和解执行率达 91%。加大执行救助力度，彰显人文关怀。对 7 件涉民生案件，30 余名申请人进行了 52504 元的执行救助，解决了群众最关心的生活困难，最大程度消除了社会不稳定因素。

——能动服务中心工作，促进辖区稳定经济社会发展。

着力化解信访事件，确保局势稳定。为推进涉法涉诉信访事件的有效化解，达孜县人民法院积极开展涉诉信访矛盾纠纷排查工作，与达孜县信访局建立信访工作联动机制，成功化解 100 余件信访矛盾纠纷，形成了信访力量与审判力量的整合。

全力支持达孜县精准扶贫精准脱贫工作，坚决打赢脱贫攻坚战。院党组组织动员全院干警力量，用真心、献爱心、聚民心、出点子、指路子，同帮扶所在乡镇、村委一同形成工作合力，做到帮扶对象脱真贫、真脱贫，截至目前 35 名帮扶对象，34 名已全部脱贫。

二、坚持以人民为中心的发展思想，全面推动司法改革，努力让人民群众有更多获得感

2017 年，法院司法体制改革步入第二个年头，作为与群众密切联系的司法实践第一线，基层法院的司法改革备受关注。为有效缓解立案登记制后案多人少的压力，激发一线法官参与司改的积极性，真正让群众在每一个案件中感受到公平和正义，达孜法院通过不断探索、尝试，总结经验，在人员未增加的情况下，改革两年后全年综合结案率达 99% 以上，让人民群众切实感受到了司改带来的获得感。

——人员合理分工、科学配置审判资源。为了解决案多人少的问题，我院除让一线优秀法官入额之外，还最大限度调动一切审判力量。一方面，要求院庭长直接参与办案，自上而下全面提升审判质效。为此，专门制定下发了《达孜县人民法院关于院庭长办案比例的实施方案》，明确规定院庭长办案数量。自去年起，院领导主审案件均超过本院法官平均办案数的 20%。另一方面，推进职能部门“大团队”改革。将原有 8 个内设机构整合为审判事务团队、行政保障团队、党团宣传团队三个团队。我们在组建每一类团队时，不仅考虑了每名干警的业务能力、管理能力，还综合考虑了团队成员在年龄、职级、性格、能力上的差别，以便在团队内部实现梯队式成长梯次，实现了团队的最优组合和团队效能的最大化发挥。同时，为进一步提高案件质效，又将审判事务团队细分为：立案团队、刑民审判团队、执行团队三个审判事务团队。

审判团队的运行不仅打破了以往案件层层报批审核的模式，而且大大缩短了案件审理周期，使得我院审判工作进入了良性的 " 快车道 "。今年，我院调解结案率达 85.9%，同比去年上升 11.3%。综合结案率同比上升 4.3%。

——落实司法责任，推进权力运行机制改革。为切实落实司法责任制，做到“让审理者裁判，由裁判者负责”。我们实行裁判文书“谁审理、谁签署、谁负责”的制度，院、庭长不再对未参加审理案件的裁判文书进行签发。但涉及重大影响案件、疑难案件、审委员讨论决定的案件则由院长或分管业务副院长签发。

——案件繁简分流、提高简易程序适用率。为最大限度节约司法资源，我们在保证案件质量的基础上，做到简案快审、疑案精审，缩短案件审理周期。对涉及婚姻家庭类案件，民间借贷及一般交通事故责任纠纷，尽量适用简易程序处理。这类案件简易程序适用率达到 90% 左右。

——加大诉调对接、推行多元化纠纷解决机

制。为方便群众诉讼，自2009年以来，我院探索推行多元化纠纷解决机制，以“诉调对接中心”“诉讼服务中心”“车载流动法庭”“包村法官”等载体，加强与村委会，乡、镇人民政府交警、信访等单位、部门的合作与配合，建立“诉调对接”衔接机制，实现“诉调”工作的良性互动与无缝对接。2017年，我院诉调对接中心经解达成协议并进行司法确认的案件达86件，超出受理民事案件的50%左右。

——依托信息化建设，推动司法公开改革。为满足群众对司法工作的新要求、新期待，达孜县法院在上级法院的指导和达孜县委、县政府的全力支持下，信息化建设工作取得重大进步，网上公开司法活动已成常态。以“四大公开平台”建设为基础，全面推进立案、庭审、执行、裁判文书等审务公开。重点推进庭审视频网络直播工作，全年向互联网公开庭审直播2次，上传至中国庭审公开网2起，增强了司法的透明度；同淘宝网签约，入驻淘宝司法网络拍卖平台，成为全区率先加入该平台的基层法院之一。

三、坚持司法为民就是广大法院干警不变的初心，落实各项为民措施

达孜县法院深入贯彻以服务人民为中心的思想，紧紧抓住人民群众日益增长的司法需求与人民法院工作发展不平衡、保障群众权益不充分之间的矛盾，始终把群众利益、群众感受作为全院整体工作的风向标、晴雨表。

——推进诉讼服务中心“一站式”服务，着力提升司法服务水平。敞开立案通道，在诉讼服务中心提供免费咨询、免费Wi-Fi等十项便民服务，全面落实立案登记制。2017年我院实行网上立案预约登记收案283件，案件录入、网上审批283件，审批缓、减、免诉讼费案件64件，缓减免金额16469元。“立案难”问题得到了解决，人民群众的“获得感”得到了全面提升。

——“包村法官”便民利民。依托派出法庭、车载流动法庭上门办案便民工作机制，持续开展“庭审进乡村”活动，强化先行调解、司法确认，全年巡回办案172天次，就地立案138件，巡回开庭138件，现场指导人民调解、进行司法确认86件。包村法官上门立案、上门调解，耐心地对当事人进行明晰法理，说服教育，有效维护了基层农牧民的权益，培育了农牧民群众学法、守法、用法的自觉性、积极性，彰显了法治达孜法律就在身边、服务就在身边的工作特点。

——普法教育，延伸司法服务。结合审判执行工作，印制3万余册宣传册，做到司法、普法两不误，努力实现普法教育五乡一镇全覆盖。积极推行法官宣讲服务，加强“以案释法”法制宣传工作，今年结合“四讲四爱”主题教育，深入村组、学校开展法制宣传12次，受到农牧民、学生的热烈欢迎，宣传活动在西藏自治区电视台、西藏法制日报宣传报道6次，市委办公厅采用2次。今年达孜县委、县政府授予我院2011—2015年全达孜县法治宣传教育先进集体，一名干警被授予先进法制副校长，这是达孜县委、县政府对我院法宣工作的肯定。

四、坚持党的领导，狠抓队伍建设，全力提升干警素质

抓好审判本职工作的同时，我院高度重视队伍建设，始终把党风廉政建设作为提升队伍素质的重要抓手，认真落实“两个责任”，院党组始终把主体责任扛在肩上、握在手中、记在心里、落实在行动上

——聚力执行攻坚，全力破解执行难题。牢牢把握新时代党的建设总要求，坚持和加强党的全面领导。保证审判工作自觉地服务于和服从于党的中心工作，重大事项、重要工作部署及时向党委请示汇报，做到法院向党委述职汇报常态化。为进一步加强法院审判纪律管理，加快信息传递和情况控制，确保领导正确决策，使法院重大事项得到及时、有效处理，年初制定了《达孜县人民法院重大事项请示报告制度》争取上级法院、地方党委的工作支持和工作监督。

——主动接受监督，确保法院工作的正确政治方向。在坚持把法院工作置于党的绝对领导基础上，自觉接受人大的法律监督和政协的民主监督，强化代表、委员联络工作，将法院工作置于人大监督之下，促进法院各项工作发展进步。完善监督机制，定期向达孜县人大常委会汇报法院工作，并做到凡是具有一定社会影响力的案件均邀请人大代

表、政协委员参见庭审旁听，凡是涉及职务犯罪的案件均邀请纪检委员参加庭审旁听，有效促进了社会各界对审判工作的监督，起到了良好的效果。

全年邀请人大代表、政协委员、廉政监督员旁听2次影响较广的职务犯罪案件的审理，庭审结束后，达孜法院向人大代表、政协委员发放了旁听案件评价表，确保人大代表、委员充分行使监督权，真实表达自己的意愿、客观公正地对审判工作作出评价，并提出意见建议。

——着力夯实基层基础，以提升司法保障水平，促进队伍建设。今年以院新址建设为契机，做好文化兴院工作和智慧型法院的建设。在经费较为紧张的情况下，争取达孜县政府的大力支持，集中财力办大事，改善了办公和审判条件。目前按照贴近审判、贴近基层、符合实际的要求，以党建文化、法治文化、廉政文化为主题做好法院文化建设，为建设达孜绿色环保、独具文化的样板工程而努力。11月29日下午，在区高院的组织下，全区76名基层法庭庭长到达孜法院观摩学习，数字法院法庭庭审，党建文化、法治文化、廉政文化建设后，区高院领导对我院数字法院、法院文化建设工作给予充分肯定。

——围绕从严治党，强化队伍建设。“打铁还需自身硬”，党的十八大以来，坚决贯彻全面从严治党要求，狠抓队伍建设，努力打造一支综合素质高、业务能力强、纪律作风硬的队伍，为履行好党和人民赋予的职责使命提供了有力的人才保障。坚持“严字当头”，严把干部选任关。将从严理念贯穿动议、民主推荐、讨论决定等上报推荐全过程，今年向达孜县委组织部推荐了7名干部进一步使用，以完善本院机构人员配置。

——围绕廉洁从政，强化党风廉政建设。严格执行中央关于主体责任和一岗双责的有关规定，深入抓好领导干部廉洁自律工作，进一步规范领导干部的从政行为。班子成员以身作则，严格执行中央、自治区党委和市委、达孜县委关于领导干部廉洁从政的各项规定，落实各项责任制度。加强廉政风险防范管理，向拉萨中院推荐任命两位廉政监察员，根据《达孜县人民法院兼职廉政监察员工作细则》，明确两位廉政监察员的工作职责、分工、监督方式、联系制度等。实现了以监督求公正，以监督促效率，以监督保廉洁，不断提升公正司法水平的工作目标。

各位代表，回顾一年来的工作，我们深深体会到，坚持党的领导是做好法院工作的根本保证，坚持司法为民是法院工作的出发点、落脚点；自觉接受监督是推动法院工作的强大动力。2017年度达孜县法院获得全市模范法院，普法先进集体、信息调研先进集体等荣誉，这些成绩的取得，离不开达孜县委的坚强领导，离不开达孜县人大及其常委会有力监督，离不开达孜县政府大力支持和达孜县政协的民主监督，离不开各位代表、社会各界和人民群众的关心、支持、帮助。在此，我代表达孜法院表示衷心的感谢和崇高的敬意！

同时，我们也清醒地认识到，面对新时代赋予的法院工作新使命新要求，我们还存在着诸多不相适应的地方，法院工作还面临一系列挑战和考验：达孜法院在工作方式、司法能力上还存在一定的差距；少数干警不能适应信息化办案和审判工作新常态，信息化运用水平不高等问题。对以上问题，我们将下更大决心、花更大工夫加以解决。

2018年主要任务

达孜区委一届一次党代会会描绘了决胜全面建成小康达孜的宏伟蓝图，确立了在新的历史起点上奋力推进达孜区长足发展和长治久安做出全面战略部署，这是达孜发展历史上具有划时代、里程碑意义的一次十分重要的大会。达孜区法院将围绕达孜区委提出的工作新目标，面对新形势、新任务、新要求，树立2018年达孜区法院工作的总体思路：高举中国特色社会主义伟大旗帜，以马克思列宁主义、毛泽东思想、邓小平理论、“三个代表”重要思想、科学发展观、习近平新时代中国特色社会主义思想为指导，团结在以习近平同志为核心的党中央周围，坚持以习近平新时代中国特色社会主义思想武装头脑、指导实践、推动工作，始终做到维护核心、绝对忠诚、听党指挥、勇于担当。紧紧围绕党和政府工作大局，适应达孜区发展新常态、忠实履行宪法法律赋予的职责，公正司法、司法为民，维护社会大局稳定，努力为全面建设社会主义现代化达孜提供有力的司法保障。我们将重点落实好以下工作：

一是坚持党对法院工作的领导，始终保持法院正确政治方向。把学习宣传贯彻党的十九大精神作为当前和今后一个时期的首要政治任务，迅速兴起学习宣传贯彻热潮，深刻领会党的十九大精神和习近平总书记的要求，自觉对照市中院党组和达孜区委的要求校准思想和行动，履行好自己的职责和义务，自觉做到维护核心、绝对忠诚、听党指挥、勇于担当。紧紧围绕区委的决策部署开展审判工作，做到区委的决策部署到哪里，法院的司法服务就跟进到哪里。

二是深刻认识和把握开启全面建设社会主义现代化达孜新征程的历史方位，在服务保障大局上有新作为。紧紧围绕“发展、稳定、生态”三件大事，切实履行好各项审判工作职责。依法惩治各类刑事犯罪活动，维护国家安全、社会稳定、增强人民群众安全感；依法调节经济社会关系，促进经济社会又好又快发展；进一步加强执行工作，解决执行难。

三是坚持司法为民就是广大法院干警不变的初心，按照周强院长的指示精神全面推进诉讼服务中心建设，更好地发挥诉讼服务中心面向群众、服务群众的重要作用加强诉讼服务中心建设转型升级，以创新、协调、绿色、开放、共享发展理念为引领，加快实现诉讼服务中心的系统化、信息化、标准化、社会化，推动诉讼服务中心建设实现新发展，新突破，切实满足人民群众日益增长的多元司法需求。

四是补齐短板，坚持全面落实司法体制改革的各项任务。紧紧抓住司法责任制改革这个牛鼻子不放，强化绩效考评措施，建立法官案件质量终身档案，加强对审判、执行工作质量、效率的考核和监督，实行审判管理、队伍管理、政务管理的规范化，确保审判工作的公正高效和权威。继续抓好智慧法院建设，依托信息技术构建开放动态透明便民的阳光司法机制，进一步推进审判流程公开、裁判文书公开和执行信息公开，让人民群众从司法改革中获得更好司法服务。

五是坚持从严治党，以党建促进队伍建设。做到党建工作与审判工作同部署同安排。不断增强“四个意识”特别是核心意识、看齐意识，落实全面从严治党责任。推进专题学习教育常态化，深化以忠诚、为民、担当、公正、廉洁为主要内容的政法干警核心价值观教育，积极培育法官职业精神。落实全面从严治党主体责任，认真贯彻执行《关于新形势下党内政治生活的若干准则》《中国共产党党内监督条例》，坚决净化法院队伍，坚决清除害群之马，营造风清气正的人民法院。

各位代表，新时代赋予法院工作新机遇新使命新要求。这更加坚定了达孜达孜区人民法院将更加紧密地团结在以习近平同志为核心的党中央周围。在以张干同志为班长的达孜区委坚强领导下，在人大有力监督下，在市中院的正确指导下，坚决执行本次大会决议，坚持在大局下思考、在大局下谋划，忠实履行宪法法律赋予的司法审判职责，切实当好维护社会大局稳定、保障人民安居乐业、促进社会公平正义的排头兵，努力为我达孜区率先全面建成小康社会、全面建成团结美丽健康幸福新达孜提供更加坚强有力的司法保障。

达孜区人民检察院工作报告

——在达孜区第一届人民代表大会第一次会议上

达孜区人民检察院检察长 达 珍

（2018年1月29日）

2017年工作回顾

一年来，达孜区人民检察院在县委和上级检察院的坚强领导下，在县人大及其常委会的有力监督下，在县政府大力支持、县政协民主监督和社会各界的关心支持下，深入贯彻党的十八大、十八届六中、七中全会精神和中央第六次西藏工作座谈会精神及自治区、市党委九届三次全委会精神，深入贯彻学习党的十九大精神、习近平总书记系列讲话精神和治国理政新理念新思想新战略，紧紧围绕统筹推进“五位一体”总体布局和协调推进“四个全面”战略布局，以开展“两学一做”学习教育常态化制度化、“四讲四爱”主题教育实践活动和全市检察机关创建“一院一品”活动为契机，忠实履行宪法赋予的法律监督职责，进一步把思想统一起来，把力量凝聚起来，把责任担当起来，全力做好维护社会安全稳定，各项检察工作取得新的进展。

一、筑牢四个意识，持之以恒推进全面从严治党

继续扎实开展“两学一做”学习教育。教育引导全院检察干警牢固树立“四个意识”，坚决与以习近平同志为核心的党中央保持高度一致。全年我院狠抓检察队伍“两学一做”学习教育常态化制度化活动，制定学习党的十九大精神的实施方案，严肃和规范党内政治生活。以收看《榜样》《人民最满意的检察官》等纪录片，践行社会主义核心价值观，弘扬忠诚、为民、担当、公正、廉洁的检察官职业道德。2017年，党组书记、班子成员上党课、理论宣讲4次，全院开展各类专题研讨5次，撰写心得体会80余篇。

锻造严肃认真的党内政治生活。继续深入学习贯彻《关于新形势下党内政治生活的若干准则》《中国共产党党内监督条例》，发挥党组织优势，进一步丰富党组织活动内容。健全党建工作责任体系，层层签订《党建工作责任书》《党风廉政建设责任书》《目标责任书》，将院党组主体责任落实到每个领导班子成员的具体工作职责中，防止主体责任虚化。对重大事项坚持民主决策，全年召开会议17次，党组中心理论组学习11次。坚持召开民主生活会，做到咬耳扯袖、红脸出汗，批评与自我批评在我院成为常态。严格认真做好“两个责任”约谈工作，采用“一对一式”的层层约谈工作，共约谈19人次，达到了及时提醒，早打招呼，防微杜渐，筑牢拒腐防变的思想道德防线的效果。

不断营造风清气正从检环境。我院严格按照党的好干部标准、“三严三实”要求和《党政领导干部选拔任用工作条例》各项规定，始终坚持重品行、重实干、重公认的选人用人导向，坚持做到程序一道不少、环节一个不差。所有干部选任均做到选任前公开方案、任职前全院公示，重点把好任职五道“关口”，从而进一步扩大干警对干部选拔任用的知情权、参与权、选择权和监督权。2017年，我院共提拔7名干部，其中进一步使用4人，提任上一级职务3人。

从严从实强化纪律作风建设。严格落实中央

"八项规定"精神，弛而不息纠正"四风"。自觉接受自治区和拉萨市人民检察院巡视组巡视监督，坚决严肃整改巡视发现的突出问题。同时，我院把反腐倡廉教育纳入干部教育培训计划，开展中心理论组学习6次、干警集中学习党风廉政建设内容18余次。结合"书记上党课"活动，主要领导上廉政党课1次，7名副科级以上干部报告了个人有关事项，20名党员干部和公职人员签订了《严守政治纪律和廉政纪律承诺书》。组织全院党员干部参观了爱国主义教育基地、布达拉宫雪城监狱和拉萨市党校廉政警示教育基地，受教育干警达30人次。科级以上干部参加各类教育活动学习考试2次，干警纪律作风显著提升，达到了预期的效果。全院干警一年来无一人违法违纪，树立了良好形象。

二、牢记发展稳定职责，围绕达孜平安和谐履职尽责

依法打击各类犯罪活动。我院结合检察业务，运用法律手段维护社会安定有序。2017年，我院受理审查逮捕案件4件4人，受理审查起诉案件8件8人，批准逮捕1件1人，提起公诉5件5人。全年无逮捕必要，提直诉案件7件7人，不批准逮捕3件3人，不起诉3件4人。民事行政案件受理1件1人。全年无错捕、错诉和无罪判决案件，办案中秉公执法、严格执法，无违纪违法行为。

全力化解社会矛盾纠纷。我院始终牢记群众利益无小事，坚持"有案办案，无案宣传，化解矛盾，维护稳定"的宗旨，全力开展服务新农村建设工作。今年来，办理来信来访1人次，检察长接待来访1件1人，办案中，我院采取带案下访的工作方式，积极主动地核实详细情况，了解具体诉求，有效化解了矛盾隐患。同时，我院还全面落实"谁执法谁普法"的普法责任制，积极配合县委中心工作，抽派干警积极参与到吞米岭、桑珠林村涉法上访事件的调查和法律宣传工作中。

延伸创新工作方式方法。为了加强对特殊人群犯罪案件的管理，切实维护其合法权益，我院制定了《关于加强刑事诉讼中特殊人群权利保障的工作方案》，并认真加以落实。同时我院还为深入推进"阳光检察"，创新服务工作触角，制定了我院《关于拟在各乡镇派出所设立检警联系点的实施方案》《检警联系点工作制度》和《检警联系点工作人员职责》，将制度和职责制作成藏汉双语宣传板上墙至德庆镇"检警联系点"办公室，积极开展检警联系工作。

三、加强法律监督和宣传职责，做好服务民生保障权益

深入开展法律专项监督。2017年，我院按照上级检察院要求，积极开展"破坏环境资源和危害食品药品安全犯罪专项立案监督活动"的调研及监督，到相关部门了解情况、实地走访。通过监督活动，加强了与相关部门的沟通联系，详细了解了相关情况，为下一步提高监督工作质量奠定了基础。

依法加强刑罚执行监督。开展减刑、假释、暂予监外执行专项监督，并加强与县司法局的联系，开展专项监督检查4次，对存在的个别问题，我院及时提出了口头纠正意见建议2次，认真做好了达孜区社区矫正监督工作。目前，达孜区社区矫正人员4人。

开展形式多样的法制宣传。2017年，我院沿主要街道和乡镇开展"法律七进"法制宣传活动10场次，发放印有我院检察标志的环保袋及宣传品1400余份，发放检民联系卡、宣传资料2900余份，接受群众咨询30余次，受教育群众1380余人次。在达孜区中心小学，开展了以"如何加强对犯罪的自我防范"为主题的"检校共建"法制教育课，提高了学生的自我保护意识。

扎实推进强基惠民活动。按照"强基础，惠民生"的具体要求，2017年，我院选派1名副检察长任驻村工作队队长。驻村期间，我院驻村副检察长带领队员，充分发挥自身主观能动性，不断强化宣传队、社区联络员的意识，设置长期法律咨询台。一年来，解决矛盾纠纷1件，开展普法教育4场次，与乡、村一起开展感党恩教育60场次，受教育人数达4000余人次，为民办实事、好事，解决网围栏10.5万元。凝聚了党群感情，强基惠民工作成效明显。

扎实服务脱贫攻坚工作。根据"精准扶贫"活动的要求，结合"四讲四爱"主题教育实践活动，我院继续开展"助力精准扶贫，检察官在行动"2次。

2017年，我院党组成员和全体党员深入唐嘎乡唐嘎村，开展精准扶贫脱贫工作3次，为25户贫困户分别送上了干部职工个人捐助的慰问金，共计15800元。

四、坚持有腐必查，依法查办和预防职务犯罪

严肃查办腐败职务犯罪。坚持有案必究、有腐必惩，2017年我院立案侦查职务犯罪案件2件2人(其中有1件1人向法院提起公诉，1件1人不起诉)。同时，我院向发案单位下发《检察建议》1份，强化了发案单位财务管理漏洞，健全制度，从源头上防止腐败行为的发生。

加强职务犯罪源头治理。为了形成覆盖城乡的预防职务犯罪网络，打通预防职务犯罪的"最后一公里"，使预防职务犯罪宣传更加接地气、贴民心。我院利用邮政投递员"走千家、进万户"的工作优势，根据《西藏自治区人民检察院和中国邮政集团公司西藏自治区分公司联合开展"预防职务犯罪邮路"活动实施方案》的要求，与中国邮政达孜分公司签订了《预防职务犯罪工作联系配合制度》，并组织该公司10余人参观了拉萨市党校廉政警示教育基地，为构建社会化预防工作大格局和预防腐败体系建设发挥重要作用奠定了思想基础。同时，我院全年开展重大投资项目专项预防2次，撰写开展惩治预防犯罪年度报告和专题报告1份，深入分析职务犯罪的特点和原因，提出防治对策建议。

开通行贿犯罪档案查询。我院严格按照《关于行贿档案查询工作规定》的要求，对重点拟建项目的参建单位是否有行贿记录进行诚信资质认定，重点围绕招投标、工程建设、供应采购、资质资格审查及信用管理等五个易发、高发职务犯罪关键环节开展行贿犯罪档案查询监督。截至目前，我院共受理行贿犯罪档案查询5次，涉及单位5家11人次。经查，均无行贿犯罪记录。

五、深化司法体制改革，不断提高司法公信力

全面推进司法责任制改革。紧扣"选人、授权、明责"三个环节，全面推开检察官员额制改革。通过严格考试和审查，已遴选出8名员额制检察官。推进司法人员分类管理，根据检察官、司法辅助人员和司法行政人员分类办法，研究制定了我院《关于司法辅助人员和司法行政人员分类定岗定级的通知》，并按照"谁办案谁负责，谁决定谁负责"原则，制定《检察官权力清单》和我院《办案工作内部监督暂行办法》，明确了检察长、分管副检察长、部门负责人、承办检察官、检察辅助人员的各项职责，对案件质量终身负责，并结合市检察院文件精神和达孜检察工作实际，制定了《关于内设机构改革的实施方案》。同时，我院专人负责、积极开展检察官工资套改培训和套改工作，推进了司法体制改革工作的有序开展。

全面成立检察官案件办理组。按照自治区、市两级检察院司法体制改革工作要求，2017年，我院根据履行职能需要、案件类型及复杂难易程度，结合审查逮捕起诉、职务犯罪侦查和诉讼监督等三大类办案业务的特点，成立了检察官和检察辅助人员和书记员组成的检察官办案组，并以检察官办案组为模式开展司法办案工作。该办案模式，突出了检察官的核心地位，充分发挥检察官的业务骨干作用，调动了检察官工作积极性，为下一步提高案件质量奠定了基础。

六、牢牢把握正确政治方向，着力打造达孜检察新形象

不断推行检务公开。2017年，我院着力构建开放、动态、透明、便民的阳光司法机制，加快案件信息和法律文书公开工作，网上公开法律文书8份，提升了检察工作透明度，保障了人民群众的知情权。完善"检察开放日"制度，邀请社会各界"零距离"了解监督检察工作。截至目前，充分利用了"两微一端"，更新网页动态41条，微博40条，头条新闻5条；上传简报117期；《达孜网信》上投稿102条，采用61条；在《西藏检察》上发表法治宣传和理论文章1篇。

不断提升自身发展能力。始终坚持以领导班子建设带动队伍建设，大力推进法律监督能力和执法公信力建设，着力造就一支高素质、专业化的检察队伍。一年来，抽派干警参加员额检察官培训、司法考试培训、岗位实践锻炼、双语培训等各类培训累计12人(次)，队伍素质有了全方位的提升，执法水平有了较大程度的提高。为了能够更好地学习到内地检察机关的工作方式方法，今年9月份，

我院还邀请对口援助检察院进藏交流考察。通过学习交流，使全院干警学习到了苏州市检察机关业务部门的先进工作方式及办案经验。

不断努力创建“一院一品”活动。2017 年，我院积极谋划，确立了以“检察文化建设”为内容的创建目标，务求不断营造温馨的检察人文环境，打造具有时代气息的特色品牌，促进检察队伍专业化职业化建设。创建活动中，我院一是积极组织干警开展业余文化生活。如，组织开展登山活动、乒乓球、羽毛球活动，努力营造全院“快乐工作、幸福生活”的文化氛围。二是积极参与拉萨市检察院“重温检察官誓词”专题文艺展演、参加县第十二届“虎峰杯”文艺会演并获得了“优秀组织奖”。三是开展检察文化长廊建设。根据我院新建办公与办案技术楼的总体布局，以检察文化、勤政廉洁、党的建设为主题，打造了具有本院检察特色的文化长廊。

不断完善基础设施设备。按照十二五规划中修建的技侦业务用房，在上级院和区委、区政府的大力支持下，目前该项目已于 8 月份交付完工。现新办公楼已装修完毕，网络布线改造也接近尾声，办公设备均已到位。由区委、区政府投资建设的干警食堂已经竣工。我院已于 12 月中旬整体搬迁。

各位代表！一年来，我院检察干警齐心协力、奋勇拼搏、扎实工作，取得了较好的成绩，5 名个人获得了区级以上表彰，单位先后荣获“拉萨市检察机关基层检察院考核中争先进位奖”“达孜县 2017 年度先进基层党组织”“达孜县 2011—2015 年法治宣传教育先进集体”等诸多荣誉。这些成绩的取得，得益于区委和拉萨市检察院的正确领导，得益于区人大及其常委会的依法监督，得益于区政府及区政协的大力支持，得益于各位代表、社会各界和人民群众的关心帮助。在这里，我代表达孜县人民检察院向长期指导关心支持检察工作的县委、人大、政协、政府及有关部门，向各级人大代表、政协委员和社会各界，表示衷心的感谢！

在看到成绩的同时，我们也清醒地认识到，检察工作仍然存在不少问题：一是贯彻落实新发展理念、服务大局能力亟待提升；二是民事、刑事执行检察工作仍然薄弱，还存在监督不到位的现象，尤其在公益诉讼方面还需下大功夫；三是司法体制改革推进较慢，有的改革措施还未得到及时落实；四是检察理论研究工作成果还不明显，工作亮点、特点不突出，检察业务发展还不够平衡等。对这些问题，我们将紧盯不放，下大力气解决。

2018 年主要任务

新的一年里，达孜区人民检察院将全面贯彻党的十九大和各级会议精神，以邓小平理论、“三个代表”重要思想、科学发展观和习近平新时代中国特色社会主义思想为指导，深入学习贯彻新《中国共产党章程》和治国理政新理念新思路新战略，不忘初心，牢记使命，坚持稳中求进的工作总基调，深化司法体制改革工作，以法治思维为导向，以执法办案为中心，以检察改革为契机，全力维护社会大局稳定、促进社会公平正义、保障人民安居乐业，为实现“两个一百年”奋斗目标做出积极的贡献。我们将重点落实好以下工作：

一是把认真学习贯彻落实十九大精神，作为当前和今后时期的首要政治任务来抓。进一步完善学习方案，结合修订后的《中国共产党章程》，将学习内容装订成册，开展每月“主题党日”活动，认真开展主题研讨，撰写心得体会，确保全院党员干部学深、学透。

二是充分发挥检察职能，在服务中心工作方面有新举措。推广“检警联系点”的工作方式，推动信访案件化解，不断加强法治宣传教育，推动法治教育进乡镇村、进机关、进学校、进企业，加大法治宣传教育的覆盖面和吸引力。

三是是锲而不舍推进司法改革，促进提高司法质量和效率。落实司法责任制改革，进一步完善检察官权力清单，建立员额退出机制。全面实行检察人员人员分分类管理。深化检察机关提起公益诉讼试点工作。

四是深入推进案件信息公开，建立双向交流机制。不断升级完善案件信息公开系统，加大案件信息公开力度。建立与公安、法院等单位办案数据的双向交流机制，确保案件的办理质量，提高办案效率。

五是自觉接受社会监督，确保检察权依法公正行使。全面开展检察开放日活动，邀请人大代表、政协委员、人民群众走进检察、监督检察工作。对人民群众的反映，提出的意见建议第一时间解决。

六是科学制定受援计划，在推动检察受援工作落实上有新思路。根据上级检察机关的安排，我院将继续积极主动的与江苏对口援助检察院联系，争取理解和支持，争取在智力援藏、资金和项目援助等方面有新进步。

各位代表！新的一年，达孜区人民检察院将更加紧密团结在以习近平同志为核心的党中央周围，紧紧围绕区委工作部署，认真执行本次会议决议，在区人大及其常委会的监督下忠诚履行检察工作职责，以更加积极的态度、更加饱满的热情、更加务实的作风，团结一心，开拓进取，扎实工作，奋力推进建设团结美丽健康幸福绿色新达孜，为谱写中华民族伟大复兴中国梦达孜篇章而努力奋斗。

达孜区2017年国民经济和社会发展计划执行情况与2018年国民经济和社会发展计划的报告

——在达孜区第一届人民代表大会第一次会议上

达孜区发展和改革委员会 陈 伟

（2018年2月4日）

2017年国民经济和社会发展计划执行情况

2017年，在县委、县政府的正确领导和县人大、政协的有效监督下，在各级各部门和对口援藏的大力帮助支持下，达孜县坚持以党的十八大和十八届三中、四中、五中、六中全会、十九大精神为指导，深入贯彻落实习近平总书记系列重要讲话精神和治国理政新理念新思想新战略以及中央、区、市经济工作会议、中央第六次西藏工作座谈会精神，坚持以人民为中心的发展思想，坚持稳中求进、进中求好、补齐短板的工作总基调，树牢新理念，适应新常态，引领新发展，以推进供给侧结构性改革为主线，以提高发展质量和效益为中心，不断调整优化经济结构、加强项目建设和管理、发展壮大特色产业、全力保障和改善民生、坚决维护社会稳定，确保了达孜县经济社会的持续稳定发展。

一、各项经济指标情况

全县地区生产总值完成16.19亿元，同比增长9.8%，三产比重为10.87∶57.18∶33.12。

一产完成1.74亿元，同比增长4.3%；二产完成9.15亿元，同比增长10.1%；三产完成5.30亿元，同比增长11.2%。

全社会固定资产完成29.29亿元，同比增长2.3%；社会消费品零售总额完成1.95亿元，同比增长12.2%；农牧民人均可支配收入完成12212元，同比增长13.47%；规上工业增加值完成1.61亿元，同比增长9.4%；公共财政预算收入完成6.78亿元，同比增长15.15%；财政八项支出完成8.29亿元，同比增长68.15%；各项税收完成24.79亿元，同比增长21.83%；农林牧渔业增加值完成1.74亿元，同比增长4.3%。

未完成指标情况：

1. 地区生产总值目标任务为16.71亿元，今年完成16.19亿元，完成目标任务的92.7%。未完成原因主要是：我县地方生产总值总体水平虽有增长，但带动因素的发展强度不大，一是农业增加值不高，农产品附加值低，产业发挥的效益不大；二是工业产业结构不合理，资源型、原材料产业比重较高，加上企业生产经营成本不断攀升，导致企业效益不佳。建筑业上由于国家投资逐年减少，县域自身融资能力不强，且全年项目开工率较低，一些投资大的项目没有开工，未形成相应产值。三是第三产业发展不均衡，旅游业发展较快，服务业、金融业、住宿和餐饮业等发展不足，对经济发展的拉动作用不强。

2. 全社会固定资产年度目标任务为34.81亿元，今年完成29.29亿元，完成了目标任务的82.73%。未完成原因主要有几个方面：一是全县项目总体推进缓慢，投资拉动作用不足；二是投资过亿的大项目进展缓慢，严重影响固定资产增长；三是部分项目环评手续办理困难，部分建材价格上涨甚至购买不到，影响项目正常进度；四是统计方法的改革日益规范，部分项目资料未完善无法录入系统；五是部分项目单位管理责任落实不到位，督促项目建设力度不够。

3. 规模以上工业增加值目标任务为 2.04 亿元，今年完成 1.61 亿元，完成目标任务的 80.88%。未完成原因主要是：一是企业自身原因，报送的工业增加值降低，如天威英利全年未生产，未产生工业增加值，优格仓、春光、第三极等企业订单量减少，效益降低，工业增加值相应降低。二是我县工业发展水平不高，融资能力普遍较弱，企业拓展受制约，在探索建立投融资机制、多渠道筹集建设资金上能力不强，没有新增的规上工业。

4. 社会消费品零售总额目标任务为 1.98 亿元，今年完成 1.95 亿元，完成目标任务的 98.48%。未完成主要原因有：我县社会消费品零售总额主要靠外来务工人员和沿途过往等流动人员的带动，由于拉林高等级公路的建成通车以及今年来县里务工人员减少，消费力呈下降趋势。

5. 农牧民人均可支配收入目标任务为 12484 元，今年完成 12212 元，完成年度目标的 98.67%。未完成主要原因：一是产业结构不合理，农牧民群众收入来源单一；二是农村劳动力受教育程度和素质偏低是影响增加农民收入的瓶颈；三是农牧民发展基础薄弱仍是目前影响产业发展和农牧民增收主要因素。

二、各项事业取得的成绩

（一）农牧业发展欣欣向荣

一是农作物结构不断调整优化。2017 年，落实农作物播种面积 8.25 万亩，其中，粮食播种面积 5.92 万亩，经济作物 1.68 万亩，饲草作物 0.65 万亩，粮经饲比例为 72:20:8，实现粮食作物产量 2.53 万吨，经济作物产量 4.91 万吨，饲草作物产量 1.226 万吨。二是农业科技水平不断提升。开展高产创建标准化种植 5 万亩，测土配方 5 万亩，示范、推广新品种 5.5 万亩，包括：藏青 2000、喜拉 22、山冬 7 号，冬青 18 等品种，新品种覆盖率达 95.65%，成功试种有机青稞 8000 亩，实现有机青稞化肥、农药零使用，同时，农业机械化达到 95% 以上，机械作业率达 100%。三是畜牧业稳中向好发展。实现年末牲畜总存栏 8.92 万头（只、匹），新生仔畜 3.54 万头（只），仔畜成活率 96.7%，成畜死亡 0.094 万头（只），成畜死亡率为 1.1%，出栏总数 3.151 万头（只、匹），出栏率达到了 35.3% 以上，牲畜良种年末存栏 1.28 万头（只），牲畜良种覆盖率达 14.38%。完成黄牛改良 3460 头，短期育肥牦牛 1375 头。实现牛、羊、猪肉类产量 0.43 万吨，奶类产量 1.25 万吨，山羊绒产量 1.08 吨，禽肉产量 80 吨，禽蛋类产量 154 吨。四是“万户百场十中心”建设稳步推进。完成拉萨市下达的指标 700 户养殖示范户，建设德庆镇索朗达杰奶牛养殖场、邦堆乡林阿村奶牛养殖场、唐嘎乡泰成乳业奶牛养殖场、德庆镇扎西罗布奶牛养殖场、德庆镇刚组奶牛养殖场、德庆镇雪域高产优质奶牛养殖场等 6 个，开工建设塔杰乡高标准奶牛中心 1 个。

（二）工业经济质量不断提高

一是工业经济水平不断提升。目前，园区入驻企业共计 1687 家，其中实体型企业 58 家。完成工业总产值 12.82 亿元，同比增长 29%；工业销售产值 12.81 亿元，同比增长 31%；工业增加值 4.19 亿元，同比增长 32%。二是基础设施条件不断完善。总投资 7827.91 万元，建设达孜工业园区物流服务中心、达孜工业园区镇江路提升改造项目、达孜工业园区小微企业创业孵化基地、达孜县民族手工艺创业基地升级改造工程等项目。目前，小微企业创业孵化基地已完工；达孜县民族手工艺创业基地升级改造工程项目已完成总工程量的 80%；达孜工业园区物流服务中心、达孜工业园区镇江路提升改造项目招投标工作已结束准备开工。三是园区企业品牌战略凸显。2017 年，西藏吞柏古藏香有限公司获得西藏自治区质量协会藏香委员会成员单位；西藏圣信工贸有限公司获得第五届西藏旅游商品大赛铜奖；西藏春光食品有限公司“雪域圣谷”青稞香米获得第十五届中国国际农产品交易会参展农产品金奖；西藏藏缘青稞酒业有限公司获得西藏自治区非公企业创新 20 强、营业收入 20

强，被农业部、国家发改委、财政部、商务部、中国人民银行、国税总局、中国证监会、中华供销社合作总社联合审定为农业产业化国家重点龙头企业。截至目前，园区共有中国驰名商标3枚，自治区名牌产品近20个。

（三）旅游业发展硕果累累

2017年游客量达到64.11万人次，同比增长34%，旅游收入达到3191.01万元，同比增长40%。一是加强编制旅游发展规划。全力推进《拉萨市达孜全域旅游发展规划（2017—2025）》，规划已经通过中期评审。同时，完成扎叶巴旅游区概念规划设计、扎叶巴村容村貌、白纳沟阿古顿巴出地主题公园、主席沟徒步营地、高原健康休闲运动步道等重点旅游项目的前期设计，为达孜全域旅游发展的明确了道路和方向。二是加强旅游项目建设。2017年，投资1800万元，建设完成西藏威斯凯酒店一期，供氧设施全区领先。投资3.55亿元，着力推进扎叶巴村村容村貌整治项目、白纳沟扶贫及旅游产业项目、拉北环线产业扶贫交流中心暨“云上达孜”电商创业基地项目等旅游项目。目前，扎叶巴村村容村貌整治项目已经开工建设，白纳沟扶贫及旅游产业项目已经完成全部手续，2018年可开工建设，拉北环线产业扶贫交流中心暨“云上达孜”电商创业基地项目已完成项目可研编制。三是打造特色旅游品牌。着力打造“天上西藏、云上达孜”旅游品牌，邀请央视拍摄“冬游达孜”和“达孜全域旅游”宣传片，通过与高铁公司、携程网、国家地理杂志等单位合作，加强了达孜旅游的宣传和市场开拓。

（四）城乡基础设施不断完善

2017年，全县掌握建设项目246个，总投资达到66.36亿元（2017年援藏项目共计14个，总投资约1.83亿元，其中援藏投资约1.52亿元），其中续建项目59个，总投资7.01亿元；新建项目187个，投资59.35亿元，在项目数量和总投资都超过了2016年，分别增长17.95%和156.29%。全年项目开复工173个，开复工率70.33%，项目完工103个，完工率59.54%。今年来，达孜县桑珠林灌区、唐嘎灌区、尊木采土地整治、中学标准化建设、数字影院建设、保障小区生活配套基础设施建设、2016年棚户区基础设施改造、主西村斯玛果小组小桥等14座桥梁、县级农牧业防抗灾救灾物资储备库、县城给水管网改造、基层政权－村综合服务中心等项目的开工建设和完工，进一步健全完善了城乡基础设施条件。

（五）社会事业取得全面发展

1. 教育事业稳步发展。深入推进县域义务教育均衡发展，按照《自治区义务教育阶段中小学办学标准》和拉萨市《关于实施义务教育标准化学校建设工程的意见》，先后组织召开工作部署会议、通报会等会议9场，严格落实各项义务教育均衡发展指标，高标准、高要求开展工作。在市级督导评估中我县得分为96分，在自治区级评估验收中得分为95分，并顺利通过了国家义务教育均衡发展评估验收。2017年，总投入1.18亿元，实施了达孜县中学标准化建设、达孜县幼儿园改扩建、县中学校园文化建设、章多乡尊木材村幼儿园、邦堆乡克日村幼儿园、唐嘎乡罗普村幼儿园、唐嘎乡穷达村穷普幼儿园等教育类项目，有效加强了教育基础建设，改善了教育教学环境。修订完善《达孜县教育系统以教脱贫实施办法（修订）》，安排专项资金用于对达孜籍所有在校大学生学费、路费实行全额报销制。对建档立卡贫困大学生按照区内每人每月500元、区外每人每月600元的标准落实生活补助，全面保障贫困家庭学生入学，全年对县域内134名建档立卡贫困大学生发放资助金56.7万元。

2. 文化事业日益繁荣。加强创建公共文化服务体系，建设完成达孜县数字影院项目（待验收），全面完成6个乡镇综合文化站的音响、功放、电脑等文化设备的配送工作，达到文化站设备配送全覆盖，同时，制定了《达孜县文化站文化设备管理规定》，对设备的管理、使用、固定资产上账、移交等作了硬性规定，做到设备管理、使用有专人负责。进一步为20个农家书屋和14座寺庙书屋的配备政策法规、文化教育、科学技术、文学艺术、医疗保健、青少年教育等图书、影音资料。不断丰富基层文化活动内容，开展各类公益性群众文化活动及服务性社会活动20余场，6场“五下乡”文化活动继续得到社会各界的关注和广大群众的欢迎。

3. 卫生事业长足进步。以保基本、强基层、建机制为工作重点，深化医改，促进健康扶贫与医疗卫生体制改革的无缝对接。着力构建以“农牧区医疗、大病保险、超大额医疗保险、医疗救助和兜底保障”为内容的综合医疗保障体系。今年农牧区医疗制度年人均补助标准为475元，个人筹资额为30元，于2017年5月初启动了家庭账户基金注资入户工作，6月8日完成，共注资26873人。截至10月份，门诊总人次数63612人、住院报销人次1303人、报销金额968.91万元，住院分娩人次239人、补偿金额188.43万元，特殊门诊人次78人、补偿金额26.35万元。进一步完善疾病预防控制体系建设，提升以防控重大传染病为主的各类突发公共卫生事件应急处置能力，截止10月，共报告法定传染病种乙、丙两类10种，发病总数为152例，无甲类传染病报告。报告总发病率为488/十万，发病率与去年同期相比下降了4.55%，无传染病死亡病例。切实做好包虫病全人群筛查工作，共对28152名农牧民、城镇居民及干部职工进行了包虫病筛查，筛查率达到99.15%。

4. 民生保障不断增强。加强养老体系建设，大幅提升五保老人供养水平。2017年，集中供养的五保户生活供养金在拉萨市每人5910元/年标准上，提高到每人12614元/年标准。全年共为122名五保老人发放供养金114.72万元。加强社会救助兜底保障，清退农村低保超标人员22户64人，新增城乡低保10户17人。全年兑现城乡低保资金457.71万元，年人均达到4265元“两线合一”的政策标准。共投入资金108.11万元，开展医疗及临时救助，共惠及城乡居民323人，其中城乡低保为37人、精准扶贫户为129人、优抚对象为22人、五保户为47人、一般户为88人。城乡居民基本养老保险、医疗保险、工伤保险扎实推进，城乡居民基本养老保险实现参保15405人，完成目标106%。已征缴126.51万元，完成目标101%，县财政补贴上缴基金5.5万元，完成目标100%，征缴率达98%。城镇居民基本医疗保险参保人数已达968人，完成目标97%；全年征缴52万元，完成目标100%；征缴率达99%。工伤保险全年参保人数已达3156人，完成目标105%。全年征缴基金85.42万元，征缴率达122%。截至目前，共发生工伤5起，认定5起，共发放工伤待遇金约38.59万元，工伤康复治疗1人。

5. 就业再就业水平提升。开展五乡一镇一社区基层就业服务平台建设，配备14名专职人员，负责本辖区内的就业统计、培训意愿统计、招聘信息发布、个人求职登记和上报、保险收缴等人社相关工作。今年，开展各项培训共计17期725人（其中建档立卡贫困人员406人），落实就业再就业培训67人，开展职业介绍533人次，职业介绍成功312人，全县实现新增就业1189人，农牧区劳动力转移就业11696人次，实现收入0.3亿元，高校毕业生实名制登记应届毕业生304人（建档立卡40人）。已实现就业88人（建档立卡11人），组织见习8人。

（六）脱贫攻坚取得新成绩

全面贯彻落实以业脱贫、以迁脱贫、以教脱贫等脱贫措施，2017年，共建档立卡贫困户1079户4162人，其中脱贫户1015户4001人，贫困人口人均可支配收入达到11892.96元。2017年实施产业项目18个，总投资5.67亿元，到2017年底，已完工4个，开工建设14个。产业项目全年兑现产业分红资金498.15万元。今年9月6日举行了精准扶贫易地搬迁（二期）200套安置房分房活动，目前，入住率已达到100%，同时，为帮助解决搬迁户的就业问题，组织2场招聘会，解决了搬迁户中285人就业，月工资在2000—4000元不等。落实生态补偿岗位2404个（其中建档立卡户1578人、边缘贫困户826人），兑现生态补偿岗位资金共879万元。建档立卡贫困户家庭的中职生及大学生额外生活补贴标准由去年200元/人/月提高到今年区外600元/人/月、区内500元/人/月，累计解决“两后生”50人就业、建档立卡大学毕业生中10人就业。在五乡一镇新建相对集中安置房344套，总投资1.56亿元，目前已全部开工建设。

三、存在的困难和问题

过去的一年里，在各级各部门的大力关心指导下，在援藏干部的无私支持下，在全县领导干部的共同努力奋斗下，我县的各项事业都取得了较大的进步，但在取得成绩的同时，我们也要清醒地认识到，我们在经济社会发展中还存在着一些困难和问题：一是经济发展增速回落。虽然今年我们各项经济指标都在稳定增长，但是增幅较小，且地区生产总值、固定资产投资、规模以上工业增加值、社会消费品零售总额、农牧民人均可支配收入等指标未完成市里下达的目标任务。二是城镇一体化程度不够。我县面临撤县设区的新形势，但是目前的基础设施条件和基本公共服务体系建设发展还呈现出不平衡、不充分的现状，无法满足人民群众日益增长的需求。三是全县项目建设工作有待加强。全年项目总体开复工率为70%，且未完成固定资产年度目标任务，未体现项目立项、项目强县的要求，一定程度上制约了全县经济发展。四是农牧业发展水平还需提升。总体上看，我县农牧业基础还比较薄弱，农牧业产业规模还不大，集约化程度还不高，农畜产品加工转化程度低，附加值不高，市场竞争力较弱。

2018年国民经济和社会发展总体要求、主要目标和重点任务

2018年，是全面实施"十三五"规划的关键之年，是实现全面小康社会的关键之年，做好2018年经济社会发展各项工作至关重要。

2018年总体要求是：高举中国特色社会主义伟大旗帜，以"三个代表"、科学发展观、习近平新时代中国特色社会主义思想为指导，全面学习贯彻党的十九大精神、区九届三次全会精神以及中央、区、市经济工作会议、农村工作会议精神和习近平新时代中国特色社会主义经济思想，紧扣社会主要矛盾的变化，牢固树立"四个意识"，深入推进"六大战略"，按照各级党委、政府的统一安排部署，紧紧围绕县委、县政府的中心工作，坚持稳中求进、进中求好、补齐短板总基调，不断深化"五位一体"和"四个全面"战略布局，正确处理好"十三对关系"，扎实开展好供给侧结构改革、统筹城乡发展、重点项目建设、生态文明建设、精准扶贫、保障民生等工作，努力实现2018年经济社会发展各项目标任务。

按照市委市政府总体安排部署，2018年达孜区经济社会发展主要预期目标为：

——完成地区生产总值17亿元，同比增长9.74%；

——全社会固定资产投资达到33.66亿元，同比增长16.86%；

——公共财政预算收入达到7.25亿元，同比增长7%；

——规上工业增加值达到1.86亿元，同比增长13%；

——农牧民人均可支配收入达到14042.52元，同比增长14%；

——社会消费品零售总额达到2.21亿元，同比增长13.5%。

要顺利完成以上目标，2018年我们需要抓好以下几方面工作：

一、以撤县设区为契机，着力打造美丽富强幸福新达孜

一是结合拉萨"一心两翼"战略布局，抓住机遇、找准定位，编制好区域发展规划。要紧紧围绕区、市统一规划布局和安排部署，做好规划衔接，充分利用"东大门"的区位优势，以打造"结构优化、转型升级的发展高地；协同发展、产业集聚的投资乐土；设施完善、环境优美的宜居福地；打造百姓富足、平安健康的幸福名城"为定位，以建设"经济效益好、生态环境美、社会和谐稳定、人民幸福感高"的新达孜为目标，按照"两岸三区东部宜居城"的发展思路，编制好各项区域发展规划，为达孜的发展提供纲领、指明方向。二是要加强全面深化改革，提升服务型政府建设水平。要认真贯彻中央、区、市各项改革决策部署，结合实际、突出重点，通过改革创新促发展、促转方式调结构、促民生改善。要进一步转变政府职能，深化"放管服"改革进程，转变工作作风和提升工作效率，加快建设服务型政府，更好地促进经济社会发展、造福人民群众。三是要不断健全基础设施条件和水平，满足人民群众日益增长的需求。要结合新的发展机遇，不断在基础设施条件、基本公共服务体系水平上下功夫，不断统筹城乡一体化发展，以人民群众的需求为导向，加强对社会发展、民生保障方面的投入力度，不

断夯实达孜发展的基础。

二、坚持稳中求进、进中求好，不断推动经济社会发展

（一）实施乡村振兴战略，推进现代化农业农村进程。一是要稳固农业基础地位，在确保全县粮食生产安全的同时，加快达孜现代农业科技示范园区建设发展，以农业产业园区建设为中心，进一步优化种植业结构，调整粮经饲种植比例，积极发展有机青稞等特色种植业，注重新品种引进示范，新型栽培技术推广应用以及农产品与市场链接工作，不断深化农产品加工，提升农业经济效益。二是积极推进畜牧业产业化发展。要以养殖专业合作社、家庭牧场、畜禽规模养殖场和养殖大户为途径，积极鼓励和引导农户从散户养殖向集中规模养殖发展，从农牧民专业合作组织向纵深发展。加强与净土健康产业的深度融合，大力发展牦牛短期育肥、原种藏鸡、优质奶牛养殖和饲草基地建设，强化畜禽改良和繁育体系建设，提升养殖品质。三是扶持发展涉农龙头企业。加大涉农企业招商引资工作力度，扶持和发展龙头企业参与产业发展，让龙头企业与农民之间多样化紧密型的利益连接机制，逐步形成“企业带动基地，基地促进企业发展”的经营模式，加强农民专业合作组织规范发展，提高农牧民生产经营的组织化程度，提高农牧业经营效益，促进农牧区经济发展和农牧民增收致富。四是加快推进客运班线改革工作，不断规范客运市场秩序。加快达孜县德庆镇白纳村至朗庆度假村公路工程、拉萨市达孜县林阿村9组至农业园区公路工程、曲尼帕灌区、达孜县水利工程运行与维护工程项目、唐嘎乡藏鸡养殖基地项目、各乡镇农牧业防抗灾救灾物资储备库建设项目、章多乡拉木村高标准农田建设项目等项目的建设进度，不断完善农牧区基础设施条件。

（二）坚持改革创新发展，打造绿色园区发展新引擎。一是加强园区品牌建设，加快实施“走出去”战略。充分利用“西藏达孜（镇江市）产业交流中心”、西藏达孜净土健康产品展销中心落户国家5A景区镇江西津渡、与江苏康禾公司合作等机遇，以江苏为基地，布局全国，不断发展线下达孜特产门店，将达孜精品推送出西藏，推向发达城市，抢占内地市场高地。二是充分利用资源，打造工业旅游新局面。依托撤县改区、拉萨东大门区位优势以及拉萨旅游东环线等历史发展优势，立足“山、水、城”三大核心属地资源，打好“产品、市场和服务”三张牌，启动“达孜工业旅游示范区”建设，生产“净土、净空、净水、净音、净心”无污染产品，提升旅游配套和服务，推出工业游、文化游、生态游相结合的模式，助力经济社会发展新路径。三是不断完善基础设施条件，改善园区发展环境。做好园区项目建设管理工作，抓紧完成镇江路提升改造、物流服务中心建设、中小企业孵化基地2期、园区主支干道路亮化工程等项目的建设，为园区发展提供硬件保障。四是进一步清理淘汰技术落后、产能过剩等僵尸企业，引进有资金、有技术、有产品、能带动当地群众就业的实体企业。加大资金投入，努力培育壮大新兴产业，围绕先进制造产业、新材料产业和其他战略性新兴产业，支持企业加大研发和改造投入，应用信息技术改造提升装备水平，提高产品科技含量，不断提高产品影响力和竞争力。

（三）加快现代服务业发展，提升第三产业质量。一是切实推动《达孜全域旅游发展规划（2016—2025年）》的评审和实施工作，扎实做好扎叶巴村容村貌整治、白纳沟阿古登巴、主西沟、徒步旅行营地等旅游基础设施项目的建设，形成达孜全域旅游的龙头品牌。二是积极开发培育工业旅游、乡村农家乐、牧家乐、拉萨人家、民族特色度假村、房车营地、藏式家庭旅馆等旅游新模式，在丰富旅游资源的同时带动当地农牧民群众增收致富。三是推动旅游服务平台、物流服务中心、邮政村级服务场所全覆盖的建设完善工作，积极引进和培育服务型人才，为县内外群众提供更加优质、完善的服务，带动旅游、物流、服务业的发展。

三、抓好项目建设管理工作，充分发挥投资带动作用

坚持以项目为中心，通过项目的带动，让固定资产投资稳定增长，充实发展内生动力，要进一步掌握各级各部门的投资政策，主动沟通衔接，积极争取，抓好落实。一是要加强落实项目建设管理工

作责任制，进一步强化责任体系和追责细责建设，切实做到项目建设有人抓、有人管、推得动、管得好、建得好、效益好。二是各项目建设单位要提高思想认识，早安排早部署，结合实际情况，尽早制定2018年项目建设推进计划时间表，尽早开展好项目前期工作，确保2018年项目早日开复工建设，早日产生效益。三是抓好重点项目建设。加强监督管理，协调相关单位开展好达孜县2016年小康安居工程（试点）、医院整体搬迁项目、达孜县高标准良种奶牛养殖中心项目、拉萨市东环南线（虎峰大道）市政工程、拉萨市达孜县尊木采村水泥厂、达孜县农业产业园区高标准温室大棚建设等项目的各项工作，加强协调推进S5线拉萨至泽当段（拉萨至泽当快速通道）的建设进度，形成固定资产投资快速增长。四是进一步探索推广PPP合作模式，建立政府信用机制和绩效考核机制，针对不同领域的项目，建立健全合理的风险分担、动态的利润调整机制以及合理的投资回报机制，优化发展环境，吸引更多民间资本参与达孜项目建设。

四、强化突出绿色健康发展，推进生态文明建设进程

一是要严把项目准入关。提高环境准入门槛，严格贯彻落实环保“三同时”制度，坚决不吸收引进水平低、能耗高、污染大的项目。二是推进产业发展生态化。大力发展生态工业、生态农业，积极推进旅游、健康养生、商贸流通等生态服务业，大力推进工业园区循环化改造，进一步淘汰落后产能，加快发展循环经济，培育生态工业园区。三是加强生态环境保护，进一步探索和完善生态林保护补偿机制，加强生态红线划定工作，严守生态、水资源、耕地三条红线，抓好防砂治沙、人工造林、生态屏障、“厕所革命”等工程的建设。四是深入推进“净空、净水、净土”行动，继续推进“土十条”“水十条”“气十条”工作，加大农村环境卫生和农业源污染综合整治力度，加大饮用水源地污染源头治理，加快推进水生态文明建设，抓好“河长制”的落实。五是加快达孜县污水处理厂、乡镇垃圾转运站的建设进程，贯彻执行好消除“无树村、无树户”规划，逐步打造“美丽达孜、宜居达孜”。

五、深入推进社会事业发展，提升人民满意度和幸福感

一是坚持教育全面均衡发展。要进一步深化教育领域综合改革，不断完善义务教育管理体制，强力推进城乡义务教育均衡发展。稳步推进学前教育规范化发展，重点推进基础教育信息化应用水平提升，常态化推进教育教学质量不断提升，稳步实施教育民生工程和重点工程，加大规范办学行为的工作力度，以师德师风为载体，全面推进教师队伍建设，落实好达孜籍大学生资助全覆盖政策，努力建设教育强县，推进教育现代化进程。二是加强文化事业发展建设。积极推进公共文化基础设施项目建设进度，确保达孜县文化广播中心项目早日建成投入使用。切实做好文化宣传教育工作，组织开展好“五下乡”、文艺会演、电影巡回播放等文化活动，加强文化执法队伍建设，净化保障文化市场发展。着力改善广电设施设备，提高全县广播电视播出质量，为全县广大群众提供更好的文化服务。三是深化医疗卫生体系改革工作。以对口支援和医疗组团工作为契机，按照“小病、常见病不出乡”“中病不出县”的目标，使县域内就诊率达到85%以上。加强乡镇卫生院标准化建设进程，争取2018年内将县域内所有卫生院均完成标准化建设，并将基本公共卫生各项工作逐步下移至村卫生室，配齐、配强村卫生室医务人员，逐步开展基本公共卫生服务各项工作，完善综合医疗保障体系建设，实现村医家庭签约式服务签约率达100%。

六、巩固提升脱贫成果，促进脱贫攻坚取得更大成绩

在巩固好已有成绩的基础上，继续按照“六个精准”“五个一批”和“八个到位”要求，围绕区、市“两年脱贫、三年巩固”目标任务，全面落实以业脱贫、以迁脱贫、以教脱贫、以补脱贫等脱贫工作措施，切实保障剩余未脱贫人员尽早脱贫。要切实加强贫困群众思想观念转变，改变等、靠、要、懒的思想状态，变“要我致富”为“我要致富”，积极主动参与到各项扶贫行动上来。要加强产业脱贫力度，抓紧2017年、2018年产业项目的建设和管理，促进项目早日落地投产，并产生应有效益。结合易地扶贫

搬迁、相对集中安置，建立健全搬迁群众后续发展长效机制，确保搬得出、稳得住、能致富。把扶贫与扶智结合起来，结合农牧民群众的实际情况，加强实用技术培训和创业培训，引导群众自强自立，强化贫困群众自我发展的能力。进一步探索推进脱贫攻坚新方法、新措施，助力全县早日实现全面脱贫。

各位代表，2018 年我区经济和社会发展任务重、责任大，让我们在区委、区政府的坚强领导下，在区人大、区政协的支持、关心和监督下，坚持以科学发展观统领经济社会发展全局，认真贯彻落实党的十九大精神、自治区九届三次全会精神以及中央、区、市经济工作会议精神，牢牢把握发展这个第一要务，团结一致、解放思想、实事求是、扎实工作、开拓创新，确保实现达孜经济的持续发展和社会的长治久安，为全面完成 2018 年的国民经济和社会发展各项目标任务而努力奋斗。

达孜区 2017 年财政预算执行情况和 2018 年财政预算的报告

——在达孜区第一届人民代表大会第一次会上

达孜区财政局局长　边　次

（2018 年 1 月 4 日）

一、2017 年财政预算执行情况及财政主要工作

2017 年是实施“十三五”规划的重要之年，也是全面深化改革和全面脱贫攻坚的之年。县财政局在县委、县政府的正确领导下，在县人大的监督指导以及江苏省对口援藏省市和上级业务部门的关心支持下，充分吸收各位委员及社会各界人士的建议，认真贯彻执行预算法以及相关法律法规要求，坚持稳中求进工作总基调，全面推进财税体制改革，创新财政宏观调控方式，认真落实稳增长、调结构、促改革、惠民生、保稳定、防风险等一系列政策措施，主动作为，扎实工作，攻坚克难，顺利完成了上级业务部门的目标任务，财政预算执行情况良好。

（一）2017 年财政预算执行总体情况

达孜县十三届人大一次会议批准的 2017 年度全县财政收支预算为公共财政总财力为 132331 万元，公共财政支出预算为 132331 万元，政府性基金预算总财力为 1000 万元，政府性基金支出预算为 1000 万元。

在年度预算执行过程中，根据财力变化情况，经县人大常务委员会批准，2017 年财政预算执行结果为全县总财力 165803 万元，比年初预算增加 33472 万元，增长 25.3%。其中，上级财政补助收入 84358 万元，比上年下降 6.1%；地方公共财政预算收入 67826 万元，比上年增收 8946 万元，增长 15.2%；调入国有资本金经营收入 3 万元。全县公共财政预算支出完成 165778 万元，比上年决算数增加 10297 万元，增长 6.6%。收支相抵，滚存结余 25 万元，其中，净结余 25 万元，实现了财政收支平衡，略有结余。

地方政府性基金预算收入完成 35407 万元，其中：1. 土地出让金 34685 万元，2. 上级专项指标收入 722 万元。

政府性基金预算支出 35407 万元。

（二）2017 年财政主要工作

1. 抓增收，蓄后劲。一是及时采取应对措施，密切关注宏观经济形势和国家税收政策变化，认真分析影响我县收入的各种不利因素，充分发挥财政杠杆作用，保证财政收入平稳增长。二是加强收入态势跟踪，加强与税务部门、工业园区管委会的联系，采取有效措施加大收入征管，确保税收应征尽征。三是严格非税收入管理，深化“收支两条线”管理改革，建立和完善非税收入收缴机制，抓大控小，积极挖掘非税收入潜力。四是培育重点产业，增强自身造血功能，积极支持“两园一业”建设及全县招商引资工作、招商选资工作，努力蓄发收入后劲。2017 年全县公共财政预算收入完成 67826 万元，比同期增收 8946 万元，增长 15.2%，满完成了上级业务部门确定的收入预定目标。

2. 倾力保障和改善民生。2017年,全县用于民生方面的支出占新增财力的70%以上。一是进一步提高社会保障水平。社会保障和就业支出10036万元,比上年增加6126万元,增长156.67%,重点用于城镇职工医疗保险、养老保险、职业年金、城乡低保、新型农村养老保险、城镇居民及寺庙僧尼养老保险、“三老”人员补助、农村“五保户”供养、住房公积金公益性岗位配套等方面。兑现干部职工住房公积金财政配套资金1443万元,养老保险、职业年金财政配套资金1520万元。按照上级要求,城镇居民最低生活保障标准由月人均640元调整到764元,共兑现财政配套资金145万元;农村居民最低生活保障标准调整为每人每年3645元调整为3914元,在调整基础上本级财政两线合一兑现每人每年351元,共兑现财政配套资金520万元;落实“三老”人员生活补助资金102万元;“五保户”供养资金135万元;“三大节日”慰问金111万元;落实村干部岗位补贴资金445万元(2017年村党支部书记和村委会主任基本报酬和业绩考核奖励补助每人每年达到4.88元,村党支部副书记和村委会副主任基本报酬和业绩考核奖励补助达到每人每年4万元,村“两委”委员基本报酬和业绩考核奖励资金达到每人每年3.12万元);落实资金361万元,保障了各行政村正常运转;落实资金443.19万元,对全县农牧民和城镇低保户共441人实行医疗救助;落实资金1353万元,用于农牧民农村综合医疗补助;落实资金424.4万元,农牧民大病统筹县级配套;落实资金198万元,用于支付城乡环卫工人工资等。二是保障教育优先发展。全县教育支出达到24172万元,县本级财政对教育投入占地方公共财政收入的20%以上,重点用于中心小学建设、教职工住房公积金配套、职业教育、农村教师各项补贴、非义务教育阶段农村户口和城镇低保户口学生助学基金补助等。全面落实“三包政策”,全年落实义务教育“三包”经费1050.34万元。三是集中财力支持全县精准扶贫精准脱贫工作。按照县委、县政府确定的年度目标任务,围绕中心,服务大局,财政部门筹集资金,大力支持精准扶贫精准脱贫工作。(1)整合资金,精准使用。2017年本级财政预算安排投入5000万元用于扶贫产业项目,盘活财政存量资金1489万元精准扶贫异地搬迁项目,民生领域项目资金中618.28万元用于精准扶贫异地搬迁二期家具家电采购、绘画、地板等。(2)大力发展产业扶贫项目,创新产业扶贫模式。我县通过“企业+合作社+贫困户”及“村办经济实体+贫困户”的模式,大力发展当地产业,产业效益明显,为贫困户2075人进行产业分红,据统计,资金达498.15万元,涉及小微企业13家、农牧民专合组织20家、村办经济实体2家,人均增收2400元。(3)大力支持以补脱贫工作。目前,已落实自治区“十三五”时期新增给我县的生态补偿脱贫购买服务转移就业岗位2404个(林业系统生态保护岗位1824个、草场生态保护补助奖励机制岗位321个、水生态保护和村级环境监督员岗位104个、农村公路养护岗位45个、城镇保洁和村级环保监督员岗位83个、地质灾害群防群测员岗位2个、旅游公厕保洁岗位21个),设定岗位工资为4000元/人/年(其中3000元自治区转移支付,1000元本级财政配套),共计落实经费879万元,此外,落实定向补助人员1840人,资金145.18万元,人均补助789元。确保生态保护补偿政策全面落实到位。四是积极落实卫生医疗资金。医疗卫生支出10559万元,比上年增加4173万元,增长65.3%。兑现全县干部保健体检经费128.06万元;兑现全民健康体检费211.01万元;缴纳城镇职工基本医疗保险600万元;兑现农牧区医疗制度财政补贴5.6万元,补偿标准提高到年人均最高6万元;兑现村医基本报酬资金29.7万元;兑现村级动物防疫员基本报酬资金74.88万元;投入199.96万元进行包虫病综合整治工作。五是加大力度环境整治工作。节能环境支出3146万元,比上年增加2971万元,增长16.9倍,主要用于五乡一镇辖区清理陈年垃圾和垃圾转运站政府购买服务市场化运作。六是进一步加大基层文化建设资金投入。文化体育与传媒支出1802万元,比上年增加1285万元,增长2.5倍。全面实现了公共文化设施免费开放。落实群众文化经费28万元、电影场次补贴16万元,继续支持民间艺术团体建设和推进农村电影放映工程。七是确保支农支出稳定增长。2017 年农林水事务支出 39104 万元，比上年增加 4343 万元，增长 13%，主要用于支持发展高效农业、农业综合开发、水利事业、净土健康产业、“四业工程”、农村人居环境建设和环境综合整治、小型农田水利、农业科技推广、农作物补贴、牲畜良种补贴、农牧业特色产业、县级农牧业防抗灾物资储备库建设、重点防护林工程项目、农村安全饮水巩固提升工程项目、重大动物疫情应急物资储备及冷链设施建设项目、人工种草与天然草改良工程项目、草原治理（草原监理站建设）、曲尼帕罐区工程项目、邦堆乡叶巴沟水土保持生态清洁小流域综合治理示范工程项目、农业产业园区体验中心及护理员供暖县级配套、寺庙专职管理机构业务用房建设等方面。八是住房保障支出 1847 万元，比上年减少 1545 万元，下降 45.5%，2017 年城镇棚户区（危旧房）改造项目、德庆镇棚户区（危旧房）改造项目、基层政权建设村级综合服务中心项目配套资金等为全县重点项目建设。

4. 全力支持维稳工作。2017 年，全县用于维稳方面的支出达到 1056 万元，其中我县本级维稳支出 1033 万元。县财政在维稳资金保障方面始终坚持急事急办、特事特办的原则，优先保障维稳投入。2017 年，重点保障了加强和创新社会管理、加强和创新寺庙管理、和谐模范寺庙创建、爱国守法先进僧尼表彰等工作的资金投入。落实了维稳民兵务工补贴、政法系统法定加班补助、便民警务站人员生活补贴、驻寺干部生活补贴、安检守油库人员补贴等。

5. 提高财政科学管理水平，控制和压缩一般性支出。以制度建设为突破口，强化财政监督职能。采取多种方式，加强了对行政事业单位财政拨款和支出报账的日常监管，对有关单位整个收支过程的每个环节、每个项目，进行经常性全程监督，积极参与县纪检等部门对各项资金使用的检查工作，进一步规范了财政资金的拨付程序，提高了资金的使用效益。2017 年，我县“三公”经费支出 1016.09 万元，比上年减少 33.43 万元，下降 3%，主要用于五乡一镇今年报废车辆 6 辆（德庆镇 1 辆、邦堆乡 1 辆、塔杰乡 1 辆、章多乡 1 辆、雪乡 1 辆、唐嘎乡 1 辆），因工作需要五乡一镇政府采购新配各 1 辆。

二、2018 年度财政预算（草案）

根据《中华人民共和国预算法》《国务院关于编制 2017 年中央预算和地方预算的通知》规定和要求，结合我县实际，认真编制完成了 2018 年达孜县财政预算草案。

（一）预算编制的指导思想

以邓小平理论、“三个代表”重要思想、科学发展观为指导，以深入贯彻落实习近平总书记系列重要讲话精神，全面贯彻落实党的十八大、十九大和十八届三中、四中、五中、六中全会、中央第六次西藏工作座谈会、中央经济工作会议、中央农村工作会议以及达孜县第九次党代会、达孜县经济工作会议精神，统筹推进“五位一体”总体布局和协调推进“四个全面”战略布局，坚持稳中求进、进中求好、补齐短板的工作总基调，树牢新理念、适应新常态、引领新发展，坚持以人民为中心的发展思想，坚持以推进供给侧结构性改革为主线，适度扩大总需求，财政政策要更加积极有效，大力实施减税降费政策，深入推进财税体制改革，着力构建现代财政制度，加大财政支出优化整合力度，保障重点领域支出，统筹盘活财政存量资金，提高财政资金使用效益，加大地方政府性债务管理，积极防范财政风险。

（二）预算编制原则

1. 稳中求进，改革创新。在保持财政政策的连续性和稳定性的前提下，积极作为，切实发挥稳增长作用，促进经济社会良好发展。

2. 依法理财，规范管理。严格遵循《预算法》等法律法规和预算编制制度的相关规定，增强预算刚性约束，坚持“先有预算，后又执行”，严禁无预算支出和超范围、超标准开支。

3. 突出重点，压缩一般。适度扩大支出规模，提高支出精准度，改变支出项目只增不减的固化格局，集中财力办大事。严格控制“三公”经费，压缩会议费等非刚性支出。

4. 统筹整合，提高绩效。加强专项资金清理整合，盘活财政存量资金，集中用于亟须领域。

5. 积极稳妥，防范风险。实施更加积极有效的财政政策，注重财政可持续性，充分考虑经济发展水平和财力状况，安排民生领域支出，不做脱离实际的过高承诺。加强风险防控，强化地方政府债务限额管理和预算管理，切实防范财政金融风险。

（三）2018 年预算安排总体情况

1. 公共财政收支预算总财力

2018 年全县公共财政总财力为 114360.61 万元，比上年减少 17969.93 万元，下降 13.58%，其中：地方公共财政预算收入 65000 万元，上级补助收入 49356.61 万元，调入国有资本经营收入 4 万元。

2. 上级补助收入构成情况

总财力中上级补助收入 49356.61 万元的主要构成：一是返还性收入 10580 万元，二是一般性转移支付收入 37403.27 万元，三是专项转移支付收入 1373.34 万元。

（四）2018 年公共财政预算支出安排情况

2018 年安排公共财政预算支出 114360.61 万元。

2018 年公共财政收支预算一览表

表 1

当年财力	金额	备注
一、一般预算收入	65000	—
二、转移性收入	49356.61	—
（一）返还性收入	10580	—
1. 增值税返还	10500	—
2. 所有税返还	80	—
（二）一般性转移支付收入	37403.27	—
（三）专项转移支付收入	1373.34	—
三、调入国有资本经营收入	4	—
合计	114360.61	—
财力分配	114360.61	—
一、工资福利支出	17599	—
二、商品服务支出	2325	—
三、社会保障基金补助	4647	—
四、资本性支出支出	89789.61	—
（一）农林水事务	35163.75	—
1. 农牧业	6308.84	—
（1）退耕还林粮食折现补贴	22.14	市级提前告知
（2）疫源监测补助及设备维护费	57.3	市级提前告知 7.3 万元
（3）农机具购置补贴	460	市级提前告知
（4）畜牧良种补贴	15	市级提前告知
（5）本级安排投入	5754.4	市级提前告知
①农业技术推广	80	—

续表 1

当年财力	金额	备注
②牲畜良种繁育体系与黄牛改良	50	—
③重大动物疫病防控经费	85	—
④净土健康产业配套资金	5000	—
⑤防抗灾物资储备经费	70	—
⑥病虫草害防治经费	59.4	市级提前告知 9.4 万元
⑦乡镇农牧综合服务站运行经费	60	6*10 万
⑧其他农业支出	100	—
⑨牦牛短期育肥和绿色青稞基地建设资金	250	—
2. 林业	1062.17	—
（1）森林生态效益补偿	262.17	市级提前告知
（2）本级安排投入	800	—
3. 水利	612	—
（1）防汛抗旱资金（河水环境综合治理）	200	市级提前告知 50 万元
（2）2018 年小型农田水利建设项目资金	150	—
（3）其他项目配套经费	62	—
（4）河长治工作经费（水利技术推广）	200	—
4. 扶贫	5855.73	年初收入预算的 20%
（1）精准扶贫配套资金	5000	2018 年财政存量资金 3626.38 元 1373.62
（2）精准扶贫生态补偿岗位人员补贴	260	—
（3）精准扶贫业务经费	140	含乡镇 90 万
（4）异地搬迁转贷本金和利息	455.73	本金 330 万元
5. 国土	21325.01	—
（1）地质灾害群测群防员补助	1.5	市级提前告知
（2）土地确权、规划编制	100	—
（3）规划编制	150	—
（4）项目用地测绘	50	—
（5）土地储备金	21023.51	—
（二）科学技术	84	—
1. 科技特派员生活补助	24	市级提前告知数
2. 科学技术普及经费	60	持平

续表 1

当年财力	金额	备注
（三）教育事业	24084.43	—
1. 教育事业费	9519.23	市级提前告知数
2. 本级教育投入	13565.2	上年决算数的 20%（财政存量资金 5919.92 万元）7645.28 元
3. 大学生资助金	1000	高校生在校期间学费、住宿、书本进行差额补助、交通费、生活费补贴
（四）社会保障和就业	2087.68	应保必保
1. 医疗保险基金	36	市级提前告知
2. 抚恤和社会福利救济	150	持平
3. 城镇低保	30	—
4. 农村低保	300	—
5. 公益性岗位补贴	299	市级提前告知
6. 孤儿基本生活补助	35	持平
7. 生育保险	85.3	0.70%
8. 工伤保险	3	事业 0.4%、行政 0.2%
9. 失业保险	20.4	0.50%
10. 救灾物资储备经费	120	持平
11. 两线合一及民政事务经费	42.1	781*410.67 元（32.1 万元）新增
12. 应急自然灾害救助经费	200	持平
13. 农村社会救助	35	持平
14. 农村医疗救助	350	持平
15. 残疾人就业保障金	70	持平
16. 三老人员生活补贴	94.88	市级提前告知数
17. 优抚对象等人员抚恤和生活补助资金	32	持平
18. 干部职工意外伤害保险	40	持平
19. 基层平台经费	100	—
20. 监察委员会业务经费	20	新增
21. 巡查办工作专项经费	25	新增
（五）文化体育传媒	490.3	—
1. 群众文化经费	60	持平

续表 1

当年财力	金额	备注
2. 宣传、报道、文艺队	60	持平
3. 图书馆、群艺馆、乡镇综合文化活动中心免费开放	56	市级提前告知数
4. 民间艺术团补助	150	市级提前告知 30 万元
5. 民间艺术团场次补贴	20	市级提前告知数
6. 文化执法经费	5	持平
7. 精神文明建设经费	25	持平
8. 网信办专项经费	20	持平
9. 非物质文化遗产传承人补贴	3	—
10. 村级文化建设	20	市级提前告知数
11. 拉萨日报覆盖工程赠阅资金	71.3	—
（六）医疗卫生	8371.30	—
1. 新型农村合作医疗补助	1353	应保必保持平
2. 大病统筹县级配套资金	450	—
3. 基本公共卫生服务经费	106	市级提前告知数
4. 体检经费	74	持平
5. 城乡居民暨在编僧尼健康体检补助经费	130	持平
6. 计划生育经费	46	人均 12 元市提前购置 9.5 万元
7. 县级医院整体搬迁建设资金	6000	—
8. 村干部体检	10	持平
9. 降消项目经费	17.3	市级提前告知数
10. 食药局专项经费	15	持平乡镇协管 13*2000 元、村级协管 21*1200 元
11. 危控应急储备金	20	持平
12. 包虫病综合整治工作经费	50	增加 18 万元
13. 卫生与健康	100	新增
（七）城乡社区事务	800	—
1. 城市维护费	400	—
2. 基础设施建设	400	—
（八）节能环保	1132	—

续表 1

当年财力	金额	备注
各项环境保护经费（包括园区环保经费 50 万元）	1132	市提前重点生态区转移支付 632 万
（九）农村税费改革	1194.22	—
1. 村干部基本报酬和业绩考核奖励资金	410	市提前告知数 8.4 万、134.74 万、13.52 万
2. 村级组织工作经费	200	市提前告知数 41.1 万元
3.131 个村民小组组长岗位补贴	84	—
4. 五保户供养经费	37.79	市提前告知 32.89 万元
5. 敬老院机构运转保障经费	365	市级提前告知 65 万元
6. 经济困难高龄、失能等老年人补贴	9.43	市级提前告 134.74 万元
7. 村民监督委员务工补贴	88	—
（十）公共安全	2637.36	—
1. 维稳应急处置	200	持平
2. 社会治安综合治理	200	持平
3. “双联户”户长补助	117.35	市级提前告知数
4. “先进双联户”表彰奖励资金	40	—
5. 加强社会管理创新经费	200	持平
6. 统一战线、涉宗领域经费	325.2	含各寺管会僧尼成员岗位补贴月人均 500 元
7. 市、县两级党外政协委员生活补贴和增资补贴	55.47	—
8. 爱国守法、先进僧尼表彰经费	67.6	市级提前告知 37.6 万
9. 寺庙“九有”工程资金	7.45	市级提前告知数
10. 驻寺人员岗位津贴	82.80	市级提前告知数
11. 维稳民兵经费	60	持平
12. 武装部经费	50	持平
13. 消防业务经费	186.23	市提前告知数 6.23 万、消防专项规划 50 万、新建队站网通、接警调度室建设 50 万
14. 中队经费	35	持平
15. 维稳日常督查经费	30	持平
16. 政法系统全年政策性法定补贴	130	持平
17. 维稳指挥部专项经费	50	持平
18. 公安系统装备经费	280.88	市级提前告知数
19. 检察院业务及装备经费	42.55	—
20. 法院业务及装备经费	79.6	市级提前告知数

续表 1

当年财力	金额	备注
21. 法律援助、人民陪审员专项经费	31.56	市级提前告知 1.56 万元
22. 司法系统装备经费(含社区矫正经费)	22.23	市级提前告知
23. 民警生活补贴	18.24	市级提前告知数
24. 驻寺民警岗位补贴	25.2	市级提前告知数
25. 辅警、协警生活补助	40	持平
26. 普法宣传、安置帮教等	20	新增
27. 辅警、协警保险费	90	新增
28. 协警工资	150	50 人 *2500 元新增
(十一)一般公共服务及其他支出	10082.47	—
1. 基层政权建设、村级活动建设	1758.72	市级提前告知 158.72 万元
2. 四级人大开展代表视察、监督等专项工作经费	80	—
3. 政协开展委员视察、参政议政调研等经费	60	—
4. 批评意见建议办理专项经费	800	—
5. 乡镇人大代表专项经费	60	市级提前告知 30 万元
6. 强基惠民专项经费	200	—
7. 协税户税专项经费	300	招商引资、提升纳税服务功能(增加 270 万)
8. 基层党建经费	90	持平
9. 党员教育培训经费	30	持平
10. 下派村干部补助	12	持平
11. 人才激励保障经费	5	持平
12. 老干部活动经费及疗养经费	160	含活动经费 40 万
13. 党风廉政、纪检监察办案、廉政宣传培训经费	50	含行政村级监督员岗位补贴
14. 工会会费	200	—
15. 基层团组织建设经费	17	市级提前告知数 12 万元
16. 基层劳动就业社会保障公共服务经费	100	持平
17. 信访疑难经费	600	持平
18. 党员民族团结先进活动经费	5	持平
19. 专项教育实践活动经费	50	—
20. 安全生产演练、宣传等专项经费	30	—
21. 妇女事业发展经费	4	按人均 2 元计算,16229 人

续表1

当年财力	金额	备注
22. 儿童事业发展经费	3	按人均2元计算，6823人
23. 妇儿工委经费及乡镇妇联改革	45	20*2
24. 妇女之家建设经费	20	包括“三八”活动经费
25. 工商联非公经济培训、宣传、党建等经费	10	持平
26. 机要室专项经费	15	持平
27. 档案经费	3	—
28. 党校运行经费	50	持平
29. 统计经费、第四次经济普查经费	20	—
30. 县志、地方志专项经费	100	持平
31. 全民运动专项经费	25	—
32. 节前慰问贫困户等经费	200	持平
33. 县级基本财力保障机制奖补资金	654	市级提前告知数
34. 退休老干部活动中心器材经费	30	—
35. 离任村干部一次性生活补助经费	40	—
36. 专招大学生生活保障经费	10	—
37. 年度优秀公务员奖励资金	15	—
38. 撤县社区等工作经费	25	—
39. 网站升级维护项目	25	公务公开网
40. 移民补助	0.24	市级提前告知数
41. 民生领域基础设施建设项目县级配套资金	3000	—
42. 区域旅游专项经费	200	—
43. 购置费（车辆）	200	—
44. 项目前期	250	—
45. 其他杂项	530.51	持平
（十二）预备费	3430.81	—
结余		—

各位代表，新的一年，新的起点，我们将在县委、县政府的坚强领导下，自觉接受人大的监督，虚心听取各方面的意见和建议，坚定信心、咬定目标、扎实工作，努力完成2018年财政预算任务，起好步，为全县经济跨越式发展、社会局势长治久安、全面建成小康社会做出积极贡献。

综 述

【概况】 达孜县总面积1373平方公里,耕地面积6.85万亩。全县共辖五乡一镇,20个行政村,131个村民小组,总人口32274人。县域境内共有寺庙、日追拉康14座,其中,始建于公元15世纪初,已有600多年历史的藏传佛教格鲁派六大寺之首的甘丹寺,其宗教、建筑、艺术等方面的成就在区内外享有盛誉,1961年被列为全国重点文物保护单位;始建于公元7世纪,至今已有1500多年历史的扎叶巴寺,其建筑风格独特,被誉为"隐修圣地"。

【地理位置】 达孜,藏语意为"虎峰"。达孜宗初建于1354年;1959年民主改革后,原达孜宗、德庆宗合并成立达孜县,隶属拉萨市。地理坐标为北纬29.40°~29.667°、东经91.21°~91.35°。达孜县地处拉萨河两岸河谷平原地区,西与拉萨市城关区毗邻、北与林周县相连、东靠墨竹工卡县,南接山南市的扎囊县,318国道贯穿而过,距离拉萨城区仅20公里,素有拉萨"东大门"之称,交通便利,战略位置十分重要。

【经济发展】 2017年,完成地区生产总值16.19亿元,增长9.8%;公共财政收入6.78亿元,增长15.15%;税收收入244839.52万元,增长21.8%。固定资产投资达到29.29亿元,同比增长2.3%;社会消费品零售总额1.95亿元,增长12.2%。"京交会""丝博会""昆交会""雪顿节"招商引资成果丰硕,共签约招商引资项目34个,到位资金18.3亿元。农牧民人均纯收入12212元,同比增长13.47%,城镇登记失业率控制在2.2%以内。工业园区入驻企业达到1242家,其中实体型企业58家。完成工业总产值12.82亿元,同比增长29%;工业销售产值12.81亿元,同比增长31%;工业增加值4.19亿元,同比增长32%。

【气候】 达孜县属高原温带半干旱季风气候区。全县平均海拔4100米,河谷最低海拔3730米,年平均气温7.5℃,年平均日照3065小时,平均降雨量450毫米。空气稀薄,气温低,日温差大,冬春干燥,多大风,年无霜期130天左右。年降水量444毫米,80%~90%集中在夏季,多夜雨。自然灾害主要有旱、涝、山洪、泥石流、冰雹、霜灾、虫灾等。

【地貌】 达孜县地势南北高、中间低,北部和南部分别是东西横贯的恰拉山、郭嘎拉日山,中间为拉萨河谷地,是典型的"U"形地貌,全县平均海拔4100米,河谷最低海拔3730米。

【旅游资源】 2017年,完成达孜全域旅游规划编制并通过拉萨市旅委组织的终评。达孜工业园区《国家级工业旅游示范区提升计划》及镇江路核心景观带改造方案、达孜叶巴村文化旅游项目设计方案确定并组织实施。叶巴寺村容村貌整治项目一期基本完工,白纳沟阿古顿巴出生地主题公园、主西沟徒步营地、高原健康休闲运动步道等重点旅游项目的前期设计顺利完成，申报“拉萨人家”项目18户。与高铁公司、携程网、西藏卫视、微信平台等线下、线上媒体合作，通过宣传片、游记攻略、微视频等方式，推介“天上西藏·云上达孜”全域旅游品牌，共开发17个系列的旅游文化商品，全年受众旅客（网友）等超过1亿人次；与国家地理杂志合作，推出“拉北环线”精品游线“达孜全域旅游”篇章，该杂志已发行50万册。2017年接待游客64.11万人次，同比增长34%，旅游收入达到3191.01万元，同比增长40%，全年达孜旅游市场的投诉率、安全事故率均为0。

（索朗旺堆）

大事记

1月

3日　达孜县塔杰乡塔杰村召开2017年村民组长选举大会。

同日　达孜县德庆镇召开工作目标绩效考核安排部署会议，对2016年目标绩效综合考评工作进行了安排部署。

同日　达孜县德庆镇召开《乡（镇）党委议事规则和决策程序》《乡（镇）财务管理制度》征求意见会。

4日　达孜县塔杰乡召开“两学一做”专题学习会议，学习《关于新形势下党内政治生活的若干准则》和《中国共产党党内监督条例》。

同日　达孜县邦堆乡林阿村委会组织第一次环境卫生评比活动。

5日　达孜县年终考评组在五乡一镇进行年终考评。

同日　达孜县司法局开展2017年节前走访慰问刑满释放人员活动。

同日　达孜县塔杰乡召开精准脱贫巩固工作推进会

6日　自治区政府副主席其美旦增率队的易地搬迁调研组一行在达孜县对达孜县精准扶贫精准脱贫易地搬迁安置点进行考察。

同日　自治区扶贫办副主任普珍一行在达孜县检查指导精准脱贫成效工作。

同日　拉萨市质量技术监督局驻达孜县德庆镇德庆村工作队开展“感党恩 送温暖”暨送电视下乡活动。

同日　达孜县消防大队在县“五保”集中供养服务中心开展消防检查及宣讲活动。

同日　达孜县邦堆乡开展村容村貌综合大整治活动。

9日　达孜县召开迎接陕西省交叉考核精准脱贫成效工作安排部署会。

同日　达孜县在西藏阳光庄园举办精准扶贫现场招聘会。

10日　达孜县召开2016年度基层党建工作述职评议会。

同日　达孜县公安局开展以“公安110、为民保安宁”为主题的“110”法治宣传活动。

同日　达孜县塔杰乡召开迎接中西部22个省2016年扶贫成效省际交叉考核工作专题部署会议。

同日　达孜县唐嘎乡积极开展环境综合整治工作。

11日　拉萨市第三方评估组在达孜县开展脱贫成效评估工作。

同日　达孜县各单位积极开展结对帮扶，慰问结对帮扶贫困户。

同日　达孜县塔杰乡向县净土办争取到免费饲料32吨，召集3个村的20户农牧民奶牛养殖户发放免费饲料。

12日　达孜县委常委、统战部部长拉巴顿珠在唐嘎乡检查指导精准扶贫工作，走访贫困户，实地了解精准扶贫工作开展情况。

13 日　达孜县委常委、宣传部部长徐远在章多乡章多村看望慰问结对帮扶贫困户。

14 日　达孜县举行精准扶贫汽车驾驶技能培训班开班仪式。

17 日　达孜县召开县委常委会班子 2016 年度专题民主生活会。

同日　达孜县人民检察院检察长达珍走访慰问结对帮扶贫困户。

同日　达孜县卫生系统召开精准扶贫精准脱贫交叉考核工作安排部署会。

18 日　达孜县委常委、政法委书记、公安局局长索朗曲培看望慰问结对帮扶困难户。

19 日　达孜县总工会大力开展“金秋助学”活动，千方百计解决困难农牧民家庭上学难等问题。

20 日　陕西省交叉考核组在达孜县开展精准脱贫成效考核工作。

同日　达孜县德庆镇兑现 2016 年度金秋助学资金。

21 日　自治区党委副书记、政府主席齐扎拉一行在达孜县工业园调研精准扶贫工作。

22 日　达孜县章多乡召开 2016 年度基层党建述职评议暨“双述双评”会议。

23 日　拉萨市委组织部老干部局副局长普布旺堆一行看望慰问达孜县塔杰乡“三老人员”。

24 日　拉萨市农发办产业科科长次德吉在达孜县雪乡检查指导奶牛养殖项目。

同日　达孜县举办雪域金铜手工艺园精准扶贫专场招聘会。

25 日　达孜县“四大班子”领导在春节、藏历新年来临之际走访慰问县人武部、武警中队、消防官兵。

同日　达孜县召开落实巡视整改“回头看”反馈意见整改部署会。

26 日　西藏自治区疾病预防控制中心专家在塔杰乡巴嘎雪村为农牧民群众宣讲防治知识。

2月

3 日　春节前夕，达孜县委常委、政法委书记、公安局局长索朗曲培代表达孜县委、县政府在基层各派出所、便民警务站、各驻村工作队等一线部门，向节日期间仍然坚持在岗在位、开展工作的基层工作人员进行了节日慰问。

4 日　拉萨市妇联党组和驻村工作队在驻村点达孜县塔杰乡主西村村委会开展了“爱心传递 温暖童心”活动。

同日　拉萨市妇联党组书记赵金花、主席向巴彩喜带领全体党员在达孜县塔杰乡主西村开展走访慰问活动

6 日　达孜县邦堆乡林阿村委会开展了清理残次木、整形修枝的林业工作，整洁了村容村貌，还有效预防林业有害生物的发生，促进了林木健康生长。

同日　市妇联驻达孜县塔杰乡主西村工作队在主西村 4 组对一名患有髋关节脱位的女童及其家庭进行慰问，并为其送去 1000 元的慰问金。

20 日　那曲地区交叉考核组近日在达孜县各乡镇开展脱贫成效考核工作。

同日　在藏历新年来临之际，拉萨市公安局党委委员、副局长邓俊代表市局党委看望慰问达孜县公安局干部民警，向奋战在一线的民警及其家属表示亲切的慰问和节日的祝福，将市局党委的美好祝愿和亲切关怀送给每位基层民警。

同日　达孜县委常委、组织部部长格西斯满看望慰问德庆镇基层人才代表及雪乡困难结对户，代表县委组织部向基层一线优秀人才及困难群众表示诚挚的慰问并致以节日的祝福。

同日　自治区司法厅基层处次珍处长带队对达孜县贯彻落实司法厅有关文件精神和司法行政工作开展情况进行督查检查。

22 日　达孜县委书记张千率队开展藏历火鸡新年慰问活动。

同日　达孜县分别在拉萨市委老干部活动中心和县金叶敬老院礼堂隆重召开达孜县驻拉萨和

驻县退休干部职工迎藏历新年座谈会，辞旧迎新、共话发展。

同日　拉萨市副市长贡扎曲旺在达孜县塔杰乡塔杰村看望慰问结对帮扶对象、村“两委”班子成员及驻村工作队，并送来慰问金及节日的祝福。

同日　达孜县委副书记巴桑顿珠，副县长、发改委主任陈伟和县检察院检察长达珍一行在塔杰乡看望慰问塔杰乡机关干部、各村“两委”班子成员、驻村工作队队员、乡派出所民警、乡卫生院工作人员及28位老党员，并送去慰问金和节日的祝福。

同日　达孜县政府召开2017年消防工作会议。

23日　自治区农牧厅副厅长次真率督导调研组在达孜县开展春季农牧业生产督导调研。

同日　达孜县委书记张干在邦堆乡亲切慰问结对户和老党员，为他们送去节日的祝福。

同日　达孜县委副书记、县长春新一行藏历新年前走访慰问离退休老干部职工。

同日　达孜县委、县政府组织慰问组在各乡镇进行年前慰问。

同日　达孜县委常委、副县长张永祥在达孜县章多乡拉木寺开展节前慰问活动。

24日　县委书记张干，县委常委、组织部部长格西斯满组成的慰问组一行在西藏军区总医院看望慰问十八军老干部何达成老人，代表县委县政府送去组织的关怀。

同日　达孜县委副书记巴桑顿珠的带领县总工会一行在五乡一镇开展慰问活动。

同日　达孜县扎实开展对下约谈工作，切实推动“两个责任”落实。

25日　拉萨市民政局副局长魏自军一行在达孜县民政局领导的陪同下在邦堆乡克日村，代表市委、市政府慰问身患癌症的妇女央金拉姆，为她带去节日的祝福。

同日　达孜县委宣传部组织慰问组对被拉萨市评为“拉萨好人”“道德模范”的人员进行节前慰问，向他们送去党和政府的关爱和新年的祝福。

3月

6日　自治区人大常委会副主任赵正修带领自治区督导组一行，对达孜县贯彻落实自治区第九次党代会精神情况及工作部署情况进行督查。

同日　达孜县纪委主要领导带队在全县范围内开展了节后检查，严格监督检查，推动“中央八项”规定精神贯彻落实。

同日　达孜县供电有限公司组织全体干部员工在县福利院开展“学雷锋·送温暖”主题活动，用实实在在的行动把春天的温暖送到福利院。

7日　达孜县消防大队联合县教育局开展新学期消防安全“第一课”活动，切实加强校园消防安全管理，提高广大师生的消防安全意识和逃生自救能力，确保全县中小学校消防安全。

同日　达孜县团委组织11名西部计划志愿者开展以“延伸爱心之手 情注最美母亲河”为主题的河流卫生清洁志愿服务。

8日　达孜县召开全县河道采砂专项整治行动部署会，县级领导及县河道采砂专项整治行动领导小组各成员单位共40余人参加会议。

同日　达孜县妇联在塔杰乡主西村联合拉萨市妇联驻主西村工作队开展庆祝“三八”国际妇女节107周年活动。

同日　达孜县消防大队在县中心小学开展了大型实地灭火演练及应急疏散逃生活动，确保学校开学期间的消防安全，进一步培养和提高校园师生的防火自救能力。

9日　达孜县委书记张干在德庆镇、邦堆乡围绕党风廉政建设工作的相关内容约谈乡（镇）党委书记。

同日　达孜县委常委、宣传部部长徐远在章多乡检查指导河道采砂专项整治工作。

同日　达孜县工业园区召开环保督查专项部署安排会议，县环保、县工信、县安监、园区管委会主要领导及环保重点督查企业负责人参会。

同日　达孜县各乡镇、单位隆重举行“三八”国际妇女节活动。

10 日 北京师范大学资源与政策研究中心主任刘学敏教授一行在达孜县工业园区开展调研活动。

同日 达孜县塔杰乡召开河道采砂整治专项会议。

11 日 拉萨市委副书记肖志刚、市人大常委会党组副书记央金卓嘎一行在达孜县督导检查各项工作及慰问一线工作人员。

同日 拉萨市人民政府副市长方桂林一行在达孜县工业园区对援藏项目推进情况开展调研。

同日 达孜县委书记张干在碧水检查站、二区警务站、桑珠林村、发改委、人民医院等单位,看望慰问坚守在维稳一线的基层民警、基层党员干部,并为他们送上生活必需品。

同日 达孜县委副书记巴桑顿珠一行在邦堆乡林阿村检查指导工作队工作开展情况。

同日 拉萨市政协党组副书记顿珠多吉一行在邦堆乡林阿村检查指导工作。

同日 林芝市商务局党组副书记、副局长华彬在达孜县调研招商引资工作成效。

13 日 自治区党委常务副书记、政协党组书记邓小刚一行在达孜县邦堆乡林阿村慰问、考察。

同日 达孜县委副书记、县长春新在乡镇检查指导工作。

同日 达孜县副县长次吉卓玛一行在唐嘎乡调研指导有机农业推广试点工作。

同日 达孜中学组织学校师生开展“美化环境,绿化校园”义务植树活动。

14 日 那曲地区行署副专员鲍栋率领地区相关领导一行在达孜县工业园区交流参观。

同日 达孜县委常委、组织部部长格西斯满在雪乡督导检查各项工作开展情况并慰问基层一线工作人员。

15 日 拉萨市人大常委会党组副书记、拉萨市第七督导组组长央金卓嘎在达孜县检查指导维稳工作落实情况。

同日 拉萨市纪委副书记张斌一行在达孜县邦堆乡进行基层纪检机关建设调研。

同日 江苏省镇江市环境保护中心专家组吴锦利处长一行抵达达孜工业园区指导园区中央环保督察迎检相关工作。

同日 拉萨市环保局考核组在达孜县章多乡检查精准扶贫以补岗位落实情况。

16 日 达孜县各乡镇举行 2016 年春耕开播仪式。

同日 拉萨市纪委副书记张斌一行在达孜县检查调研基层纪检机关建设工作。

同日 拉萨市农开办主任李海云一行在达孜县督查 2014 年、2015 年农业综合开发产业化项目。

同日 达孜县工业园区管委会组织镇江市环境保护中心专家组一行及园区相关企业在江苏拉萨展销中心召开园区重点企业环保工作推进会暨专家见面会,指导园区企业迎接中央环保督察相关工作。

17 日 西藏威斯凯酒店剪彩仪式在园区江苏·拉萨展销中心隆重召开。

同日 达孜县委书记张干带队分别在教体局、桑阿寺管会、加气站等 10 余家单位,开展走访慰问活动,县委副书记王红杰陪同慰问。

同日 达孜县扶贫办副主任童晋美、扶持白纳民族手工艺术公司项目工程设计方、监理方、工程施工方、白纳民族手工艺术负责人在项目点进行技术交底工作。

20 日 达孜县委副书记、县长春新在唐嘎乡考察奶牛养殖产业基地。

同日 达孜县农牧局召开全县 2017 年春季重大动物疫病防控工作动员会议。

同日 山南市涉农部门参观团在达孜县章多乡参观学习农牧综合服务站运行情况。

同日 达孜县教育局召开迎接自治区过程督导检查工作安排部署会议。

21 日 西藏自治区消防总队政治委员、党委书记、公安厅党委委员刘汉林一行在达孜县消防大队视察指导队站建设工作

同日 自治区林业厅保护处处长扎多、拉萨市林业绿化局相关领导一行 7 人,在达孜县林业绿化局局长多吉和环保局工作人员的陪同下,对全县雅鲁藏布江中游河谷黑颈鹤国家级自然保护区环保部卫星遥感人类活动区域未批先建项目进行实地

检查。

同日　拉萨市卫生局副局长武鸣一行在达孜县慰问援藏医生，并进行座谈交流。

同日　达孜县扶贫办开展2017年精准扶贫产业项目初设实地测量工作。

22日　达孜县水利局联合章多乡人民政府、拉木村委会、县安监局等单位，在拉木村开展“世界水日”“中国水周”宣传活动。

同日　拉萨市纪委副书记、监察局局长赵大勇一行在达孜县开展监督执纪中的廉政风险及防控举措调研工作。

同日　拉萨市人大党组副书记央金卓嘎在达孜县工业园区调研环保整改工作推进情况。

同日　山南地区扎囊县和隆子县农工办工作人员共计30余人在达孜县交流学习农村土地承包经营权确权登记和颁证工作。

同日　达孜县邦堆乡党委、政府组织全乡干部职工在拉林公路邦堆乡段公路两侧开展了植树活动。

23日　拉萨市工信局在达孜县工业园区督导调研中央环保督察迎检工作。

同日　达孜县2017年江苏援藏项目及重点项目开工仪式在现代农业产业园区召开。

同日　达孜县召开包虫病综合防治工作安排部署会议。

同日　达孜县召开2017年第一季度达孜县创建国家食品安全城市工作推进会议。

24日　拉萨市畜牧兽医总站包县专家在达孜县对五乡一镇的2017年春季防疫疫苗注射工作进行排查指导。

同日　达孜县公安局交警大队积极开展黄标车、老旧车淘汰工作。

27日　德庆镇召开拉萨至山南快速通道征地工作推进会议。

28日　达孜县各乡镇、单位热烈庆祝西藏百万农奴解放58周年。

同日　自治区农牧厅党组书记、副厅长、区农村土地制度改革工作领导小组办公室主任高巴松带队，农业部、区国土资源厅、农牧厅、市农牧局等相关人员在达孜县开展农村土地承包经营权确权督导检查工作。

同日　自治区财政厅同相关工作人员在达孜县，对达孜县精准扶贫精准脱贫异地搬迁财政资金展开专项检查。

29日　自治区财政厅相关工作人员对达孜县就业专项资金展开专项检查。

同日　达孜县德庆镇引进“隆子”黑青稞种子，促进本地粮食作物改良转型。

31日　广州市公安局番禺区分局与拉萨市达孜县公安局素质强警交流合作正式启动。

同日　拉萨市妇联主席向巴彩喜一行在达孜县就基层妇联组织建设、党风廉政建设、维护妇女儿童权益、机构编制等情况进行了调研。

4月

1日　达孜县纪委组织召开纪检系统专题学习会。

5日　达孜县委副书记、县长春新一行在雪乡、塔杰乡调研。

6日　达孜县召开“四讲四爱”主题教育实践活动动员部署大会。

同日　拉萨市民政系统一行在达孜县“五保”集中供养服务中心参观学习消防安全标准化建设。

7日　达孜县副县长朱峰一行在塔杰乡调研藏猪、鸡养殖场选址情况。

10日　达孜县教育局召开推进义务教育均衡发展工作通报会。

11日　达孜县副县长次仁央宗在雪乡检查指导包虫病综合防治工作开展情况。

同日　达孜县章多乡举行在校学生资助金发放仪式。

12日　拉萨市委常委、宣传部部长吴亚松一行在达孜县调研“四讲四爱”主题教育实践活动开展情况。

13日　自治区义务教育均衡发展过程督导检查组在达孜县中心小学督导检查。

14日 自治区党委常委、拉萨市委书记白马旺堆一行在达孜县调研，实地走访金色池塘生态保护区、唐嘎乡泰成净土健康奶牛养殖基地、唐嘎乡藏鸡养殖基地、雪乡高标准奶牛繁育基地、达孜县现代农业产业园。

同日 自治区调研组在达孜县调研重点生态工程建设与保护工作。

17日 中共达孜县第九届委员会第二次全体会议隆重召开。

同日 中国共产党达孜县第九届纪律委员会第二次全体会议胜利召开。

18日 达孜县召开全县经济工作会议暨先进单位表彰大会。

同日 拉萨市林业局领导一行在达孜县调研生态经济林项目建设情况。

19日 中国人民政治协商会议第二届达孜县委员会第二次会议隆重开幕。

20日 达孜县第十二届人民代表大会第二次会议隆重开幕。

21日 江苏省委组织部副部长郑跃奇在达孜县工业园区调研。

23日 达孜县邦堆乡落实“两个责任”约谈，筑牢拒腐防变思想防线。

24日 国家民政部基层民政工作专项督导检查组在达孜县检查民政工作。

26日 自治区纪委副书记龚会才、区纪委案管室副主任郑静辉、市纪委副书记赵大勇一行在达孜县针对县纪委监督执纪和廉政风险防控工作开展情况进行检查指导。县委书记张干、县委副书记巴桑顿珠等县级领导全程陪同。

27日 达孜县委副书记、县长春新及县委常委、政法委书记、公安局局长索朗曲培一行在唐嘎乡检查指导工作。

28日 县委召开2017年第二次常委会，会议由县委书记张干主持，主要听取相关单位第一季度工作汇报、学习《关于六起落实全面从严治党主体责任和监督责任不力被问责典型案例通报》、研究成立党风廉政主体办、工商联换届相关事宜。

5月

2日 自治区党委巡视一组组长、副厅级巡视专员达瓦一行在达孜县检查巡视整改落实情况并召开巡视整改汇报会，县委书记张干等县级领导陪同检查。

3日 拉萨市委副书记、市长果果一行在达孜县唐嘎乡调研指导工作。

4日 达孜县纪委邀请中共西藏自治区委员会党校、行政学院马列教研部副教授毛奇为全县在岗的科级干部及纪检干部讲授从严治党相关理论知识。

5日 县委书记张干代表县委、县政府看望慰问英烈家属。

8日 县委书记张干，县委常委、副县长王晓蕾、县人大副主任普多、县工业园区管委会副主任蒋云峰及县直有关单位在曲水县调研EPC项目程序进展情况。

9日 全县开展“四讲四爱”主题教育活动，县委书记张干作题为《抓铁有痕、踏石留印——以真抓实干推动主题教育实践活动稳步开展》的讲话。

10日 达孜县委常委、副县长张永祥在环保整改企业，开展“回头看”检查行动。

12日 达孜县委常委、宣传部部长徐远谈强化“四讲四爱”主题教育实践活动宣讲工作。

15日 达孜县委常委、组织部部长格西斯满在各乡镇开展检查指导工作。

18日 中央电视台记者在达孜县工业园区采访产业援藏典型企业。

22日 自治区党委宣传部常务副部长孟晓林，市委常委、宣传部部长吴亚松带领“四讲四爱”检查督导组在达孜县检查指导工作。县委书记张干，县委副书记、常务副县长李军，县委副书记巴桑顿珠，县委常委、宣传部部长徐远陪同检查。

24日 拉萨市工信局、质监局、消防支队在达孜县对企业进行安全隐患排查。

25日 达孜县2017年上半年和谐模范寺庙暨爱国守法先进僧尼表彰大会胜利召开。

27 日 达孜县委书记张干在拉萨市木材交易市场开展调研。县委副书记王红杰，县委常委、宣传部部长徐远陪同。

6 月

1 日 拉萨市六县两区人大代表之家创建工作"互观互检互学"交叉验收组在达孜县检查人大之家工作开展情况。

5 日 四川省红原县委书记廖敏率团在达孜县进行考察，达孜县委书记张干，县委常委、组织部部长格西斯满，县委常委、宣传部部长徐远，副县长朱峰陪同。

7 日 达孜县委副书记、县"四讲四爱"活动领导小组常务副组长巴桑顿珠对各乡镇"四讲四爱"活动开展情况进行抽查督导。

8 日 达孜县委副书记、县长春新在达孜县人民法院，看望慰问第四批援藏副院长王昌颖。

9 日 达孜县召开干部任前集体谈话会议，县委书记张干出席并作重要讲话。

12 日 拉萨市人大常委会党组副书记央金卓嘎在达孜县检查寺庙"四讲四爱"主题教育实践活动开展情况。

14 日 达孜县委副书记、县长春新在塔杰乡、县中心小学检查指导工作。

21 日 拉萨市教育局局长中楚成在达孜县中心小学检查考点巡视工作。

27 日 达孜县委副书记、县长春新在雪乡进行调研。

30 日 达孜县隆重召开庆祝中国共产党建党 96 周年暨"七一"表彰大会胜利召开，县委常务副书记贾云亮出席并作重要讲话。

7 月

3 日 自治区脱贫攻坚指挥部督察组在达孜县开展 2017 年脱贫攻坚综合督查工作。

5 日 达孜县召开包虫病综合防治工作第三次推进会，县委副书记、县长春新作重要讲话。

6 日 达孜县召开 2017 年环境保护暨中央环保督查迎检工作会议，会议由县委副书记王红杰主持。

7 日 自治区政府副主席其美仁增在达孜县开展脱贫攻坚工作调研。

8 日 达孜县县级领导在各自乡、包村点查看汛期险情。

11 日 达孜县委书记张干带队在塔杰乡、章多乡、唐嘎乡检查指导近期重点工作开展情况。

12 日 达孜县召开迎接中央环保大督查动员部署会议，县委书记张安出席并作重要讲话。

14 日 达孜县人民政府与邮储银行拉萨市支行举行签订产业精准扶贫合作协议暨首笔贷款发放仪式。

18 日 达孜县认真组织观看"感动人物"先进事迹报告视频会议，县委书记张干及所有在岗县级领导参加会议。

24 日 达孜县委副书记、县长春新在唐嘎乡检查指导工作。

25 日 西藏日报社党委书记、自治区"四讲四爱"主题教育实践活动拉萨督导组组长王能生，拉萨市委常委、宣传部部长吴亚松，区党委宣传部新闻处处长张璐一行在达孜县督导检查"四讲四爱"喜迎党的十九大主题教育实践活动开展情况，县委书记张干，县委副书记巴桑顿珠，县委常委，宣传部部长徐远陪同。

27 日 达孜县委副书记、县长春新在塔杰乡检查指导环保工作。

8 月

1 日 达孜县开展"八一"中国人民解放军建军拥军慰问活动。

2 日 达孜县委副书记、县长春新在达孜县文广局检查指导工作，县委常委、宣传部部长徐远陪同。

4 日 达孜县召开"四讲四爱"主题教育实践

活动第三节点总结会暨第四节点宣讲培训会。

7 日 达孜县人大党组书记、主任米玛带领基层人大代表在日喀则考察学习。

11 日 自治区审计厅书记次多一行在达孜县唐嘎乡走访慰问贫困户，县委副书记、县长春新陪同。

16 日 达孜县公安局举行警务车辆配发仪式，县委副书记王红杰出席仪式。

18 日 自治区教工委副书记、区教育厅党组副书记、厅长杜建功一行在达孜县中心小学调研。

19 日 达孜县委理论中心组召开第八次学习（扩大）会议，会议由县委副书记王红杰主持。

20 日 镇江市委副书记、市长张叶飞率领镇江党政代表团在达孜县考察指导工作，并对援藏干部进行慰问。

29 日 拉萨市委副书记、常务副市长胡洪一行在达孜县进行调研。

30 日 江苏省徐州市总工会副主席王建民在达孜县指导工会工作，达孜县委副书记巴桑顿珠陪同。

9月

8 日 达孜县召开党的十九大维稳安保攻坚战动员部署会议，会议由县委副书记王红杰主持，县委副书记、县长春新作动员讲话。

11 日 达孜县 2017 年度党政干部培训班开班仪式在江苏省镇江市达孜宾馆举行。

15 日 达孜县委常委会召开专题会议听取党风廉政建设工作汇报会，研究部署下一阶段党风廉政建设工作，县委书记张干作重要讲话。

19 日 拉萨市委副书记、市长果果一行在达孜县视察指导工作。

20 日 拉萨市政协副主席张勤在达孜县政协检查指导工作。

10月

1 日 拉萨市委副书记肖志刚在达孜县警务站、桑珠林检查站、德庆镇看望慰问基层党员干部，县委书记张干，县委副书记、县长春新、县委副书记王红杰，县委常委、政法委书记、公安局局长索朗曲培陪同。

2 日 达孜县委书记张干在扎叶巴寺看望慰问驻寺干部，县委常委、宣传部部长徐远陪同。

同日 拉萨市政协副主席孙宝祥进驻达孜县督导检查基层工作。

3 日 达孜县委副书记、县长春新在林阿村、主西村看望慰问林阿村“两委”和驻村工作队。

同日 拉萨市政协副主席孙宝祥在唐嘎乡督导检查维稳工作。

4 日 达孜县委书记张干中秋节在县人武部、武警中队消防大队、林阿村慰问驻军部队和联系点。

同日 达孜县委副书记、县长春新在桑珠林村看望慰问林阿村“两委”和驻村工作队。县委副书记王红杰在尊木采村看望慰问林阿村“两委”和驻村工作队。

5 日 拉萨市委副书记肖志刚在达孜县桑阿寺、白纳村委会、白纳村藏鸡养殖基地、邦堆乡政府、农业产业园区督导检查工作，县委书记张干，县委副书记王红杰陪同。

同日 拉萨市政协副主席孙宝祥在达孜县扎叶巴寺管委会检查指导工作。

6 日 拉萨市委副书记肖志刚在达孜县汽车客运站、中石油达孜县加油站、虎峰加气站、县中学督导检查安全生产工作，县委副书记王红杰陪同。

7 日 拉萨市委副书记肖志刚在达孜县桑珠林村检查督导检查维稳工作开展情况，县委副书记王红杰陪同。

同日 达孜县委书记张干在章多乡、木材交易市场督导检查区、市、县维护稳定各项措施落实情况及安全生产工作，县委副书记王红杰、县委常委、宣传部部长徐远陪同。

9 日 达孜县公安局组织相关部门联合县消防大队、县人民医院开展迎接党的十九大应急演练，拉萨市政协副主席孙宝祥，县委书记张干，县委副书记、县长春新，县委副书记王红杰出席演练现场观看。

10 日 拉萨市政协副主席孙宝祥在达孜县塔杰乡督导检查维稳安保工作。

11 日 自治区党委常委、拉萨市委书记白玛旺堆在达孜县德庆镇调研维稳工作，达孜县委书记张干，县委副书记、县长春新陪同。

13 日 拉萨市政协副主席孙宝祥在章多乡及下辖四个行政村进行督导检查。

同日 县委书记张干分别在雪乡、唐嘎乡、杰乡、章多乡督导检查工作并看望慰问各驻点县级领导及基层党员干部，县委副书记王红杰，县委常委、组织部部长格西斯满陪同。

14 日 达孜县委书记张干分别在雪乡、唐嘎乡、塔杰乡章多乡督导检查工作并看望慰问驻点县级领导及基层干部。

同日 拉萨市政协副主席孙宝祥在章多及下辖四个村进行调研。

同日 达孜县委副书记、县长春新一行在塔杰乡、章多乡派出所及驻军部队检查指导工作。

15 日 西藏自治区人大常委会副主任尼玛次仁在达孜县桑珠林村督导检查各项工作开展情况。

同日 拉萨市政协副主席孙宝祥在达孜县木材交易中心检查指导工作。

16 日 达孜县参加全市维护稳定视频会，拉萨市委副书记肖志刚，拉萨市政协副主席孙宝祥，达孜县委书记张干，以及在县的县级领导参会。

同日 拉萨市委副书记肖志刚，拉萨市政协副主席孙宝祥在达孜县章多乡检查指导工作。

同日 达孜县委书记张干在德庆镇、发改委、县医院、县城投公司督导检查安保工作。

17 日 拉萨市委副书记肖志刚，市政协副主席孙宝祥在工业园区、中石化加油站、县中心小学检查督导工作。

18 日 拉萨市委副书记肖志刚拉萨市政协副主席孙宝祥，达孜县委书记张干以及在县的县级领导在达孜县维稳一线指挥中心集中观看党的十九大开幕式。

19 日 拉萨市委副书记肖志刚，市政协副主席孙宝祥在塔杰乡各村检查指导工作。

同日 达孜县委书记张干在县中心小学、木材交易市场检查指导工作。

21 日 拉萨市委副书记肖志刚，市政协副主席孙宝祥在扎叶巴寺、邦堆乡各村检查指导工作。

22 日 达孜县委书记张干在邦堆乡检查指导工作并开展慰问。

28 日 拉萨市委副书记、市长果果一行在拉萨至山南快速通道（S5 线）工程施工现场调研，县委书记张干陪同。

同日 达孜县委书记张干，县委常委、组织部部长格西斯满在重阳佳节之际，看望慰问达孜县退休老干部和十八军老战士。

31 日 达孜县召开村级组织换届选举工作动员部署暨培训会。

11月

2 日 达孜县召开 2017 年度脱贫摘帽验收考核动员大会，县委书记张干出席并作重要讲话。

3 日 达孜县顺利迎接国家县域义务教育均衡发展督导评估认定，县委书记张干陪同督导。

9 日 自治区人大常委会副主任嘎玛在达孜县开展 2017 年中华环保世纪行—西藏行活动，县委书记张干陪同。

10 日 自治区党委副书记、主席齐扎拉在达孜县德庆镇白纳村开展党的十九大精神宣讲会，县委书记张干陪同。

13 日 达孜县委理论中心组召开第十一次学习（扩大）会议，全体在岗县级干部，各乡（镇）党委书记和县直单位负责人，全县副科级以上干部、各村支部书记、第一书记、各驻村工作队队长、各寺管会主任参会，会议由县委书记张干主持。

14 日 达孜县委召开首轮巡察工作动员部署大会。

同日 拉萨市政协副主席、秘书长张勤在达孜县中心小学调研指导工作。

同日 达孜县委组织部（县委党校）党支部召开“不忘初心 牢记使命 切实用党的十九大精神武

装头脑”专题学习交流会。

同日 自治区第三方扶贫考核组在达孜县各乡(镇)开展精准扶贫脱贫考核评估工作。

15日 自治区党的十九大精神宣讲团在达孜县开展党的十九大精神宣讲会。

同日 达孜县脱贫攻坚指挥部在邦堆乡督导精准扶贫工作。

17日 自治区宣讲团拉萨分团成员、西藏自治区区直机关工委副巡视员安茹萍在达孜县邦堆乡宣讲党的十九大精神。

同日 拉萨市环保局对达孜县2017年环境保护工作进行考核。

同日 达孜县人大常委会副主任普多一行检查塔杰乡精准扶贫工作。

同日 中国政法大学考察调研组在达孜县开展调研。

同日 达孜县民政局、县残联开展“志智双扶”暨农村残疾人实用技能培训活动。

20日 自治区宣讲团拉萨分团成员、区直机关工委副巡视员安茹萍在达孜县德庆镇宣讲党的十九大精神

同日 达孜县塔杰乡开展基层党组织党建工作督导。

21日 西藏自治区音乐家协会主席美朗多吉在达孜县唐嘎乡调研工作。

同日 自治区宣传部藏宣办主任达娃罗布、拉萨市党校高级讲师刘波在达孜县章多乡宣讲党的十九大精神。

同日 达孜县虎峰城市建设投资有限公司召开精准扶贫相对集中安置项目推进会。

22日 日喀则市拉孜县人大考察团在达孜县参观、交流、考察工作。

23日 拉萨市党风廉政建设责任制第三考核组在达孜县检查指导工作。

同日 拉萨市委党建工作第八考核组在达孜县开展年度考核工作。

同日 拉萨市委党建年度考核组一行在达孜县各乡(镇)检查指导党建工作。

同日 达孜县退休党总支召开年度党员民主评议大会。

24日 达孜县狠抓村(居)组织换届选举工作，换出好干部、换出好班子、换出好风貌。

同日 日喀则市萨嘎县人大考察团在达孜县参观、交流、考察工作。

同日 达孜县公安局深入学习宣传贯彻党的十九大精神。

27日 达孜县委统战部、县民宗局掀起宗教领域学习党的十九大精神热潮。

28日 达孜县委老干部局成功举办“不忘初心牢记使命”首届藏文书法学习主题教育活动。

同日 达孜县纪委(监察局)组织召开全县纪检系统干部职工学习会。

29日 达孜县召开目标绩效考核工作部署会。

同日 达孜县召开2017年度冬春火灾防控工作动员部署会议。

同日 达孜县委组织部举办的、县委党校负责管理的为期20天的“2017年达孜县基层干部培训”班在拉萨市蓝翔培训学校正式开班。

30日 中共达孜县委宣传部、达孜县司法局、达孜县普法办联合下发《关于开展2017年“12·4”国家宪法日集中宣传活动的通知》。

同日 达孜县召开迎接市级脱贫摘帽考核验收组脱贫攻坚工作汇报会。

同日 达孜县开展2017年目标绩效综合考评工作。

12月

1日 达孜县高标准良种奶牛养殖中心项目开工仪式在塔杰乡塔杰村召开。

4日 达孜县委副书记、县长春新在雪乡检查指导工作

同日 达孜县开展2017年“12·4”国家宪法日集中宣传活动。

同日 由西藏高院举办的“全区法院人民法庭庭长培训班”全体学员在国家法官学院西藏分院副院长魏继光带领下在达孜县人民法院观摩指导科

技法庭庭审。

同日 达孜县委、县政府为县公安局一线民(辅)警发放防寒装备。

同日 达孜县农牧局牵头,联合县食药局、安监局、邦堆乡派出所、邦堆乡政府对邦堆乡辖区内蔬菜店、化肥、农药经营使用单位开展了化肥、农药产品质量专项监督检查工作。

同日 孜县总工会兑现城镇困难职工子女金秋助学资金。

同日 拉萨市委常委、统战部部长、考核组组长阿努次仁带队的市脱贫摘帽考核验收组在达孜县邦堆乡开展考核验收工作。

5日 拉萨市考核组在达孜县开展2017年度目标绩效考核工作,考核工作采取听取汇报和实地查阅的方式进行,县委书记张干及在岗县级领导全程参加。

同日 达孜工业园区积极召开第一次党工委(扩大)会议。

同日 达孜县人大集中学习党的十九大精神及自治区党委九届三次全会精神,谋划2018年人大工作。

6日 达孜县纪委、县委宣传部联合组织开展全县科级及以上干部理论知识测试活动,共计149名干部参加测试。

同日 中共达孜县委宣传部、司法局、普法办主办,县卫生局、县人民医院承办的达孜县县、乡、村医疗卫生工作人员在县医院广场举行"晨读宪法"活动,县、乡、村全体医疗卫生工作人员参加活动,县司法局、县卫生局、县人民医院主要负责人参加活动。

7日 达孜县塔杰乡积极配合拉萨市脱贫考核组开展入户考察验收工作。

同日 达孜县农牧局开展包虫病狂犬病疫苗注射及芯片植入工作。

8日 达孜县塔杰乡党委副书记、乡长刘军民,塔杰乡党委副书记、人大主席拉巴次仁,塔杰乡党委组织委员普布卓嘎及乡机关干部深情送别离乡换防的部队官兵,并向他们献上了洁白的哈达。

同日 达孜县食品药品监督管理局在唐嘎乡组织开展以"普及安全用药知识,提高用药安全水平"为主题的药品安全宣传活动。

11日 全区基层党建工作第一考核组在达孜县开展考核工作。

同日 达孜县"民族交往交流交融"第三批培训班开班仪式在江苏省镇江市西藏达孜产业交流中心举行。

12日 达孜县各乡镇开展新任村两委班子成员任前谈话。

同日 拉萨市司法局在达孜县考核2017年度司法行政基层工作。

同日 达孜县农牧局开展基本草原划定自治区级验收前期督导工作。

13日 自治区党委政府重大决策部署贯彻落实情况党建群团督查组在达孜开展督查工作。

14日 拉萨公安局监管支队政委尼玛带队一行和拉萨市武警支队、达孜县财政局、发改委、住建局、县武警中队部门主要负责人员一行在达孜县看守所对监所改扩建落成投入使用进行前期检查验收。

15日 达孜县委副书记、县长春新在达孜县中小学、幼儿园进行调研。

同日 达孜县实施《妇女儿童发展规划(2011—2015年)》表彰大会顺利召开。

同日 西藏自治区司法厅看望慰问达孜县"1+1"法律援助律师。

18日 达孜县召开脱贫摘帽验收考核情况反馈会。市委常委、统战部部长、市脱贫摘帽验收组组长阿努次仁及市考核组部分成员,达孜县委书记张干及部分县级领导出席,达孜县各乡镇及县直各有关部门负责人参会。

同日 中共达孜县委组织部扎实做好那曲地区比如县委基层党建工作考察组接待工作。

同日 自治区党委常委、拉萨市委书记白玛旺堆在达孜县唐嘎乡检查指导工作,达孜县委副书记、县长春新等县级领导陪同,唐嘎乡党委书记李安、唐嘎乡党委副书记、乡长普多等人全程参加并介绍产业发展情况。

19日 自治区人大常委会检查组在达孜县检

查自治区第十届人大五次会议上代表提出的议案、意见、建议办理情况

同日 达孜县召开2017年涉宗领域(党的十九大期间)表现突出的先进集体、个人表彰大会。

同日 拉萨市委组织部副部长、市委老干部局局长央金带队,拉萨市委老干部局综合服务科科长庞海峰,达孜县委常委、组织部部长格西斯满在看望慰问达孜县十八军老战士、退休干部何达成。

同日 自治区级基本草原划定验收工作组在达孜县雪乡验收草划工作。

同日 自治区安全生产专家团对达孜县工业园区相关企业进行安全生产专项检查。

20日 拉萨市纪委副书记张斌、市纪委常委旦增塔杰、第二纪检监察室主任江永朗加一行在达孜县,针对党的十九大精神学习宣传贯彻、扶贫领域监督执纪、监察体制改革等工作开展调研,调研以座谈会、查阅台账和入乡检查形式进行。

21日 自治区总工会、市总工会、林芝市总工会、昌都市总工会一行8人带队的工会目标考核组在达孜县总工会,对2017度全工会各项工作做全面考核。

22日 日喀则市人民政府副市长,拉萨市脱贫攻坚指挥部指挥长罗布松拉为组长的自治区扶贫考核组在达孜县唐嘎乡验收扶贫工作。

25日 拉萨市民政局目标考核组一行在市民政局党组成员、副局长柳福平的带领下在达孜县民政局,对2017年度民政目标责任工作进行考核。

26日 区环保厅副厅长张天华、拉萨市副市长林生带队的自治区环境保护考核拉萨组一行在达孜县检查指导2017年度环境保护工作。

同日 达孜县“不忘初心·牢记使命践行合格党员”学习宣传党的十九大精神主题演讲比赛圆满成功

27日 达孜县召开“四讲四爱”主题教育实践活动全年总结暨表彰大会。

同日 达孜县举行创先争优强基础惠民生活动第六批驻村工作总结表彰暨第七批驻村工作动员大会,达孜县全体在岗县级领导,各县(直)单位、各乡(镇)党委书记部门主要负责人,第六批驻村工作队队长,县派第七批驻村工作队队长,各乡(镇)强基惠民活动联络员,县级获奖人员参会。

28日 自治区农牧厅厅长普琼组织拉萨市各县区领导在达孜县唐嘎乡观摩奶牛养殖基地和青贮玉米种植基地。

29日 达孜县各乡(镇)、各单位召开“三大节日”期间工作部署会议,确保节假日期间的绝对安全,预防和杜绝各类事故的发生。

政 治

中共达孜县委员会

【概况】 2017年，达孜县委、县政府以开展“两学一做”学习教育常态化制度化工作为契机，坚持稳中求快的总基调，抢抓全市“东延西扩”发展机遇，深入践行“六大战略”，统筹推进稳增长、调结构、惠民生、保稳定、强基础，全县经济社会继续保持健康快速发展势头。全县各级党组织在以习近平总书记为核心的党中央和区、市党委集中统一领导下，以习近平新时代中国特色社会主义思想为指导，团结带领广大党员干部群众，全面贯彻党的十九大精神，深入贯彻习近平总书记系列重要讲话精神，特别是习近平总书记治边稳藏重要战略思想，紧紧围绕发展、稳定、党建、扶贫四件大事，解放思想、开拓创新、狠抓落实，推动经济社会持续健康发展。

2017年，大力发展净土健康产业、旅游文化产业，持续扶持农牧民专业合作社、涉农企业，有力推动现代农牧业快速发展。完善了工业园区、农业产业园和扎叶巴景区的基础设施建设，34家达孜净土门店已在各大城市顺利落地，达孜全域旅游宣传受众面突破8000万人次，旅游接待人次、旅游综合收入增长均超过20%。2017年，实现地区生产总值16.19亿元，同比增长9.8%；农林牧渔增加值1.74亿元，同比增长4.3%；规上工业增加值1.61亿元，同比增长9.4%；社会消费品零售总额1.95亿元，同比增长12.2%；全社会固定资产投资29.29亿元；一般公共财政预算收入6.78亿元；财政八项支出8.29亿元。

【民生福祉日益增加】 2017年，农牧民人均可支配收入12212元，同比增长13.47%。教育投入达1.18亿元，教育系统更是以综合95分的高分，顺利通过义务教育均衡发展国家验收。达孜县人民医院顺利通过二级乙等评审。建立医疗联合体制，提升村级家庭

2017年9月13日，自治区党委常委、拉萨市委书记白玛旺堆（左四）在达孜县调研

医生上门服务的频次。健全城乡社会救助体系，加大对烈士家庭的关注。积极应对自然灾害，最大限度地维护农牧民群众生命财产安全。

【城乡面貌不断改善】 年内，以迎接中央环保督察为重点，全面落实“河长制”，推进“禁白”工作，严把建设项目审批关，依法严厉打击环境违法行为，突出抓好境内拉萨河段、湿地、自然保护区及村容村貌环境综合整治，13家采砂场全部关停并逐步清理出河道。2017年，投入9285万元，全力推进主城区给水管网改造、污水处理收集系统工程、城区主要支干道路提升改造、城区美化亮化工程、路灯改造等一批重大市政基础设施建设项目；全面建成主城区污水处理厂，有序推进拉萨市东环南线项目前期工作。投入1800万元，实施“厕所革命”、垃圾处理等项目12个，全面改善乡村生活环境。投入1.2亿元建设章多乡曲尼帕灌区工程、邦堆乡叶巴沟水土保持综合治理工程和2017年小型农田水利“重点县”工程等水利项目20个，城乡面貌焕然一新。

【脱贫攻坚】 2017年，投入5.67亿元，实施扶贫产业项目18个，整合投入涉农资金3393.14万元及援藏资金1.27亿元，重点发展民族手工艺、奶牛和藏鸡养殖、旅游业、藏香草加工等产业。投入2.47亿元建设易地搬迁安置房300套，投入1.56亿元建设相对集中安置点6个。动员47家企业与20个行政村采取“多对一”方式参与帮扶。调整生态保护岗位2669个。落实定向补助资金145.25万元。全面提高大中专学生的补贴标准，着力解决“两后生”和建档立卡大学毕业生就业问题。开展慢性病患者统计，落实好分级诊疗制度。建立城乡低保对象“应保尽保、应退尽退”的动态管理机制。“两线”合一全面推行。继续开展“321”帮扶措施，鼓励广大干部主动帮助教育引导贫困户转变观念、增强脱贫信心。

2017年7月11日，县委书记张干汛期在唐嘎乡调研

【党的建设】 年内，从常委会班子做起，全县各级党组织和党组织书记聚焦全面从严管党治党主责主业，履职尽责，忠诚担当。深入开展“两学一做”学习教育、“四讲四爱”主题教育实践活动，党员干部理想信念更加坚定，“四个意识”不断增强，党风政风持续好转，党群干群关系进一步密切。认真贯彻“三重一大”决策制度，民主集中制得到有效落实。全面优化基层党组织设置，持续推进“三个全覆盖”“强党、固基、扶村”、驻村驻寺各项工作，进一步夯实了党的执政根基。圆满完成村“两委”换届工作，实现班子优化、队伍有力、风清气正。强化党风廉政建设“两个责任”，不折不扣落实区市党委巡视反馈意见整改任务，完成监察委组建、首轮巡察工作，促进党的纪律、规矩立起来、严起来。深入推进纪检监察机关“三转”，严格落实中央“八项规定”精神，用好“四种形态”，持续加大执纪监督力度，严肃查处群众身边的“四风”和腐败问题，从严整治公车私用、赌博等问题。

（王　浩）

【领导名录】

县委书记

张　干

县委副书记、县长

春　新（藏族）

县委常务副书记

贾 云 亮（江苏援藏）

县委副书记、常务副县长

李 军（江苏援藏）

县委副书记

巴桑顿珠（藏族）

王 红 杰

中共达孜县委办公室

【概况】 2017年，达孜县委办公室以习近平新时代中国特色社会主义思想为指导，深入学习贯彻党的十八届历次全会、党的十九大精神及习近平总书记系列重要讲话精神，紧紧围绕自治区、市、县重大工作部署，坚持以“两学一做”学习教育常态化制度化为抓手，内强素质，外树形象，开拓创新，扎实工作，较好地完成各项工作任务。

【综合文稿重质量】 年内，达孜县委办公室把文稿质量作为县委办工作的“立身之本”，注重把中央和区市精神、地方实际和县域规划发展蓝图结合起来，多出新思路、新观点、新对策，增强文稿的思想性和实效性，起草九届二次全委会、经济工作会报告，领导讲话稿等70余篇。

【信息服务】 年内，发挥党委信息主渠道的作用，积极探索“大信息”机制，坚持及时、准确、全面的原则，以县委中心工作为主线，围绕改革、发展、稳定中的大事、要事，围绕领导和群众关注的热点、难点问题，将信息收集和编报任务安排给专人负责，全年共上报信息990余篇，被采用50篇。

2017年5月12日，县委常务副书记贾云亮主持学习党章

【办文办会】 年内，进一步建立健全办文、办会责任制，严格按照“服务、精简、高效”的原则，对会议通知、文件起草、修改、校对、翻译、印发、会场布置、会后反馈每一个环节层层把关，确保万无一失，不断提高办文、办会质量。2017年，先后组织县委全委会、常委会、全县经济工作会等各类会议40余场，共编撰县委文件111份，办公室文件79份，各类会议纪要15份。

【搞好领导之间协调】 年内，坚持原则性与灵活性相结合，及时向领导汇报情况，听取指示，统筹安排领导的活动，使各位领导之间的工作联结成一个有机整体。

【协调工作】 年内，主动加强联系，及时就县级各大班子的重大决策部署和需要协调的问题进行沟通，取得理解与支持。

【搞好部门之间协调】 年内，以化解矛盾、加强协作、凝聚人心、聚合力量为目的，经常与部门交流情况，协调处理好各部门间的关系，推动全县形成团结一致求发展、齐心协力抓落实的良好氛围。

【搞好上下级之间协调】 年内，利用发文、电话、会议等各种形式，及时把县委各个阶段的重大决策和重要部署传达到基层，把基层的工作情况、意见建议反映给县委，并就有关事项根据领导的意见认真给予答复。

【县委重大决策督查】 年内，始终坚持把推动县委、县政府重大决策的落实作为督查工作的出发点和落脚点，2017年，达孜县委办公室对全委会，经济工作会等重要会议决策部署贯彻落实情况、重

2017年3月1日，县委办公室副主任陈剑煌部署工作会议

点工作进行督查，准确把握，真督实查，确保各项决策部署不折不扣贯彻执行。

【重点工作督查】 年内，对扶贫、环保、民生等领域加大跟踪督查力度，及时掌握工作进度，特别是对进展缓慢的事项，第一时间向县委、县政府领导汇报，加强协调督办，推动各项重点工作按序时进度实施到位。

【领导批示和交办事项督查】 年内，坚持批必办、办必果、果必报，对领导的批示件和交办事项，及时与相关部门和乡（镇）对接，明确承办单位、落实责任主体、办结期限，实行定期催办、跟踪督办，并对办理结果进行归档，确保件件有落实、事事有回音。2017年，共办理领导批示13件，上级部门交办和通知事项28件。共开展项目督查31次，维稳和作风纪律督查46次，共编发《达孜督查》29期、《督办通知》19期、《督查通报》11期。

【保密工作】 年内，先后完成全县保密普查登记，共有涉密单位28家，涉密机74台。积极开展保密培训和检查工作，及时学习贯彻落实上级业务部门各类文件精神，强化涉密人员保密安全意识，确保全县保密工作有序运行。

【机要工作】 年内，将“零失误”作为工作信条，严格执行机要文件处理工作制度，严格遵循文件传阅程序，没有发生贻误、漏发、错办现象。依法履行保密行政管理职能，严格把控县直各部门机要秘书政审过程并对各单位机要秘书进行培训，有效提升了各单位的保密意识，规范机要文件的传阅。

【档案工作】 年内，将档案作为一项重要的内容纳入年度考核目标，与其他工作同部署、同组织、同考核，并加强对档案工作的领导，形成以主管领导挂帅，档案部门具体负责的工作格局，新建档案馆历史库房，大大提高达孜县档案工作规范化建设。

【主体责任有效落实】 6月，县委党风廉政建设主体责任办公室成立。半年来，主体办按照有关要求，细化任务、督促落实，推动了从严治党主体责任有效落实。

【县委办党支部成立】 6月，县委办党支部成立。达孜县委办公室党支部以打造一支“讲政治、讲学习、讲实干、讲奉献”的干部队伍为总目标，不断加强办公室队伍的思想建设、作风建设和制度建设，全面提高办公室整体水平。

【提高素质抓学习】 年内，坚持工作学习化、学习工作化，严格落实每周集中学习制度，深入学习习近平总书记系列重要讲话及党的十八大、十八届历次全会、党的十九大精神及区、市各类会议精神，增强干部职工政治敏锐性和政治鉴别力；并采取“走出去”的方式，派干部到北京、江苏、拉萨市进行跟岗学习，使办公室人员的整体素质得到提升。

【完善机制提效能】 年内，进一步建立健全值班制度、信息报送、会议组织、保密工作等各项规章制度，细化办文、办会、办事工作流程，切实做到分工明确，任务具体，各尽其职。

【树好形象优作风】 年内，在思想认识上，讲团结、讲进取、讲奉献，简单为人，阳光处事，互相补台不拆台；在工作落实上，全体工作人员充分发扬敬业精神，埋头苦干；在日常生活中，大家互相关心、互相帮助，进一步营造和谐友爱、团结进取的浓厚氛围。

（王 浩）

【领导名录】

主 任

白玛央金（女，藏族）

副主任

陈剑煌

达孜县人民代表大会常务委员会

【概况】 2017年，达孜县人民代表大会常务委员会不断坚持党的领导、坚持党的治藏方略，以习近平系列重要讲话精神为指导，全面贯彻党的十八届六中全会和党的十九大精神，按照区、市九届三次会议精神，紧紧围绕全县工作大局，认真履行宪法和法律赋予职责，全体代表牢记使命，不负重托，积极参与全县经济建设和社会发展的实践中，充分发挥地方国家权力机关作用，圆满完成达孜县第十二届人民代表大会第二次会议确定的目标任务。

【确保各项重大决策贯彻落实】 年内，始终坚持党的领导作为人大常委会工作的灵魂，切实把人大履职尽责置于党的领导之下，充分发挥人大党组的领导核心作用，紧紧围绕全县工作大局，明确工作思路和工作重点，依照法律程序将县委的主张变成有法律效力的决议、决定，保证县委决策得到贯彻落实。

【融入全县中心工作】 年内，先后承担维护社会稳定、加强民族团结、宗教事务管理、信访化解、强基惠民、精准扶贫精准脱贫等重要工作。按照县委统一部署，由2名副主任分别担任精准扶贫精准脱贫指挥部办公室主任、精准扶贫精准脱贫交叉督导组组长，工作中勇于担当，不辱使命，为顺利推进全县各项工作发挥了积极作用和应有贡献。

【开展各类会议】 年内，县人大常委会严格按照《中华人民共和国全国人民代表大会和地方各级人民代表大会代表法》《中华人民共和国全国人民代表大会和地方各级人民代表大会选举法》《中华人民共和国地方各级人民代表大会和地方各级人民政府组织法》的相关规定，分别组织召开人民代表大会2次、人大常委会11次、人大主任会议13次。同时，县人大常委会定期听取和审议“一府两院”工作报告，以及县发展改革委员会关于国民经济发展计划执行情况和财政局关于预算执行情况所作的报告，促进了各项报告、计划的依法规范运行。4月19日，召开的达孜县第十二届人民代表大会第二次会议期间，代表们积极建言献策，就结合全县经济社会发展和社会局势稳定工作提出建设性的意见、建议和批评。

【严格行使干部任免权】 年内，人大常委会坚持党管干部与依法任命干部相结合的原则，严格执行干部任免办法和任免程序；通过任前调查、任职发言、投票表决、宪法宣誓等法定程序，依法任免“一府两院”工作人员。2017年，

2017年8月13日，人大常委会党组书记、主任米玛，副主任普多一行带领基层人大代表在日喀则市白朗县开展交流学习

共任免国家机关工作人员37名，为新任职的人员颁发任命书，并举行宪法宣誓仪式，彰显了宪法权威、增强了公职人员的宪法意识和责任意识，实现县委重要人事意图和人民群众意愿。

2017年2月28日，人大常委会党组书记、主任米玛主持召开达孜县人大常委会第三次会议

【组织代表考察】 年内，县人大常委会在积极配合区、市人大调研、视察工作的同时，通过组织区、市、县、乡四级人大代表、乡(镇)人大主席团成员和人大专职工作人员等先后开展行之有效的参观、考察、调研和监督等闭会期间的活动。分别对县工业园区各实体企业产品展厅、县城亮化工程以及县中心小学集中办学、县运高新能源有限公司、达孜县蒽扎娜拉家具厂、达孜县妇女手工合作社、达孜县金叶敬老院、德庆镇德庆奶牛养殖专业合作社、县净土健康产业园区、县异地搬迁集中安置点、拉萨市城市规划科技展览馆、西藏自然科学博物馆等共开展调研、考察23次，参与人数达690人次。

另外还组织到拉萨市城关区、堆龙德庆区、墨竹工卡县、曲水县人大、日喀则市江孜县、白朗县等周边地市和县区相关学习。做到活动前有方案，活动中有交流、活动后有简报和总结。通过不同方式，不同渠道开展视察活动，使代表们全面了解市、县社会各项事业发展所取得的成就，从而增强了代表的履职意识，激发了代表的履职热情。

【开展执法检查】 年内，人大常委会组织相关部门和部分代表对全县农村合作医疗资金管理和使用情况、精准扶贫精准脱贫工作运行情况、县中学、县中心小学、县幼儿园“三包”经费科学管理和规范使用情况开展专项监督检查并形成监督检查报告提请县委，为县委决策提供依据，也得到县委主要领导的重要批示。对《农村合作医疗资金管理和使用情况调研报告》的批示:“深入调查研究，关心群众疾苦，积极建言献策，态度好，值得全县干部学习”；对全县《精准扶贫精准脱贫工作运行情况调研报告》的批示:“你们围绕精准扶贫精准脱贫这项工作，履职尽责，在全县树立了主动作为，敢于担当的良好形象”；对《“三包”经费科学管理和规范使用调研报告》的批示:“人大履职监督常态化做得很好，要继续保持，同时要进一步延伸监督的深度和广度，深入到人民群众反映强烈的突出问题领域，细致检查，为县委决策提供依据”。

【代表作用得到充分发挥】 年内，人大常委会不断创新方式方法，切实加强和改进代表工作，发挥代表主体作用，支持和保障代表依法履行职责。

【促进代表履职水平提高】 年内，在区、市人大常委会组织的代表培训基础上，县人大常委会主动作为，定期不定期组织四级人大代表、各乡(镇)人大主席和人大专职工作人员有针对性地就如何提高乡(镇)人大工作水平、如何发挥人大地位和作用、如何使用代表的权利和义务、如何提出代表意见建议等内容开展了培训。2017年各乡(镇)结合自身实际，以召开座谈会、以会代训等方式全年累计业务培训次数18次、参与人数达540人次。通过培训，县、乡两级人大代表对人大业务知识有了进一步的认识，提高了代表的履职能力和履职水平。

【促进代表履职作用发挥】 年内，人大常委会采取及时交办、重点督办、听取专项工作报告等方式，把代表意见建议办理工作作为保障代表履职、尊重代表民主权利的一项重要工作来抓。达孜县第十二届人民代表大会第二次会议期间代表们共提出81项意见、建议和批评。为代表们所提出的意见、建议和批评得到切实有效的解决，县人大常委会联同县政府及时组织召开意见建议交办会，听取承办单位对县十二届人大二次会议代表意见、建议和批评的办理情况，要求各承办单位提高思想认识，高度重视代表意见建议办理工作，切实加强意见建议办理办复率。闭会期间，人大常委会主要领导及时组织力量深入各单位和乡（镇）、村委会就办理情况进行跟踪督办，通过加强督办，提高承办单位对代表意见、建议办理工作的质量和效率，使得城乡教育、医疗卫生、环境整治等一批群众反映强烈的问题得到落实。

【促进代表履职能力提升】 年内，县人大常委会始终坚持代表的主体地位不动摇，积极搭建平台、丰富载体、优化服务，充分发挥代表在参与管理地方国家事务中的主体作用，代表工作不断创新，工作活力不断彰显。加强代表联系选民制度。县人大常委会将每月10日作为选民接待日，并通过日常走访选民、召开选民座谈会等多种形式保持与选民的广泛联系，深入了解民情民意、广泛集中民智，自觉接受选民的监督；加强代表闭会期间活动。为进一步加强和规范代表闭会期间的活动，保障代表依法履行职责，充分发挥代表作用，广泛调动代表履职积极性，达孜县人大常委会根据《中华人民共和国全国人民代表大会和地方各级人民代表大会代表法》，结合全县工作实际，6月，制定《达孜县人大常委会关于开展代表闭会期间活动实施方案》，并根据方案内容认真组织开展代表活动；加强包乡包村联系制度。为进一步加强和指导乡（镇）人大主席团工作，常委会组成人员定期不定期深入各自联系点走访调研，对工作中存在的问题和困难及时分析，并拿出切实可行的指导意见，为乡（镇）人大主席团开展工作提供强有力的保障。

【自身建设】 年内，县人大常委会始终把加强自身建设作为开展各项工作的基础，从加强思想作风建设、业务学习建设、实践能力建设、制度建设入手，狠抓自身各项建设，取得了较好地成绩。县人大常委会班子除了积极参加县委理论中心组开展的各项学习活动以外，及时开展人大党组理论中心组学习会议、人大常委会主任学习会议，同时，常委会班子成员以普通党员身份积极参加人大办公室党支部组织的各项学习教育活动，学习方式上主要以集中学习和个人自学相结合。年内，人大常委会组成人员共撰写心得体会16篇、观后感8篇，从而不断提高思想政治觉悟和理论知识水平。通过开展党建促脱贫活动，结合干部包村帮扶制度，常委会班子成员积极贯彻帮扶政策，多次走访贫困群众家中，宣讲扶贫政策，并结合自己的帮扶对象制定切实可行的脱贫计划。2017年，人大常委会班子成员人均慰问结

2017年8月5日，人大常委会党组书记、主任米玛主持召开达孜县第十二届人大常委会第七次会议

对户不低于5次，累计帮扶物资达2万余元。同时，根据人常委会的工作安排每逢节假日或特殊时期常委会主要领导及时走访慰问驻村工作队和离退休干部职工。

【创建“人大代表之家”】 年内，为打造代表学习培训、履职交流的载体；构建代表联系选民、畅达民意的桥梁；建设代表向选民述职、接受选民评议的平台；拓宽代表工作评议、听取专项报告的渠道，根据自治区人大关于在全区创建推广“人大代表之家”的工作要求。7月，达孜县人大常委会经请示县委批准后正式成立“达孜县人大代表之家”，为今后代表学习、交流、履职提供平台。截至年底，达孜县县、乡两级“人大代表之家”均已全面覆盖，并积极发挥作用。通过推行日常管理规范化、常态化开展代表接待选民和代表述职等活动，为代表履职搭建了活动平台，有效提高了人大代表的政治素养和履职能力。把“代表之家”真正意义上建成代表的活动之家、温馨之家、和谐之家。

【政治理论学习】 人大常委会党组要不断完善学习制度，并认真开展人大党组学习活动外，党组成员要以普通党员身份积极主动参加人大机关支部组织开展的各项学习教育活动。学习内容上突出中央、区、市以及达孜县委重要会议精神、习近平系列重要讲话以及党的十九大报告精神和相关法律法规、人大业务知识等内容，从而进一步提升人大机关工作人员综合素质和依法履职的水平。

【全面落实从严治党】 年内，按照中央“八项规定”和自治区“约法十章”“九项要求”、市委“八项要求”，持之以恒纠正“四风”，常委会组成人员及机关干部守好道德“底线”，不碰党纪“红线”、远离法律“高压线”。严格落实党风廉政建设责任制，大力践行“忠诚干净担当”要求，抓好“一准则三条例”等党内法规的贯彻执行，努力营造良好的党内政治生态和风清气正的人大机关氛围。

2017年2月28日，在达孜县第十二届人大常委会第三次会议上新当选国家公职人员向宪法进行宣誓

【建立健全工作机制】 年内，根据《中华人民共和国地方各级人民代表大会和地方各级人民政府组织法》和《中共中央关于转发〈中共全国人大常委会党组关于加强县乡人大工作和建设的若干意见〉的通知》《中共西藏自治区委员会关于进一步加强和改进人大工作的意见》《关于县级人大常委会应设立“一室三委”的工作要求》，达孜县人大常委会将此项工作摆在重要的位置，逐步建立健全“一室三委”工作机构，并充分发挥在常委会审议工作中的智囊参谋作用、在监督和支持“一府两院”工作中的推进作用和在人民群众合法权益中的维护作用，从而充分发挥地方人大及其常委会的职能作用。

【创新人大监督方式】 年内，加强对法律法规实施的难点、经济社会发展的重点、人民群众关注的焦点进行强有力的监督，确保“一府两院”依法行政、公正司法，为达孜发展营造良好的法治环境；要不断健全完善人大常委会重大事项决定权制度，建立科学的讨论决定机制和保障实施机制，找准人大行使决定权和推进改革发展、民主法治建设的结合点，把加强民主法治建设的重大措施以及区域发展总体规划、财政预算调

2017年4月20日，召开达孜县第十二届人民代表大会第二次会议

整、城镇建设、民生工程、建设项目等作为行使重大事项决定权的重点，及时听取和审议有关报告，深入调研论证，依法作出决议、决定；每半年“一府两院”和政府组成部门负责人向县人大常委会述职半年以来的工作开展情况，年末由县人大常委会随机抽取一定比例的单位（部门）第一责任人向人大常委会述职述廉，并进行民主评议。评议结果通过公示栏、网信达孜等形式进行公示公开，此项工作将作为监督干部的一项重要举措来抓，确保各单位、各部门以务实为民、开拓创新的精神做好各项工作；始终坚持党管干部与人大依法行使任免权相统一的原则，把政治过硬、业务精湛、作风优良、群众信赖作为干部任免依据，严把任免程序，并加强干部任期内履职进行监督，保证人民赋予的权力始终用来为人民服务。

【代表培训】 年内，结合实际，制定科学合理的代表培训方案，进一步优化培训人员结构、加大培训力度、拓宽培训资源、丰富培训内容、增强培训实效，并积极创造有利条件让人大代表有机会接受更高水平的学习培训，提升代表素质，从而推动人大工作和代表工作不断进步。组织代表“走出去与请进来”相结合，不断拓宽代表的视野，提高代表素质，另外，争取江苏镇江援建市县对达孜县人大工作的关心和支持，输送更多的代表前往江苏参观学习，在不断拓宽代表的视野，提高代表素质的同时把内地先进的做法和好的经验应用到全县的发展大局中。坚持邀请县级人大代表列席县人大常委会会议，参加常委会组织开展的各类活动，为代表的知情知政，履行代表职责创造良好的条件。

【乡（镇）人大工作】 年内，继续开展举办学习培训班、经验交流会、工作座谈会等活动及时帮助乡（镇）人大解决工作中遇到的问题和困难，实现县、乡人大工作的联动，形成人大工作发展合力。组织乡（镇）人大主席参加县人大常委会组织开展的专题调研、执法检查、视察等活动，切实加强与基层人大的联系，着力提高乡（镇）人大业务水平。乡级“代表之家”要进一步发挥载体作用，不断创新工作方法，开展丰富多彩、生动活泼、行之有效、富有创新的活动来充分发挥“家”的功能，激发代表的履职热情，真正使“代表之家”成为提高代表素质的基地、代表议政督政的平台、代表与选民联系沟通的桥梁。

（索郎次仁）

【领导名录】

党组书记、主任

米　玛（女，藏族）

副主任

巴　桑（藏族）

唐　忠（女，藏族）

普　多（藏族）

李　君

达孜县人民代表大会常务委员会办公室

【概况】 2017年，达孜县人大常委会办公室以邓小平理论、“三个代表”重要思想、科学发展观为指导，深入贯彻落实中央第六次西藏工作座谈会和党的十九大、十九届一中全会精神，坚持人民代表大会制度不动摇，坚持党的领导、人民当家做主和依法治国的有机统一。紧紧围绕人大常委

2017年1月8日，人大办公室主任索郎次仁带队在塔杰乡巴嘎雪村慰问结对帮扶户

会中心工作和重大决策部署，依法行使职权，认真履行宪法和法律赋予的职责。

【确保党委重大决策贯穿落实】年内，始终坚持党的领导作为人大常委会办公室工作的灵魂，切实把人大履职尽责置于党的领导之下。人大常委会办公室充分发挥人大党组和办公室党支部领导核心作用，认真贯彻落实中央、区、市相关会议精神，紧紧围绕县委和人大常委会决策和全县工作大局，明确工作思路和工作重点。县人大常委会办公室紧紧围绕常委会中心工作，年初制定《达孜县人大常委会办公室2017年度重点工作计划》，确保办公室工作与常委会工作有机统一，严格执行重大工作向常委会请示制度。县人大常委会高度重视办公室的工作，平时加强指导工作，定期不定期召开主任会议研究决定人大办公室的重大事项，提出具体要求，确保工作有效落实。

【组织人大“三会”筹备工作】人民代表大会、人大常委会、人大主任会议统称人大“三会”。达孜县人大常委会办公室严格按照《中华人民共和国地方各级人民代表大会和地方各级人民政府组织法》相关规定，提前筹备“三会”工作，确保会议能按时、保质保量的召开。截至10月，达孜县人大组织召开人民代表大会1次、人大常委会5次、人大主任会议6次。其中，在4月19日召开的达孜县第十二届人民代表大会第二次会议代表们积极建言献策，就全县经济社会发展和社会局势稳定中的重要问题提出诸多宝贵的意见和建议。

6月14日，召开达孜县第十二届人大常委会第六次会议听取和审议《达孜县发改委2017年上半年国民经济和社会发展计划执行情况及下半年国民经济和社会发展计划执行情况》《达孜县财政局2017年上半年财政收支执行情况及下半年计划》《达孜县人民法院2017年上半年工作总结和下半年工作安排》《达孜县人民检察院2017年上半年工作总结及下半年工作安排》。在1次人民代表大会和5次常委会上共任免34名国家机关工作人员，为新任职的人员颁发了任命书，并举行宪法宣誓仪式。

【代表闭会期间活动工作】代表闭会期间的活动主要包括代表的视察、调研、参观、培训等活动。办公室在人大常委会的具体安排下，2017年除积极配合区、市人大调研检查外，注重加强自身组织开展活动。截至10月，组织区、市、县、乡四级人大代表、乡（镇）人大主席团成员、乡（镇）人大专职工作人员、人大办公室成员对达孜工业园区展厅、县城亮化工程以及县中心小学集中办学、县运高新能源有限公司、达孜县蒽扎娜拉家具厂、达孜县妇女手工合作社、达孜县金叶敬老院、德庆镇德庆奶牛养殖专业合作社、拉萨市城市规划科技展览馆、西藏自然科学博物馆、堆龙德庆区人大、墨竹工卡县人大、日喀则市江孜县、白朗县等共调研、视察、监督检查7次、参与人数161人（次）。活动前办公室及时制定方案、通知，活动中积极做好各方面的协调和服务工作，活动后及时上报工作总结和简报等。通过不断的开展调研、考察活动，代表们全面了解达孜县社会各项事业的发展情况，增强了代表的履职意识，激发了代表的履职热情。到外地去视察、调研，代表们看到自身与外地县区之间存在的差距和不足，开阔了视野，进一步增强了代表的责任意识。

8月30日，县人大常委会和办公室组织部分代表对达孜县中学、中心小学、县幼儿园“三包”经费管理和使用情况开展专项监督检查，办公室已起草监督检查报告，准备在达孜县人民代表大会常务委员会第八次会议上提请通过后提交给县委，为县委、县政府工作决策部署提供依据。

【理论学习】 年内，办公室除了积极参加县委学教办开展的各项学习活动、人大党组理论中心组学习会议、人大常委会主任学习会议以外，同时积极开展人大办公室党支部的各项活动，以集中学习为主，个人自学为辅，不断提高理论知识水平。年内，人大常委会办公室党员干部共撰写心得体会5篇（每人）、观后感3篇（每人）。

【参加区、市人大业务培训】 年内，根据区、市人大常委会的工作要求，县人大常委会办公室和相关人大代表按时参加区、市组织的各项会议、培训，并将区、市人大部门办会、办事方面好的经验和好的做法推广到达孜县人大，从而为达孜县人大工作的完善和规范提供了强有力的保障。

【基层人大业务培训】 年内，在区、市人大组织的代表培训基础上，达孜县人大常委会积极有为，定期不定期组织四级（区、市、县、乡）人大代表开展有针对性的业务培训，人大常委会办公室及时制定培训方案、收集培训资料、下发通知、会议布置、协调相关部门等工作。4月14日，在县人大会议室内举行基层人大业务培训，各乡（镇）人大主席、人大专职工作人员以及县、乡两级基层人大代表30余人参加培训，培训通过授课方式主要讲解如何提高乡（镇）人大工作水平、如何发挥乡（镇）人大地位和作用、如何使用代表的权利和义务、如何提出代表意见建议等方面的内容。通过培训，代表们对人大业务工作有了进一步的了解，提高了工作质量和工作效率。

【完善代表闭会期间活动方案】 为进一步完善闭会期间代表活动，加强与代表的联系，根据县人大常委会的工作安排，办公室结合达孜县实际，起草《达孜县人大常委会关于开展代表闭会期间活动实施方案》，并于6月14日的达孜县第十二届人民代表大会常务委员会第六次会议上通过。

【办公室成员相互学习】 年内，人大办公室成员不多，但各具特色，办公室在平时开展工作当中加强干部教育的同时，形成相互学习、取长补短、互帮互助、欣欣向荣、团结友爱的工作氛围。

【意见建议督办】 达孜县第十二届人民代表大会第二次会议上85名实到代表共提出81项议案、意见建议、批评。为代表提出的议案、意见建议、批评得到有效的解决，县人大常委会组织相关部门积极开展《意见建议督办会》。闭会期间，根据人大常委会工作计划，协同常委会主要领导办公室组织专门力量深入各单位和乡

2017年6月5日，人大办公室主任索朗次仁主持召开半年办公室工作总结会

2017年6月25日，人大办公室党支部书记索郎次仁主持召开支部集中学习会

(镇)、村委会就办理情况进行跟踪督办，提高了承办单位对代表意见建议办理工作的质量和效率。

【参与县“两院”活动】 年内，县人大常委会定期听取和审议“两院”工作总结，并安排班子和办公室成员及部分人大代表参与“两院”开展的调研活动，积极参与县法院的“开庭”活动、县检察院的“检察开放日”等日常工作当中，从而进一步了解“两院”的工作开展情况，为有效监督“两院”工作得到了充分的保障。

【结对户及退休干部慰问】 年内，根据县扶贫攻坚指挥部的工作要求，人大常委会办公室党员干部多次在贫困户家中开展结对慰问活动，主要内容以了解近况、宣传政策、开导指引、解决实际困难等。2017年，人大常委办公室党员干部共慰问结对户次数5次(每人)，送去慰问品平均每人3000元。同时，根据人大常委会的工作安排，每逢节假日或特殊时期办公室定期陪同常委会主要领导慰问驻村工作队及离退休干部职工。

【“人大代表之家”】 “代表之家”作为代表闭会期间的活动之家、温馨之家，在代表工作当中有着举足轻重的作用。县人大常委会及办公室始终注重加强代表之家工作，制定常委会主任、副主任、办公室负责人包乡指导和联系乡(镇)工作制度，并定期不定期的深入各自包乡(镇)点进行检查指导工作。同时，为拓宽代表闭会期间的活动，根据自治区人大关于在全区创建推广“人大代表之家”的工作要求，7月，达孜县人大常委会经请示县委同意后正式成立“达孜县人大代表之家”，办公室积极努力创建相关制度、台账，为代表开展活动提供了坚实有力的保障。

(索郎次仁)

【领导名录】

主　任

索郎次仁(藏族)

副主任

索朗曲珍(女，藏族)

次仁多杰(藏族)

达孜县人民政府

【概况】 2017年，全县完成地区生产总值16.19亿元，同比增长9.8%；财政总收入(全口径)10.32亿元，其中一般公共财政预算收入6.78亿元，同比增长15.15%；税收收入244839.52万元，同比增长21.8%。固定资产投资达到29.29亿元，同比增长2.3%；社会消费品零售总额1.95亿元，同比增长12.2%；农牧民人均纯收入12212元，同比增长13.4%，城镇登记失业率控制在2.2%以内。“京交会”“丝博会”“昆交会”“雪顿节”招商引资成果丰硕，共签约招商引资项目34个，到位资金18.3亿元。

【农牧业发展】 2017年，全县落实农作物播种面积8.25万亩，加大农业科技推广力度，引进示范推广农作物新品种15个、农技新技术15项，成功试种绿色青稞8000亩，实现化肥、农药“零”使用，粮食生产能力持续提高，重点扶持“麦之穗”种植合作社，探索研究有机无公害蔬菜种植，青饲玉米形成2000亩规模化种植；牲畜总存栏8.92万头(只、匹)，肉、奶、禽蛋类总产量达到1.7万吨；

2017年荣获科技工作先进县，基本草原划定验收工作获得全区第一。规模化流转农村土地7944亩，农村土地承包经营权确权登记颁证发证率达到98%。发展农民专业合作社达到269家，涉农龙头企业达到9家。

【净土产业】 2017年，全县现代农业产业园区强化政府引导、企业带动、科技支撑，完成国家农业综合开发田园综合体申报工作，累计建成高效日光温室1163栋，智能连栋温室建设完成，年产值达到1037.62万元，启动高效保鲜冷藏库、种苗育苗基地、休闲中心等项目。玫瑰种植基地、食用菌生产基地、菊花种植基地规模不断扩大。积极推进"万户百场十中心"建设，完成创建养殖示范户700户，创建养殖场（基地）6个，其中，总投资8700万元的唐嘎乡奶牛养殖示范基地完成建设并与西藏泰成乳业有限公司合作，引进奶牛600头，短期育肥牦牛1375头，年总产值达到1亿元。达孜县投资1.9亿元的高标准良种奶牛繁育中心项目正式开工建设。"唐嘎藏鸡蛋"获得国家地理标志保护产品认证，投入5000万元，唐嘎乡藏鸡养殖示范基地建设工作有序推进，藏鸡年存栏7万只，年产藏鸡蛋达到300万枚。

【工业经济】 2017年，全县工业园区入驻企业达到1687家，其中，实体型企业58家。完成工业总产值12.82亿元，同比增长29%；工业销售产值12.81亿元，同比增长31%；工业增加值4.19亿元，同比增长32%。物流服务中心、镇江路提升改造、小微企业创业孵化基地、民族手工艺创业基地升级改造等项目强力推进，园区承载能力进一步凸显。投资5.95亿元，启动工业园区工业建设项目9个。累计创建中国驰名商标3个，自治区名牌产品近20个，西藏圣信工贸有限公司获得第五届西藏旅游商品大赛铜奖，西藏春光食品有限公司"雪域圣谷"青稞香米获得第十五届中国国际农产品交易会参展农产品金奖，西藏藏缘青稞酒业有限公司获得"农业产业化国家重点龙头企业"称号，西藏优格仓工贸有限公司获得"藏纸制作工艺"及"藏香制备方法"两项发明专利。园区企业累计解决农牧民就业人数达2314人，其中对接全县精准扶贫建档立卡户农牧民338户，实际解决就业123人。

【旅游产业】 2017年，全县完成达孜全域旅游规划编制并通过拉萨市旅委组织的终评。达孜工业园区《国家级工业旅游示范区提升计划》及《镇江路核心景观带改造方案》《达孜叶巴村文化旅游项目设计方案》确定并组织实施。叶巴寺村容村貌整治项目一期基本完工，白纳沟阿古顿巴出生地主题公园、主西沟徒步营地、高原健康休闲运动步道等重点旅游项目的前期设计顺利完成，申报"拉萨人家"项目18户。与高铁公司、携程网、西藏卫视、微信平台等线下、线上媒体合作，通过宣传片、游记攻略、微视频等方式，推介"天上西藏·云上达孜"全域旅游品牌，共开发17个系列的旅游文化商品，全年受众旅客（网友）等超过1亿人次。与国家地理杂志合作，推出"拉北环线"精品游线"达孜全域旅游"篇章，该杂志已发行50万册。2017年，接待游客64.11万人次，同比增长34%，

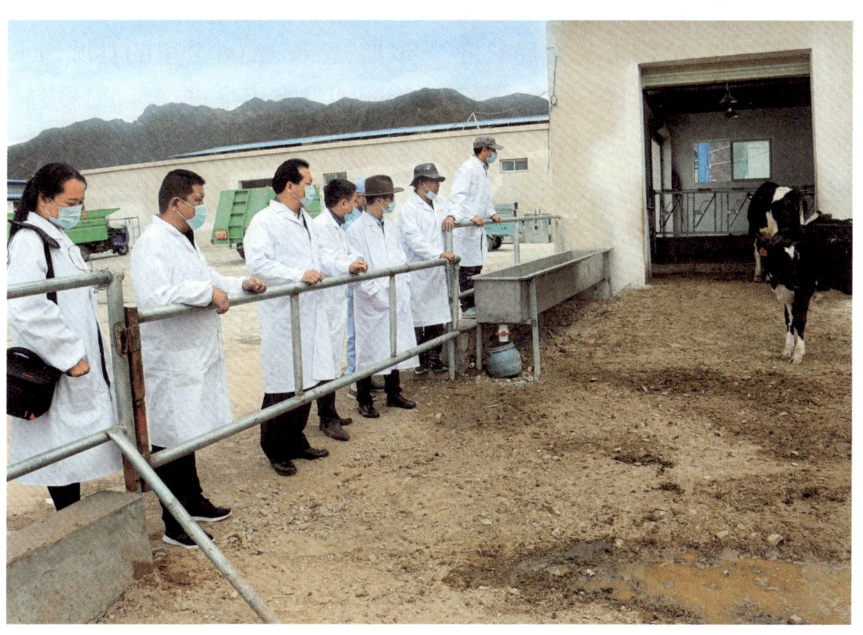

2017年9月30日，县委副书记、县长春新在唐嘎乡泰成奶牛繁育基地考察

2017年5月15日，县委副书记、常务副县长李军实地考察木材交易市场征地工作开展情况

旅游收入达到3191.01万元，同比增长40%，全年达孜旅游市场的投诉率、安全事故率均为0。

【项目建设】 2017年，全县新建、续建项目246个，完成项目投资66.36亿元。围绕市、县两级重点项目布局，依法推进S5线、拉萨市东环南线项目、拉萨城投祁连山水泥厂项目、拉萨城投木材交易市场二期、拉萨市公安局看守所等市县重点项目的征地、拆迁工作，累计征地近5000亩。新增城区面积96万平方米；新建城市道路3231米；改造道路540米；新建、续建公路项目6个，总里程28.7公里；新建、续建小型桥梁共14座；新建路沿防护栏2000米，投资610万元完成棚户区改造101户；投资1.42亿元的基层政权——村综合服务中心建设项目快速推进，共开工17个点；新建虎峰佳苑小区商品房面积2911.33平方米，城市服务功能和承载能力不断增强。

【配套设施建设】 2017年，全县县城给水管网改造全部完工，新建的达孜县自来水有限公司水厂水质监测达标，2017年12月正式启用，县城段基本实现24小时供水，解决1.4万农村人口饮水安全问题。县城污水处理厂主体工程、设备安装工作基本完成，进入调试期，总长18.06公里的县城污水管网铺设有序推进。县城垃圾转运站投入使用，日处理垃圾10吨，五个乡生活垃圾无害化处理设施建设项目稳步推进，县城美化亮化工程范围拓展延伸，亮化覆盖率达80%。引入天空物业，推行达孜政府机关院内保洁、保安自管自治物业服务模式，解决就业12人，物管改革取得新突破、新成效。城市功能性短板补缺工作进程加快，客运车站、旅游厕所、县城主要支干道路灯改造、休闲密集区小公园、停车场等一批公建设施陆续开工建设，部分已建成使用。启动有线电视数字化建设项目，免费安装500户，投资183万元的数字电影院建成。

农网升级改造工程投入资金9437.56万元，属历年最高，期间新建章多乡35千伏变电站一座，新建35千伏线路26公里；新建10千伏线路30.186公里，用电保障力不断提升。新增通信基站73个，3G网络覆盖率达100%，4G网络覆盖率达94%，电信新建乡村级光宽资源41个，放装光宽带1600户，城乡配套功能更加完善。

【生态环境】 2017年，全县以中央环保督察为契机，重拳攻克一批"老大难"历史遗留环境问题，针对环境问题的企业、合作社进行整顿，关闭6家。全面推进"水、气、土"防治行动和"禁白"活动，投入175万元对县域内8个非法取料点进行生态修复。全面推行"河长制"工作，确定27名河长及20名河段公安人员，规范河道采石采砂行为。积极开工建设章多乡曲尼帕灌区工程、邦堆乡叶巴沟水土保持综合治理工程和达孜县2017年小型农田水利"重点县"项目。完成植树造林1307.4亩、封山育林12000亩，防沙治沙任务12000亩，完成兑现1934.7亩退耕还林地的粮食折现及生活补助24.18万元，完成国土绿化消除"无树村、无树户"的规划工作。开展"绿盾2017"保护区监督检查专项行动，全面排查并整改国家级自然保护区内违法违规问题7类6个。坚持标本兼治、突出长效治理，淘汰黄标车及老旧车292辆。

【脱贫攻坚】 2017年，全县按照“两年脱贫，三年巩固”的脱贫承诺，4001名贫困人口稳定脱贫，贫困发生率下降到0.58%，已通过市级验收、区级考核。累计投入6.3249亿元，开工建设扶贫产业项目31个，带动2075名建档立卡贫困群众增收1076.35万元。与中国邮储银行西藏分行签署协议，大胆创新金融扶贫机制，降风险，提成效。为建档立卡贫困户开展培训52期，1520人次受训，解决就业521人。两年累计产业项目分红809.2万元，带动3936人次增收，人均增收2334.69元，落实生态补偿岗位2669个，兑现生态补偿岗位资金1902万元，向3571人次落实定向政策补助金413.4万元。县城易地搬迁集中安置点安置房300套全面竣工并搬迁入住。农业银行建立一户一策精准扶贫金融服务档案，发放小额贷款4.12亿元，助力群众创业增收。财政投入不断向扶贫领域倾斜，一系列惠民举措落地生根、开枝散叶，切实解决广大群众因病、因学等致贫问题，民生基础得到持续有效巩固。

【社会事业】 2017年，全县全年教育支出达2.4亿元，其中，本级财政投入1.18亿元，建设完成县中小学设备添置、校容校貌提升、校舍装饰改造、运动场地维修、绿化美化、机关幼儿园新建等多个项目，高分通过义务教育均衡发展国家评估认定。幼儿园临时工工资标准提高至2300元，中职班工资提高至3800元。全年医疗卫生支出达到1.05亿元，其中，本级投入3524万元，稳步推进总投资3亿元的卫生系统整体搬迁项目前期工作，县医院升格为二级乙等医院，新增设牙科和急诊科，“先诊疗，后结算”的医疗服务范围全民覆盖。包虫病筛查率达到99.15%。扎实开展食品安全专项整治、联合执法84次，明厨亮灶率和餐饮服务量化分级率均达80%以上。全民参保采集数据24387条，积极推进社会就业，完成技能培训725人，新增就业1189人，劳动力转移就业11696人次。扎实推进“两线合一”，兑现低保资金505.84万元，122名“五保”老人意愿集中供养率达到100%，“五保户”生活供养金在拉萨市每人5910元/年标准上提高至每人12614元/年。

加强困难群众基本生活保障和救助，解决61户贫困残疾家庭就业，开展医疗及临时救助323人，扩大城乡医保、养老保险和住房公积金覆盖范围，实现社会保障服务对象全覆盖。民政工作受到民政部高度评价，并代表全区在西南片区工作会议上作经验交流，全区首个村级民政事务服务中心落地达孜。全县公益性岗位工资上调500—1800元。深入开展“双拥”共建活动，军政军民团结不断巩固。

【援藏工作】 2017年，全县“西藏达孜产业交流中心”在江苏省镇江市正式落地营运，小微企业孵化基地、种苗育苗基地、叶巴寺村容村貌整治、藏家乐、高原“移动医院”等17个、总投资1.43亿元的江苏援建项目开工建设。镇江市7个辖市区与达孜县6个乡镇、1个工业园区结对挂钩共建，2017年共签署产业项目合作协议6个、总投资2.23亿元。威斯凯酒店、天空物业、恒顺醋业依托产业项目不

2017年10月11日，县委常委、副县长王晓蕾在木材交易市场检查安全工作

2017年12月24日，副县长次吉卓玛在县农牧局种子储备库调研

断带动贫困户创收致富。投入84.4万元实施“温暖校园”二期工程，完成县中心小学和幼儿园的供暖改造。镇江金山e支教大爱西藏行与县中心小学成功视频连接并开展远程交流。利用“组团式”援藏平台提升医疗人员水平，实施标准化乡镇卫生院建设和苏拉远程会诊系统。与镇江市委党校、江苏科技大学等院校开展合作交流，全年累计安排赴镇江集中培训和岗位锻炼10批次、200人次。

【平安建设群防群治】 2017年，全县投入317.87万元建设完成寺庙特派员业务用房6套。深化平安达孜建设，开展“星级先进双联户”创建和村级综治信息化建设及“幸福家园”微信平台推广工作。依法打击违法犯罪活动，全面打赢党的十九大维稳安保攻坚战，社会大局保持和谐稳定。扎实开展安全生产大检查等专项行动230次，安全生产形势总体平稳，工业园区安全生产监督管理局挂牌。拓宽信访渠道，受理来信来访案件44件193人次，其中，已化解40件178人次，化解率达到90.9%，重点信访积案化解率达100%，信访工作得到区市的高度认可，荣获国家级“信访三无县”荣誉称号。不断创新民族团结进步创建活动，进一步巩固民族团结进步工作成果。加强依法治县工作，“七五”普法扎实推进。国防动员和国防教育深入开展，支持工会、共青团、妇联等群团组织开展工作，民族宗教、外事侨务、防灾减灾等事业获得新进展。

【依法行政】 2017年，全县依法接受县人大及其常委会的监督，自觉接受县政协的民主监督，主动接受社会和舆论监督，认真听取社会各界的意见建议，办理人大代表建议81件、政协委员提案65件，办复率100%。健全政府党组集体学习制度，政府常务会议安排集中学习15次。认真落实重大决策专家咨询、法律顾问、社会公示和听证制度，推进重大事项合法性审查机制。试点推进重大执法决定法制审核制度，行政执法行为进一步规范。

【政务环境】 2017年，全县开展专题警示教育学习活动，推进“两学一做”学习教育常态化、制度化，政治文化建设进一步加强。认真履行党风廉政建设主体责任。严格执行中央“八项规定”精神，无新建楼堂馆所，“三公”经费同比下降3%，日常接待经费同比下降30%，严格落实“精文简会”相关要求，做到减少数量，控制规模，注重实效。切实抓好各级巡视组巡视反馈问题整改，持续纠正“四风”，发现涉嫌违反中央“八项规定”精神问题7起，谈话函询1人次，提醒谈话19人次，批评教育15人次，约谈19人次，诫勉谈话9人。全年狠抓环保问题督察问责，受理问题线索2起、约谈5人、诫勉谈话1人、政纪处分1人。开展扶贫领域专项整治，强化行政监察和审计监督，政府投资项目、国有资产、政府招投标等重点领域和关键环节的监管全面加强。政治生态环境进一步优化。

【为民服务】 2017年，全县深化“放管服”改革，建立完善行政审批事项等3442项清单，取消、停止、承接行政许可事项5项。实施村级政权建设，县、乡、村三级便民服务网络初步建立，2017年县级便民服务中心办理行政审批事项

3460件，解答群众询问4380人次。加大政务信息公开力度，主动回应社会关切，办理“12345”市民服务热线来电92件，办结率、群众回访率、满意率均达到100%。“县长批示”督查督办机制基本形成，为民服务渠道进一步拓宽。“五证合一、一照一码”改革工作全面启动，设立工商注册、税务登记“绿色通道”，2017年，新增各类市场主体899户。成功在江苏镇江设立达孜产业交流中心，为达孜产品推介、走向内地搭建平台。

（索朗旺堆）

【领导名录】

县委副书记、县长

春 新（藏族）

县委副书记、常务副县长

李 军（江苏援藏）

县委常委、副县长

张永祥

王晓蕾

副县长

朱 峰（江苏援藏）

次旺多杰（藏族）

边 次（藏族）

次仁央宗（女，藏族）

次吉卓玛（女，藏族）

陈 伟

毛 奇（11月免）

谭喜民（挂职）

达孜县人民政府办公室

【概况】 2017年，达孜县政府办公室坚持以习近平总书记系列重要讲话精神为指引，深入学习贯彻党的十八大、十八届三中、四中、五中、六中全会、党的十九大和区党委九届三次全会精神、市委九届三次全会精神，紧紧围绕经济社会发展大局，充分发挥参谋助手和中枢协调作用，主动适应新常态，全力以赴谋发展，履职尽责搞服务，聚精会神抓落实，较好地完成了各项工作任务。

【做好中心工作】 年内，进一步改进文风，准确把握领导意图，集中研究讨论，切实提升文稿的思想性、针对性、指导性，全年共完成政府工作报告、县政府全体会议报告、全县经济会议报告等重要文字材料及相关专题会议材料、汇报材料、县政府领导讲话材料等重要文稿40余篇。全力加强公文处理规范化建设，严把发文起草关、审核关、发送关、时效关，对不符合办理程序和要求的文稿坚决退文重办，对印发文件差错情况进行月度通报，对受理的文稿进行盘点清理，做到不拖、不压、不遗漏，不断提高办文效率。

2017年，制发各类文件513件，签收、登记各类文件1293件。认真完成《达孜年鉴（2016）》和《达孜县志（2001—2010）》等材料的编撰工作。深度思考具体工作中的“关键点”、重点工作中的“薄弱点”、基层工作中的“困难点”、市委、市政府的“关注点”，全年采取陪同县政府领导调研和自行安排等形式，深入重点项目、乡镇村委会调研10余次，全力推进并协调服务好木材交易市场二期、拉萨—山南快速通道、拉萨城投祁连山水泥厂、318国道改扩建等全市重点项目及精准扶贫、义务教育均衡发展、中央环保大督察等重点工作的顺利推进。根据实际情况，进一步完善《达孜县人民政府常务会议制度》《达孜县人民政府全体会议制度》《达孜县人民政府专题会议制度》《达孜县人民政府党组会议制度》等多项制度。在重大会议活动组织上，坚持高标准、严要求，注重加强统筹

2017年12月20日，政府办公室主任任彦芳在唐嘎乡慰问结对户

和综合协调，精心制定方案预案，严格规范办会的内容、程序和运转流程，确保会议组织服务工作细致周密。全年共承办市政府各类会议80余次，县政府常务会议10次，县政府专题会议17次。圆满完成西藏自治区精准扶贫现场会、义务教育均衡发展考核、中央环保大督查考核等重大会议和活动的筹办工作，得到各级领导的充分肯定。

【政务督查】 年内，全面分解落实拉萨市《政府工作报告》中的各项工作任务，于6月成立县政府督查室，对市、县领导交办事项进行严督实查，狠抓领导批示件的督促落实，切实做到领导批示件“批必办，办必果，果必报”。全年共办理市政府督办事项58件，办理自治区、拉萨市及县委、县政府领导批示件3件，实地督查5次，下发政务督查12期，跟踪督办各类工作会议决策。在抓好建议提案办理方面，积极协调全县政府系统各承办部门，认真办理区、市、县人大代表建议和政协提案，密切联系县人大代表和县政协委员，健全完善跟踪督办工作机制，将办理签收、办理答复、办理效果全过程纳入考评体系。通过电话、发催办通知、现场走访承办单位等形式，加强对承办单位办理工作的全程监督，促进办理工作任务的顺利完成。

2017年10月18日，政府办公室组织观看党的十九大报告

2017年，共办理答复区、市、县人大代表建议、政协提案155件(自治区人大代表建议1件，自治区政协委员提案1件，市人大代表建议7件，市政协委员提案1件，县人大代表建议81件，县政协委员提案64件)，办复率和满意率均达100%。在抓好信息服务决策方面，提升信息服务水平，规范信息编报流程，将县委、县政府中心工作列入信息报送重点，加强建议类、问题类信息的收集和报送。全年编发政务信息394期，组织收集各类政务信息320余条，及时研究制定强化政务信息工作、赶超升位的具体办法措施。

【协调工作】 年内，面对全国经济下行压力，将抓好全县重要指标、重点项目、重要工作的调度作为各项工作的重中之重；积极发扬“五加二”“白加黑”的过硬工作作风，全情投入、乐于奉献、不怕吃苦，以顽强拼搏的实际行动，高效完成各类急难险重任务。特别是在应对党的十九大维稳安保，叶巴次久、“萨嘎达瓦”宗教活动及2017年部分乡(镇)雨季汛情等突发事件过程中，勇于担当，协调服务，及时准确收集、研判、报送信息。加强政务网维护，确保政务网始终处于良好的运行状态，定期更新政务公开栏，在政务网上及时公开县政府的重大决策及重要事项，及时更新《政府信息公开指南》及《政府信息公开目录》，及时向拉萨市政府门户网、西藏农经网等发送达孜政务实时信息。拉萨市政法内网、自治区党政信息网(乡乡通)等运行良好，能够做到与市、县、乡的三级网络协同办公。

【信息报送】 年内，不断完善信息采集、编制等制度，向市政府信息处报送信息500多条。进一步畅通和规范公众参与渠道，及时受理、认真办理群众诉求，充分利用政府门户网站与“12345”政府服务热线等互动平台，妥善解决群众反映的热点和难点问题，2017年，共受理群众网信诉求74件，回复率100%。

【依法行政】 年内，参照国务院、自治区、拉萨市规范性文件制定办法的基础上，结合县实际，制定出台《达孜县人民政府规范性文件制定办法》，规范规范性文件的审查程序。推动政府依法规范决策，提高决策法治化、规范化水平。加强行政规范性文件审查，切实做到“有件必审、有件必备、有备必审、有错必纠”。全面深化政务公开。完善政务公开制度，拓宽政务公开内容，全年县级部门(单位)主动公开人事选拔任用、校务公开中寄宿制学校按月对“三包”经费收支管理情况、村务公开方面中重大项目运转情况及群众关注的热点难点问题等事项，均在规定时限内办毕。向拉萨市政法内网、自治区党政信息网(乡乡通)、自治区农经网上传信息1000余条。

深化“放管服”改革，建立完善行政审批事项等3442项清单，取消、停止、承接行政许可事项5项。持续推进法治政府建设。全面贯彻《拉萨市建立健全教育、制度、监督并重的惩治和预防腐败体系》的文件精神，不断加大从源头上预防和治理腐败的力度。建立全县科级干部廉政档案及年终述廉报告制度。要求县级领导每年填写西藏自治区领导干部廉政情况考核表，并上报市纪委存档。进一步加大审计的监察和监督力度，共审计26个项目，审计金额6992.69万元。进一步完善会计核算中心机制和政府统一采购制度，严格执行“收支两条线”规定，逐步规范乡(镇)财务管理。对县直各单位用车实行统一管理，采取定点加油、定点维修的措施，避免资金浪费和隐形支出情况的发生，有效杜绝公车私用现象的发生。加大干部人事任用考核力度。认真执行《党政领导干部选拔任用工作条例》，积极推行干部人事制度改革，实行干部考察公开化，任前公示制度。在干部任用考核上，扩大了民主推荐、民主评议和民主测评范围。

【学习教育】 年内，坚持把学习习近平总书记系列重要讲话精神作为一项重要的政治任务抓紧抓好，通过召开支部专题学习会、书记讲党课、专题研讨等形式，深入学习贯彻党的十九大、十九届一中全会、区党委九届三次全会精神，学习次数达到20余次，引导党员干部深学、深思、深悟，不断提升党员干部自律意识、服务意识和责任意识，自觉在思想上、政治上、行动上同以习近平总书记为核心的党中央保持高度一致，不折不扣贯彻落实中央、区、市党委及县委的各项重大决策部署，筑牢绝对忠诚的思想根基。

【制度建设】 6月，重组党支部，重新布置支部党员活动室，实现九有。按照“于法周延、于事简便”的原则，坚持制度建设的科学性、实用性、操作性和严肃性，在不断总结办公室工作规律的基础上，认真制定完善办公室工作职责、党支部会议制度、党建工作责任制、民主议事决策制度、党员学习制度、“三会一课”制度、民主生活会制度和党组织联系服务党员制度等各类内部管理制度12项，强化之间相互协作，促进了班子内部运行管理科学、高效，荣获达孜县“2017年度优秀基层党支部”称号。

【党风廉政建设】 年内，健全责任

2017年6月13日，获得达孜职工运动会男子篮球冠军

落实机制，支部先后3次专题研究党风廉政建设相关工作，传达学习中央有关党风廉政建设的方针政策，以及区市党委、政府出台的相关重要文件精神，研究部署办公室贯彻落实工作。细化责任分解。把党风廉政建设和反腐败工作任务落实到每个党员干部，做到责任主体明确、责任范围明确、责任内容明确。完善效能制度。实行首问责任制、服务承诺制、一次性告知制、限时办结制等效能建设十项制度，完善政务大厅和窗口集中服务机制，健全行政效能投诉受理机制，切实解决单位效率低下、办事推诿等问题，形成用制度管权、按制度办事、靠制度管人机制，促进干净干事。

（索朗旺堆）

【领导名录】

主　任

任彦芳（女）

副主任

成　超

余　江

编译室主任

尼玛珍嘎（女，藏族）

地方志办公室负责人

拉　珍（女，藏族）

信访局负责人

尼玛扎西（藏族）

中国人民政治协商会议达孜县委员会

【概况】 中国人民政治协商会议达孜县委员会成立于2012年4月24日，是中国人民政治协商会议的地方组织，在中共达孜县委员会领导下开展工作。政协达孜县委员会自成立以来，在中共达孜县委员会的领导下，一贯坚持围绕党和政府各个时期的中心工作，以高度的责任感和主人翁精神，充分发挥政协委员作用。2017年，政协达孜县委员会委员共78名，机动3名，共设7个界别：中共界、工商界、农牧科技界、民族宗教界、教育界、医卫界、军警界。其中，主席1名、副主席4名，常务委员14名。

【全委会议协商议政】 主席会议是负责处理常委会日常工作的重要会议，委员协商座谈是达孜政协开展多年的一项创新实践。常委会在对主席会议和委员协商座谈的谋划中，注重做到“议题的针对性、协商的灵活性、调研的互动性、建议的操作性”，从而保证每一次协商活动的圆满成功。主席班子成员经常深入基层走访委员，了解基层状况，鼓励委员直面困难、坚定信心、“危”中寻“机”“危”中求“进”。常委会还注重组织和引导委员参与谋划“乡村振兴”工作，力求做到早介入、深调研、多献策。注重组织和引导委员支持和参与“禁白”工作，力求做到多帮忙、多宣传、多配合；政协注重组织和引导委员助推“脱贫攻坚”，力求做到理解好、支持好、行动好。

【委员提案】 年内，政协充分发挥提案在履行职能中的重要作用，鼓励委员积极撰写提案。二届二次全会以来，共收集提案78件，其中立案65件。常委会注重完善提案办理的相关制度，建立提案交办前与有关部门沟通协商机制，联合县人大、县政府召开第一次意见建议、提案交办前的协调会，为提案交办奠定基础。并把抓好提案督办、提高办理质量作为提案工作的重中之重。及时会

2017年4月20日，县委副书记、县长春新参加委员分组讨论

同“两办”督查室，对委员提案进行联合督办。通过政协主席、副主席督办重点提案，走访重点承办单位，邀请提案人一起参与提案的督办工作，组织开展面对面协商或考察督办重要提案以及提案办理工作“回头看”活动等有效形式，进一步探索现场督办、跟踪督办、联合督办等有效途径，增强办理提案的实效。截至年底，共办结38件，办结率达到58.4%，答复率达到100%。

2017年9月28日，政协党组书记、主席赵彩娥主持召开文史资料征集会议

【社情民意信息】 年内，常委会一直高度重视反映社情民意信息工作，建立和完善反映社情民意信息工作制度，把收集反映社情民意信息贯穿于政协开展的各项工作和活动之中，做到政协班子走访委员时注重听取社情民意信息反映，积极抓好乡镇政协委员联络员反映社情民意信息工作，努力发挥委员的优势和特长，进一步提高反映社情民意信息工作的质量，注重发挥信息员队伍的作用。常委会要求每位委员和信息员立足岗位，深入了解民情，积极反映社情民意，促使一些热点难点问题得到较好的解决。年内，共收集社情民意22条，经过及时的转办，大多数社情民意得到有关部门的高度重视，提出的问题得到合理的答复反馈，充分发挥了信息促进工作的监督作用。

【监督评议】 年内，常委会注重增强民主监督的针对性、有效性和时效性，加强和改进统一选派民主监督员工作。通过政协民主监督员参加有关单位的情况通报会、座谈会、明察暗访、专题调研和征询民意等活动，对被监督部门贯彻方针政策、执行法律法规、开展依法行政、加强党风廉政建设和作风效能建设等方面的情况进行监督，并及时提出意见和建议，有力地推进了部门工作的提升和作风的转变。年内，为环保、法院、教育、组织等部门派送10多名委员担任特邀监督员，参与旁听庭审、卫生监督、教育评议等工作，履行好政协三大职能。

【联系村工作】 年内，按照县委的统一要求，认真落实好县级干部“包乡包村包寺”工作责任制，主动做好值班等工作，政协班子深入所包乡村排查安全隐患，切实将各类矛盾纠纷等隐患消除在萌芽状态。年内，政协班子主动配合积极参与了县域内征地、拉萨市脱贫摘帽验收、“河长制”“禁白”、村“两委”换届选举等中心工作，为维护达孜平安和谐、全县工作顺利推进贡献力量、做出表率。

【走访慰问基层委员】 年内，为充分体现达孜县政协对基层政协委员的关心爱护，加大与基层政协委员之间的沟通联系，有效推动政协工作开展。在春节、藏历年来临之际，对21名基层政协委员开展走访慰问活动，县政协向广大基层政协委员送去节日的问候和慰问金16800元，政协领导与政协委员促膝而谈，询问了解委员们的日常生活情况，希望各委员在新一年的工作中充分发挥人民政协联系群众、团结各界的重要桥梁和纽带作用，认真履行政治协商、民主监督、参政议政职责，深入联系群众，反映社情民意。走访过程中，政协委员们纷纷感谢政协领导的关心和问候，他们表示将认真履行委员职责。

【宣传党的十九大精神】 年内，十

2017年2月23日，政协副主席拉巴在章多乡慰问基层政协委员

九大结束后，常委会及时组织全体政协委员召开“全面学习贯彻党的十九大精神专题学习培训会”。以藏汉“双语”的形式与委员们共同学习十九大精神宣传提纲，并要求政协委员要树牢政治意识、大局意识、核心意识、看齐意识，增强道路自信、理论自信、制度自信、文化自信，在任何情况、任何时候、任何场合都做到政治信仰不变、政治立场不移、政治方向不偏，在复杂形势面前头脑清醒，在大是大非面前旗帜鲜明，始终与党委、政府保持在思想上同心同德、目标上同心同向、行动上同心同行。会议动员广大政协委员把思想和认识统一到十九大精神上来，把智慧和力量凝聚到实现十九大提出的任务上来，以实际行动贯彻落实好党的十九大精神，奋力开创达孜县政协工作新局面。

【联络联谊】 年内，县政协牵头县直各部门、各乡镇开展全县巩固“禁白”成果活动，联合公安局、环保局、工商局、县执法大队对辖区内开展2次联合宣传执法活动，组织各成员单位召开4次巩固“禁白”工作推进会。政协班子带队深入五乡一镇检查巩固“禁白”工作开展情况，召开委员“禁白”工作专题座谈会，要求全县政协委员发挥好联系广泛的优势，当好环境保护的宣传者、践行者、建言者、监督者。许多基层政协委员自发组织群众清扫乡村垃圾，巩固“禁白”成果。

【组织考察活动】 年内，常委会自觉坚持党的领导，在政协履职过程中，做到重要问题、重大事项主动向县委请示汇报，把县委的决策自觉贯彻到政协工作之中，坚持围绕县委、县政府中心工作履职尽责，做到思想上同心、目标上同向、工作上同步，使政协工作与党政工作形成良性互动。同时，广泛听取各部门、各团体对政协工作的意见建议，不断完善与各部门之间的对口联系，互通信息，协同合作，开辟工作新途径，增强工作活力和成效。主动加强与兄弟县（区）政协的沟通联系，年中与萨嘎县、江孜县、甘肃省舟曲县政协等开展视察互动活动，交换工作心得，交流工作经验，拓宽工作思路。全年接待调研考察活动10余次，接待300多人，积极宣传推介达孜县的经济社会发展成就和人文历史，提升了达孜的美誉度和享誉度。

（格桑措姆）

【领导名录】

党组书记、主席

赵彩娥（女）

副主席

拉　巴（藏族）

洛桑西热（藏族）

桑林·才旦卓姆（女，藏族）

杜颖胜

中国人民政治协商会议达孜县委员会办公室

【概况】 2017年，政协办公室有干部职工4名，其中，副主任1名，副主任科员1名，翻译工作者1名，后勤工作人员1名，党员3名。2017年，政协办公室在主席会议领导下高举爱国主义、社会主义旗帜，热爱中华人民共和国，拥护中国共产党的领导，紧紧围绕全县中心工作和县政协年度工作计划，着力提高工作效能，内强素质，各项工作取得了新的突破。

【全委会议协商议政】 年内，圆满召开政协达孜县二届二次会议。全会期间，委员们听取、讨论《县政府工作报告》，就达孜县经济社会发展中的重要问题提出许多中肯的意见和建议。分组讨论中，委员们就群众普遍关心的城乡建设、环境保护、特色产业发展、寺庙管理、社会保障体系建设等方面的问题进行讨论发言，为县委、县政府科学决策提出许多有价值、可操作的意见和建议。全会期间委员提交提案78件，立案65件。

【委员培训】 年内，针对达孜县委员提案质量和价值相对有限，撰写提案水平相对薄弱的问题，县政协邀请原自治区政协提案委员会副主任、现任社会主义学院科教教授普旺进行专题辅导，运用打比方、讲事例、看演示、作分析、现场问答等方法，受到参训人员的欢迎和好评，为引导提案承办单位增强责任意识，规范提案办理程序，提高办理质量起到积极促进作用，促进委员怎样写出精品提案为党委、政府提供更多的参谋素材，更好地维护好、实现好人民群众的根本利益。

【组织考察活动】 年内，为让政协委员当好政策的宣传员、民主的监督员、公益的组织员。5月3日，政协达孜县委员会组织基层政协委员、办公室干部职工、政协班子组成的参观考察组共计30人，先后在圣信工贸、雪乡扎西岗民间传统手工制作技艺农牧民合作社、县中心小学、西藏宏发圣桃食品股份有限公司、工业园区展厅，11月组织基层政协委员、办公室干部职工、政协班子组成的参观视察组共30人，在科技博物馆。通过开展考察活动，广大政协委员进一步开阔视野，开拓思维、丰富知识、提升了水平。

【开展重点协商议政】 年内，制定县政协2017年度协商工作计划，明确重点协商议题和协商活动安排和具体要求。2017年，相继组织开展“如何巩固易地搬迁成果”和“加强环境保护，建设秀美达孜”专题协商，形成协商报告，报送县委、县政府，协商成果得到有效转化落实。

2017年6月8日，政协党组书记、主席赵彩娥一行在章多乡拉木村慰问驻村工作队

【文史工作】 年内，充分发挥政协文史资料“存史、资政、团结、育人”的作用，制定全县文史资料征集方案，成立领导小组，签订工作协议。预计2018年编纂出版达孜县史，进一步推动达孜文化大发展大繁荣。对于挖掘、抢救、整合达孜历史文化资源，弘扬达孜历史文化，推动达孜文化大发展大繁荣，起到积极的作用。

【结对帮扶】 年内，根据精准扶贫精准脱贫工作要求，政协办公室继续按照结对扶贫和坚持不脱贫不脱钩的要求，每名机关干部以微薄之力倾力帮扶工作，并动员组织政协委员以各种方式帮助贫困户脱贫致富。年内，严格按照县扶贫攻坚指挥部的“321”模式帮扶结对要求，每名政协机关干部经常到贫困户家中走访、为贫困户制定发展思路、确定增收措施，为贫困户送去了慰问金、慰问品。年内，共计为贫困户捐款捐物达6000余元。

【“禁白”工作】 年内，根据县委、县政府工作安排部署，全县巩固“禁白”成果工作由政协牵头，办公室下设在政协办公室，因而政协办在完成政协日常工作之余，倾心服务“禁白”工作，全年组织召开近百人参加的工作推进会议3次，上街宣传、执法活动2次，发放宣传资料5000册，没收塑料袋500多袋。2次下乡检查工作推进情况，较好地完成上级交给政协办的任务，但因工作人员短缺，时间紧，任务重，影响工作成果，政协办将在下一步工作加以改进。

【党风廉政建设】 年内，政协办认真贯彻落实中央、区、市关于党风廉政建设和反腐败工作的总体部署，坚持党要管党、从严治党的方针，把惩治和预防腐败体系建设和落实党风廉政建设责任制和专用专项治理工作作为重要工作抓紧抓实，确保各项措施落到实处，为政协办各项工作有序开展提供坚强的政治保证和纪律保证。

【党员、干部廉洁自律】 年内，把党风廉政建设和专项治理工作作为机关必须常抓不懈的政治任务，作为每个党员干部必须具备的政治觉悟和政治态度，切实增强反腐倡廉建设的责任感和紧迫感。积极破解反腐倡廉工作难题，着力抓好反腐倡廉和专项治理各项制度的落实，管好重点岗位，抓好重点环节，解决重点问题。加强党风廉政建设的力度，在抓好业务工作的同时，必须肩负起党风行风建设的职责，做到“一岗双责”落实到位，党风政风行风工作目标责任自觉践行。党员干部要明辨是非，始终保持清醒头，牢记纪律要求，恪守职业操守，自觉践行社会主义荣辱观，成为严要求、守法规、重品行的表率。

【专项治理】 年内，落实责任、标本兼治、综合治理、坚持不懈才能收到实效，将党风廉政建设和专项治理各项工作要求落到实处。从执行制度、落实制度和监管制度入手，与长效机制同步推进，加强对制度执行情况的督查，解决“不缺制度缺落实”的问题。坚持更加注重治本、更加注重预防、更加注重制度建设，从源头上预防腐败，纠正损害群众利益的不正之风，为健康、和谐、可持续发展提供有力保证。从实际情况入手，领导干部要负起责任，按照党风廉政建设的工作机制，紧紧围绕责任分解，责任考核，责任追究。

2017年8月9日，政协党组书记、主席赵彩娥组织主题党日活动学习

【明确工作职责】 年内，按照上级部署，加强对党风廉政建设和专项治理工作的领导和督查。根据分工责任范围，从“一岗双职”要求上认真履行好各自的领导责任。按照“谁主管、谁负责，一级抓一级，层层抓落实”的原则，与部门负责人签订责任书，使党风廉政建设和专项治理工作各项制度全面、有效地落实。

【正面教育和引导】 年内，把专项治理工作自觉地贯穿到日常工作、各项管理之中。通过抓关键环节、关键岗位，规范管理，建立教育、制度、监督、惩治并重的工作长效机制。加大监管、监督力度，使广大干部职工牢固树立全心全意为人民服务意识，树立廉洁行政的意识，自觉拒收红包、回扣，抵制商业贿赂。

（格桑措姆）

【领导名录】

副主任

格桑措姆（女，藏族，主持工作）

中共达孜县纪律检查委员会(监察局)

【概况】 2017年,中共达孜县纪律检查委员会下设4个科室:综合办公室、纪检监察室、党风政风监督室、信访案审综合室。县纪委(监察局)原有编制7个,实有人数11人。在上级纪委和县委的大力支持下,县纪委新增下属事业单位纪检监察信息中心,县纪委(监察局)总编制由7个增至10个。

【推动"两个责任"落实】 年内,先后召开县委九届二次全会和全县政府系统廉政工作会议,对全县的党风廉政建设工作作出总体安排部署;组织召开县委常委班子民主生活会,重点查找和解决班子成员在落实"一岗双责"方面存在的问题。成立县委主体责任办公室,加强对全县各级党委(党组)主体责任落实的督促指导。2017年,县委常委会专题研究党风廉政建设相关议题8个,县委主要领导听取纪委工作汇报40余次。严格按照相关文件要求,对各乡(镇)党委书记和纪委书记、县直各单位行政"一把手"、各寺庙管委会主要负责人进行约谈。共约谈全县各单位行政"一把手"51人、各乡(镇)纪委书记6人,汇总发现问题30余项,并建立了工作台账跟踪督促整改。

【从严治党】 年内,县委书记亲自主持召开"双述"会议,县纪委逐一审核各乡(镇)、县直各部门上报的述责述廉报告,确定3个部门党委(党组)书记分别就本单位落实全面从严治党主体责任情况、存在的主要问题和下一步工作打算等进行现场述责述廉,并接受现场质询和民主测评。确定10家县直单位作书面述责述廉。各乡(镇)党委和纪委也组织召开"双述"会议。根据自治区党委、拉萨市委关于开展巡察工作的部署要求,及时研究制定达孜县巡察工作多项指导性文件;建立21项上墙制度,规范巡察工作人员行为和工作流程,严明巡察工作纪律等。按规定组建巡察办公室、设立2个巡察组,并如期进驻4家单位开展巡察。巡察发现党的领导弱化问题4条、党的建设缺失问题5条、全面从严治党不力问题1条,向县纪委移交问题线索4条,提出整改意见建议10条。

【宣传教育】 年内,县纪委充分利用"移动云MAS平台",向全县科级及以上干部共发送廉政短信12000余条。并通过"网信达孜"微信公众号在节假日强调纪律要求,安排部署党风廉政建设和反腐败工作。县纪委积极探索理论指导、实例警醒、学考互促相结合的宣传教育模式,以更加多样化的方式,提升宣传教育效果。编辑发放《党员干部廉政工作手册》500余册;先后邀请自治区行政学院教授、市纪委领导讲授从严治党相关理论知识;县纪委主要领导为新入党党员讲授廉政党课、为新提拔任用干部进行任前廉政谈话;组织新提拔任用的领导干部、退休老干部共计29人参观拉萨市廉政警示教育基地、驻藏大臣衙门旧址和根敦群培纪念馆;组织全县204名科级干部和纪检监察干部开展廉政知识测试、225名科级及以上干部进行党的十九大精神理论知识测试。

2017年5月11日,纪委副书记、监察局局长次旦卓玛开展"四资"清查

【突出纪律主线】 年内，为进一步规范达孜县党员干部行为，筑牢纪律底线，先后2次印发通知，引导党员干部始终保持清醒头脑，严守党的政治纪律和政治规矩，自觉抵制宗教消极影响，切实做到“七个严禁”。2017年，共监督检查发现相关文件传达学习不认真不及时问题2起，约谈相关责任人2人次。在村“两委”换届期间，县纪委再次严明纪律要求，严防换届选举不正之风。县纪委主要领导带队深入村组，检查调研换届工作开展情况，及时发现和解决换届工作中存在的隐患和问题，营造了风清气正的换届环境。严把选人用人关，及时更新廉政档案资料，严格廉政意见函回复工作，2017年，县纪委共更新廉政档案157份，出具廉政意见函37份，对982人次进行廉政审核，取消评优提拔资格7人次。

2017年8月17日，拉萨市纪委副书记张斌在达孜县讲授关于落实“两个责任”相关理论知识

【强力度促民生】 年内，县纪委将开展扶贫领域监督执纪问责工作纳入县纪委九届二次全会工作报告中，作为全年的工作重点。制定印发县纪委九届二次全会任务分解表，将工作任务进一步细化，以推动工作扎实有效开展；传达学习中纪委和区、市纪委扶贫领域监督执纪问责会议精神，并及时提交县委常委会传达学习、作出部署；及时通报达孜县2起扶贫领域存在问题和其他地区查处的多起典型案例，要求全县各级各部门，特别是扶贫开发相关职能部门的党员领导干部要时刻保持警醒，提高站位，绝不触碰纪律红线。县纪委（监察局）牵头组成2个监督检查组，对全县2013—2015年“两项资金”进行抽查；联合县人大、扶贫办、民政局等部门深入各乡（镇）开展扶贫领域专项监督检查；与县财政局、各乡（镇）纪委组成3个小组，对全县20个行政村“四资”管理使用情况及扶贫领域资金拨付、兑现情况进行全覆盖清查，助推村“两委”换届选举顺利完成。检查发现的群众脱贫意识淡薄、贫困户档案资料数据不准确、个别涉农资金发放不及时、侵害群众利益等问题均一一反馈至责任单位，责令整改落实。

【践行纪律要求】 年内，严格执行公车及公务接待相关要求，未发现违规配备购买公务用车情况和违规公务接待情况。实行定点维修和包干公务加油卡制度，规范车辆维修和燃油费发放。2017年，全县共产生公务接待费84.42万元，同比减少8.0%。近年来，全县未产生任何因公出国（境）费用。与全县各单位主要负责人签订《不违规操办和参加婚丧喜庆欢送宴承诺书》《领导干部廉洁使用公车承诺书》，联合县公安局把“禁赌”工作延伸到全县党员和国家公职人员当中，重申纪律要求，划清纪律底线。在重要节假日期间，开展交叉检查、纠风专项检查等形式的明察暗访，确保中央“八项规定”精神落到实处，严防“四风”问题反弹回潮。2017年，县、乡（镇）纪委共下发廉洁过节通知20余次，开展监督检查69组次，检查单位部门900多家次。发现涉嫌违反中央“八项规定”精神问题7件，其中，涉及公车私用问题5件，涉及公务接待1件，公款购买白酒1件。初核了结5件，立案2件，给予党纪政纪处分1人，3人因领导责任落实不到位被问责。

【以督查促环保】 年内，根据《达孜县县乡（镇）党委、政府及有关部门环境保护工作职责规定》，县纪委充分发挥纪检监察机关监督执纪问责工作职能，成立专项整治督察组对全县范围内的4个采沙场，13个采石场，3个生产加工场所开展专项检查，针对检查发现的非法开采设备未清理、余料清理不彻底、破坏山体恢复不到位等问题，县纪委及时责成问题责任单位进行整改。根据“党政同责、一岗双责”要求及属地管理原则，对生态环境保护决策落实不到位、存在问题整改推进不力、环保执法工作被动等问题严肃问责。2017年，县纪委共受理环境保护问题线索2起，已全部办结，共约谈5人，诫勉谈话1人，给予政纪处分1人。

【践行“四种形态”】 年内，开通扶贫领域举报绿色通道，制定《达孜县纪委（监察局）信访实名举报奖惩办法（试行）》，并编译成藏语版发放至全县各村组，极大调动广大干部、群众参与监督举报的积极性。2017年，县纪委共受理信访举报26起，处置问题线索23件（函询2件），同比增长75%，主要涉及违反维稳工作纪律、生活纪律、公车私用、侵害群众利益不正之风等，已初核了结11件，立案8件，同比增长33%，结案8件。转变执纪审查工作思路，把握运用监督执纪“四种形态”，对苗头性倾向性问题和轻微违纪问题，更多地运用批评教育、诫勉谈话、组织处理、纪律轻处分等方式来处理；对顶风违纪问题坚决予以惩治，绝不姑息迁就。真正体现对党员干部的严格要求和关心爱护。2017年，县纪委共进行谈话函询1人次、提醒谈话19人次、批评教育15人次、约谈19人次、诫勉谈话9人、给予党纪政纪处分7人（含开除党籍1人）、免职1人。其中，第一、二种形态占比97.2%，第三、四种形态占比2.8%。

【自身建设】 年内，达孜县纪委始终坚持工作例会制度，先后4次集中组织全县纪检干部开展理想信念、政策理论、业务知识、党纪条规、“学思践悟”学习；积极参加上级纪委组织的各类培训活动，2017年，共参加中纪委培训3人次，参加自治区、拉萨市纪委培训活动35人次；成立县纪委（监察局）党支部委员会，制定党支部学习计划，开展“两学一做”学习教育；组织全县纪检工作人员和巡察干部召开组织生活会，参会人员逐个开展批评与自我批评，进一步查找问题，提升自我。经过一年的努力，全县纪检工作人员理论知识水平和业务工作能力明显提高。

在上级纪委和县委的大力支持下，县纪委新增下属事业单位纪检监察信息中心，县纪委（监察局）总编制由7个增至10个，工作人员由7人增配至11人；从全县纪检监察系统和县法院、检察院、公安局、司法局、财政局等部门筛选23名业务骨干，组建达孜县执纪审查人才资源库；组织召开2017年纪检监察系统工作会议和反腐败协调小组工作会议，着力解决反腐败工作中存在的问题，提升各成员单位间执纪审查工作沟通协作配合水平。经过努力，县纪委（监察局）执纪审查力量和效率进一步提高。

【规范纪检监察干部】 年内，为进一步规范对纪检监察干部的监

2017年4月17日，达孜县召开2016年度述责述廉评议质询会议

督、教育、管理，结合实际制定达孜县《纪检监察工作人员管理办法（试行）》，为县、乡（镇）、村级纪检工作人员扎实有效开展工作提供依据和制度保障。根据上级相关规定，在县政府大力支持下，为全县村级纪检监督员解决每人每月220元的岗位津贴，全年共发放岗位津贴5.28万元，进一步激发工作人员的工作积极性。纪检系统内部率先开展不作为慢作为自查和赌博专项整治，并在全体纪检工作人员和巡察干部中签订《禁赌承诺书》，进一步强化约束，加强管理。借上级部门到达孜县开展党风廉政建设责任制考核、检查监督执纪问责情况、调研纪检监察机关“三转”等时机，深入开展自查自纠，不断加强制度建设、机构建设，不断规范监督执纪权力运行。

【成立试点工作小组】 年内，根据区、市党委相关决策部署，成立达孜县深化国家监察体制改革试点工作小组，研究制定《达孜县深化国家监察体制改革试点工作实施方案》；县纪委、县检察院主要领导积极参加自治区、拉萨市组织的相关业务培训，熟悉改革试点工作要求和工作实施步骤；开展转隶人员谈心谈话，核实和清点涉改部门编制数和财物情况；协调县人大和相关部门召开达孜县第十二届人大三次会议和第十二届人大常委会第十次会议，成立县监察委员会，选举任命县监察委员会主任、副主任及委员。

（庞霞飞）

【领导名录】

书　记

扎西泽姆（女，藏族）

副书记、监察局局长

次旦卓玛（女，藏族）

监察局副局长

唐　清

刘　军

中共达孜县委组织部（编办）

【概况】 中共达孜县委组织部（编办）、老干部局，下设组织编制信息中心（电子政务中心），代县委管理县委党校。2017年，达孜县委组织部全面贯彻落实党的十八大、十八届三中、四中、五中、六中全会、党的十九大和中央第六次西藏工作座谈会精神，深入贯彻落实习近平总书记系列重要讲话精神和治国理政新理念新思想新战略、特别是治边维藏的重要战略思想，坚持统筹推进“五位一体”总体布局和协调推进“四个全面”战略布局，坚持党的治藏方略和依法治藏、富民兴藏、长期建藏、凝聚人心、夯实基础重要原则，按照自治区第九次党代会、全区组织工作会议、全区组织部长会议，拉萨市第九次党代会、全市组织工作会议、全市组织部长会议和达孜县第九次党代会要求，围绕中心、服务大局。依照推动科学发展、加强民族团结、维护社会稳定、保障改善民生工作大局选干部、配班子，建队伍、聚人才，抓基层、打基础，努力提高组织工作科学化水平，为全力推进达孜经济社会跨越式发展和长治久安提供坚强的组织保证。

2017年，全县共有基层党组织206个，其中，基层党委24个，党总支8个，党支部174个。现有党员3391名，其中，少数民族3071人；女性1185人；35岁及以下1472人；大专及以上文化

2017年12月11日，县委书记张干，县委常委、组织部部长格西斯满在邦堆乡迎接自治区党建工作考核组

程度1029人。现有农牧民党员2160名,占党员总数的63.7%。实有干部1476人,其中,公务员636人,事业人员840人。共有村"两委"班子成员158人,其中,中共党员158人;男性125人,女性33人;初中及以上文化学历155人;40岁以下57人,共有退休干部职工258人。

2017年9月30日,县委常委、组织部部长格西斯满讲党课

【党建基本保障】 年内,县财政预算党建工作各项经费总计4200余万元,占比财政预算的3.2%,党建工作开展有充足的资金保障,加大资金投入力度,不断提高村干部待遇。2017年,村级正职年报酬4.88万元,比2016年提高22%;副职4万元,比2016年提高25%;其他委员3.12万元,比2016年提高30%。认真落实村党组织"第一书记"、下沉干部待遇,2017年,为村党组织"第一书记"、下沉干部兑现乡镇交通补贴、生活补贴近40万元。深入落实习近平总书记关于全面从严治党的重要论述,不断健全完善党建工作制度,制定出台或修订完善了基层党组织主题党日、组织生活会等制度,做到工作开展有章可依、有规可循。

【党员干部队伍】 年内,坚持"控制总量、优化结构、提高质量、发挥作用"原则,重点从青年人群中发展党员。2017年,共发展党员178人,35岁及以下党员1472人,相比2015年的1342人,增长9.7%,全县党员结构得到进一步优化。截至年底,全县五乡一镇配齐党建专职副书记、组织委员。所有行政村配强党支部"第一书记"、下沉干部、党建专干,县直机关企事业单位党组织均有兼职党务干部。

【党建基础工程】 年内,按照市委要求,县委组织部统筹谋划,县教育局党委、工业园区党工委及其他领域党组织明确目标、细化措施,党组织做到应建尽建,抓好各自领域的党建工作。以深入推进"两学一做"学习教育常态化制度化为契机,把习近平总书记系列重要讲话作为学习主线,抓好"三会一课"规范化,全面加强党员的思想建设。2017年,召开理论中心组研讨会68次、支部党员大会学习讨论162次,县级干部参加党支部、党小组学习会61次;组织县级干部、基层党组织书记、驻村工作队队长等"讲党课"127次;培训基层党组织书记、组织委员、党建专干72人次;全面实施优化党组织设置工作,全县由党支部升格为党委的基层组织共有17个、升格为党总支的共有6个、拆分党支部10个、撤销党组织3个、新建党工委2个、成立教育局党委。坚持把整顿软弱涣散基层党组织作为开展村级组织换届选举工作的前置程序,圆满完成软弱涣散基层党组织的科学评定、集中整顿、晋位升级工作。

【脱贫攻坚】 年内,把脱贫攻坚与"党员干部进村入户、结对认亲交朋友"活动、"共产党员民族团结"先锋活动有效结合,全县835名党员干部与贫困户共结成"对子链"1082对,做到因户制宜、一户一策,帮助全县98%以上的贫困户实现脱贫目标。选优配强"第一书记"、下沉干部、驻村工作队"三支队伍",帮助村级组织理清发展思路29条、发展集体经济实体8个、合作经济实体16个、扶贫项目7个、劳务输出1518人等。把

2017年12月5日，县委常委、组织部长格西斯满参加塔杰村村（居）“两委”换届选举大会

党组织建在扶贫产业链、专业合作社和非公企业上，引领农牧民群众致富增收。各级党组织探索出“村委会 + 合作社 + 农户”“党组织 + 企业 + 农户”的运营新方式，引领乡村发展。

【做好“三个全覆盖”】 年内，结合“两学一做”学习教育常态化制度化，采取“请进来”与“走出去”相结合的方式，积极组织全县党员干部开展教育培训，投入教育培训资金500余万元，实现党员干部教育培训全覆盖，不断提升党员自身综合素质。2017年，每个村至少创建1个村级集体经济实体，全县20个村集体经济收入均超过10万元，形成示范带动作用，带领精准扶贫建档立卡户脱贫致富。达孜县村级组织活动场所标准化建设预算投入资金1.7亿余元，平均投入资金为800余万元，最大投资1000万元。全县20个行政村村级组织活动场所均为新建，全部建设标准化办公区、生活区。2017年建成后，活动场所将真正成为强化党的执政根基、服务群众、凝聚人心的坚强阵地。

【强基惠民】 年内，各驻村工作队共帮助驻点村培训基层党员干部663人次；健全制度68条，完善党务村务公开制度43条；组织“两学一做”学习教育218次；驻村干部指导村“两委”制定应急处突预案193份、维稳制度115条，组建联防队37支，组织维稳演练130次，排查安全隐患127次，化解矛盾纠纷68件；各驻村工作队开展党的知识、新旧西藏对比、惠民利民便民政策等专题宣讲242场次，召开群众座谈会270场次、举办新旧图片展34场次、播放爱国主义电影8场次，发放宣传资料近1.4万份，受教育群众达6万人次；各驻村工作队帮助驻点村发展集体经济实体4个，落实“短平快”项目6个。

实现劳务输出2086人次，增加收入80万元，转移就业128人；共投入资金近210万元，为群众办实事好事164件，走访慰问群众5389人次，发放慰问金67万元；慰问“三老”人员、孤寡老人、贫困群众2255人次，涉及资金26万元；帮助群众就医54人次、就学22人次，涉及资金3万元；帮助群众实现就业128人次；驻村工作队帮助落实农村最低生活保障资金近35万元；各项惠民补贴资金近84万元；宣传孕产妇住院分娩补助奖励政策和孕产期保健等知识近40场次，登记孕产妇130名；包虫病筛查率达99.15%，发放牲畜药品近4.7万片，牲畜无害化处理1460只，清理流浪犬2601只；各驻村工作队把推进扶贫开发工作作为重要的政治任务，下大力气抓细抓实。向驻点村群众宣传扶贫开发政策53场次，参与群众5765人次，印发扶贫宣传资料2956份，开辟宣传栏15期。

【村级组织换届选举】 年内，县委、县政府将村级组织换届选举工作作为一项重要政治任务来抓实抓好，强化组织领导、压实工作责任、抓实工作程序、落实经费保障、开展集中整顿、优化组织设置、深入调查研究、严格离任审查、强化宣传引导、抓实业务培训、严把人选质量，12月20日，全县20个行政村村级组织换届选举工作依法依规、圆满完成，所有候选人当选率100%，得票率平均在85%以上，党员参选率在95%以上，群众参选率在90%以上，实现村“两委”班子成员均为中共正式党员、每个村至少配备1名妇女干部和1名40岁以下干部的目标。按照市换届办的统一安排部署，县委组织部认真开展谈心谈话、工作交接、业务培训、待遇落实等工作。

【干部选任】 年内，认真贯彻落实新修订的《党政领导干部选拔任用工作条例》，进一步明确选人用人导向、规范选人用人程序，坚持重品行、重基层、重公论、重实绩、重发展的选人用人导向。坚持职数审核、资格审核、充分酝酿、综合研判等前端控制流程，坚持做到不盲目动议、不临时动议，严把干部选任工作第一道“关口”。坚持组织部部务会、书记办公会议酝酿、县委全委会集体讨论、县委常委会集体审议的程序进行，有效防止和杜绝“跑官要官”“买官卖官”和“带病提拔”等不良现象的发生。

【干部管理】 年内，针对巡视组反馈的关于干部管理方面的问题，修订完善《中共达孜县委员会关于进一步加强干部管理的规定（试行）》并出台《干部“走读”管理办法（试行）》《干部借（抽）管理规定》等规章制度，各项规定更加明确具体、可操作性更强，为全面提升达孜县干部管理工作水平奠定坚实基础。

【人才工作】 年内，始终坚持党管人才原则，科学划分组织、人社、农牧、科技、教育、医疗等部门在人才工作中的职责，形成协调推进、各司其职的运行机制。抓实引进人才管理服务工作。通过生活中予以保障、实践中锻炼能力、培养中提升素质的举措，全面抓好专招大学生管理服务工作。及时为全县39名专招大学生（士官）兑现安家补助费，协调各乡镇安排较好的住房，配齐生活必需品，充分体现县委、县政府对人才的重视。注重实践中锻炼能力，结合所学专业，把他们安排到党建、扶贫、综治等重要单位，确保其作用发挥。积极落实高学历人才相关职级待遇，5名硕士研究生在转正考核后，定级为副主任科员。设立人才开发专项资金，并研究制定资金使用管理办法。进一步健全完善《专业技术人员管理办法（试行）》，实现人才队伍管理的制度化、规范化。组织选派各领域人才142人，分五批次，赴江苏镇江开展培训，全面提升党政人才、专业技术人才的综合能力素质。在工业园区建立“众创空间”产业孵化基地，为人才创新创业、体现价值搭建有效平台。

【机构编制】 年内，认真落实《拉萨市政府职能转变和机构改革方案》，进一步理清“三定”方案，完成9个部门“三定”方案审核印发、人员编制划转、职能调整等工作。按照“法无授权不可为”原则，及时对政府行政职权进行分类和全面梳理，对全县承担行政职能的30余家单位梳理出权力责任清单共有10个类别3442项。采取分级管理措施，推进网上登记管理和党政群机关统一社会信用代码赋码工作。合理优化机构编制设置。通过资源整合、内部调剂，重点保障乡镇、公共事业等机构编制力量，实现编制资源优化配置。截至年底，不存在超职数配备情况。强化机构编制实名制管理，落实月报制度，严格进人用编审核，严控超编进人，圆满完成县一级巡察组和监察委的机构成立和

2017年11月7日，达孜县召开村（居）“两委”换届推进会

编制人员核定等工作。

【“畅谈展望建言”活动】 年内，安排部分退休党支部活动经费用于“畅谈展望建言”活动，组织老同志参观达孜工业园区、农业产业园等；邀请县“四讲四爱”宣讲团成员，在退休老同志中开展宣讲活动；开展以民族团结与社会和谐、深化改革和民生改善为主题的访谈活动，访谈6名老同志，大家畅谈党的十八大以来达孜的新变化和新发展。

【组织关心关怀】 年内，县委、县政府高度重视老干部工作，主要领导经常过问、亲身参与。县财政预算60万元党内激励帮扶资金，帮助老干部解决困难；列支160万元用于老干部活动及外出疗养经费，组织76名老同志在云南参观疗养；经常走访慰问年老体弱、行动不便的老干部，共慰问老干部400余人次，其中慰问军队老干部7次，探望生病老干部7人，涉及慰问资金共计34.79万元，帮助老干部解决困难20个。经常看望慰问身患疾病的老战士何达成，将其送往四川大学华西医院治疗，帮助其解决生病住院费用10万元。专门下拨6000元经费用于退休支部开展“七一”党建活动。

【引导老干部发挥作用】 年内，每月组织老干部开展2次集中学习，提高思想政治素质。聘请次杰等14名老干部担任巩固“禁白”成果老年环保督查队队员，让老同志们在建设“生态达孜”中发挥好监督作用。推选6名老干部担任换届风气监督员，老干部在营造风清气正的换届环境中起到积极作用。组织老干部为身患重病的老战士何达成捐款3.2万元，老干部乐于助人精神得到传承与弘扬。

（黄　俊　李晓静）

【领导名录】

部　长

格西斯满（女，藏族）

副部长、编办主任

孙　浩

副部长

杨俊杰

吴东军

老干部局局长

边　巴（女，藏族）

中共达孜县委宣传部

【概况】 2017年，达孜县委宣传部内设4个办公室：宣传部办公室、精神文明办、网信办（网络舆情评论中心）、文化执法大队。县委宣传部编制为13人，实有人数9人，即1名部长，2名副部长，1名文化市场综合执法大队队长，2名科员，3名事业编制工作人员。2017年，是“十三五”规划承上启下之年，是全面贯彻落实“两学一做”学习教育活动、中央第六次西藏工作座谈会精神和党的十九大精神关键一年。

【喜迎党的十九大】 年内，围绕喜迎十九大做好宣传工作这一任务，运用各种宣传手段多渠道、多角度、多形式地做好对以习近平总书记为核心的党中央治国理政的新理念新思想新战略重大主题宣传。要将宣传党的十九大精神作为2017年新闻宣传工作的重中之重，提前谋划好宣传计划，将党的声音传达到千家万户，确保了会议精神人人知晓。突出宣传党中央治藏方略在拉萨的成功实践，宣传达孜县在深入贯彻区、市

2017年11月10日，西藏自治区党委副书记、主席齐扎拉（左一）一行在达孜县德庆镇百纳村宣讲党的十九大精神

第九次党代会精神，大力实施“六大战略”、建设团结美丽健康幸福新达孜的伟大进程中取得的巨大成就。大力宣传全县各个领域、各条战线涌现出来的先进典型，进一步鼓舞士气、凝聚人心，坚定各族干部群众感党恩、听党话、跟党走的信心和决心。

【“四讲四爱”主题教育实践活动】 年内，通过周密动员部署，层层压实责任，精心组建专班，推进工作措施，确保各项工作落实到位。宣讲教育方面，达孜县“四讲四爱”活动办共发放宣讲材料65000余份，宣传册24000余份；达孜县宣讲团、五乡一镇及各村（居）、驻村（居）工作队、教育系统、寺庙宣讲、国企系统开展集中宣讲，覆盖率达100%。实践活动方面，县乡村三级责任单位在群众中开展新旧西藏对比故事会、爱国歌曲大家唱、“校园主题报告会”“我身边的美德少年”“党的恩情怎么报”“新闻联播僧舍看”“百企帮百村”等实践活动。建章立制方面，制定和完善涉及农牧民群众的乡规乡约、村规民约、寺规僧约、校规校纪、班规班约行业规范各种规章制度共计107项，通过开展各项活动促使主题实践教育取得实效。

2017年5月16日，县委常委、宣传部部长徐远就达孜县开展“四讲四爱”工作接受拉萨市电视台采访

【开展群众性文化活动】 年内，在五乡一镇开展“五下乡”活动。达孜县民间艺术队通过多种形式深入宣传党的十九大精神、中央第六次西藏工作座谈会精神，在节目中穿插有奖答题活动，内容涉及党的各项方针政策，使这些政策以活泼生动的形式在达孜县群众中宣讲。文艺节目内容精彩纷呈，为活跃全县农村文化起到较好地推动作用。活动以群众喜闻乐见的形式，将党的惠民政策宣传到千家万户，受益群众1.6万余人。县文广局电影放映队共放映爱国主义电影30场次，活动受益群众达9200余人次。

【新旧西藏展室示范点建设】 年内，由达孜县委宣传部积极统筹，积极申报，唐嘎乡唐嘎村当选为自治区新旧西藏示范点，并要求各乡镇举办新旧西藏对比主题活动。通过一系列活动，使全县干部群众明白“旧西藏的苦、新西藏的甜”，强化了全县干部群众感党恩、跟党走的决心。

【群众性精神文明创建】 年内，顺利通过对原有的6家文明单位和8个文明乡镇村复查检查，继续保留这些单位和村镇的荣誉称号。县法院、工业园区管委会、中国移动达孜分公司获得拉萨市文明单位的荣誉称号；唐嘎乡等3个乡镇村获得文明村镇的荣誉称号。

【开展道德模范推荐评选】 年内，为深入贯彻落实党的十九大精神，加强公民道德素养，弘扬社会主义核心价值观，充分发挥道德模范榜样作用，达孜县委宣传部根据拉萨市文明办的要求，认真开展全县道德模范评选推荐工作，层层筛选、仔细把关，推荐敬业奉献模范1人，孝老爱亲模范2人，见义勇为模范1人。持续做好“身边好人”“拉萨好人”的上报工作，德庆镇白纳村书记巴珠荣获“拉萨好人”称号，并由拉萨市文明办向中央文明办积极推荐全国“身边好人”称号。持续开展“道德模范在身边”以及“道德模范网上大看台”等相关活动。积极开展公民道德教育活动。认真

2017年11月3日，达孜县召开2017年度脱贫摘帽验收考核动员大会

贯彻落实市文明办的部署，在全县持续开展“做一个有道德的人”主题教育实践活动、公民道德宣传示范阵地建设活动、雷锋精神大讨论活动、“向身边的好人学习”宣讲活动。积极培育和大力践行社会主义核心价值观，做好“梦娃”系列动画展播活动。“梦娃”系列动画在达孜县电视台重要时段进行播出，在达孜县电视台共计播出180余次。努力加大对“梦娃”系列视频的推广展播力度，丰富载体形态，以电视媒体为主的同时努力在互联网上进行推广，扩大受众面和影响力。

【“我们的节日”主题活动】 年内，按照市委宣传部要求，充分利用“藏历新年”“春节”“清明节”“端午节”“中秋节”“雪顿节”等传统佳节，本着群众乐于参与和便于参与原则，广泛开展“我们的节日”主题活动，引导人们进一步了解传统节日，弘扬中华民族优秀文化，增进爱党、爱国、爱社会主义的情感。

【开展中华经典诵读活动】 中华经典诗文是中华民族文化的精髓，也是中华文化艺术宝库中的一颗灿烂的明珠。达孜县各学校、部队利用中秋佳节组织开展中华经典诵读活动，体会中国传统文化的博大精深。

【开展献爱心志愿服务活动】 春节、藏历新年、中秋、“十一”以及重阳节期间，达孜县委宣传部协同团县委、妇联、县民政局、武警县中队等部门组织党员、团员志愿者到结对帮扶户和敬老院开展送温暖活动，和他们共度佳节。

【开展“文明餐桌”活动】 年内，开展“文明餐桌、健康用餐、节约用餐”宣传活动，继续向广大群众发出《光盘行动倡议书》，号召大家从现在做起，从生活习惯开始，从细节做起，争做节约粮食的传播者、实践者和示范者，用实际行动参与到节约粮食的行动中来，让节约引领风尚。各乡（镇）、各学校、县各餐馆纷纷通过宣传栏、LED电子屏、校园广播、张贴标语、在餐厅门口摆放“实施文明餐桌行动，倡导用餐文明行为”“文明餐桌公约”告示牌等多形式多渠道的宣传方式，引导大家用餐不剩菜、不剩饭，讲营养、不挑食，讲秩序、不喧哗，讲究卫生、注意形象、文明用餐。

【“缘来你在这里”联谊活动】 年内，为关爱呵护广大单身干部职工的个人情感、生活问题，为单身青年的婚恋创造条件，搭建一个良好的交友、交流平台，县委宣传部通过开展“缘来你在这里”联谊活动，展示达孜县青年良好的精神风貌，突出各单位人性化管理，加强和谐稳定的关系。

【“我们的节日·端午”庆祝活动】 年内，开展以“浓情端午·思家爱国”和“四讲四爱”为主题的“我们的节日·端午”系列庆祝活动，使“讲党恩爱核心、讲团结爱祖国、将贡献爱家园、讲文明爱生活”的内容深入人心。在节目中设置了端午节习俗“有奖问答”、包粽子比赛环节，让农牧民群众、学生参与到此次活动中来。此次活动不仅让在场的干部、农牧民群众和学生更好地了解传统节日，更加坚定广大群众、青少年学生对党的认同，对核心认同。

【理论武装】 年内，认真贯彻落实区、市党委关于学习宣传贯彻习近平新时代中国特色社会主义思想和党的十九大精神的部署要求，按照达孜县委理论学习中心组年度学习计划，制定达孜县各级党委（党组）理论学习中心组学习方案，坚持读原著、学原文、悟原理，组织分专题、分节点进行学习研讨，切实在学懂弄通做实上下功夫。充分发挥达孜县委理论学习中心组的示范带动作用，进一步推动全县各级党委（党组）理论学习中心组的学习，加强对学习情况的督查及学习质量的考核，切实做到深刻领会、全面把握、融会贯通，真正提高全县党员领导干部运用习近平新时代中国特色社会主义思想和党的十九大精神武装头脑、指导实践、推动工作的能力和水平。

年内，以“两学一做”学习教育和即将开展的“不忘初心、牢记使命”主题教育为抓手，以党支部为基本单位，以党的组织生活为基本形式，有计划、有针对性地开展集体学习、专题研讨以及撰写学习心得等，把深刻领会和全面掌握习近平新时代中国特色社会主义思想和党的十九大精神作为“四讲四有”合格党员第一位的要求，坚持逐字逐句学、联系实际学，推动全县广大党员干部自我教育、自我完善、自我提高，进一步树立“四个意识”，坚定“四个自信”。

年内，紧扣学习宣传贯彻习近平新时代中国特色社会主义思想和党的十九大精神这条主线，充分发挥各级基层党组织作用，有效利用“农牧民夜校”“三会一课”、思政课、“新闻联播僧舍看”“爱国爱教主题教育”、岗位培训等载体，通过开展学习会、座谈会、专题辅导会、主题班会、知识竞赛以及开设“微讲座”“微党课”等各类丰富多彩的学习活动，进一步凝聚起全县各族群众感党恩、听党话、跟党走的广泛共识。

2017年10月28日，达孜县五保老人欢度重阳节

【迎创文明城市测评材料上报】 年内，为迎接中央文明办2017年全国文明城市年度审核工作，根据《2017年度拉萨市〈全国城市文明程度指数测评体系〉任务分解》要求，宣传部立即着手开展各项工作，及时收集整理相关资料图片，积极报送相关材料，圆满完成迎创全国文明城市测评材料整理上报工作，上报资料工作得到拉萨市文明办的充分肯定。

【宣传工作】 年内，积极配合拉萨市及区、市党委外宣办国外媒体服务接待工作。加强外宣点采访线（点）建设，打造精品采访线，建立布局合理、功能齐全的外宣采访点。广泛宣传达孜县经济社会发展的新成效、重大项目建设的新进展、重点改革创新的新经验、干部实干拼搏的新气象，调动各方面积极因素支持达孜发展。用事实说话、用成就说话，做好组织采写一批体现达孜县委、县政府重大决策部署执行落实情况等综合性稿件工作。根据区、市宣传部的安排，积极陪同拉脱维亚、立陶宛、爱沙尼亚等三国记者以及全国网络媒体“冬行西藏”采访活动，中央电视台采访团一行10余人在达孜县开展精准扶贫、精准脱贫方面为主题的采访活动。中央电视台法语频道、中国国际广播电视台采访达孜县非遗文化传承与发展、全年接待中央、区、市各类媒体记者共计80余批200余人次，通过各类采访，不断地加大了达孜的宣传力度，传播了达孜的声音。

【文化市场管理】 年内，为确保达孜县社会文化环境安定有序，达孜县文化市场综合执法大队 2017 年联合行动 260 余次。对 318 国道沿线手机销售维修店、歌曲下载店和音像制品销售摊点以及少儿读物销售点进行彻底的摸排检查。5 月，文化市场综合执法大队全面清查出版物市场，坚决取缔政治性非法出版物和邪教“法轮功”等邪教组织宣传品，开展打击盗版光盘专项治理，营造良好的社会文化氛围。坚决取缔、关闭政治性非法出版物的销售单位。同时对印刷企业复制复印、印制教材、教辅读物及各类出版物情况进行检查。6 月，文化市场综合执法大队办公室牵头，同达孜县公安、工商、文广局等单位，对校园周边、人员密集场所进行联合执法，开展对淫秽色情出版物，特别是淫秽光盘和以青少年为读者对象的有害卡通画册及淫秽“口袋本”图书的专项检查。7 月，达孜县文化市场综合执法大队对达孜县境内的 2 家互联网上网服务营业场所开展未成年人进入及互联网有害信息、非法游戏、“私服”“外挂”等问题进行全面检查、清理。

9 月，达孜县文化市场综合执法大队在达孜县进行日常检查时发现 2 家网吧、1 家音像制品经营商店存在违规现象，达孜县文化市场综合执法大队立即对 3 家单位进行立案并行政处罚。10 月，达孜县文化执法大队对位于达孜县德庆镇桑珠林村木材交易市场路口佳家乐超市进行检查，并告知相关的义务和权力经检查发现该超市未取得文化部门的许可，擅自兼营电子游戏机经营活动，其行为违反《娱乐场所管理条例》，执法大队当即责令停止违法经营活动。

【开通微信公众号】 年内，进一步扩大“网信达孜”的影响力和辐射力，达孜县网信办创新工作方式方法，强化对外宣传，主动在显要位置展示“网信达孜”公众号微信二维码，鼓励干部职工扫码关注，并在朋友圈转发分享，不断扩大传播效果，在推送各类上级部门要求内容的同时，宣传达孜县工作进展情况、人文故事、奇闻趣事、便民信息等，真正做到“一网多能”，2017 年，发送新闻 4500 余条，关注量达 1900 余人，每日点击率量为 1200 余次，年浏览量达 50 万余次。截至年底，运行良好。

（王雪强）

【领导名录】

部　长

徐　远

副部长、网信办主任

胡朝辉

文化市场综合执法大队队长

李　勇

副部长

刘　芸（女）

2017年11月10日，达孜县德庆镇百纳村村民学习党章

中共达孜县委统战部（民族宗教事务局）

【概况】 2017 年，达孜县共有 14 座宗教活动场所，其中，9 座寺庙、2 座拉康、3 座日追，分别为德庆镇桑阿寺、玛尼拉康、色龙日追，邦堆乡查叶巴寺、贡崩拉康、贡康日追，雪乡雪寺，章多乡拉木寺、次色日追、尊木采寺，唐嘎乡帕木寺、帕尔寺、罗寺、穷仓寺。按照区、市、县党委、政府的统一安排部署，于 2011 年 11 月共成立 5 个寺管会和 6 个专职管理特派员机构。

【召开统战爱国人士座谈会】 2月9日，组织达孜县统战爱国人士召开统战爱国人士座谈会，与30余人统战爱国人士相互交换统战工作看法和意见，促进感情，凝聚力量、增进友谊。

【开展宣讲活动】 年内，达孜县委统战部（民族宗教事务局）从管委会（专职管理特派员）当中抽调理论水平较强，文字功底深厚，有工作能力和口语表达能力较好的干部，形成宣讲团，深入14座宗教活动场所，开展以宗教政策、惠民政策、国家管理宗教事务的法律法规、利寺惠僧政策为内容的“新旧西藏两重天”、关于在统战系统开展社会主义核心价值观和“中国梦·我的梦”宣讲活动、党的群众路线教育实践活动等。通过展板、图片对比等多种渠道，共宣讲23余次、制作展板11个，发放宣讲材料，其中，200余份宣讲册和400余张宣传单，僧尼参加率达100%，宣讲活动做到了全覆盖。

【组织僧尼观看爱国主义影片】 年内，针对达孜县寺庙均在山区较偏僻的地方，僧尼对外面的世界很少了解的实际，寺管会、专职管理特派员组织僧尼观看爱国主义影片和祖国改革开放的影片，参观近年来取得巨大成就的县容县貌，使他们更加认识社会主义的优越性和中国共产党的英明领导，增强他们学习先进寺庙管理的方法积极性，更加坚定维护组祖国统一、反对分裂、爱国爱教，遵纪守法的自觉性。

2017年5月15日，县委常委、统战部部长拉巴顿珠在拉木寺检查指导工作

【开展“新旧西藏对比”专题讲座】 5月14日，达孜县邀请唐嘎乡土旦老人对广大僧尼开展以“八看”为主题的宣讲活动，主要从“衣、食、住、行”“文、教、医、位”的变化方面讲授旧社会的封建农奴制度和西藏发生翻天覆地的变化。通过宣讲，寺庙僧尼在思想上加深对旧西藏封建农奴制度的了解，从内心深处感受了党和政府的关怀，增强了坚定不移跟党走的信念。

【创建平安和谐寺庙】 年内，达孜县183名僧尼被评为区级“爱国守法先进僧尼”和8座寺庙（日追、拉康等）被评为区级“和谐模范寺庙”。并及时兑现区爱国守法先进僧尼、优秀驻寺干部奖金共计206000元。

【组织僧尼免费体检】 年内，为深入开展“六个一”活动，充分体现党和政府对寺庙广大僧尼的关心，积极协调县医院，组织医疗队，深入14座寺庙发放常规药物。4月15日，组织全县持证僧尼进行免费体检，体检科目主要包括血脂、肝功能、肾功能、血红蛋白、心电图、B超检查、X光以及包虫病筛查等十几个项目，通过体检，为每一位僧尼建立了健康状况电子档案，体检率达100%。

【改善专职管理特派员办公条件】 年内，为更好地开展加强和创新寺庙管理工作，提高驻寺干部工作积极性，共修建6座专职管理特派员业务用房，并统一配备办公桌、地毯、炉子、窗帘等，改善了驻寺干部的生活和办公条件。

【寺庙文物保护管理】 年内，为切实做好寺庙文物保护工作，充分认识文物安全工作的生命线和以对国家、民族文化负责的精神，统战部、民宗局与文广局联合深入五乡一镇14座宗教活动场所进行文物清查，并逐一造册，进一步完善《达孜县寺庙文物保护管理办法》，指定专人负责文物管理的工作，使文化保护管理工作从组织上、制度上、管理上采取排查预防、僧尼教育、专项保护等有效的措施，确保文物数据准确，杜绝了文物安全事故的发生。

【开展各项佛事活动】 年内，顺利完成查叶巴寺“叶巴次久”、罗寺“展佛”和帕尔寺、雪寺、尊木材寺“跳神”和穷仓寺的“玛尼旺”等佛事活动，有3万余人次的区内外信教群众和游客参加。

【开展民族团结进步教育活动】 9月16日，在318国道沿线悬挂以增进民族团结为主题的横幅10余条，发放各种宣传材料，藏汉《拉萨市民族团结进步条例》等300余册，在全县范围内形成人人讲民族团结，处处谈民族进步的良好风气。9月24日，隆重召开达孜县民族团结进步表彰大会。总结2017年民族团结进步模范工作的成绩和经验，认真分析达孜县当前民族团结工作面临的新形势、新任务，安排部署今后一个时期的工作任务，表彰10家民族团结进步模范先进集体和15名民族团结进步模范先进个人以及8各民族团结进步模范家庭，并及时兑现先进集体每单位8000元的奖金标准及先进个人和模范家庭每人2000元的奖金标准，共计12.6万元。

【消防整治】 年内，为切实加强寺庙安全隐患，根据上级相关要求。结合达孜县宗教领域实际，成立专门领导小组，制订《达孜县宗教领域“除火患、保平安”冬春专项行动方案》；开展“除火患、保平安”冬春专项行动专题宣传；组织开展消防疏散演练、消防知识技能等宣传教育活动；组织开展消防安全培训活动。并且联系相关部门对14座寺庙（日追、拉康）进行安全排查、线路改造等工作，为寺庙营造浓厚的消防安全气氛。

2017年5月25日，达孜县召开2017年上半年和谐模范寺庙暨爱国守法先进僧尼表彰大会

【“四讲四爱”主题教育实践活动】 年内，达孜县委统战部（民族宗教事务局）高度重视、落实责任，精心组织、统筹兼顾，在达孜县广大僧尼中开展“四讲四爱”主题教育实践活动，成立宣讲组，在达孜县寺庙中，共开展集中宣讲24场次，僧尼覆盖率达100%，认真扎实完成各阶段动作，确保活动实效。

（黄文彬）

【领导名录】

部　　长

拉巴顿珠（藏族）

民宗局局长

扎　　希（藏族）

副部长

普　　琼（藏族）

宗教工作领导小组办公室主任

次旺朗杰（藏族）

达孜县总工会

【概况】 2017年，达孜县总工会编制2人，现配备人员3人，其中，主席1人，副主席1人，科员1人。全县共有3个工会联合委员会即达孜工业园区工会联合委员会、公安局警务站工会联合委员会、民宗局工会联合委员会，19个工会委员会（乡镇6个，非公企业12个，中学1个），工会小组79个（机关事业单位55个，德庆镇4个，塔杰乡3个，章多乡4个，唐嘎乡3个，雪乡2个，邦堆乡4个，合作社4个)。2017年,全县会员总数为11240人。

【规章制度】 年内,进一步建立完善内部各项规章制度和长效机制。在组建工作上,县总工会领导干部挂点包干联系基层工会制度,由工会主席担任组长,派出专人联系包干。制订完善出台首问负责制、限时办结制、责任追究制、岗位责任制、考勤、值班制、服务承诺制,办公室规章制度等制度汇编,促进机关内部管理逐步走上了制度化、规范化。

2017年2月22日,总工会主席拉巴片多慰问困难职工

【贯彻落实党的十九大精神】 年内,狠抓理论学习、加强思想组织建设、着力打造一支高素质的工会党员干部队伍。达孜县总工会重视理论学习,切实把提高干部职工的政治思想素质列入重要议事日程。根据工青妇党支部要求,组织全体干部职工深入学习领会以习近平为总书记的党中央治国理政新理念新战略的基本内容,理解掌握增强党性修养、践行宗旨观念、涵养道德品格等基本要求,组织召开以“在新的历史起点上不忘初心、继往开来”为主题的专题研讨会议,组织观看中国共产党第十九次全国代表大会开幕式,邀请县党校老师宣讲党的十九大精神,五乡一镇和企业代表均到现场参加学习。

【做强基层】 年内,按照上级相关要求及时落实达标经费,2015、2016年度乡镇工会“八有”规范化建设达标单位均已下拨专项补助经费,具体为德庆镇工会委员会2万元,章多乡工会委员会2万元,邦堆乡工会委员会2万元。

【“三大节日”慰问】 年内,由自治区总工会牵头组织,达孜县总工会安排实施,慰问困难职工共计139人(在档困难职工25人,县机关单位农民工114人),并先后在达孜县辖区内4个警务站(德庆镇便民警务站、镇江中路便民警务站、工业园区一区便民警务站、工业园区二区便民警务站)、碧水交通检查站、扎叶巴检查站开展慰问活动。此次慰问活动共计发放慰问金128400元,慰问经费由自治区总工会拨付。

【“进村入户、结对认亲”】 年内,为深化党员干部活动,夯实党在基层的执政基础,使困难群众过上一个欢乐、祥和的新年以及充分体现党和政府关心爱护基层职工的一片真情。总工会慰问结对困难群众6户,共计发放资金2400元;并先后在9个寺管会、6个驻村工作队,开展慰问活动,发放慰问金28000元;慰问退休老干部3人,慰问标准为每人500元,共计慰问金1500元。与此同时总工会组织开展在档困难职工全覆盖慰问活动,慰问在档困难职工25人,以每人1000元的标准,共计发放25000元慰问金。

【开展慰问活动】 年内,共慰问困难职工98人,其中,在档困难职工25人,每人1000元;市级困难职工29人,每人1000元;县级困难职工44人,每人1100元,共发放慰问金102400元。

【设立职工服务中心】 年内,总工会在县人力资源和社会保障局一站式大厅设立职工服务中心,工会工作牌、制度等均已上墙,并积极开展帮扶中心工作。

【开展“金秋助学”活动】 年内，按照区、市工作要求以及县委、县政府的总体部署，总工会申报符合“金秋助学”条件的大学生102人，其中，城镇困难职工子女4人，农牧民子女98人，总工会共争取到帮扶救助金34万元，其中，县外困难大学生72名，标准4000元/人，共计28.8万元；县内困难大学生26名，标准2000元/人，共计5.2万元，为困难农牧民家庭解了燃眉之急，为促进社会和谐奠定了基础。

根据《拉萨市总工会关于开展2017年困难职工家庭高校毕业生阳光就业行动和金秋助学活动的通知》文件精神，总工会严格按照上级相关要求，在全县范围内开展为期半个多月的“金秋助学”统计申报工作，并及时将符合申报条件的县外大学生共计110人上报至拉萨市总工会。

2017年1月19日，总工会主席拉巴片多在邦堆乡发放农牧民工子女“金秋助学”资金

【推荐劳动模范】 年内，根据《拉萨市总工会关于评选表彰2017年拉萨“五一劳动奖状”、奖章和工人先锋号的通知》要求，总工会严格落实评选工作相关要求，上报推荐达孜县企业、事业、机关的先进集体，其中，邦堆乡工会荣获“五一劳动奖状”称号，尤格仓工贸有限公司洛桑桑旦、阳光庄园农牧资源开发有限公司马吉锋荣获“五一劳动奖章”，宏发盛桃食品股份有限公司获得“工人先锋号”称号。

【“藏地工匠”】 年内，按照区、市总工会“藏地工匠”寻访推荐活动的相关要求，总工会本着公平、公开、公正的原则，上报推荐达孜县雪乡扎西岗村民间传统手工制作技艺农牧民专业合作社西洛，德庆镇白纳村雪域手工艺园农民合作社拉巴两人。

【职工文化生活建设】 年内，根据市总工会有关文件要求，对达孜县非公企业进行调查摸底，完成2017年新建职工书屋工作（由总工会申报上级工会后批准解决阳光庄园职工书屋一个，配备14箱书籍和两台电脑）。为丰富职工业余文化生活，促进感情沟通，创建和谐的劳动关系，总工会联合西藏藏缘青稞酒业有限公司、西藏阳光庄园生产车间举行以提高职工操作技能及熟练程度为目的的技能竞赛。通过比赛，职工们相互交流，增强团队的凝聚力。随后参加西藏藏缘青稞酒业有限公司开展的职工文化活动并送出活动经费2000元。让职工感受到党和政府的温暖，使工会组织充分发挥党和政府的桥梁纽带作用。整个活动充满活力，丰富了职工的日常生活与精神文化，激发了工作热情。

年内，按照《拉萨市体育局关于举办拉萨市第四届拉萨篮球联赛的通知》和相关要求，达孜县总工会从县直各单位选拔篮球队员，组建达孜县篮球队。此次男子篮球联赛中达孜县代表队获得体育道德风尚奖，协助团县委成功举办以“强体魄、展风采、构和谐、促团结”为主题的达孜县第十三届职工运动会。整个活动融知识性、趣味性为一体，不仅丰富干部职工的精神文化，鼓舞了大家的斗志，激发了创业热情，更向社会各界展示了一个蒸蒸日上的新达孜形象。

【“送温暖”工程】 年内，总工会联合县妇联、团县委等部门在德庆镇繁华街道开展“三月”女职工维权行动月宣传活动。向过往群众发放《中华人民共和国婚姻法》《中华人民共和国妇女权益保障法》《中华人民共和国工会法》等宣传资料共1000余份。随后开展妇女权益保护法律法规知识竞赛活动，此次活动由机关妇女代表和部分企业女员工，共计30余人参加，当天共发出试卷30份，收回30份，参与率达到100%，从中评选优秀答卷2份；在“6·16”全国安全生产宣传咨询日及“12·4”国家宪法日，总工会作为成员单位，开展集中宣传活动，活动共发放宣传手册、读本1350余份，接受群众咨询人数80人，活动受到广大群众的好评，达到预期的目的。

总工会主席宗吉带着关心与祝福走访慰问县粮食局病逝职工家属及患病十八军老战士何达成，将党和政府以及工会组织的关爱送到他们心中，并送去慰问金1000元；为提高达孜县职工身体素质和健康意识，提高妇女健康水平和生活质量，根据上级文件指示，总工会主席携工会工作人员在五乡一镇发放职工健康体检卡，广大职工可以凭此卡自行安排时间到拉萨市恒大医院进行免费体检。

【职工技能培训】 年内，为开展好总工会职工技能培训工作，结合拉萨市总工会的安排部署，总工会在全县范围内开展困难职工家庭（农牧民工）机动车驾驶职业技能培训和挖掘机实用操作技能培训工作。通过培训，提高了困难职工（农牧民工）学员就业、创业能力，实现家庭增收的目的，达到脱贫的效果。此次培训共计24人，解决培训经费7.56万元。

【援藏对接工作】 年内，江苏省徐州市总工会副主席王建民一行5人，在达孜县检查指导工会工作。调研组亲切看望工会干部职工，随后进入尤格仓工贸有限公司、藏缘青稞酒业有限公司，深入了解企业的运营情况、产品类型以及工会事业发展情况，并看望慰问企业困难职工，送上慰问金共计4000元。最后，徐州市总工会和达孜县总工会举行对口援藏捐赠仪式，并向达孜县总工会捐赠援助资金14万元。此次捐赠资金将重点帮助达孜县总工会解决在基础建设类、民生类、人才培训类、文化类等方面的发展难题，进一步增强工会工作力量。

【工会组织建设】 年内，为积极扩大工会组织覆盖面，不断提高农民工组织化程度，按照市总工会《关于下达2017年全市工会“农牧民工入会集中行动”目标任务的通知》要求，总工会及时开展农民工集中入会工作，并将入会指标任务分配至各乡镇，坚持“哪里有农民工，哪里就有工会组织”，最大限度地把农民工组织到工会中来。截至年底，新增农民工入会数为2517人，为准确地掌握工会组织建设及工会各项工作的发展情况，全面更新工会组织基础信息数据库，为开展工作提供全面系统、真实可靠的统计信息数据，根据《中华全国总工会办公厅关于印发〈2017年度全国工会统计年报调查方案〉的通知》要求，总工会严格按照相关要求进行年报录入工作，此项工作已完成。

【“两证合一”】 年内，为深入贯彻落实拉萨市总工会《关于启用新版〈工会法人资格证书〉的通知》

2017年12月4日，总工会工作人员开展普法宣传活动

要求，切实做好“两证合一”工作，总工会主席宗吉带领工作人员在工业园区各企业宣传“两证合一”相关工作，并详细讲解此项工作的具体操作方法，要求企业负责人认真抓好落实此项工作。

（琼琼拉姆）

【领导名录】

主　席

拉巴片多（女，藏族，6月免）

宗　　吉（女，藏族，6月任）

共青团达孜县委员会

【概况】 2017年，共青团达孜县委员会核定行政编制2人，实有在职人员3人，其中，团县委书记1名、副书记1名、科员1名、志愿者3名，正式干部3人均为党员。

【团务工作】 年内，达孜县共有团组织60个，其中，团委8个，县直机关团支部16个，村级团支部20个，企业团支部11个，合作社团支部5个，流动团支部1个。2017年，新建团组织7个（县机关、区中直单位团组织4个，非公企业团组织1个，专业合作社团组织2个）；共有团干部68人，其中，专职团干部32人，兼职团干部36人；汉族团干部27人，少数民族团干部41人；大专以上学历团干部37人。2017年，全县新发展团员104人，共有共青团员2133人，14—28岁青年8811人，团青比为24.2%。

【学习落实各项会议精神】 1月18日，共青团达孜县委员会召开专题会议传达学习县纪委转发的《关于认真贯彻落实市委九届二次全会精神持续深化作风建设的通知》，切实增强学习贯彻全会精神的思想自觉和行动自觉；3月16日，共青团达孜县委员会组织召开党风廉政建设专题会议，学习达孜县纪委下发的《关于四起党风廉政建设责任追究典型案例的通报》文件精神，对2017年党风廉政建设各项工作进行安排部署。

4月13日，共青团达孜县委员会召开专题学习部署会，传达学习《关于进一步改进会风会纪的通知》文件精神，并就会风会纪做进一步强调；7月26日，团县委书记王林根据《中共达孜县纪律检查委员会、达孜县公安局、达孜县监察局转发区纪委关于严禁共产党员和国家工作人员参与赌博或带有赌博性质娱乐活动的联合通知》文件要求，组织团县委全体干部职工传达学习相关文件精神；8月9日，共青团达孜县委员会组织全体干部职工集中学习县纪委文件《关于转发区、市纪委通报侵害群众利益不正之风和腐败问题典型案例的通知》《关于转发区、市纪委通报党员干部违反中央八项规定精神问题的通知》，会议由王林书记主持。

2017年5月5日，团委书记王林主持召开民族团结先锋活动动员会，安排部署团县委民族团结先锋活动

【做合格共青团员】 年内，组织团员青年学习团章和共青团中央《关于新形势下从严治团的规定》，强调团内思想政治学习将长期成为达孜县共青团工作的主旋律，为全县群团工作的开展打牢了思想基础。

【“四讲四爱”主题教育实践活动】 年内，组织达孜县中学初一、初二学生观看在北京举办的“不忘初心跟党走”新团员入团仪式的直播，并学习团中央书记处第一书记秦宜智同志的讲话精神；在达孜县中学开展“讲党恩爱核心、讲团结爱祖国、讲贡献爱家园、讲文明爱生活”喜迎党的十九大，庆“五四”暨“四讲四爱”主题教育合唱比赛；组织开展“‘一学一做’重温入团誓词、不忘初心践行青春誓言”活动，增强团员的责任感和荣誉感，为和谐幸福达孜的建设做出共青团员应有的贡献；在达孜县中小学校开展“四讲四爱进校园”系列活动。积极响应“四讲四爱”第二阶段主题活动的要求，突出“讲团结爱祖国”这一精神主旨，加深达孜县青少年对民族团结、热爱祖国、反对分裂的认识；组织达孜县16名志愿者助力达孜县“四讲四爱”关于“浓情端午、思家爱国”“我们的节日·端午”系列庆祝活动，确保活动的顺利进行；结合“四讲四爱”主题教育实践活动，团县委组织11名西部计划志愿者开展以“延伸爱心之手·情注最美母亲河”为主题的河流卫生清洁志愿服务。

2017年6月8日，团委组织志愿者在县中心小学开展“四讲四爱进校园”系列活动

【喜迎党的十九大】 9月16日，共青团达孜县委员会特组织达孜县中心小学29名学生参观西藏自然科学博物馆，开展“四讲四爱—民族团结一家亲 同心共筑中国梦”主题教育实践活动；组织小学学生在布达拉宫广场开展“喜迎十九大——我们在布达拉宫脚下，向习爷爷说句心里话”主题活动。孩子们通过镜头记录的形式来表达自己想要跟习爷爷说的心里话；10月13日，为庆祝中国少年先锋队建队69周年，引导队员们继承和弘扬光荣传统，增强少先队员的光荣感和自豪感。达孜县中心小学组织全体学生开展庆祝中国少先先锋队建队日“喜迎十九大——我向习爷爷唱首歌”活动暨新队员入队仪式的活动。

【开展校园安全教育实践活动】 年内，开展“青春自护，平安春节”活动。在春节、藏历新年来临之际，由共青团达孜县委员会、综治、卫生工作专干赴各学校、各行政村就用电安全、食品安全等9个方面的内容进行9场次的宣传，覆盖青少年1250余人。5月17日，共青团达孜县委员会联合达孜县消防大队教官在县中学进行“大手拉小手，消防安全带回家”主题消防安全知识讲座，并发放消防安全知识手册。普及消防知识，增强县中学学生火灾防范意识，提高学生应对火灾的基本技能。

9月19日，民航西藏分局的同志在达孜县中学进行“民航知识进校园”宣讲活动。此次活动普及了航空知识、丰富了学生们的课外生活、开阔了孩子们的视野，向学生们传播了正能量。为了庆祝中国少年先锋队建队69周年，引导队员们继承和弘扬光荣传统，增强少先队员的光荣感和自豪感。10月13日，达孜县中心小学组织全体学生开展庆祝中国少先先锋队建队日“喜迎十九大——我向习爷爷唱首歌”活动暨新队员入队仪式的活动；共青团达孜县委员会为深入推进达孜县重点青少年群体服务管理、预防犯罪工作，于12月初在达孜县中小学开展为期三天的“反对校园暴力 建设美丽校园”主题活动，增强学生安全保护意识，预防危害学生与校园安全的校园暴力事件发生。

【开展重点青少年摸底排查】 年内，经摸底达孜县社会闲散青少年22人、有不良行为或严重不良行为青少年5人，流浪乞丐青少年0人、服刑在教人员子女1人、农村留守儿童54人，共青团达孜县委员会在后续工作中深入重点青少年家中，关心其思想动态，并对其进行普法教育。

【“青创达孜，筑梦未来”】 年内，共青团达孜县委员会认真做好达孜县拉萨市第三届青年创新创业大赛，深入基层，了解青年学习就业、成长发展情况，挖掘特色创新创业项目，确定达孜县参加初选的企业共计13家，项目范围包括净土健康产业、文化旅游、现代农业、民族手工艺品等多个方面。经初赛、复赛、决赛三层选拔，拉萨卓索琪玛农产品开发有限公司获得一等奖，奖金10万元，西藏面之缘达孜县雪乡传统手工艺制作合作社获得二等奖，奖金8万元，达孜县塔杰乡曲杰拉日藏式家具专业合作社获得三等奖，奖金6万元，优秀奖3名，奖金各2万元，积极参与将4名，奖金各5000元。此次活动涌现出一批优秀的青年创业项目，展现出达孜县青年积极的创业热情和百花齐放的创业现状。

【举办第十三届职工运动会】 年内，为活跃达孜县干部职工的业余文化体育生活，增强广大干部职工的凝聚力、向心力，彰显“团结、文明、创新、拼搏”的良好精神风貌，不断促进达孜县干部职工体育运动的健康发展，共青团达孜县委员会承办达孜县第十三届职工运动会。此次运动会规模大，参与人数多，共设有足球、篮球、乒乓球、拔河、环城赛跑、接力赛等3大类22项35个赛事运动项目，参赛代表队12个，裁判员8人，运动员832人，各项目参赛总人数达1639人次。此次运动会秉着“友谊第一、比赛第二”的精神，各运动员做到“胜不骄，败不馁”，圆满完成此次活动，发放奖金共计15万元。

2017年5月23日，达孜县第十三届职工运动会开幕

【组织志愿服务活动】 3月5日，共青团达孜县委员会组织11名西部计划志愿者开展以“延伸爱心之手 情注最美母亲河”为主题的河流卫生清洁志愿服务。3月28日、10月31日，达孜县14名西部计划志愿者两次在金叶敬老院开展的志愿服务活动，为金叶敬老院老人们带去水果和保暖用品，为老年人送温暖、办实事、做好事，引导老年人形成“积极老龄观”。

【防治包虫病】 4月23日，共青团达孜县委员会协调南开大学研究生支教团与中央财经大学研究生支教团合作，在县中心小学举行“水暖同欣”保温杯捐赠仪式暨饮水健康知识讲座。

【“一对一帮教活动”】 11月3日，共青团达孜县委员会组织达孜县14名西部计划志愿者赴达孜县中学开展“一对一帮教活动”。表达团县委对学生生活学习的关心与关爱，充分调动达孜县志愿者积极参与到志愿服务活动中，使学生感受到精神上的关爱和心灵上的慰藉。

【“爱·伴成长”关爱留守儿童爱心捐助】 6月1日，为了关爱留守儿童，让留守儿童过一个不一样的儿童节，共青团达孜县委员会协调达孜县四家青年文明号单位，共筹集资金4000元，为章多乡幼儿园的留守儿童送去书包、文具盒、彩笔等慰问小礼品，并赠送给幼儿园手绘板、学习光盘等教学娱乐用品，让留守儿童们在自己的节日感受到来自全社会的关怀和爱护。

【“翼心益意·圆梦行动”爱心书包捐赠】 6月26日,共青团达孜县委员会联合镇江团市委、镇江市翼空间爱心公益服务中心、镇江心连心公益联盟在达孜县中心小学举办“翼心益意·圆梦行动”爱心书包捐赠活动。此次活动共向30名学生发放装有图书、水彩笔、笔袋、练习本的爱心书包,涉及善款7665元。

【“向习爷爷说句心里话”主题活动】 年内,组织小学学生在布达拉宫广场开展“喜迎十九大——我们在布达拉宫脚下,向习爷爷说句心里话”主题活动。孩子们通过镜头记录的形式来表达自己想要跟习爷爷说的心里话。同时,孩子们也表达对党的十九大召开的激动之情和国家繁荣昌盛的美好祝愿。在主题实践活动中,加强学生思想教育工作,坚定了自觉维护祖国统一和民族团结、自觉促进社会和谐和改革发展的信念。

【精准扶贫】 9月22日,团县委书记王林对章多乡尊木材村结对帮扶贫困户进行回访,见面后就和他们约在一家茶馆以拉家常的方式详细了解帮扶对象的近期生活情况,经济收入以及需要解决的困难。随后王林向2户帮扶对象每户送去300元的帮扶慰问金,鼓励他们树立战胜困难的信心和决心。

【开展青年就业情况摸查】 4月,建成创业青年项目库,动态掌握项目信息,及时了解青年需求,协调推进支持政策落实。协同乡(镇)团支部对全县未就业青年在学历、就业取向等方面进行摸排,进一步规范和完善贫困青少年档案库,为做好全县青年培训、就业工作提供了决策依据。截至年底,团县委正与镇江团市委沟通协调,邀请镇江团市委旗下青年商会、青年联合会的青年企业家在达孜开展相关项目的考察、论证、交流对接和洽谈合作,推动共建青年产业园。其次,充分利用镇江团市委对口援藏资金,加快扶持和推进达孜县1—2个创业就业项目,推动市场化进程,增加就业岗位,努力形成产业发展和园区建设相互促进、齐头并进的格局。

【对未就业青年创业就业指导】 年内,切实努力提高新媒体动员能力,通过巩固组织化动员方式,拓宽社会化动员方式,创新新媒体动员方式,使团工作更加贴近青年、更加容易被青年接受。2017年,共青团达孜县委员会新建立微信公众号“青春达孜”,由专人负责发布就业创业信息,让更多青年能够及时了解团委举办的各类活动。拉萨市第三届青年创新创业大赛信息在微信公众号发布后,短时间内即被转发千余次,吸引300多人参与互动。

【协助落实好教育资助政策】 年内,充分发挥共青团服务青年这一职能,利用下乡开展活动的契机,充分了解区、市、县各类教育政策的落实情况,尤其是达孜县“以教脱贫”政策落实情况,协助做好政策的宣传解疑,并将群众的反映及时反馈给教育部门、扶贫办,确保“以教脱贫”政策的顺利落实。年初,团县委积极与县教育局协调,结合县中学实际情况制定奖励优秀团员、优秀团员

2017年12月22日,达孜县团委副书记玉珍一行在县中心小学组织开展“聚力扶贫攻坚·用爱温暖冬天”扶贫助困活动

标兵机制。评出的优秀团员、优秀团员标兵填写优秀团员登记表、优秀团员标兵登记表,存入本人档案,由校团委在"五四"前后进行表彰奖励,并作为团组织推优的候选对象。此项机制加强了团的自身建设,提高团员青年的思想政治素质,激励广大团员青年积极进取,奋发成才。

【完成"圆梦助学"】 年内,为响应国家脱贫攻坚的总体号召,认真贯彻落实习近平总书记关于扶贫开发的重要指示精神,为2017年考入大学的7名农村建档立卡贫困家庭的大学新生每人提供5000元助学金,帮助他们解决从家门到校门的经济困难。

【举办培训班】 10月29日,共青团达孜县委员会积极配合团市委主办的农牧民免费驾校培训活动,组织达孜县14名农牧民参加"援藏项目——农牧民驾驶技能达孜县培训班"开班仪式,特邀西藏大学驾校老师进行驾驶技能专业知识培训。

(次旺玉珍)

【领导名录】

书　记

王　林

副书记

玉　珍(女,藏族)

达孜县妇女联合会

【概况】 2017年,达孜县妇联、妇儿工委办按照"两学一做"教育实践活动统一安排,紧紧围绕建设"坚强阵地、温暖之家"目标,进一步强化组织领导,丰富活动形式,创新工作方式,推动工作发展,达孜县妇女儿童事业取得新进步、获得新发展。

【开展慰问贫困妇女孤残儿童活动】 年内,妇联深入五乡一镇,代表县委、县政府对60名贫困妇女孤残儿童,开展2016年藏历新年和春节走访慰问送温暖活动,此次共慰问60名贫困妇女、残疾妇女、孤残儿童、孤儿,每人发放700元的慰问金,共计4.2万元。

【开展各类宣讲活动】 年内,在"三八"妇女节、"3·28"西藏百万农奴解放纪念日等节点,县妇联立足工作实际,为进一步在全县范围内营造和谐稳定的社会环境,提高妇女儿童对妇联工作的知晓率,夯实工作基础,联合广大妇女儿童的力量,结合各自工作实际开展了各类宣传活动。

宣传以设立宣传点、悬挂横幅、发放宣传资料、宣传画册为主要形式,向过往妇女儿童和中小学生发放《妇女维权知识包》《中华人民共和国妇女权益保障法》《中华人民共和国未成年人保护法》《中华人民共和国预防未成年人犯罪法》《家庭助廉知识》《家庭美德知识》《西藏妇女——卓玛》等宣传资料1000余份。同时为进一步关心爱护妇女的身心健康,县妇联发放300余份的《怎样预防性病》《西藏自治区村务公开管理办法》《拉萨市村务公开管理办法》《预防控制艾滋病宣传教育知识要点》《预防控制艾滋病宣传教育知识要点》宣传小册子。并组织达孜县巾帼志愿者开展"扫路、修路"活动,对达孜县辖区内318国道沿线部分路段进行打扫和维护。

【"三八"文娱庆祝活动】 年内,

2017年9月7日,妇联主席古桑曲珍在白纳村开展"会改联"调研工作

为展示新时期达孜县广大妇女的综合素质和时代风采，有效地提高达孜县妇女的整体素质，促进妇女全面发展。在县妇联的组织下，塔杰乡巴嘎雪村发动村里广大妇女开展精彩的文艺表演。文艺表演主要以歌舞为主，妇女们精彩的表演赢得场下观众的不断喝彩。表演完后，场下观众还争先给演员们献上洁白的哈达，对她们表示感谢和祝福。

2017年7月13日，召开妇儿工委联席会议

【关爱寺庙尼姑】 年内，为积极开展和谐寺庙各项工作，维护好尼姑们的合法权益，激励广大尼姑更好地实现自身价值，达孜县妇联于3月7日在德庆镇桑珠林村玛尼拉康、唐嘎乡穷仓寺对24名尼姑进"三八"妇女节节前慰问活动，随后进行法律知识和妇女健康知识宣传教育，最后为她们送上慰问品及慰问金共计4000元整。

【法治宣传及庆祝活动】 年内，为更好地维护儿童合法权益，县妇联、县妇儿工委办在"六一"来临之际，深入各乡学校，开展法制宣传活动。向广大儿童发放图文并茂的宣传册，并讲解相关法律知识，提高了广大儿童的自我保护意识和法律素质，共计发放宣传资料600余份。并为主西村儿童快乐家园送去衣服、帽子、书包等价值3000余元的慰问品。全县所有小学和幼儿园都举办形式多样、别出心裁的文娱活动。孩子们穿着节日的盛装、唱着动听的歌曲、跳着欢快的舞蹈，和家长老师共同庆祝美好的"六一"儿童节。

【法律宗教知识宣讲】 年内，以九月民族团结月为契机开展深入达孜县唐嘎乡穷仓寺开展民族团结宣讲活动，悬挂主题为"加强民族团结 维护社会稳定"的藏汉"双语"横幅。活动中县妇联负责人向在寺尼姑宣讲党的民族团结政策及民族团结进步条例、民族宗教事务管理条例等方面的内容。通过此次宣讲活动，广大尼姑进一步提高加强民族团结，维护社会稳定的意识，僧尼们纷纷表示在县妇联的关心帮助与正确引导下，更加坚定做一名爱国爱教、遵规守法、弃恶扬善、祈求和平的好僧尼，努力在全县宗教领域起到发扬民族团结、爱国爱教的模范带头作用。

【表彰大会顺利召开】 年内，为全面总结《达孜县妇女发展规划（2011—2015年）》《达孜县儿童发展规划（2011—2015年）》（以下简称"两规"）实施五年来取得的经验，表彰"十二五"期间在全县妇女儿童发展事业中取得优异成绩的先进集体及个人，推动实施《达孜县妇女发展规划（2016—2020年）》《达孜县儿童发展规划（2016—2020年）》，促进妇女儿童事业与经济社会同步协调发展。"达孜县实施妇女儿童发展规划（2011—2015年）表彰大会"于12月15日顺利召开。

大会对达孜县实施妇女儿童发展规划（2011—2015年）10家先进集体和16名先进个人颁奖表彰，并邀请县卫生局代表获奖先进集体、塔杰乡巴嘎雪村藏鸡养殖合作社负责人朗嘎代表获奖先进个人发言。

【"送医送药送健康"】 7月12日，达孜县妇联联合拉萨恒大医院、市妇联深入琼仓寺开展"送医送药送健康"活动。副县长次仁央宗、县妇联主席古桑曲珍参加此次关爱活动。活动中,恒大医院医务人员认真细致地为广大僧尼开展测血糖、量血压,做心电图、B超等常规检查,有的严重高血压患者调换赠送降压药,同时给她们讲解日常身体注意事项和保健知识,受到广大僧尼的欢迎和认可。

【首个村民小组“妇女之家”挂牌】 9月30日,达孜县首个村民小组“妇女之家”挂牌仪式在达孜县塔杰乡主西村一组成功举行,标志着达孜县村民小组“妇女之家”规范化建设正式启动。副县长次仁央宗、塔杰乡党委书记伦珠次仁、县妇联主席古桑曲珍及办公室工作人员、主席村妇女群众代表共计40余人参加挂牌仪式。活动由县妇联主席古桑曲珍主持。挂牌仪式上,达孜县副县长次仁央宗做重要讲话,她要求通过“妇女之家”把党的各项惠民政策、民族团结政策、妇联改革相关要求等宣传到广大妇女,依托“妇女之家”开展感党恩、爱祖国、促团结等具有一定影响力的活动,把“妇女之家”建设成为村组妇女的“坚强阵地”和“温暖之家”。

【“会改联”工作】 年内,为贯彻落实中央、区、市、县群团工作会议精神,不断推进基层妇联组织改革创新,夯实妇联工作基础,达孜县妇联根据区、市妇联关于“会改联”妇女代表选举工作相关的文件要求,通过精心筹备、周密部署、有条不紊地推进了村级妇联组织选举工作。12月17—29日,在全县五乡一(镇)、20个行政村陆续召开“会改联”妇女代表选举大会,选举产生新一届村妇联组织班子成员,全县20个行政村共选举出妇联主席20人,专职副主席20人、执委100人、妇联组织候选人以100%的平均得票率顺利当选,圆满完成基层妇联组织选举工作。妇联主席古桑曲珍与各乡妇联组织负责人全程参与“会改联”妇女代表选举工作。

2017年9月30日,首个村民小组“妇女之家”挂牌仪式在塔杰乡主西村一组成功举行

【信息报送、红头文件印发】 年内,加强信息报送和红头文件印发工作。年内,共编写妇联简报60期,妇儿工委简报12期,印发妇联红头文件20件和妇儿工委办红头文件8件,及时把妇联工作情况上传下递。

【完成2016—2020年“两规”编纂】 年内,为顺利完成新“两规”编纂工作,促进妇女全面发展,儿童优先发展,县妇儿工委办多次组织县妇儿工委成员单位联络员召开妇女儿童“两规”专题会议、联席会议,研究谈论新两规相关领域主要任务、策略措施等,确保妇女儿童合法权益得到有效保障。

(古桑曲珍)

【领导名录】

主 席

古桑曲珍(女,藏族)

副主席

拉巴曲措(女,藏族)

达孜县工商业联合会

【概况】 2017年,达孜县工商业联合会走访全县落地投产企业,积极吸纳未入会的非公企业加入工商联会员队伍,同时,推荐社会贡献大,发展前景好的会员企业加入工商联队伍。截至年底,工商联共有会员企业26家,个体会员11家用，个人会员14人。

【非公党建工作】 年内，多措并举，努力提升非公党建工作水平。全县非公企业中支部关系隶属县委组织部的有4家，党员38名，入党积极分子3名，预备党员4人。近年来，县委、县政府拨付公共经费10.5万元，非公党工委党建经费23万元。积极协助非公企业开展好"两学一做"主题教育活动，提高非公企业党员的思想政治素质。达孜县工商业联合会组织干部职工、党员参加"两学一做"动员会议，并为非公党支部购置文件柜、资料袋，制作"两学一做"学习教育活动的宣传栏，价值2万余元，为活动的有序开展奠定了良好基础。抓非公党支部的学习，建立了学习制度，将每周五定为集中学习日，学习由非公党支部负责。

年内，要求各非公党支部制定实施方案，学习计划，成立领导小组，由各非公党支部安排学习内容，撰写学习笔记和心得体会，党支部书记上党课，确保学习的针对性。抓落实，确保活动成效。结合"三严三实"教育实践活动查找出的问题和不足，及时收缴党费。建立完善各项规章制度，保障各项工作正常有序地开展。

【提升服务质效】 年内，达孜县工商业联合会积极组织西藏第三极羊绒制品有限公司、达孜县玉雄安装有限公司等企业负责人参加区、市工商联组织的各类培训。以推动非公有制经济净土健康产业为着力点，积极组织引导非公企业申报融资资金。

【走访调研】 年内，深入非公企业走访调研，收集到非公企业融资渠道不畅、融资难的问题突出，企业人才缺乏等问题，并对这些问题进行详细梳理，形成汇报材料，向上级部门及分管领导做了汇报，并同区相关部门进行沟通。

【开展慰问活动】 2月3日，在西藏优格仓工贸有限公司、西藏罗占民族手工艺发展有限公司、西藏天圣医药贸易有限公司等6家非公企业进行慰问，送去慰问金3600元；走访看望非公企业21名困难党员及巴嘎雪村6名困难群众，慰问品价值1.35万元；为塔杰乡巴嘎雪村2户贫困户，章多乡章多采村2户贫困户共计4户送去慰问金1600元。为西藏藏缘青稞酒业有限公司塔杰乡16名特困户免费提供400吨牲畜饲料，为塔杰乡3名贫困户送去慰问金2400元，为塔杰乡送医送药、送文化，价值30多万元。

【精准扶贫、精准脱贫】 年内，按照区、市精准扶贫工作会议精神及市工商联"百企帮百村"的具体要求，达孜县工商业联合会高度重视，积极行动起来。4月13日，召集民营企业组织召开精准扶贫、精准脱贫行动座谈会。制定"百企帮百村"实施方案，成立工人领导小组，在市工商联大力支持和区工商联的努力下，截至年底，4家民营企业结对4个贫困村进行帮扶，并签订帮扶协议。

【引导非公经济人士参政议政】 年内，达孜县工商业联合会把增强非公经济人士的参政议政能力作为工商联工作的重要职责，引导非公经济代表人士，不断提高自身政治思想素质，提高非公经济人士参政议政水平。非公经济代表人数不断增强，非公经济代表人士的政治地位和社会影响力不断提高。

（解士远）

【领导名录】

主　席

万军华（12月免）

副主席

解士远

达孜县藏语文工作委员会办公室（编译局）

【概况】 根据拉萨市机构编制委员会《关于调整各县（区）部分事业机构的通知》，2017年4月14日，经县编委会议研究同意，将原达孜县编译室更名为达孜县藏语文工作委员会办公室（编译局），为达孜县政府直属事业单位，正科级建制。

【提高理论水平和业务能力】 年内，达孜县编译局以"两学一做"学习教育活动为契机，通过集中学习和个人自学相结合的方式，认真学习习近平总书记系列重要讲话精神和《中国共产党章程》《中国共产党党组工作条例》《中国共产党地方委员会工作条例》《中国共产党纪律处分条例》等党

2017年12月8日，主任尼玛珍嘎组织学习人民网藏文版党的十九大报告

章党规，进一步提高干部职工的理论水平；认真学习贯彻自治区、拉萨市藏语言文字工作电视电话会议精神，学习《西藏自治区学习使用和发展藏语文的规定》《拉萨市藏语文社会用字管理办法》以及规范的藏语文名词术语，进一步提高干部职工的业务水平。

【围绕中心、做好编译工作】 年内，达孜县编译局把翻译工作作为该单位的一项重要工作，认真完成县“四大办”交办的翻译工作任务和各乡（镇）、县直各单位报送的相关材料翻译工作的同时，耐心接待前来翻译的广大农牧民群众。2017年，共完成翻译50余万字。围绕县委、县人大、县政府、县政协的中心工作，完成县政府工作报告、县政府为民办实事情况、人大代表和政协委员提出的意见、建议和提案、达孜县“四讲四爱”主题教育活动实施方案等重要文件和方案以及领导讲话等材料的翻译，共计10万余字；完成各单位的横幅、广告牌、宣传标语、服务窗口的牌子和服务内容等翻译，共计4.5万余字，进一步贯彻和落实了《西藏自治区学习、使用和发展藏语文的规定》。

【社会用字整改规范】 年内，营造良好的藏文社会用字环境，为党的十九大胜利召开保驾护航。根据《关于喜迎党的十九大加强藏文社会用字规范管理工作的紧急通知》文件精神，10月13日，达孜县政府给各乡（镇）人民政府及各直部门下发红头文件，要求所有横幅标语及LED显示屏上都要有藏汉“双语”并且不准有错误。10月15日，藏语委办（编译局）严格按照“属地管理”原则，以高度负责，不走形式的工作态度，对县城范围内各部门、单位及个体工商户藏语文社会用字用语方面进行督促检查，尤其对喜迎党的十九大宣传标语、横幅等藏文用字进行重点督促检查，并下发“整改通知单”责令限期认真整改到位，坚决杜绝出现用字错误和不规范等问题。

【开展书法比赛】 年内，为增强对本民族文化的了解，进一步展现全民蓬勃向上的精神风貌，引导广大干部群众学习传承传统文化，提高藏文书法能力，由达孜县藏语委办牵头，县教育局教研室协同，于9月29日在全县范围内开展“书写笔墨人生，喜迎党的十九大暨首届藏文书法比赛”活动。

【发放宣传手册】 12月4日，达孜县编译局围绕加强藏语文社会用字规范管理工作，营造规范的藏语文管理和使用环境，为加强民族团结，维护社会稳定作出积极的贡献，开展规范使用“双语”的宣传活动。在达孜县德庆镇路段开展规范使用藏汉“双语”的宣传活动，发放规范使用藏语言文字的100本宣传手册，并讲解学习和使用“双语”的重要性。

【党风廉政建设】 年内，认真贯彻落实区、市、县党委、政府的相关会议精神，在党风廉政建设和反腐败斗争工作上，以一把手履行第一责任的职责，抓班子，带队伍为着力点，以班子成员履行“一岗双责”的责任，抓好职责范围内的党风廉政建设和反腐败工作为落脚点，坚持以高度的政治责任感和严明的党风党纪意识，切实加强领导，层层落实责任制。严格遵守中央“八项规定”“约法十章”“九项要求”。任何事项都按照章程办理，“三公”经费和业务专项经费都按照县财政的有关规定支配，大额经费都按照程序，逐级提交县长办公会议研究并严格按照会议要求办理。

（顿珠多吉）

【领导名录】

主 任

尼玛珍嘎（女，藏族，8月任）

副主任

格桑措姆（女，藏族，8月任）

达孜县创先争优强基础惠民生活动领导小组办公室

【概况】 2017年，达孜县有20个驻村工作队，其中，市直单位派驻工作队7个，县直单位和各乡镇联合派驻村工作队有13个。第六批驻村工作以来，达孜县严格按照自治区党委书记吴英杰在《自治区创先争优强基惠民活动第五批驻村工作暨第六批驻村工作队员动员大会上的讲话》精神和市委部署要求，围绕驻村七项重点工作任务，不断强化责任意识、改进工作作风，真抓实干、开拓进取，2017年全县驻村工作取得实实在在的成效。

【基层组织建设】 工作队入驻以来，全力助推基层党组织建设，健全完善规章制度，协助做好党员发展培养工作，不断加强村级党组织党员队伍建设。截至年底，全县各驻村工作队共帮助驻点村

2017年3月12日，县委常委、组织部部长、县强基办常务副主任格西斯满一行在主西村督导慰问

培训基层党员干部663人次，发展党员154名；把21名致富能手吸收为党员，把21名党员培养成致富能手，把12名党员致富能手培养成村干部；健全制度68条，完善党务村务公开制度43条。

【坚实发展基础】 年内，各驻村工作队积极发挥沟通上下、协调左右优势，分别制定村级经济社会发展规划，多渠道筹措帮扶资金，积极培训农牧民，帮助解决就业，帮助实现劳务输出，寻找致富门路，为驻点村群众致富增收做出重大贡献。截至年底，全县各驻村工作队共投入资金209.199万元，为群众办实事好事164件，走访慰问群众5389人次，发放慰问金67万元；实现劳务输出2086人次，增加收入80万元，转移就业128人；与群众结对子299对。

【感党恩教育】 年内，各驻村工作队以内容丰富、形式多样的方式加大对党的十八届历次全会精神，特别是对习近平总书记系列重要讲话精神，中央关于西藏的方针政策，区、市党委关于推进跨越式发展和长治久安的新举措的宣讲，让群众知晓党的重要会议精神、富民惠民政策，群众的感党恩意识更加强烈。年内，共开展专题宣讲242场次，集体宣讲76次，召开群众座谈会270场次，举办新旧图片展34场次、以身说法专题讲座49场次、普法教育54场次，播放爱国主义电影8场次，发放宣传资料13849份，受教育群众6万人次。

【为民办实事解难事】 年内，坚决把为民办好事、办实事作为工作的出发点和落脚点，着力解决群众最关心、最直接、最现实的利益问题，自觉做到专款专用，真正把“好钢用在刀刃上”，把好事实事办到群众的心坎上。如自治区审计厅驻唐嘎乡唐嘎村工作队多次自

掏腰包为结对户和贫困户送去慰问品和慰问金，涉及资金5000元，为所驻村四组次仁多吉争取保险赔付5万元。截至年底，全县各驻村工作队帮助驻在村发展集体经济实体4个，确定“短平快”项目6个；慰问“三老”人员、孤寡老人、贫困群众2255人次，涉及资金26万元；帮助群众就医54人次、就学22人次，涉及资金3万元；帮助群众实现就业128人次；开展村容村貌整治159次，累计投入资金1万元。

【落实惠民政策】 年内，各驻村工作队真正“走出去、沉下去”，以贯彻落实精准扶贫、精准脱贫的决策部署为基础，大力宣传党的强农惠民富农政策，破除贫困户“等靠要”思想，架起党群干群连心桥，增强知民情解民忧能力。截至年底，组织宣传中央和区、市强农惠农富农政策39场次，参与群众6612人次；发放藏汉“双语”优惠政策资料12208份，发放明白卡1451张，开辟宣传栏7期；帮助落实农村最低生活保障资金34.527万元，各项惠民补偿（补贴）资金83.68308万元；宣传孕产妇住院分娩补助奖励政策和孕产期保健等知识37场次，参与人员2252人次，登记孕产妇130名；包虫病筛查率达99.15%，累计发放宣传资料35986份，设置户外展板43个，开展包虫病防治专题讲座215场次，发放牲畜药品46900片，牲畜无害化处理1460只，清理流浪犬2601只。

【扶贫开发】 年内，各驻村工作队把推进扶贫开发工作作为重要的政治任务，下大力气抓细抓实。为给全区研究制定精准扶贫工作计划提供一线资料，工作队进驻伊始便认真开展精准扶贫调查摸底工作，对驻地村贫困户进行逐户走访，建档立卡贫困户走访率达到100%。走访调研过程中，将贫困人口数量、贫困程度、致贫原因等情况进行详细记录，顺利帮助村“两委”全面准确完成建档立卡工作。根据调研掌握的情况，按照“一户一策”要求，协助村“两委”制定每户脱贫的具体措施。同时，根据强基惠民工作职责，开展与驻点村结对帮扶活动。截至年底，工作队年轻队员与所驻村青年“结对认亲”10户35人。从各渠道争取扶贫项目7个，资金250.1余万元。

（何春琴）

【领导名录】

领导小组办公室

主　任

巴桑顿珠（藏族）

常务副主任

格西斯满（女，藏族）

普　　多（藏族）

边巴次仁（藏族）

综合组

组　长

孙　　浩

成　员

张　　强

指导协调组

组　长

刘佳佳（女，藏族）

成　员

李　　莹（女）

材料宣传组

组　长

乔　　坚

成　员

徐立娟（女）

项目组

组　长

柏树辉

成　员

仁青次仁（藏族）

巡回督导组

组　长

次旦卓玛（女，藏族）

成　员

刘佳佳（女，藏族）

乔　　坚

徐立娟（女）

仁青次仁（藏族）

张　　强

李　　莹（女）

援藏工作

【概况】 镇江市派驻达孜县第八批援藏工作队一行4人,自2016年7月进藏以来,以主人翁的工作姿态、高昂的工作热情、良好的精神状态投身于达孜县建设事业,大力开展资金援藏、项目援藏、智力援藏工作,对口支援工作取得显著成绩。工作组始终注重统筹兼顾、协调各方,以发展经济为第一要务,努力增强全县综合实力。突出把握好全县经济工作"稳中求快"的总基调和"提升一产、壮大二产、做强三产"的总要求,推进县域经济长足发展。

【发展经济强县】 2017年,达孜县实现地区生产总值16.19亿元,同比增长9.8%;农林牧渔增加值1.74亿元,同比增加4.3%;规上工业增加值1.61亿元,同比增加9.4%;全社会固定资产投资29.29亿元,同比增长2.3%;社会消费品零售总额1.95亿元,同比增长12.2%;一般公共预算收入6.78亿元;财政八项支出5.74亿元;农牧民人均可支配收入12212元,同比增长13.47%。

【人才和智力援藏】 2017年,协调镇江市委宣传部、卫计委、教育局、水利局、环保局、城管局、住建局、国土局、旅游委、人社局、科协和文旅集团等单位来达孜开展对口交流合作。镇江市环保局派出数名专家帮助达孜迎接环保部督查,镇江市国土局派专家帮助达孜开展国土普查工作,镇江市供电公司常年派驻数名管理技术人员在达孜开展工作。引进江苏知名旅游规划设计院,梳理并按国标分级达孜县全域文化旅游资源库,推进达孜县全域旅游发展规划编制。引进上海和南京的知名建筑设计院为达孜工业园区和医院建设出谋划策。镇江金山e支教大爱西藏行与达孜中心小学成功视频连接,已在2016年8月中旬开展了互动。

【项目和资金援藏】 在镇江市国有投资集团公司大力支持下,占地面积3000平方米的西藏达孜产业交流中心(主要提供招商引资、西藏达孜净土产品展销推广、干部培训和合作交流援藏综合服务)在镇江落地,7月31日,对外正式运营,江苏省援藏总指挥、拉萨市委副书记、常务副市长、南京市副市长胡洪,江苏省援藏副总指挥、拉萨市副市长方桂林,镇江市副市长孙晓楠为之共同揭牌。积极与江苏康禾公司、南京高原反映公司等合作,拓展长江三角洲乃至全国市场。达孜小微企业孵化基地、达孜县精准扶贫、种苗育苗基地、叶巴寺村容村貌整治、藏家乐项目、高原"移动医院"工程等17个、总投资1.43亿元的江苏援建项目开工建设;与江苏碧桂园公司、江苏天空物业公司等近20家企业,商谈在达孜县建主题酒店和开发旅游地产;紧紧围绕提档升级、品牌打造的思路,大力发展全域旅游、特色旅游。

投资3000万元的扎叶巴景区一期主体完工。斥资3亿元的白纳沟阿古顿巴出生地主题公园项目,投资2500万元的拉北环线产业扶贫交流中心暨"云上达孜"电商基地项目,投资500万元的主西沟徒步营地等项目正在实施,积极布局达孜全域旅游。以习近平总书记关于“厕所革命”的重要批示指示精神为指导，按照区、市党委、政府总体部署，科学实施达孜厕所的规划、建设和管理，提升达孜公共服务水平，改善达孜人居环境。举办“万人走进西藏 相约达孜”旅游活动，促进达孜旅游繁荣，宣传达孜特色景区，带动达孜经济发展。申请“藏鹤仙子”品牌，现已上报国家工商总局，已经成功开发出17个系列的“达孜有礼”特色文化旅游产品。

【品牌和市场推广援藏】 充分发挥达孜净土产业公司、达孜旅游投资公司和达孜工贸实业公司的市场优势，全力推进达孜农业产业园区创建第二批国家农业产业化示范基地、达孜自治区级工业园区创建国家工业旅游示范区、达孜创建电子商务进农村综合示范区等建设，努力培育达孜产业援藏、品牌援藏和要素援藏；谋划与传统平台合作。与高铁总公司合作，CCTV4探索发现知名导演团队拍摄的达孜县域文化旅游版专题片，于2017年2月正式上线京沪高铁电视、乐视网等媒体平台；谋划与新媒体平台及区域合作，探索与携程网、微信平台等合作。与央视、高铁电视、携程网合作，推出“天上西藏、云上达孜”主题形象宣传片，受众面超过8000万人次。2017年，游客量达66.57万人，同比增长21.5%。

【民生事业】 实施温暖校园二期建设，投资84.39万元对新建的达孜县幼儿园进行供暖工程建设。该项工程完工后，达孜县中心小学和幼儿园的供暖工程全部建设完毕，极大地改善了学校的办学条件。同时集中办学也得到国家、区、市教育部门的认可，高分通过国家和自治区的教育均衡验收，在考核的县区中获得第一名的优异成绩。此外，达孜县教育局采用“请进来”和“走出去”的方式和扬中市教育系统积极开展两地教师、管理人员交流交往。2017年，利用援藏资金800万元和150万元分别实施了标准化乡镇卫生院建设和苏拉远程会诊系统建设。该系统的建设，对减轻全县患病群众痛苦，使群众享受到高水平、高质量的医疗服务，提高县医院的紧急医疗处理能力都有十分重要的意义。继续落实好健康扶贫各项政策，利用“组团式”援藏平台，培训提升医疗人员水平。2017年，镇江市委、市政府按照“好中选优，优中选强”的原则，选派7名政治素质过硬、技术水平高的专家组建为“组团式”援藏医疗队，在县人民医院进行为期一年的援藏工作，其中，医师4名、护士2名，管理人员1名。在援藏医疗队的指导下，县人民医院成立口腔科，共计接诊632人次。诊疗内外科住院患者430余人次，指导完成手术20余台，开展新手术项目1项，县医院顺利通过二级乙等评审预审。

【脱贫攻坚】 2017年，援藏资金投入9333万元，实施叶巴村村容村貌整治、工业园区小微企业孵化基地、农业产业园种苗育苗基地，农业科技产业园高效保鲜冷藏室和乡村旅游农家乐项目。这些项目的实施可以确保达孜县易地搬迁贫困群众的就业安置，使搬迁群众搬得出、留得住、能致富。此外，通过援藏项目的带动示范，初步形成以扎叶巴寺、农业产业园和工业园区为重点的旅游格局，为下一步县内群众吃上旅游饭打下坚实基础。援藏工作队组织各类交流交往和推介招商活动21批次、132次，积极组织达孜县党政干部、党代表、人大代表、政协委员、企业经营管理人员等不同层次、不同界别的对象，分五批次，共230多人赴镇江学习、考察、培训，帮助他们开阔视野、增长见识、拓宽思路。签署产业项目合作协议6个、总投资2.23亿元(其中，确定落地并启动建设项目3个、总投资0.6亿元)，分别是总投资4000万元的西藏玫瑰科技发展有限公司的玫瑰系列产品项目，总投资8000万元的西藏曼杰拉生物科技有限公司的人工虫草养殖项目，总投资2000万元的上海景优科技有限公司的景区智能轨道机项目，总投资1800万元的江苏天空物业有限公司的威斯凯星级酒店项目，总投资1500万元镇江西藏达孜交流产业中心项目，总投资5000万元的江苏盛世康禾有限公司的达孜净土产品销售推介项目。2017年，援藏领导通过多方协调引进江苏天空物业有限公司，在达孜县成立西藏威斯凯酒店管理有限公司，该酒店已试运营，预计正式营业后，可解决40个长期性工作岗位和20个临时性工作岗位。镇江恒顺醋业集团向达孜县西藏吉顺生物科技有限公司的青稞醋项目无偿提供技术支持，在帮助研发建厂正式规模化生产后又签订市场销售体系培育协议，帮助企业做大做强。

截至年底，该企业一期已建成，年生产能力达3000吨，可解决20名群众的就业。此外，落实苏拉专项资金400万元，支持西藏达孜(镇江)产业交流中心、青稞醋生产基地扩大产能等4个项目的建设发展，与江苏盛世康禾有限公司和镇江国投有限公司合作，拟在全国60多个城市100家门店中设立净土展销专柜，用于净土产品的宣传推广。

【共筑友谊桥梁】 推动达孜县与镇江市委党校、江苏科技大学等院校合作，把镇江的西藏达孜产业交流中心作为达孜县干部人才培养基地。2016年以来，安排实施赴镇江集中培训和岗位锻炼项目近10批次、200人次。2017年8月，镇江市委副书记、市长张叶飞，副市长曹丽虹率镇江党政代表团在达孜县考察慰问，指导援藏工作，签订《镇江达孜一家亲、共建致富奔小康》协议，镇江市7个辖市区与达孜县6个乡镇、1个工业园区结对挂钩，镇江市各部委办局、国有企业与达孜县相关单位结对共建，以柔性引才机制为达孜提供人才智力服务，在战略咨询、引进科技成果、共享信息资源、协同创新、共同致富等方面开展深层次合作，全面提升智力援藏工作。年内，签署产业项目合作协议6个、总投资2.23亿元(其中，确定落地并启动建设项目3个、总投资0.6亿元)。

自进藏以来，达孜县援藏工作组谨记镇江市委、市政府的嘱托，时刻把振兴达孜放在心头，按照江苏省对口支援西藏前方指挥部的具体部署，一项项地推动项目落实、一件件地办好民生实事、一如既往地遵守廉洁从政规定，切实把江苏省委、省政府“真情援藏、科学援藏、持续援藏”的要求付诸实施，为推动达孜经济社会发展，巩固镇江达孜两地友谊做出了积极贡献，为下一步援藏工作奠定了坚实的基础。

(王　浩)

军事

达孜县人民武装部

【概况】 2017年，达孜县人民武装部按照年度政治工作总体部署，深入学习贯彻党的十九大精神和习近平主席系列重要讲话精神，以“维护核心、听从指挥”主题教育为主线，按计划完成“年度安全竞赛”“党章党规学习月”“强化条令意识正规四个秩序”“尊干爱兵、官兵友爱”等四个专题教育活动。深入扎实推进“两学一做”学习教育的常态化、制度化，认真组织四个季度党委中心组专题理论学习、党员重温入党誓词、学习贯彻新党章等活动。

【干部队伍建设】 年内，党委班子通过全面、系统、反复、深入的学习贯彻党的十九大精神、党的创新理论和全军政治工作精神，特别是深刻理解把握党中央正风肃纪、反腐惩恶、自我净化能力，不断提升党员干部党性修养，统一思想认识，牢固树立“四个意识”、打造“四铁”部队，始终保持政治上的高度敏锐和思想上的纯洁可靠。坚持用习近平新时代中国特色社会主义思想武装官兵，教育引导官兵坚定“四个自信”、做到“三个绝对”，立起“四有”新时代革命军人标准。

2017年8月19日，武装部政委郝月强在章多乡了解贫困户情况

【学习贯彻党的十九大精神】 年内，达孜县人民武装部按照上级有关部署，迅速兴起学习贯彻党的十九大精神热潮，及时组织官兵观看大会实况，先后开展学习党的十九大报告原文、学评论员文章、看新闻讲解、参加集中辅导授课、重温党员誓词等多种形式的活动，采取原原本本学习、反复深入学习、体会交流学习、个人理解学习等方式，激发官兵学习党的十九大精神热潮。

【训练“四落实”】 年内，按照习近平主席“能打仗、打胜仗”的要求，始终坚持战斗力标准，紧紧围绕配属作战、非军事行动和民兵训练等任务，大抓军事训练实战化，充分做好军事斗争准备。依据《军事训练与考核大纲》和《民兵军事训练大纲》，从严从难搞好本级军事训练和民兵训练、执勤，狠抓训练“四落实”，较好地完成年度训练任务。年内，认真组织开展本级军事训练开训活动，建立完善修订各类预案，组织官兵进行实弹射击训练，提升官兵射击水平。

【开展民兵训练】 10月14日至10月25日，组织应急民兵开展为期12天的集中训练，主要围绕“九防”演练，应急处突，执勤巡逻和对辖区内重要目标守护等科目展开，确保党的十九大期间辖区的安全稳定。在“叶巴次久”佛事活动期间，组织民兵参加扎叶巴寺维稳执勤行动。2017年，组织各民兵分队巡逻执勤，进一步锻炼了民兵队伍遂行任务能力，较好地完成维护辖区社会稳定任务。

【强化国防意识】 年内，进一步强化国防教育和爱国主义教育，培养适龄青年的国防意识和参军热情。切实搞好兵役登记准备工作，摸清预征对象底数，一季征兵、四季准备。进一步完善优抚政策，切实解决后顾之忧，不断完善安置政策，确保退伍军人有工作有岗位。进一步端正风气，确保廉洁征兵，坚决抵制不正之风，不走后门兵，不走人情兵，确保兵员质量。2017年，武装部征集适龄青年，超额完成年度征集任务，得到上级机关的肯定。

（普布扎西）

【领导名录】

部　长

曲立欣（10月任）

政　委

郝月强

副部长

张　熬（10月任）

达孜县公安消防大队

【概况】 2017年，达孜县公安消防大队严格贯彻党的十八大和十八届三中、四中、五中、六中全会会议精神，紧紧围绕“维护核心、听从指挥”和推进“两学一做”常态化制度化、“开展四讲四爱、喜迎十九大”主题教育活动、执勤岗位练兵活动、社会面火灾防控、队站建设及安全大检查等重点工作，圆满完成总队、支队、县委、县政府赋予的各项工作任务，达孜县消防工作和部队建设成效显著，实现辖区“三不出”“三个稳定”。

【党支部统领部队全面工作】 年内，达孜县公安消防大队所有的重大问题决策、重大项目投资决策、大额资金使用均经大队党支部集体讨论做出决定，共召开支部会议30次，研究议题52个，对部队管理、训练、廉政、教育、基建、经费等进行研究部署，进一步强化大队党组织规范化建设，实现党支部统领部队全面工作。年内，达孜县公安消防大队共接警出动29起，其中，火灾3起，抢险救援3起，社会救助3起，公务执勤20起，出动43车207人，抢救被困人员6人，疏散被困人员26人。

【“两个经常性”工作】 年内，达孜县公安消防大队认真落实支队组织召开的“两个经常性”工作经验交流暨正规化建设推进会议精神，组织官兵学习武警部队基层建设纲要及甘肃酒泉支队“两个经常性”现场会音像图片资料，查找差距，进一步严格落实党的七

2017年7月5日，消防大队官兵在章多乡章多村一组318国道段处置一起交通事故

项组织生活制度，强化部队一日生活秩序，坚持把条令条例等政策法规作为加强队伍管理的基本依据、基本遵循，切实把条令条例引向从严治警的末端治理和常态常效，让官兵和专职队员的思想和行为从被动管理中解脱出来，成为一种习惯和自觉，稳步推进部队正规化建设工作。

【完成新队站试点建设】 5月15日，全区新建消防队站建设现场会在达孜县公安消防大队圆满举办，完成红门书吧、制氧、取暖及主体建设工作，同时争取县政府配套资金215万元解决附属配套设施经费，完成变压器改造、门卫室建设、制氧机房建设、围墙改造等建设任务。

【攻克专职队发展管理瓶颈问题】 年内，达孜县公安消防大队把改善政府专职队员待遇作为提升部队"凝聚力、向心力、战斗力"的重要举措，攻坚克难，钻研政策依据，拟订方案措施，加强请示汇报，争取县政府及支队党委的支持，敢闯敢当，率先提出定位从辅警员向政府专职队员改变，管理上从笼统管理向参照现役按级分类管理改变，待遇上从绝对平均向按级别、职务、警龄上区分转变，服装上从公安辅警服装向部队元素与专制队员性质合二为一的设计转变，增添政府专职队员的"获得感"，进一步提升他们职业荣誉感和职业认同感，有效提升基层部队实战化能力。

【围绕"三不出"筑牢内外安全防线】 年内，达孜县公安消防大队参与完成拉萨市木材加工市场搬迁消防安全监督管理工作，配合完成拉萨金盾民爆炸药库评审工作，积极推广达孜县养老院（金叶养老院）自动感烟探测仪的安装（3月27日）工作，在前期寺庙文物及公安派出所、便民警务站微型消防站建设工作的基础上，推动完成全县所有乡镇（6个）、村（20个）建设微型消防站，率先（2月21日）召开2017年度达孜县消防工作会议及冬春火灾防控（11月28日）会议，及时开展消防进军训暨开学第一课活动（3月7日至3月9日），圆满完成"三节""两会""萨嘎达瓦"等重要节点的执勤保卫任务，开展安全大检查、酒驾专项整治、两项主题教育活动，执勤岗位练兵及夏季消防检查等重点工作，确保达孜县辖区及部队"三个稳定""三不出"。年内，共检查单位1459家次，发现火灾隐患1430处，督促整改火灾隐患1424处，下发责令改正通知书727份，下发处罚决定书1份，下发临时查封决定书1份，责令"三停"单位1家，罚款30000元。

（陈群烨）

【领导名录】

大队长

强巴多吉（藏族）

政治教导员

负 怀 宾（9月免）

罗布桑珠（藏族，9月任）

参 谋

索朗达瓦（藏族，6月任）

陈 群 烨

边巴扎西（藏族）

武警达孜中队

【概况】 2017年，武警达孜县中队以建设现代化武警为目标，认真贯彻落实上级党委会议精神，在探寻中队建设规律上谋求发展，在解决倾向性问题上谋求突破，在提升建设层次标准上谋求创新，圆满实现"两个确保"。

武警达孜中队位于达孜县警民路，地处县城东北角，主要担负达孜县看守所外围武装警戒勤务。

【以党支部为核心组织建设】 年内，结合"三治四建"活动大力加强以党支部为核心的各项组织建设，推进各项工作扎实稳步发展。狠抓支委成员的学习教育和思想建设，全年贯彻落实"两学一做"精神，进一步夯实各支委成员的理论素养又团结了支部一班人。人员调整后及时对支部进行改选，明确职责分工，进一步完善各级各类组织。落实"七项组织生活制度"既规范支部工作程序，又强化党员的敬业精神；加强团支部和军人委员会的建设，充分发挥好"两个助手"作用。以党的群众路线教育实践活动为契机，进一步纯正党员、干部的风气和思想，激发官兵的工作热情。年内，中队共发展4名党员，3名团员。

【战备执勤和军事训练】 年内，扎实开展形势任务、职能使命和"三战"教育，结合当前维稳形势，筑牢官兵"中心居中"和"上一线、

2017年8月1日，达孜县移动分公司“八一”看望慰问县中队官兵

打头阵”的意识。积极改善官兵训练环境，2017年向用兵单位协调修建室内训练馆，训练效果明显。按照上级要求进一步完善中队反恐应急班建设，调整人员，修订方案，强化反恐应急班队形、手语和情况处置的训练。从实战出发加大对专勤专训、专哨专训、“三员一兵一组一班”的训练、演练、比武力度，提高官兵“保中心”的能力，为圆满完成任务奠定了坚实的基础。以体能为基础，大力抓好三班四哨、军人形象气质、单兵队列、擒敌术、警棍盾牌术、应急棍术、轻武器的操作与使用等科目的训练力度，不断巩固和提高中队军事训练水平。年内，中队每天派出一名干部或骨干担负县一线维稳指挥部值班，既加强联系联防又加强情报信息收集。

【思想政治教育】 年内，开展党的群众路线教育实践活动和主题教育活动，巩固和提高了教育成果，广泛收集官兵对管理、伙食、后勤等意见建议，并进行整改；开展“三治四建”“四心”“四反”等专题教育活动，巩固和延伸教育活动成果；开展节日战备、形势任务、职能使命和心理健康教育，进一步教育引导中队官兵保持清醒头脑、保持高度警惕、筑牢心理防线、激发官兵的参战热情；结合支队干部专题教育方案，加强对干部的经常性教育，结合党的十九大专题教育加大对官兵的管理力度；开展“四心”“四反”专题教育，积极帮助战士解决实际困难，构建和谐融洽的内部关系；推进“六共”活动，在节假日看望慰问孤寡老人，“十一”纪念中华人民共和国成立日在县城开展法治宣传，中队与达孜县金叶敬老院建立联建共创共建单位，并签订活动协议。积极为县中学新生提供军训，进一步促进了警民关系。

【从严治警】 年内，以部队“秩序正规、纪律严明、内部和谐、安全稳定”为基点，高标准实现“两个确保”为总体目标。充分发挥各级组织的功能，狠抓“两官队伍”建设，强化“两个群众组织”助手作用；着力理乱治差下大力气规范中队建设，正规中队秩序；既要抓硬件建设又要抓软件规范。加大对动态枪弹的管理力度，杜绝枪支弹药事故案件的发生；狠抓中队的风气建设，在休假、立功、培训、学技术、入党等事情上做到公平、公正、公开；狠抓保密工作，落实保密制度，防止各类失、泄密案件的发生；大力筑牢安全防线，结合各项安全教育大力排查安全隐患，确保目标和内部安全稳定。

【后勤建设】 年内，重视后勤人才队伍的培养和使用，形成长效机制，主动联系县政府后勤为炊事员培养提供平台；加大对各类经费物资和营产营具的管理，杜绝跑、冒、滴、漏现象；突出卫生防病、治病工作，确保部队内部安全稳定；狠抓武器装备的管理与使用，严格落实各类制度，有效杜绝枪支弹药事故的发生；加大新温室和猪圈的种植养殖力度，更大的发挥了引智工程的最大效能；加强中队两业生产力度。

（靳 靖）

【领导名录】

中队长

周 宇

指导员

陈晓明

法 治

中共达孜县委政法委员会

【概况】 2017年，达孜县委政法委认真开展政法综治维稳工作。以反对分裂、维护稳定为重点，狠抓落实，认真开展政法综治维稳各项工作。达孜县各乡（镇）、县直各单位、各驻村、驻寺干部始终保持全时全心在岗在位，强化重要民生设施和保密要害部位的巡控。2017年，共召开综治委全体会议3次，综治工作例会9次，治保会议和内保会议各10次，重要民生目标，重点部位场所业主会议各2次。细化各阶段维稳工作的部署安排，90%以上的会议能够做到党政主要领导的参与安排。各乡（镇）、各部门也能够按照既定戒备等级下的值班备勤、维稳防控、督查、应急处突等各项工作，抓好贯彻落实。

2017年9月14日，县委副书记王红杰，县委常委、纪委书记扎西泽姆在德庆镇开展指导检查工作

【"严打"整治】 年内，达孜县政法系统充分发挥职能作用，本着"什么犯罪严重就重点打击什么犯罪"的原则，深入开展"严打整治"专项斗争。2017年，达孜县发生刑事案件20起，查处治安案件9起。县法院受理各类案件259件，审（执）结233件。县检察院受理审查批捕案件1件1人，审查起诉7件7人，公诉5件5人。

【社会矛盾排查化解】 年内，达孜县综治办牵头，县信访局、县人社局、县住建局、团委、妇联等相关部门积极配合参与定期不定期赴各乡（镇）开展矛盾纠纷排查工作，将矛盾纠纷发现在早、化解在小，进一步消除不稳定因素。全年共排查矛盾纠纷27起，化解26起（1起未化解为重型车辆上户问题，已有拉萨市统一协调处理）。

【专项整治】 年内，按照"哪里治安混乱就重点整治哪里"的原则，开展打击制谣传谣、毒品犯罪、"扫黄打非"、打击拐卖妇女儿童等集中整治斗争。截至年底，达孜县共出动执法人员达545余人次，出动执法车辆135余车次，共检查各类经营场所共计11228余家次，检查网站6家次，各类治安复杂处所9852家（次）。

【道路交通整治】 年内，县委、县政府高度重视安全生产各项工作，狠抓各项安全生产整顿工作，未发生食品药品责任事故，未发生各类安全生产事故。查处各类交通违法行为1152起。排查整治突出交通安全隐患58处。

【综治宣传】 年内，在全县范围内开展形式多样、内容丰富的综治宣传月、平安宣传周、宪法宣传日等活动。结合达孜县实际，有针对性地开展宣传活动。期间共发放宣传资料2万余份，悬挂宣传横幅131条，展示宣传图片800余张，设立咨询点20多处，县综治办积极协调县电信公司、电视台等单位和部门，通过手机、电视等宣传媒体，采取短信、滚动播放标语等方式进行平安宣传，进一步促进达孜县法治宣传教育和"平安达孜""双联户"的宣传。

【平安创建】 年内，深入开展平安单位、平安乡（镇）、平安村（居）委会、平安市场、平安企业、平安边界、平安医院、平安家庭等各种形式、各个领域的基层平安创建活动。2017年，达孜县共评选平安单位4家，平安学校1家，平安企业2家，平安村委会4家。

【开展寄递物流安全管理】 年内，为全面贯彻落实中央和自治区《关于加强邮件、快件寄递安全管理工作的意见》《关于加强物流业安全管理工作的意见》，以推动落实"三个100%"（实名收寄100%、收寄验视100%、X光机安检100%）为核心内容，截至年底，达孜县共接收邮件5706件，派发邮件33672件，未发现任何禁限寄物品和违禁物品。

2017年5月9日，县委副书记王红杰，县委常委、政法委书记、公安局局长索朗曲培在邦堆乡林阿村调研

【签订责任书】 年内，达孜县综治办牵头与全县676名联户代表签订《2017年度达孜县联户平安、联户增收工作目标管理责任书》，结合综治"双联户"工作实际，制定并印发2017年度达孜县社会治安综合治理（"双联户"）工作任务分解表，进一步强化基层综治干部和联户代表的责任意识、使命意识和职责意识。

【开展"星级先进双联户"创建】 年内，按照市综治办《关于开展"星级先进双联户"创建评选工作实施意见》的要求，结合综治宣传星级"先进双联户"创建评选相关要求，达孜县综治办于4月、6月、7月到各村为联户代表进行宣传讲解。牵头召集联户代表对"幸福家园"微信平台身份认证、操作、使用等操作步骤进行详细的培训，进一步完善综治信息网基础信息，加强基层综治专干人员工作能力提升，切实推进综治信息系统常态应用。

【开展联户保平安】 截至年底，达孜县"联户代表"共开展矛盾纠纷排查287次，调解矛盾纠纷61起；排查各类安全隐患365次，整治安全隐患87处；开展治安巡逻827次；环境卫生整治388处，为基层平安建设发挥了至关重要的作用。

【脱贫攻坚】 年内，达孜县综治委积极响应"精准扶贫、精准脱贫”号召，主动探索创新“以业脱贫”新路子，把扶贫开发与“平安建设”实现有机结合、同步推进。2017年，达孜县综治委在全县符合条件的建档立卡贫困户中招录50名协警，月工资达到2800元，后期，将由县政府统一购买“五险一金”并统一安排住房，在进一步提高全县治安防控的同时，帮扶建档立卡贫困群众实现稳定就业。

【更新联户报平安App】 年内，为切实加强综治信息报送工作，更好地服务于达孜县总体维稳工作。9月，经拉萨市政法委、综治办和达孜县委、县政府批准，达孜县政法委通过联系第三方公司，投入10万元自主研制APP软件，进一步提升达孜县综治工作信息化水平。

【综治工作】 年内，达孜县通过完善“网格化”“双联户”、平安创建、强基惠民、宗教管理、民族团结、法宣教育、社会管理等一系列举措，深入推进综治维稳工作，实现达孜县社会面局势持续稳定，得到中央、区、市的肯定。同时，得到新华社的宣传报道。

（东　勇）

【领导名录】

县委常委、政法委书记、公安局局长

索朗曲培（藏族）

专职副书记

刘美荣

副书记

旦增格桑（藏族）

达孜县公安局

【概况】 达孜县公安局是达孜县人民政府主管全县公安工作的职能部门，接受达孜县人民政府和拉萨市公安局领导。达孜县公安局的职责是预防、制止和侦查违法犯罪活动；防范、打击敌对势力、分裂势力的破坏活动，维护国家安全；维护社会治安秩序，制止危害社会治安秩序的行为，管理交通、消防、危险物品；管理户口、居民身份证；守卫重要场所和设施；监督管理公共信息网络的安全保护工作；指导和监督机关、社会团体、企业事业组织和重点建设工程的治安保卫工作；指导群众性治保组织的治安防范工作。

2017年，达孜县公安局民警143人（含1名工人），其中，男性123人（含1名工人），女性20人；辅警43人，协警66名（藏族），公益性岗位人员1人；藏族民警80人，汉族民警56人，回族民警6人，门巴族民警1人；研究生学历3人，本科学历63人，大专学历66人，高中学历11人；正式共产党员92人；副县级干部1人，正科级干部9人，副科级干部45人，科员级干部87人，工人待遇1人。

【机构设置】 年内，公安局下设治安大队、交警大队、国保大队、刑警大队、网安大队、法治督察大队、科信大队、看守所、政工科、办公室、警务保障室、指挥中心、扎叶巴公安检查站、邦堆乡派出所、塔杰乡派出所、唐嘎乡派出所、德庆镇派出所、雪乡派出所、章多乡派出所、德庆镇便民警务站、镇江中路便民警务站、工业园一区便民警务站、工业园二区便民警务站。

【办公设施】 截至年底，达孜县公安局业务综合大楼（二楼西侧属县委政法委），共有面积2800平方米，加上老公安局办公楼四层，面

2017年7月15日，拉萨市副市长、市政府党组成员、市公安局局长赵涛（左一）在达孜县检查指导交通管理工作

积1470平方米，达孜县公安局办公面积共4270平方米。达孜县公安局共有值班备勤宿舍4栋共计75套，加上原有宿舍2栋24套，全局值班备勤宿舍共计6栋99套。公安局食堂面积200平方米。

【车辆情况】 年内，公安局共有车辆55辆，治安大队6辆、交警大队9辆、国保大队2辆、刑警大队3辆、看守所1辆、政工科1辆、法制督察大队1辆、办公室1辆、总务科6辆、扎叶巴公安检查站2辆、邦堆乡派出所2辆、塔杰乡派出所3辆、唐嘎乡派出所2辆。德庆镇派出所3辆、雪乡派出所2辆、章多乡派出所2辆、德庆镇便民警务站1辆、镇江中路便民警务站1辆、工业园一区便民警务站1辆、工业园二区便民警务站1辆，桑阿寺驻寺民警1辆，叶巴寺驻寺民警1辆，局领导3辆。2017年，在县委、县政府的大力支持和局党委的关心支持下，为4个便民警务站4辆老旧车辆进行全部集中更换，并根据工作需要，购置2辆运兵车。

【打击违法犯罪】 2017年，达孜县公安局共立刑事案件20起（其中，故意伤害3起、电信网络诈骗6起、入室盗窃2起、摩托车盗窃3起、其他盗窃4起、强奸1起、职务侵占1起），破案19起（其中，故意伤害3起、盗窃13起、强奸1起，职务侵占1起、甘肃省带破电信诈骗1起），抓获犯罪嫌疑人8人，追回被盗摩托车4辆，电动三轮车3辆，笔记本电脑1台，全年共开展各类法治宣传23场次。

2017年4月15日，县委常委、政法委书记、公安局党委书记、局长索朗曲培参加“4·15”普法宣传并接受记者采访

【户籍及居民身份证管理】 年内，达孜县公安局治安户政部门严格执行各项户口政策规定。认真开展“户口清理整顿回头看”专项行动收尾工作，治安大队户政部门及各乡镇派出所在“户口清理整顿回头看”专项行动中，共完成全县8801户、30494人的核对工作，其中，纠正非主项变更5957人次、纠正主项变更26人、纠正与户主关系错误65人、纠正错误照片4张、清理重户人员88人、清理死亡应销未销人员395人（其中，274人已注销、121人注销手续正在办理中），清理空挂户43人、解决2名无户口人员的户口、清理登记人户分离601人。

2017年在日常户口办理工作中，共办理出生入户380人，死亡注销274人，迁入231人，迁出191人，补录12人，办理二代身份证共4010张，指纹采集3998人，采集人像4010人，服务群众数7860余人次，受理身份证挂失申报885张、丢失招领22张，收缴过期、损坏身份证773张。

【交通管理】 年内，达孜县公安局交警部门组织警力对辖区318国道、561国道、乡镇村道、旅游线路、扎叶巴盘山公路、甘丹寺盘山公路，新建、改建、扩建道路路口标志标线等进行认真的排查，共排查交通安全隐患47处，并将相关材料报有关部门进行整改；继续加大交通安全宣传力度，营造良好的社会氛围。为提高广大交通参与者的交通安全意识，公安局开展声势浩大的宣传活动，在全县范围内形成“关爱生命，安全出行”的浓厚宣传氛围。2017年，共组织开展道路交通安全法制宣传13场次，共展出各类展板130幅，发放宣传材料7500余份，发放雨衣100个，杯子100个，受教育群众达8000人次，在各村（组）、

2017年10月19日，达孜县公安局民警开展流动人员服务管理工作

学校、茶馆、工厂粘贴固定宣传标语（横幅）172条，通过微信、短信等媒体宣传交通法规和交通常识3000余条，取得良好的社会效应；全力做好交通事故的预防和处置工作，并利用酒精检测仪、雷达测速仪等现代化管理设备，严查超速行驶、酒后驾驶等交通违法行为，同时做好交通安全复杂路段的调查工作。

2017年，交警大队共接警交通事故126起。其中，立案21起（一般16起，简易5起），财损81起，撤案24起，死亡2人，伤4人，经济损失约86000余元。全年共出动警力4768人次，车辆1192台次，共检查车辆184300余辆，共查处各类违法行为1871起，行政拘留2人，共扣2510分，扣证158本，罚款518685元。

【监所管理】 年内，达孜县公安局看守所根据公安部、自治区公安厅和拉萨市公安局关于监所管理工作新的等级化标准和要求，达孜县看守所自2016年10月开始，对监区围墙、电网和刀刺网、监区内武警岗楼、监区AB哨、监区巡控岗位、监室、视频监控室、巡控民警备勤室、讯问室、律师会见区、家属会见区、医务室、单独关押监室、放风场、看守所办公区、生活区等功能区域进行全面改造。历时1年多时间工期，即将投入使用，处于后期验收状态。年内，因施工原因，全年未实施关押任务，日常看押任务，看守所协调市局七处进行关押。同时，看守所民警以跟班学习形式在市局七处进行轮换跟班作业学习。

【社会治安综合管理】 年内，达孜县公安局主动作为、周密部署，强化“公安机关治安领域大清理大整治大排查专项行动”，认真开展治安综合整治暨严打行动，按照“触角延伸到底、视角延伸到边”的工作思路，组织对社会面进行全方位、立体化排查整治。年内，共出动警力5231余人次，清理清查各类特种行业场所1378家次，清理九小场所4005家次，更新特种行业档81份，签订相关行业安全管理责任书152份，收缴管制刀具24把。

【危险物品管理】 年内，根据《中华人民共和国枪支管理法》的有关规定，为加强全县枪支弹药的管理，治安大队制定了以下规定：枪支弹药实行集中统一管理；武器库必须设置“三铁一器”（铁门、铁窗、铁柜，报警器），并能防火防潮；枪支、弹药应分类存放，分开保管；办理重大治安、刑事案件和其他特殊任务时，可借用枪支；携带枪支人员执行公务的，要随身携带持枪证，并做到“五不准”。严格枪支、弹药出入库登记和交接制度。执行公务必须携带枪支弹药，需填写公务用枪使用审批表经治安大队和达孜县公安局分管领导签字，枪管员方可将枪支弹药出库，同时填写公务用枪出入库登记表。

【特种行业治安管理】 年内，全县特种行业治安管理主要涉及旅馆业，且管理较为规范。凡是以小时或天为单位结算费用，接待客人住宿的旅馆、旅社、招待所、住宿部、农家乐，都要办理特种行业许可证。如果在未办理特种行业许可证的情况下擅自经营旅馆，达孜县公安局将按照《中华人民共和国治安管理处罚法》第五十四条之规定，处于十日以上十五日以下拘留，并处五百元以上一千元以下罚款。开办旅馆的必备条件：安装旅馆业治安信息系统并联网运行，符合消防安全的规定，门、锁、窗达到一定的安全规范；需要提交的材料包括开办旅馆业呈批表、从业人员登记表、房屋位置图、各楼层平面图、房屋产权关系证明、《消防意见书》、安全设施情况，包括监控、门锁、物品寄存室、旅馆业治安管理信息系统和各项治安保卫、值班、消防安全管理制度等。

2017年，共接治安警情215起，处警215起，立案9起（其中，殴打他人6起、寻衅滋事1起、扰乱单位秩序1起、为赌博提供便利条件1起），协商调解54起，当场调解77起，求助34起，火警2起，其他39起，行政拘留9人，警告2人。

【包虫病、流浪犬整治】 年内，达孜县公安局本着充分尊重民族地区信教群众宗教感情和充分体现人文精神的原则，以进一步规范县城养犬行为，有效预防各类安全隐患和切实营造良好的人居和旅游环境为目标，集中力量、集中资源、密切配合、通力协作，达孜县公安局各辖区派出所、便民警务站全面开展流浪犬及家养犬数量摸牌工作，同时以走村入户的形式开展包虫病及犬只收容、犬证办理的相关宣传工作。

2017年，共摸排流浪犬2900只，家养犬3878只（家养犬均已登记备档），共抓捕移送流浪犬2694只，其中，专业抓捕队抓捕1674只，取缔雪乡民间流浪犬收容所后移交347只，县局民（辅）警抓捕673只，已全部送往拉萨市犬只收容中心进行收养。发放养犬申请登记表、养犬责任书、《致养犬市民的一封信》（藏汉文）等宣传资料共计5000余份，签订《养犬责任书》532份。

【日常思想政治教育】 年内，组织民警认真学习贯彻习近平总书记系列重要讲话精神，加强民警日常政治理论学习和形势政策教育，针对不同时期和阶段队伍思想中存在的问题，在发现、分析、面对、解决问题上下功夫，引导广大民警进一步树立群众观点，站稳群众立场，增进群众感情，铸牢人民警察核心价值观。同时，全面开展“两学一做”学习教育活动。组织民警扎实开展“两学一做”学习教育活动，通过联系实际的学习教育活动，达到党员干部思想进一步提高、作风进一步转变、党群干群关系进一步密切、为民务实清廉形象进一步树立的目标。

2017年1月10日，达孜县公安局开展“110”法制宣传

【发挥党建引领作用】 年内，做实做强“优秀党委”，加固党建链条，充分发挥局党委和各支部战斗堡垒及党员领导干部示范带头作用，切实加强局党委建设，健全领导班子成员分片管线和党建联系点工作制度；进一步强化机关党员作风建设；丰富党建活动载体，加深机关文化建设，营造“党建促队建、队建促业绩、机关带基层”的良好局面。

【组织开展“忠诚教育月”活动】 年内，深化“两学一做”学习教育活动，以“熔铸忠诚警魂”为目的，牢固树立民警的“政治意识、大局意识、核心意识、看齐意识、风险意识”，用发展着的马克思主义武装头脑、净化灵魂、指导实践，着力解决公安队伍中极少数人存在的模糊认识和错误倾向，解决好极个别民警“政治不纯、思想不纯、作风不纯”等问题，把“忠诚”熔铸于全县公安民警的灵魂中和血液里，永葆全体公安民警“忠于党、忠于祖国、忠于人民、忠于法律”的政治本色。

【领导班子建设】 年内，重点加强基层领导班子和干部队伍的思想、能力、作风建设，总结班子思想政治建设经验。改进完善领导班子、领导干部考核办法，坚持日常考核与年度考核相结合，切实加强对领导干部的教育、监督和管理。同时，构建有生机活力的干部选拔任用机制和交流机制。结合当前人事制度改革，认真贯彻落实干部考核机制，加强对干部德的考察，建立和完善干部工作日志和绩效考核管理，完善干部实绩提名制度。加强干部选拔任用信息公开，探索性开展公安机关内部民警轮岗交流。2017年县局共提拔正科级干部5人，副科级干部22人。

【民主集中制建设】 年内，进一步落实局党委议事决策规定，健全集体领导和班子成员分工负责制，完善《重大组织工作报告制度》；开展“党员干部端正为政心态”教育活动，牢固树立正确的人生观、价值观、权力观和政绩观；坚持和改进民主生活会制度，健全和落实交心谈心制度，及时了解队伍思想动态，提高领导班子解决问题的能力。

【开展多种形式全警“大培训”】 年内，按照学用结合、按需施训的原则，探索建立政工部门牵头、各警种参与的分层分类全警“大培训”工作机制，结合开展专题讨论会、观看教育片、学习讲座等多种形式抓好各类专题学习，提高队伍整体素质和实战本领，努力实现“个人素质一小步，整体素质一大步”。

2017年7月7日，达孜县公安局召开干部任职大会

【“轮训轮值”训练模式】 年内，探索创新培训形式，坚持贴近实战，以赛促练，以练促战，服务实战需要，建立《健全调度机制》《快速反应机制》《实战运行机制》加大对基层民警的培训力度，分层次组织全局基层科所队民警进行全员轮训。

【基础信息化建设】 年内，达孜县公安局争取资金4312.44万元，拟在全县范围内安装建立788个监控点位，全面实现达孜县“天网覆盖”工程，为直观了解和掌握辖区动态，提升应对突发事件、暴力恐怖事件提供有力支撑；从全局各部门选派骨干民警开展信息采集培训，并在县城内开展为期一个月的实地采集训练工作。为后期参训民警返回原部门指导本部民警完善各自辖区信息采集工作打下坚实基础；设置以局长—副局长—派出所所长—网格民警—村委会主任—村民为网格的数字化社区平台，设立“达孜县公安局网格化微信警务平台”，以更好的倾听民意、集纳民智、提供服务、平等交流，为群众解答各类问题。

【警务实战化建设】 年内，规划建设警务实战化训练基地，设立全民健身场地、沙坑、篮球场等训练场所，改变了县局无训练场地的状况；日常工作中，推行警务站、派出所、武警“三位一体”的巡防模式，对群众反映强烈、涉稳问题突出、案件高发的区域开展拉网式、地毯式排查，夯实治安管理防范基础；加强实战化应急处突演练，制定完善《突发事件应急处置工作预案》等工作预案，采取设置模拟警情、组织集中清查等方式，加强警力组织、应急处突、反恐防暴实战化演练，进一步加强机制磨合，完善工作流程，熟练操作要领，提升快速调警、现场盘查、设卡堵截、区域封控能力。

【执法规范化建设】 年内，根据民警业务工作需要，专门购置相应的法律用书和执法记录仪，开展一对一的培训学习，并邀请上级业务部门同志进行案件办理和法律知识培训，提升民警执法规范化。并先后出台《达孜县公安局关于如实立案工作的若干规定》《达孜县公安局关于涉案财物的若干规定》《达孜县公安局采取刑事强制措施及扣押、冻结侦查措施的审批规定》等规范化工作规定制度；强化培训力度、提升执法水平。为推行执法资格等级管理制度，加大民警的教育培训力度，以推行执法资格等级管理制度为载体，公安局通过采取自学、讲授、多媒体教学、经验交流等形式多样的培训模式，在全局开展每周一学、每月一讲、每季一练的模式，注重培训内容的实效，让参训民警真正学到在实际执法办案中有用的法律法规知识；为公安局三个业务大队、章多乡派出所、雪乡派出所根据执法场所建设规模要求，对原有办案场区进行改造，新增录音录像等软硬件设备，推进了执法办案场所规范化建设。

【队伍正规化建设】 年内，成立达孜县公安局党委，设立7个党支部，下设党小组，并专门设立党员活动室，丰富民警业余生活；制定相应的管理制度及办法，与民（辅）警签订《队伍管理责任书》。并为民（辅）警制作达孜县公安局工作证，实行持证上岗制度，实施队伍正规化管理；每年通过对先进科室和优秀民警进行表彰，增强民警认同感和使命感。同时，对因公负伤、患病、困难民（辅）警进行慰问，了解并掌握民（辅）警工作生活动态，切实解决民（辅）警后顾之忧。

【精准扶贫】 年内，达孜县公安局按照达孜县委、县政府的统一安排部署，共安排帮扶148户困难群众。2017年精准扶贫工作中，达孜县公安局党委高度重视，认真研究，及时安排，亲自带队，开展慰问帮扶工作。达孜县公安局党委在抓党建促脱贫工作中高度重视，并亲自抓党建促脱贫工作。正是由于领导的重视，人员到位，使抓党建促脱贫工作迅速启动并有序开展；想方设法，多项措施扎实开展真情帮扶。抓党建促脱贫工作开展以来，达孜县公安局党委带领民警积极开展走访活动，深入开展走访调研，问计于民，问需于民，在此基础上，与村支"两委"班子认真讨论研究，制定帮扶计划，千方百计，想方设法，解决群众实际困难，为群众做了一些实事，取得可喜的成绩。2017年精准扶贫工作中，达孜县公安局143名民警，共结对帮扶困难群众148户；加强村级组织建设，提高干部凝聚力和战斗力。为提高办事效率，规范工作程序，为进一步提高村干部素质，达孜县公安局驻村民警先后多次组织村干部和党员学习"两学一作"学习教育和习近平总书记系列重要讲话精神及党的十九大精神，努力提高政治素质和理论水平；驻村民警还经常找村干部和党员谈心，密切

2017年7月28日，达孜县公安局民警开展警务实战化训练

掌握他们的思想动态，大力强化他们的宗旨观念和责任意识，使他们牢固树立全心全意为人民服务的根本宗旨。

（任永亮）

【领导名录】

县委常委、政法委书记、公安局党委书记、局长

索朗曲培（藏族）

党委副书记、副局长

格　　平（藏族）

苟宝玲

2017年11月8日，拉萨市人民检察院党组成员、常务副检察长塔青（中）在达孜县人民检察院调研

达孜县人民检察院

【概况】 2017年，达孜县人民检察院内设6个机构，办公室、案件管理办公室、控告申诉科、公诉侦查监督科、职务犯罪检察科、刑事执行检察科。专项编制24人，实有干警21人。检察长1名，副检察长3名，检察员7人，书记员7人，法警3人；研究生学历2人；大学本科学历16人，专科学历3人；男干警10人，女干警11人，藏族12人，汉族9人；院党组成员5人（其中，男性1人，女性4人；汉族2人，少数民族3人），支部党员20人。

【“两学一做”学习教育】 年内，教育引导全院检察干警牢固树立“四个意识”，坚决与以习近平总书记为核心的党中央保持高度一致。2017年检察院狠抓检察队伍“两学一做”学习教育常态化制度化活动，认真学习党的十九大精神，严肃和规范党内政治生活。以收看《榜样》《人民最满意的检察官》等纪录片，践行社会主义核心价值观，弘扬忠诚、为民、担当、公正、廉洁的检察官职业道德。2017年，党组书记、班子成员上党课、理论宣讲4次，全院开展各类专题研讨5次，撰写心得体会80余篇。

【党风廉政建设】 年内，继续深入学习贯彻《关于新形势下党内政治生活的若干准则》《中国共产党党内监督条例》，发挥党组织优势，进一步丰富党组织活动内容。健全党建工作责任体系，层层签订《党建工作责任书》《党风廉政建设责任书》《目标责任书》，将院党组主体责任落实到每个领导班子成员的具体工作职责中，防止主体责任虚化。对重大事项坚持民主决策，全年召开会议17次，党组中心理论组学习11次。坚持召开民主生活会，做到咬耳扯袖、红脸出汗，批评与自我批评在检察院成为常态。严格认真做好“两个责任”约谈工作，采取“一对一”式的层层约谈工作，共约谈19人次，达到及时提醒，早打招呼，防微杜渐，筑牢拒腐防变的思想道德防线的效果。

【营造风清气正从检环境】 年内，检察院严格按照党的好干部标准、“三严三实”要求和《党政领导干部选拔任用工作条例》各项规定，始终坚持重品行、重实干、重公认的选人用人导向，坚持做到程序一道不少、环节一个不差。所有干部选任均做到选任前公开方案、任职前全院公示，重点把好任职五道“关口”，从而进一步扩大干警对干部选拔任用的知情权、参与权、选择权和监督权。2017年，检察院共提拔7名干部，其中进一步使用4人，提任上一级职务3人。

【纪律作风建设】 年内，严格落实中央“八项规定”精神，驰而不息纠正“四风”。自觉接受自治

区和拉萨市人民检察院巡视组巡视监督，坚决严肃整改巡视发现的突出问题。同时，检察院把反腐倡廉教育纳入干部教育培训计划，开展中心理论组学习6次、干警集中学习党风廉政建设内容18余次。结合“书记上党课”活动，主要领导上廉政党课1次，7名副科级以上干部报告了个人有关事项，20名党员干部签订《严守政治纪律和廉政纪律承诺书》。组织全院党员干部参观了爱国主义教育基地、布达拉宫雪城监狱和拉萨市党校廉政警示教育基地。科级以上干部参加各类教育活动学习考试2次，干警纪律作风显著提升，达到预期效果。

【打击各类犯罪活动】 年内，受理审查逮捕案件4件4人，其中批准逮捕1件1人，不批准逮捕3件3人；受理审查起诉案件8件9人，其中，提起公诉5件5人，不起诉3件4人。全年无逮捕必要，提直诉案件7件7人，民事行政案件受理1件1人。全年无错捕、错诉和无罪判决案件，办案中秉公执法、严格执法，无违纪违法行为。

【严肃查办职务犯罪】 年内，检察院立案侦查职务犯罪案件2件2人。检察院向发案单位下发《检察建议》1份，强化发案单位财务管理漏洞，健全了制度，从源头上防止腐败行为的发生。为形成覆盖城乡的预防职务犯罪网络，打通预防职务犯罪的“最后一公里”，使预防职务犯罪宣传更加接地气、贴民心。检察院利用邮政投递员“走千家、进万户”的工作优势，根据区、市检察院的文件精神，检察院与中国邮政达孜分公司签订《预防职务犯罪工作联系配合制度》，并组织该公司10余人参观拉萨市党校廉政警示教育基地，为构建社会化预防工作大格局和预防腐败体系建设发挥重要作用奠定了思想基础。同时，检察院全年开展重大投资项目专项预防2次，撰写开展惩治预防犯罪年度报告和专题报告1份，深入分析职务犯罪的特点和原因，提出防治对策建议。

【化解社会矛盾纠纷】 年内，检察院始终牢记群众利益无小事，坚持“有案办案，无案宣传，化解矛盾，维护稳定”的宗旨，全力开展服务新农村建设工作。办案中，检察院采取带案下访的工作方式，积极主动地核实详细情况，了解具体诉求，有效化解矛盾隐患。同时，检察院积极配合县委中心工作，抽派干警积极参与到吞米岭、桑珠林村涉法上访事件的调查和法律宣传工作中。

【延伸创新工作方式方法】 年内，为加强对特殊人群犯罪案件的管理，切实维护其合法权益，检察院制定《关于加强刑事诉讼中特殊人群权利保障的工作方案》，并认真加以落实。同时检察院还为深入推进“阳光检察”，创新服务工作触角，制定检察院《关于拟在各乡镇派出所设立检警联系点的实施方案》《检警联系点工作制度》和《检警联系点工作人员职责》，将制度和职责制作成藏汉“双语”宣传板上墙至德庆镇“检警联系点”办公室，积极开展检警联系工作。

【开展法律专项监督】 年内，开展“破坏环境资源和危害食品药品安全犯罪专项立案监督活动”的调研及监督，到相关部门了解情

2017年8月18日，西藏自治区人民检察院巡视组一行在达孜县人民检察院开展巡视工作

2017年7月24日，检察院党支部组织召开党员大会

况、实地走访。通过监督活动，加强与相关部门的沟通联系，详细了解相关情况，为下一步提高监督工作质量奠定了基础。

【刑罚执行监督】 年内，开展减刑、假释、暂予监外执行专项监督，并加强与县司法局的联系，开展专项监督检查 4 次，对存在的个别问题，检察院及时提出口头纠正意见建议 2 次，认真做好达孜县社区矫正监督工作。截至年底，达孜县社区矫正人员 4 人。

【法治宣传】 年内，沿主要街道和乡镇开展"法律七进"法制宣传活动 10 场次，发放印有检察院检察标志的环保袋及宣传品 1400 余份，发放检民联系卡、宣传资料 2900 余份，接受群众咨询 30 余次，受教育群众 1380 余人次。在达孜县中心小学，开展以"如何加强对犯罪的自我防范"为主题的"检校共建"法制教育课，提高了学生的自我保护意识。

【脱贫攻坚】 年内，根据"精准扶贫"活动的要求，结合"四讲四爱"主题教育实践活动，检察院继续开展"助力精准扶贫，检察官在行动"2 次。院党组成员和全体党员在唐嘎乡唐嘎村，开展精准扶贫脱贫工作 3 次，为 25 户贫困户分别送上干部职工个人捐助的慰问金，共计 15800 元。

【司法责任制改革】 年内，通过严格考试和审查，已遴选出 8 名员额制检察官。推进司法人员分类管理，根据检察官、司法辅助人员和司法行政人员分类办法，研究制定检察院《关于司法辅助人员和司法行政人员分类定岗定级的通知》，并按照"谁办案谁负责，谁决定谁负责"原则，制定《检察官权力清单》和检察院《办案工作内部监督暂行办法》，明确检察长、分管副检察长、部门负责人、承办检察官、检察辅助人员的各项职责，对案件质量终身负责，并结合市检察院文件精神和达孜检察工作实际，制定《关于内设机构改革的实施方案》。同时，检察院专人负责、积极开展检察官工资套改培训和套改工作，推进了司法体制改革工作的有序开展。

【成立检察官案件办理组】 年内，检察院根据履行职能需要、案件类型及复杂难易程度，结合审查逮捕起诉、职务犯罪侦查和诉讼监督等三大类办案业务的特点，成立检察官和检察辅助人员和书记员组成的检察官办案组，并以检察官办案组为模式开展司法办案工作。该办案模式，突出检察官的核心地位，充分发挥检察官的业务骨干作用，调动了检察官工作积极性，为下一步提高案件质量奠定了基础。

【"检察文化建设"】 年内，检察院着力构建开放、动态、透明、便民的阳光司法机制，网上公开法律文书 8 份，提升检察工作透明度，保障人民群众的知情权。截至年底，充分利用"两微一端"，更新网页动态 41 条，微博 40 条，头条新闻 5 条；上传简报 117 期；《达孜网信》上投稿 102 条，采用 61 条；在《西藏检察》上发表法治宣传和理论文章 1 篇。抽派干警参加员额检察官培训、司法考试培训、岗位实践锻炼、藏汉双语培训等各类培训累计 12 人（次），队伍素质有了全方位的提升，执法水平有了较大程度的提高。确立以"检察文化建设”为内容的创建目标，务求不断营造温馨的检察人文环境，打造具有时代气息的特色品牌。并根据检察院新建办公与办案技术楼的总体布局，以检察文化、勤政廉洁、党的建设为主题，打造了具有本院检察特色的文化长廊。

（杨晓燕　白玛桑珠）

【领导名录】

党组书记、检察长
　　达　　珍（女，藏族）
党组副书记、副检察长
　　德吉桑姆（女，藏族）
党组成员、副检察长
　　何　　琪
　　茹 格 叶（女，藏族）
党组成员、办公室主任
　　杨 晓 燕（女）

达孜县人民法院

【概况】 2017年，达孜县人民法院共受理各类案件310件，收案数居全市第三名，审（执）结308件，诉讼标的额1616.8万元，综合结案率为99.35%。综合结案率、审判质效获全市法院第一，多次受到西藏高院及中院党组表彰，并授予全市模范法院、先进集体等荣誉称号。自治区高院党组书记、院长索达在2017年的全区法院案件推进会上，号召全区法院向达孜县人民法院学习，实现案件结案率“双百”工作目标。

【运用刑事司法手段】 年内，法院共受理刑事案件7件，审结7件，结案率100%，严厉打击故意伤害、强奸等其他类严重暴力犯罪，坚持“该严则严”，决不手软，全年共审理此类案件5件，占刑事案件总数的71.4%，判处犯罪分子5人。重点加大反腐败工作力度，坚定不移严惩腐败，着力解决发生在群众身边的腐败问题，推动反腐败斗争深入开展，共审结贪污、贿赂等职务犯罪2件，判处犯罪分子2人。全力支持达孜县纪委开展反腐败工作，通过邀请市纪委、林周、达孜县纪委和达孜县人民检察院旁听案件、列席审委会、抄送判决书等方式，加强同市、达孜县纪检部门和检察机关的沟通协调，实现党员领导干部违法犯罪的依法惩治与党纪处分的有机衔接。

【民商审判】 年内，法院受理民商案件170件，结案169件，结案率达99.41 %，调解结案164件，调解撤诉率96.5%，审限内结案率达100%。在民事审判中，坚持调解促进稳定的审判指导思想，把定纷止争、力求当事人双方通过诉讼维护合法权益为执法理念，不断加大调解力度，取得良好的社会效果和法律效果。走访达孜县部分乡镇、村委，为各单位提供前沿化、延伸化服务，对审理案件中发现的涉行政管理存在的相关问题，及时向有关单位发出司法建议，促进相关单位依法行政。全年共发出司法建议10条，均已得到回复。

【破解执行难题】 年内，法院牢牢坚持执行强制性、执行信息化和执行规范化的工作原则，执行攻坚工作取得良好效果。全年执行收案133件，结案132件，结案率99.25%，执结标的额126.8万元。在执行工作中，为保障债权人的合法权益与维护社会稳定、促进经济发展有机结合起来，使绝大多数案件得以和解执行，和解执行率达91%。加大执行救助力度，彰显人文关怀。对7件涉

2017年6月23日，拉萨市中级人民法院审判监督庭庭长拉珍（前排右一）在达孜县人民法院进行业务指导工作

民生案件，30余名申请人进行了52504元的执行救助，解决了群众最关心的生活困难，最大程度消除了社会不稳定因素。

【开展涉诉信访矛盾纠纷排查】年内，着力化解信访事件，确保局势稳定。为推进涉法涉诉信访事件的有效化解，达孜县人民法院积极开展涉诉信访矛盾纠纷排查工作，与达孜县信访局建立信访工作联动机制，成功化解100余件信访矛盾纠纷，形成信访力量与审判力量的整合。

【精准扶贫精准脱贫】年内，全力支持达孜县精准扶贫精准脱贫工作，坚决打赢脱贫攻坚战。院党组组织动员全院干警力量，用真心、献爱心、聚民心、出点子、指路子，同帮扶所在乡镇、村委一同形成工作合力，做到帮扶对象脱真贫、真脱贫。截至年底，35名帮扶对象，34名已全部脱贫。

【全面推动司法改革】年内，法院司法体制改革步入第二个年头，作为与群众密切联系的司法实践第一线，基层法院的司法改革备受关注。为有效缓解立案登记制后案多人少的压力，激发一线法官参与司改的积极性，真正让群众在每一个案件中感受到公平和正义，达孜县法院通过不断探索、尝试，总结经验，在人员未增加的情况下，改革两年后全年综合结案率达99%以上，让人民群众切实感受到了司改带来的获得感。

【坚持司法为民】年内，法院深入贯彻以服务人民为中心的思想，紧紧抓住人民群众日益增长的司法需求与人民法院工作发展不平衡、保障群众权益不充分之间的矛盾，始终把群众利益、群众感受作为全院整体工作的风向标、晴雨表。推进诉讼服务中心“一站式”服务，着力提升司法服务水平。敞开立案通道，在诉讼服务中心提供免费咨询、免费Wi-Fi等十项便民服务，全面落实立案登记制。2017年，法院实行网上立案预约登记收案283件，案件录入、网上审批283件，审批缓、减、免诉讼费案件64件，缓减免金额16469元。“立案难”问题得到解决，人民群众的“获得感”得到了全面提升。

【队伍建设】年内，法院在抓好审判本职工作的同时，高度重视队伍建设，始终把党风廉政建设作为提升队伍素质的重要抓手，认真落实“两个责任”，院党组始终把主体责任扛在肩上、握在手中、记在心里、落实在行动上。严把干部选任关。将从严理念贯穿动议、民主推荐、讨论决定等上报推荐全过程，2017年，向达孜县委组织部推荐7名干部进一步使用，以完善本院机构人员配置。

【提升司法保障水平】年内，以法院新址建设为契机，做好文化兴院工作和智慧型法院的建设。在经费较为紧张的情况下，争取达孜县政府的大力支持，集中财力办大事，改善办公和审判条件。按照贴近审判、贴近基层、符合实际的要求，以党建文化、法治文化、廉政文化为主题做好法院文化建设，为建设达孜绿色环保、独具文化的样板工程而努力。

（洛桑卓玛）

【领导名录】

党组书记、院长

蔡　宏（藏族）

党组成员、副院长

刘兴富

2017年4月4日，达孜县人民法院审判业务干警开展法宣活动

农庆林（女，壮族，12 月免）
桑　吉（女，藏族）
王昌颖（江苏援藏，8 月免）
赵　青
金之祥（江苏援藏，8 月任）

达孜县司法局

【概况】 2017 年，达孜县司法局设 5 个职能部门：办公室，县普法办，人民调解指导委员会，刑满释放人员安置帮教领导小组办公室，社区矫正领导小组办公室。管辖单位 7 个：县法律援助中心，6 个司法所（设于各乡镇）。局长 1 人，副局长 2 人，科员 3 人，司法所所长 6 人。

2017 年，达孜县司法局深入贯彻落实习近平新时代中国特色社会主义思想和党的十九大精神，紧紧围绕县委、县政府中心工作，充分发挥司法行政职能优势，坚持用法律知识武装人、提高人、帮助人、转化人为抓手，为法治达孜建设贡献力量。以“两学一做”学习教育活动和“四讲四爱”主题教育活动为契机，坚持“围绕中心，履职尽责，立足本职，服务大局”的工作思路，认真开展普法宣传、人民调解、安置帮教、社区矫正、法律援助等重点工作。

【全面启动“七五”普法工作】 年内，达孜县全面启动实施“七五”普法工作，以县委、县政府名义成立达孜县“七五”普法工作领导小组，印发“七五”普法规划和“七五”普法规划决议，下达全县普法依法治理目标任务，组织、指导、督促全县各行各业实施“七五”普法。11 月 1 日，召开全县第七次法治宣传教育工作会议，会议总结“六五”普法工作，安排部署“七五”普法工作，表彰全县“六五”普法先进集体和先进个人。

【开展“法律七进”活动】 年内，继续积极开展法律进机关、进单位、进学校、进企业、进乡村、进社区、进寺庙的七进活动，深入学习宣传依法行政、社会保障、医疗卫生、交通安全、劳动就业、权益保护、热爱祖国和维护民族团结等相关的法律法规；大力宣传与维护妇女儿童、老年人、青少年等特定群体权益保护相关的法律法规，坚持法制宣传教育群众与服务群众相结合，努力服务保障和改善民生。全年共开展法律进寺庙活动 20 多次，开展法律进学校（法治讲座）50 多次，法律进单位 10 多次，法律进机关 100 多次（由普法成员单位共同组织），法律进企业 15 次，法律进乡村（社区）100 多次（由各乡镇、村委会共同组织）。2017 年，普法工作人员在各处各次宣传教育时设立咨询服务 60 多次，解答群众的问题 350 余人次，印发宣传资料 6 万多份（册）、悬挂横幅 100 多条，为中小学生上法制课 30 多堂，全县共受教育人数 1 万余人次，进一步增强了广大人民群众对法律的理解和认识。

【“四讲四爱”普法宣传活动】 年内，根据达孜县“四讲四爱”活动办工作安排，司法局认真开展“四讲四爱”暨“遵法学法守法用法”主题教育实践活动，深入学校、村组、寺庙集中时间力量，分阶段、分步骤在农牧民群众、青少年学生、寺庙僧尼中全面深入开展“遵法学法守法用法”普法宣传活动，坚持全覆盖、常态化、重创新、求实效，教育引导各族群众拥戴、信

2017年4月28日，司法局局长邓玉芳主持召开司法行政工作会议

2017年6月26日，司法局副局长勾九龙带领干警在德庆镇开展禁毒日宣传活动

赖、忠诚、捍卫习近平总书记这个核心，增强中华民族共同体意识，不断巩固马克思主义在意识形态领域的指导地位，形成加强民族团结、建设美丽达孜的思想自觉和行动自觉。此次“四讲四爱”普法宣传活动，组织法制副校长深入学校开展讲座10多次，深入村组开展普法宣讲20余次，深入各寺庙开展普法宣传10多次，发放普法宣传资料2万多份。各乡（镇）司法所、县直对口普法成员单位同步开展“四讲四爱”暨“遵法学法守法用法”主题教育实践活动。

【定制普法宣传资料】 年内，为适应新形势下普法要求和县政协委员提出的“关于加强《中华人民共和国婚姻法》宣传力度的建议”，定制了1.5万册《中华人民共和国婚姻法》和1万册《中华人民共和国宪法》。在创新制作普法宣传资料的基础上，挤出资金专门定制了一批“普法宣传手提袋”法治宣传用品，共计10000个。这些普法宣传资料和普法宣传手提袋将利用各种宣传时机免费发放，将其作为法治宣传的新载体送进千家万户，走进群众日常生产生活。

【人民调解】 年内，按照《中华人民共和国人民调解法》和自治区、拉萨市人民调解工作要求，精心组织，周密部署，采取有力措施，确保矛盾纠纷不积累、不上交、不激化，全力维护全县的社会稳定。突出重点地区，抓好矛盾纠纷多发、频发、易发地的排查调处工作。突出重点对象，加强对重点区域、重点群众、重点环节的排摸，有针对性采取措施，进行有效调处。突出重点时段，每月司法局会同公安、信访等部门深入五乡一镇开展矛盾纠纷大排查活动，每月深入排查不少于2次，各乡（镇）司法所每周开展1次矛盾纠纷排查，突出解决一批有影响、易激化的矛盾纠纷，严密防范大规模、群众性上访事件的发生。认真落实重点矛盾纠纷排查报告制度，建立健全重大节会重点排查，突出问题专项排查的工作机制。通过开展司法所所长下村专项活动，人民调解工作规范化建设，积极开展内容丰富、形式多样的排查调处主题活动，扎实推进工作。从“上访”转变到“下访”，从事后调解转变到超前预防调解，综合运用行政、法律、经济等多种手段和教育、协商、调解等方法，多渠道、多角度妥善化解矛盾纠纷，逐步形成以法制宣传教育为基础、矛盾纠纷及时排查调处为核心，全面推动工作任务落实。截至6月，达孜县共成立专业性行业性人民调委会9个，调解员101人，其中，女性37人，本科及以上学历27人，加强对行业性专业性人民调委会的管理、培训，建立健全例会、绩效考评、纠纷登记、报表统计上报、档案管理等制度，充分发挥行业性专业性人民调委会调处化解矛盾纠纷工作的职能作用。2017年，各级调解组织共调处各类矛盾纠纷48件，调解成功率100%，全部调处成功，各类文书齐全。

【社区矫正】 年内，各乡（镇）司法所与派出所、综治等部门通力合作、加强协作，严格落实“属地管理”“六对一”管控模式和“谁的人、谁管好，谁的事、谁负责，谁出事、追究谁”的原则，以高度的政治敏锐性和责任感认真落实《分区包干责任制》，切实加强对辖区内社区服刑人员的教育管理，提高防范意识，做到有问题早发现、早报告、早解决，不断提高教育矫正工作质量，深入开展安全隐患排查整治工作，确保社区矫正安全稳定，切实维护社会大局持续稳定。将社区矫正工作纳入“双联户”和网格化工作，推进社会管理创新。将社区服刑人员纳入“双联户”模式是提升特殊人群管理服务、教育引导的重要举措，是促进社会治安安定和谐的重要途径，通过工作重心下移、科学源头治理、创新方式方法、基层群防群治等措施，发挥基层群众和司法所在各项工作中的积极作用，通过联户教育、联户帮扶、联户融入、联户管理等措施，切实实现特殊人员受教育、得帮扶、强管理、促和谐的目标。

【安置帮教】 年内，按照安置帮教工作要求，切实加强机构建设、组织网络建设、工作制度建设等。做好刑满释放人员信息管理工作。利用现有的刑满释放人员网上信息管理平台系统，扎实做好在服刑人员的摸排工作和预释放刑满释放人员的衔接工作。继续抓好成员单位、乡(镇)领导挂包的安帮工作责任制的落实，将该县所有刑满释放人员加入“双联户”和网格化管理体制，实行“五帮一”，防止脱管、漏管。积极将安置帮教工作向前延伸，走访服刑人员家属，帮助他们解决生活困难，促进服刑人员安心改造。按照“帮教前移、无缝衔接、注重服务、强化管理”的要求和“教育、挽救、感化”的工作方针，把好“七关”(衔接关、救助关、摸排关、安置关、帮教关、监控关、管理关)，有效地预防和减少重新违法犯罪，维护了全县的和谐稳定。2017年，司法局接收的刑满释放人员(含社区矫正转入)都逐一与各乡(镇)司法所进行衔接，办理相关手续。截至年底，刑满释放人员帮教率和安置率均达到100%，刑满释放人员重新违法率和重新犯罪率均为0。

2017年3月10日，司法局副局长高鸽在县中学开展“法律进校园”暨开学第一堂法制课活动

【法律援助中心】 年内，达孜县法律援助中心认真兑现“有问必答、有纠必解、有诉必帮、有困必助”的服务承诺，做到“能援则援”“应援尽援”，确保困难群众依法获得符合标准的法律援助，最大限度维护弱势群体的合法权益。法律援助中心工作人员和律师认真执行调整后的经济困难标准，缩短受理审查期限，进一步降低达孜县法律援助门槛，扩大法律援助覆盖面，妥善满足困难群众法律援助需求。2017年，法律援助中心共办理法律援助案件55件，结案数55件，结案率为100%，案件涉及金额61万多元，有效维护了困难群众的合法权益，促进了社会和谐稳定。

【乡镇司法所】 年内，达孜县司法局与各乡(镇)司法所签订目标责任书，对基层基础业务工作、行政管理、党风廉政建设、考核考评方式等都做了详尽的规定，着力提高司法所人员的管理水平及工作质量。司法所项目建设用地、选址等前期工作正在稳步推进，待自治区、拉萨市下达司法所建设项目后，立即着手开展项目初设、环评等工作。

(曾治友)

【领导名录】

局 长

邓玉芳(女)

副局长

勾九龙

高 鸽(女)

经济管理

达孜县发展和改革委员会

【概况】 2017年，达孜县发展和改革委员会共有干部职工12人，副主任2人、一般干部10人，其中，党员11人；设有“三局四办”，包括交通局、粮食局、物价局，铁路办、安居办、受援办、基建办。发展和改革委员会根据工作新形势、新要求，结合达孜县实际情况，以科学发展观和习近平总书记系列讲话精神为指导，以经济建设为中心任务，坚持稳重求进总基调，以加强项目建设、调整产业结构、促进产业转型升级为抓手，不断促进全县经济社会良好发展，通过狠抓项目建设、强化具体业务指导、严格内部管理等工作，确保发改各项工作的高效推进。

【抓项目、促投资】 年内，实现固定资产投资29.29亿元，同比增长2.3%，共落实各类建设项目246个，总投资达到66.38亿元，其中，续建项目59个，总投资7.01亿元；新建项目187个，投资59.37亿元。2017年，投资过亿的重点项目有10个（加上企业备案项目）项目，分别为达孜县小康安居工程建设项目，总投资约2.8亿元；达孜县2016年精准扶贫易地搬迁项目二期，总投资约1.3亿元；达孜县人民医院整体搬迁项目，总投资约3亿元；达孜县塔杰乡高标准奶牛养殖中心项目，总投资约1.7亿元；达孜县基层政权——综合服务中心建设项目，总投资约1.4亿元；达孜县精准扶贫相对集中安置工程，总投资约1.57亿元；西藏运高新能源有限公司三期光伏发电站，总投资约3.3亿元。

重点产业项目有拉萨白纳阿古登巴休闲公园项目，总投资2.97亿元；达孜县邦堆乡农业产业园县工厂化智能型育苗育种基地项目，总投资1800万元；达孜县塔杰乡高标准奶牛养殖中心项目，总投资约1.7亿元；唐嘎乡藏

2017年8月31日，副县长、发改委主任陈伟组织发改、统计全体党员集中学习党章

鸡养殖基地，总投资3000万元。2017年，援藏项目共计12个（含续建项目5个）总投资约1.83亿元，其中援藏投资约1.52亿元，其他投资3082.37万元。分别为达孜县农牧科技产业园高效保鲜冷藏库，达孜县邦堆乡农业产业园区工厂化智能型育苗育种基地，达孜工业园区小微企业创业孵化基地，达孜县叶巴村村容村貌环境整治工程，达孜县人民医院苏拉远程会诊系统项目，达孜县罗普村扶贫商品房建设项目，达孜县克日村、邦堆村、林阿村村级政权建设项目，达孜工业园物流服务中心，达孜工业园区镇江路提升项目，达孜县唐嘎乡饲草种植基地项目，达孜县标准化卫生院（包括：唐嘎乡卫生院、章多乡卫生院），达孜—江苏民族交流交往交融工程。

2017年4月15日，发改委副主任柏树辉组织工作人员在德庆镇沿街开展“国家安全日”宣传活动

【建机制、强管理】 年内，按照项目建设有关管理规定，逐步完善项目审批管理制度，以项目审批制度流程为规范，不断精简项目审批流程和相关手续，提高项目审批工作效率，为项目建设提供优质的服务。2017年，共下达项目立项、可研、概批、招投标批复共计295个，为项目建设进程提供了良好的保障。

【农村公路项目建设】 年内，完成续建项目3个（达孜县德庆镇白纳村6、8、9、10组公路工程建设项目、达孜县章多乡尊木采村色古塘组公路工程建设项目、达孜县邦堆乡克日村村委会至克日村一组公路工程项目），总投资约1561.85万元；新开工项目2个（达孜县德庆镇白纳村至朗庆度假村公路工程、拉萨市达孜县林阿村9组至农业园区公路工程），总投资约1287.24万元，2017年建完成总体的60%；完成续建桥梁项目10座，总投资约874.05万元；新建桥梁项目5个，总投资约424.52万元，已完成邀标，2018年年初开工。

【抢险保通】 年内，竭力做好汛期防灾减灾和抢险保通工作，汛期在全县范围内修复水毁路段共计6.82公里，修建水毁桥梁6座，修复水毁防护设施如挡墙、防护堤和导流堤1134立方米，保障了农牧民的生命财产安全和出行的畅通。

【粮食局工作】 年内，推进国有粮食购销企业改革，基本完成全县国有粮食购销企业布局调整和产权制度改革。免费向五乡一镇600户农牧民发放高1.5米，直径1.1米，存储量达1000公斤的储粮仓具600套；采购粮食青稞27.7公斤，销售粮食17万公斤，其中，青稞16.7万公斤，青油0.3万公斤。

【自身素质建设】 年内，发展和改革委员会始终以“两学一做”学习教育常态化、制度化、“四讲四爱”主题教育实践活动为契机，坚持把理论武装放在首位，并贯彻到实际工作中去。2017年，组织集中学习15次，自学20次，共学习篇目30篇，撰写心得体会70余篇，有效推进了单位党建工作的开展，提升了全体党员干部的思想政治觉悟。

【党风廉政建设】 年内，发展和改革委员会全体干部职工认真落实中央“八项规定”、自治区“约法十章”、拉萨市“八项要求”，以及各项规章制度，深入开展学习“党章”“准则”“条例”以及习近平总书记系列重要讲话精神，坚持开展“三会一课”活动，不断提升全体干部思想政治素质和水平，2017年，共召开单位党风廉政会10次，撰写学习心得体会16篇，全面贯彻落实各级党委、政府、纪委相关规定和要求，切实加强单位内部管理。

（泽仁卓玛）

【领导名录】

副县长、发改委主任

陈　伟

副主任

柏树辉

洛桑旺扎（藏族）

达孜县财政局

【概 况】 2017年，地方财政一般预算收入完成67826万元，比2016年，同期增加8946万元、增长15.2%，圆满完成上级业务部门确定的收入预定目标。其中，税收收入65904万元，同比增加9014万元，增长15.8%；非税收收入完成1922万元，同比减少68万元、下降3.4%。从收入结构来看，增值税、个人所得税是达孜县税收收入的主要构成部分。2017年，两大税种占全县税收收入总额的比重分别为45%和46%。2017年，地方财政一般预算支出完成139000万元，比2016年同期减少16481万元、下降10.6%。

【支出完成情况】 达孜县十三届人大一次会议批准的2017年度全县财政收支预算为公共财政总财力为132331万元，公共财政支出预算为132331万元，政府性基金预算总财力为1000万元，政府性基金支出预算为1000万元。

在年度预算执行过程中，根据财力变化情况，经县人大常务委员会批准，2017年财政预算执行结果为全县总财力165803万元，比年初预算增加33472万元，增长25.3%。其中，上级财政补助收入84358万元，比2016年下降6.1%；地方公共财政预算收入67826万元，比2016年增收8946万元，增长15.2%；调入国有资本金经营收入3万元，预算稳定调节基金13616万元，全县公共财政预算支出完成165778万元，比2016年决算数增加10297万元，增长6.6%。收支相抵，滚存结余25万元，其中，净结余25万元，实现了财政收支平衡，略有结余。

2017年2月16日，副县长、财政局局长边次主持召开2016年财务工作总结及2017年财务工作安排部署会议

【政府性基金收支情况】 地方政府性基金预算收入完成35407万元，其中，土地出让金34685万元；上级专项指标收入722万元，政府性基金预算支出35407万元。

【惠农政策】 年内，农林水事务支出39104万元，比2016年增加4343万元，增长13%，主要用于支持发展高效农业、农业综合开发、水利事业、净土健康产业、“四业工程”、农村人居环境建设和环境综合整治、小型农田水利、农业科技推广、农作物补贴、牲畜良种补贴、农牧业特色产业、县级农牧业防抗灾物资储备库建设、重点防护林工程项目、农村安全饮水巩固提升工程项目、重大动物疫情应急物资储备及冷链设施建设项目、人工种草与天然草改良工程项目、草原治理（草原监理站建设）、曲尼帕罐区工程项目、邦堆乡叶巴沟水土保持生态清洁小流域综合治理示范工程项目、农业产业园区体验中心及护理员供暖县

2017年10月21日，财政局副局长尼玛带领局财务人员在北部乡镇开展“一卡通”宣传工作

级配套、寺庙专职管理机构业务用房建设等方面。

【社会保障】 年内,达孜县用于民生方面的支出占新增财力的70%以上。社会保障和就业支出10036万元,比2016年增加6126万元,增长156.67%,重点用于城镇职工医疗保险、养老保险、职业年金、城乡低保、新型农村养老保险、城镇居民及寺庙僧尼养老保险、“三老”人员补助、农村“五保户”供养、住房公积金公益性岗位配套等方面。兑现干部职工住房公积金财政配套资金1443万元,养老保险、职业年金财政配套资金1520万元。

按照上级要求,城镇居民最低生活保障标准由月人均640元调整到764元,共兑现财政配套资金145万元;农村居民最低生活保障标准调整由每人每年3645元调整为3914元,在调整基础上本级财政两线合一,兑现每人每年351元,共兑现财政配套资金520万元;落实“三老”人员生活补助资金102万元;“五保户”供养资金135万元;“三大节日”慰问金111万元;落实村干部岗位补贴资金445万元(2017年,村党支部书记和村委会主任基本报酬和业绩考核奖励补助每人每年达到4.88万元,村党支部副书记和村委会副主任基本报酬和业绩考核奖励补助达到每人每年4万元,村“两委”委员基本报酬和业绩考核奖励资金达到每人每年3.12万元);落实资金361万元,保障各行政村正常运转;落实资金443.19万元,对全县农牧民和城镇低保户共441人实行医疗救助;落实资金1353万元,用于农牧民农村综合医疗补助;落实资金424.4万元,用于农牧民大病统筹县级配套;落实资金198万元,用于支付城乡环卫工人工资等。

【教育事业】 年内,达孜县教育支出达到24172万元,县本级财政对教育投入占地方公共财政收入的20%以上,重点用于中心小学建设、教职工住房公积金配套、职业教育、农村教师各项补贴、非义务教育阶段农村户口和城镇低保户口学生助学基金补助等。全面落实“三包”政策,全年落实义务教育“三包”经费1050.34万元。

【基层文化建设】 年内,文化体育与传媒支出1802万元,比2016年增加1285万元,增长2.5倍。全面实现公共文化设施免费开放。落实群众文化经费28万元、电影场次补贴16万元,继续支持民间艺术团体建设和推进农村电影放映工程。

【社会事业】 年内,城乡社会事务支出完成2310万元。

（扎西达娃）

【领导名录】

副县长、财政局局长

边　　次(藏族)

副局长

尼　　玛(女,藏族)

扎西达娃(藏族)

达孜县国土资源规划局

【概况】 2017年,达孜县国土资源规划局紧紧围绕全县中心工作,加大耕地保护力度,强化国土资源监察,规范基础业务和内部管理,进一步巩固和规范国土资源管理成果。2017年,达孜县国土资源规划局共有编制10人,其中，行政编制4人，事业编制6人。现有干部职工10人，其中，正科级1人，副科级1人，科员3人，事业编制4人，公益性岗位1人。

【“两学一做”学习教育】 年内，按照“两学一做”学习教育活动相关要求，积极推进各项活动。国土资源规划局干部职工参加党支部开展“两学一做”学习教育10余次，认真学习区、市、县关于“两学一做”学习教育各类文件和领导重要讲话精神，每名党员干部撰写相关心得体会；坚持领导党员干部带头，严格执行部门学习纪律以及工作纪律，全面落实政务、党务公开，确保党的群众路线教育实践活动全面落实。

【耕地保护】 年内，切实有效保护耕地和基本农田；继续加大土地开发整理力度，完成“拉林高等级公路用地占补平衡唐嘎乡唐嘎村、塔杰乡塔杰村耕地开垦项目”，开发整理耕地面积为1601.68亩，于5月16日通过拉萨市国土资源局的验收。申报并通过面积为765.5亩的章多乡尊木采村曲尼帕土地整治项目，正在实施中。申报并通过面积为1000亩的雪乡扎西岗村土地整治项目，正在实施当中。确保全县耕地和基本农田数量不减少、质量有提高，保持了耕地总量的动态平衡，为全县社会经济的持续发展提供了有力的资源保障。

【永久性基本农田划定】 年内，根据《达孜县土地利用总体规划（2006—2020）》，规划目标年（2020年）基本农田保护面积指标为95157.00亩。编制时采用底图为2009年全国第二次土地调查成果，此次永久基本农田划定工作以2014年度土地变更调查成果为基础。上级下达达孜县调整后的基本农田保护目标为85410.00亩。此次划定的基本农田面积为85410.28亩，与上级下达调整后的基本农田保护指标相比多划0.28亩，达到上级下达基本农田保护指标的落实要求。耕地坡度等级主要为1至4级，坡度大于25度的旱地未划入。达孜县永久性基本农田划定方案于5月22日通过西藏自治区国土资源厅、西藏自治区农牧厅的验收。9月，国土资源规划局开展《章多乡土地利用总体规划》调整工作，同时10月19日开展《达孜县土地利用总体规划（2006—2020）》调整完善工作。截至年底，规划调整工作正在进行中。

2017年6月23日，国土局局长尼玛顿珠在章多乡章多村召开农村集体土地所有权确权登记颁证工作动员会

【土地矿产卫片执法】 年内，国土资源规划局已将核查后的16宗土地违法用地数据及25宗矿产宗地上报至卫片信息系统中，在上报中对上报数据反复核实定性准确，切实避免漏报图斑、错误定性等问题，确保各类上报数据的准确，在提高查处力度的同时，切实保证了执法检查工作的严肃性和规范性。

【采砂工作】 年内，全县范围内采砂石点共15处，其中，2个采砂点持有采砂石许可证。属无证非法采砂石共12个点，现已全部停工。根据拉萨市国土局要求以及达孜县经济发展需求，并严格依据采砂管理的有关法律法规，按划定的可采区规划原则，结合河道各段的特点及实际情况，统筹兼顾，全面规划、有序开采、分步实施、充分考虑河势、防洪、生态与环境保护、涉河工程的要求，根据《拉

2017年9月13日，国土局副局长单增罗布一行在章多乡恰村采集宅基地信息

萨市达孜县河道采砂规划(初审搞)》及实际情况,在充分考虑采砂的需求与采砂管理的要求,充分兼顾沿河各方的利益,能够有效促进当地经济的发展,达孜县拟保留采砂石区域共 4 个点。

【不动产工作】 年内,达孜县及时成立由县委副书记、县长春新任领导小组组长,常务副县长李军、副县长边巴次仁任副组长的领导小组,领导小组下设办公室,由国土局局长担任办公室主任。制定《农村集体土地所有权确权登记发证工作实施方案》,分别就宣传发动、组织保障、队伍建设、经费保证、任务落实、时间安排、政策把握诸方面予以明确界定。根据区、市文件精神,也在县委、县政府的推动下,达孜县农村集体土地确权登记发证工作于 5 月底完成。作业队伍招标工作并于同年 6 月在章多乡开展试点,截至年底,达孜县完成集体土地所有权控制网布设,所有权卫片底图纠正,全县五乡一镇集体土地所有权外业调查完毕,并已导入系统完成内业处理。

【严格规划审核】 年内,坚持以《达孜县土地利用总体规划》《达孜县城市总体规划》《工业园区总体规划》和《工业园区产业规划》为指导,严格按照规划落实土地供应,并全面提高高污染、高能耗项目的用地准入门槛。2017 年国土资源规划局共审核项目约 100 个,其中,由于不改变用地性质发函许可的项目 35 个,核发用地预审 25 次,核发选址意见书 32 张,核发规划许可证 74 张。全县土地资源批、供、用、查等各环节严格按照规划执行,土地开发利用更加规范科学,土地市场秩序保持良好。

(胡嘉祎梅)

【领导名录】

局　长

尼玛顿珠(藏族)

副局长

单增罗布(藏族)

达孜县统计局

【概况】 达孜县统计局于 2015 年 9 月由原达孜县发展和改革委员会管理的统计局(副科级)调整为县政府工作部门(正科级)并加挂社会经济调查队牌子。共有编制 7 人,其中,行政编制 4 人;经济调查队事业编制 3 人。现有干部职工 7 人,其中,正科级 1 人,副科级 1 人,科员 2 人,事业编制 3 人。

【基本职能】 贯彻执行统计法律、法规、规章、基本统计制度和统计标准,组织协调全县统计工作,确保统计数据真实、准确、及时。拟订统计现代化建设规划并组织实施,指导全县统计工作;建立健全全县国民经济核算体系和统计指标体系;建立和完善全县经济、社会、科技统计调查制度;监督管理各乡镇、各部门统计和国民经济核算工作。组织实施全县人口普查、经济普查、农业普查等国情国力普查和大型专项调查,汇总、整理和提供有关统计数据。组织实施农林牧渔业、工业、建筑业、批发和零售业、住宿和餐饮业、能源、投资、科技、人口、劳动力、环境基本状况、文化体育和娱乐业以及装卸搬运和其他运输服务业、仓储业、计算机服务业、软件业、科技交流和推广服务业、社会福利业等统计调查,收集、汇总、整理和提供有关调查的统计数据，综合整理和提供地质勘查、旅游、交通运输、资源、房屋、对外贸易、对外经济、邮政、教育、卫生、社会保障、公用事业等全县基本统计数据。组织各乡镇、办事处、各部门进行经济、社会、科技和资源环境统计调查；统一核定、管理、公布全县性基本统计资料，定期发布全县国民经济和社会发展情况的统计信息；组织实施县域经济和社会发展情况的统计监测评价考核。

对国民经济、社会发展、科技进步和资源环境等情况进行统计分析、统计预测和统计监督；建立并不完善的宏观经济监测系统；向县委、县政府及有关部门提供统计信息和咨询建议。依法制定全县统计调查计划；做好全县统计专业基础工作，加强基层统计业务基础建设；建立健全统计数据质量审核、监控和评估制度，开展对重要统计数据的审核、监控和评估；依法监督管理涉外调查活动；指导全县统计专业技术队伍建设，开展统计科学技术研究交流合作及统计资料的编辑出版工作；会同有关部门组织管理全县统计专业资格考试培训、职务评聘和从业资格认定工作；建立并管理全县统计信息自动化系统和统计数据库系统，拟定各乡镇、各部门统计数据库和网络的基本标准和运行规则，指导各乡镇、办事处统计信息化系统建设。

2017年6月12日，国家统计局拉萨调查队队长李建树（中）在达孜县德庆镇白纳村查阅农牧民兑现卡

【内部管理】 年内，达孜县统计局紧紧围绕全县中心工作和经济社会事业发展的各项目标，认真落实县、市统计局的各项工作部署，以“提升统计能力，服务经济发展”为中心，全力打造现代化服务型统计，加强内部管理，强化统计基础工作，优化统计服务，大胆改革创新，抓好基础数据统计。为推动全县经济发展，达孜县统计局充分认识新形势下做好统计工作的重要性，重点宣传《中华人民共和国统计法》，全面加强统计能力建设，提高统计服务水平，发挥统计工作在经济社会发展和宏观决策中的信息、咨询、督查作用，更好地为加快实现经济社会跨越式发展和长治久安目标服务。加强对统计报表的分析，做好每个季度全县国民经济运行分析工作；及时调整2017年统计资料，进一步增强了统计服务领域的广泛性和时效性，完成《2017年达孜县统计年鉴》资料的编纂。每季围绕全县主要经济发展指标，特别是考核指标，加强分析，及时预警预测，统计服务水平进一步提高。较好地完成了农林牧业、工业、固定资产投资等各专业的2017年年报工作；各专业明确审核重点，加大审核力度，统计数据的完整性、时效性和准确性进一步提高，全面反映了全县发展实际。

【经济总量】 年内，实现地区生产总值16.19亿元，同比增长9.8%。其中，第一产业实现增加值1.74亿元，同比增长4.3%；第二产业实现增加值9.15亿元，同比增长10.1%；第三产业实现增加值5.3亿元，同比增长11.2%，一、二、三产比为10.87∶57.18∶33.12。

【全社会固定资产】 年内，全县完成固定资产投资29.29亿元，同比增长2.3%。

【收入】 年内，在一系列支农惠农政策的支持下，农牧民收入继续保持稳定增长态势，全年完成农牧民人均可支配收入12212元，同比增长13.47%。

【消费】 年内，完成社会消费品零售总额1.95亿元，同比增长12.2%。

【财政收入】 年内，完成地方财政一般预算收入6.78亿元，同比增长15.15%。

【工业】 年内，实现规模以上工业增加值1.61亿元，同比增长9.4%。

【培训情况】 年内，达孜县统计局先后4次通过以岗代训、以会代训等方式强化对乡镇统计人员的业务培训，参加人数达126余人次，进一步提高统计人员业务素质；与镇江市统计局签订交流协议，每年定期派局内干部在镇江培训学习；加强局内专业人员的业务培训，积极参加县、市局组织的各项专业培训，强化各专业人员的业务交流，每个专业人员都面向全局培训业务，通过学习加强了专业间的相互了解，打破了专业分割的局面。

【依法统计建设】 年内，深入贯彻落实党的十八届四中、五中、六中全会精神，进一步强化依法统计，加快建设法治统计。深入企业督促建立健全原始记录和统计台账，留存完整、齐全的报表资料，确保了达孜县统计数据真实、可信，为党委、政府宏观决策提供准确的数据支撑。同时，进一步加强统计法律法规的宣传教育，使统计用户、调查对象和统计人员牢固树立统计法治思维、法治理念，为建设法治统计营造良好的社会氛围。

【全国第三次农业普查】 农业普查是全面了解“三农”发展变化情况的重大国情国力调查。普查将查清全县农业、农村、农民基本情况，掌握农村土地流转、农业生产、新型农业经营主体、农业规模化和产业化等新情况，反映农村发展新面貌和农牧民生活新变化，这对科学制定“三农”政策、保障全县粮食安全、促进全县实现农业现代化、新型城镇化全面建成小康社会，具有十分重要的意义。因此，达孜县统计局严格按照县、市统计局的统一部署，动员全县19名农业普查指导员，47名普查员，从2016年10月全面开展全国第三次农业普查前期工作。截至年底，已全面顺利完成各项普查工作。

【第四次经济普查】 第四次全国经济普查是一项重大的国情国力调查。全面调查达孜县第二产业和第三产业的发展规模、布局和效益，了解产业组织、产业结构、产业技术、产业形态的现状以及各生产要素的构成，摸清全部法人单位资产负债状况和新兴产业发展情况，进一步查实各类单位的基本情况和主要产品产量、服务活动，全面准确反映供给侧结构性改革、新动能培育壮大、经济结构优化升级等方面的新进展。达孜县第四次经济普查领导小组已成立，并且前期摸底工作已展开。

【精准扶贫】 年内，达孜县统计局紧紧围绕县委、县政府对精准扶贫工作要求，充分了解结对户的基本情况、致贫原因和户主对脱贫措施方面的具体愿望，先后组织干部对结对帮扶户进行7次入户，并送去价值8500元的慰问品。

（索朗多吉）

2017年7月22日，第三次农业普查阶段性研讨会

【领导名录】
局　长
　　旺　堆（藏族）
副局长
　　薛　健

达孜县工业和信息化局（商务局、国资委）

【概况】 达孜县工业和信息化局成立于2010年，属于县政府组成部门，负责全县工业经济运行、信息化建设管理工作、全县商务工作、全县质监工作，挂商务局、国资委、招商局牌子（2015年根据上级安排承接质监局职能，2017年划入商务局工作）。工业和信息化局编制4人，现有工作人员5人（局长1人，副局长2人，科员2人）。

2017年，工业和信息化局始终坚持“发展是第一要务，招商引资是第一要事，工业强县是第一方略，服务是第一职能”的要求，以科学发展观为统领，认真履行工作职责，全力推进招商引资、项目建设、企业培扶、园区开发等工作，突出把握“稳中求快”的总基调，顺利地完成全年各项目标，在全市工业经济工作考核中取得了可喜的成绩。

【经济指标完成情况】 2017年，全县工业企业共完成工业总产值128278万元，同比增长29%；工业销售产值128137万元，同比增长31%。

【规上企业基本情况】 截至年底，达孜县规上企业共10家，分别为西藏藏缘青稞酒业有限公司、西藏春光食品有限公司、西藏珠峰实业有限公司、西藏第三极羊绒制品有限公司、西藏圣信工贸有限公司、西藏卓玛民族手工艺品有限公司、西藏岗地文化产业集团有限公司、西藏优格仓工贸有限公司、西藏天达耐磨材料有限公司、西藏运高新能源有限公司。2017年，规上企业共完成工业总产值39688万元，同比增长-16%；工业销售产值37858万元，同比增长-13%；工业增加值16135万元，同比增长28%。

【招商引资】 年内，工业和信息化局结合达孜县资源等各方面的优势，围绕园区产业布局，加大招商引资力度，积极吸引区内外大型企业同时围绕“京交会”“丝博会”“昆交会”等活动深入开展“走出去”招商引资活动，共接洽项目10余家。2017年，全县招商引资项目共34个，行业涉及农牧业、文化业、建材业、新能源产业、医药卫生、天然饮用水等多个领域。其中，新建项目22个，续建项目12个，实际到位资金182906万元，完成任务的113%。

2017年3月10日，林芝市商务局党组副书记、副局长华彬（右排右一）在达孜县调研招商引资情况

【企业用工需求】 年内，为全面掌握全县企业用工情况，破解全县工业企业用工难题，进一步做好企业招工工作，工业和信息化局采取各种方式竭力为农牧民创造就业机会。通过对接附近职业院校的毕业生入企就业；通过周边村镇、企业农牧民职工获取本地农牧民求职信息；通过对接人社局、“四业办”开展专场招聘会解决当地农牧民就业难题。

达孜县大多数企业在自身发展的同时，带动了当地农牧民群众的增收，解决许多农牧民子女的就业问题。企业员工中，农牧民员工占90%以上，人均年收入

2017年4月1日，达孜县工信局荣获全市质监工作先进单位

均在24000元以上。达孜县企业的发展，带动相关运输、服务、包装等行业的发展，同时带动周边群众共同增收致富。截至年底，达孜县累计解决就业已达4594人（规上企业解决就业达905人），新增就业达1161人。

【信息化建设】 年内，工业和信息化局一直把信息技术作为发展现代农业、改善农民生活、促进农村发展的有力手段，大力推进农村信息化工作，把这项工作贯穿到社会主义新农村建设的全过程。自2011年5月起，达孜县第一期农村综合信息服务试点村正式运行，共有8个试点村；二期农村综合信息服务试点村于2012年9月正式运行，共有5个试点村；第三期农村综合信息服务站于2013年11月正式运行，共有7个试点村。截至年底，达孜县20个行政村全部成为农村综合信息服务试点村，覆盖率达到100%。为使试点村更好地开展此项工作，结合乡村实际，选拔了优秀的乡镇领导为负责人及有一定计算机操作水平的村干部为信息联络员，确保将此项试点工作在达孜县实现良好发展。达孜县农村综合信息服务试点村的启动，弥补了农牧民信息来源短缺和信息资源匮乏的问题，为着力提升农村信息化发展水平以及更好地解决农村信息滞后起到十分重要的作用。2017年，各乡镇在农牧民中发布各类信息近1200条，信息化已逐步成为达孜加快发展的助推剂。

【保障食品安全质量】 年内，工业和信息化局紧紧围绕监管职责分工和食品生产企业落实主体责任这两个突破口，努力做好日常的食品安全监管工作，特别是在节假日期间，联合县安监局、工业园区管委会，县食药局，对全县范围内的所有食品生产企业进行安全巡查，通过现场检查企业的卫生情况、查阅各类生产记录、索取原料和添加剂的进货票据、查看操作人员的健康证明、检查食品委托检验情况等形式，切实将食品安全隐患消灭在萌芽时期。

【坚守特种设备安全底线】 年内，为更好地做好全县特种设备安全工作，工业和信息化局在全县范围内开展特种设备安全检查工作，主要检查各企业在用的起重机械、压力容器、气瓶、厂区专用机动车辆等人员密集场所进行重点检查，检查从特种设备登记情况、本体及安全附件的定期检验情况、作业人员持证情况、设备运行、维护及日常检查记录、事故专项应急预案制定和演练、安全制度落实情况，以及企业主体责任落实等方面开展全面检查，确保不留死角，全面排除安全隐患。

【品牌创建】 年内，工业和信息化局充分利用现有优势，根据企业自身特点，不断推出名优产品，迅速壮大龙头企业队伍，打造更多驰名品牌，运用品牌效应，带动产业发展。园区打造“第三极”纺织品、“优·敏芭”系列藏香水、“藏缘”青稞酒、“品藏”原生态山泉水等知名品牌以及“赛牦岗”“圣雪源”等商标近25个。2017年，西藏圣信工贸有限公司“一种牦牛绒蚕丝双面呢的加工工艺”申请专利；西藏藏缘青稞酒业有限公司管新飞获得“全国五一劳动奖章”；西藏藏缘青稞酒业有限公司获得“西藏自治区非公有制企业创新20强”；西藏优格仓工贸有限公司发明专利名称“一种藏纸及其制作方法”；西藏优格仓工贸有限公司龙日江措获得“西藏五一劳动奖章”；西藏优格仓工贸有限公司龙日江措获得“西藏第二批优秀中国特色社会主义事业建设者”荣誉称号；西藏罗占民族手工艺发展有限公司罗布占堆创作的作品金铜雕《文殊》获得“中国工艺美术文化创意奖”金奖；西藏春光食品有限公司“雪域圣谷”青稞香米荣获“第十五届中国国际农产品交易会参展农产品”；西藏春光食品有限公司荣获“西藏工人先锋号”；西藏天圣消毒制品有限公司5个“藏惠净”注册商标；西藏阳光庄园农牧资源开发有限公司获得中国国际商标品牌节“金奖”；西藏阳光庄园农牧资源开发有限公司获得“中国民族文化旅游示范基地”；西藏阿妈羌玛商贸有限公司注册“古秘藏羌”商标；西藏天慈生物科技有限公司获得“西藏自治区2017年第一批拟认定高新技术企业”；达孜帆软软件有限公司获得“西藏自治区2017年第一批拟认定高新技术企业”。

（杨　帅）

【领导名录】

局　长
　　周胜毅

副局长
　　王洪齐
　　米　珍（女，藏族）

达孜工业园区管理委员会

【概况】 达孜工业园区规划总面积为6.018平方公里，园区业已形成“一个品牌”（以净土健康产业为主导品牌），四大产业（高原生物医药医疗产业、新能源及科技型新兴产业、民族手工业和现代服务业）发展格局。截至年底，入驻企业1242家，其中，实体企业58家，规模以上企业9家，龙头企业8家。截至年底，园区累计解决就业已达5112人次。2017年，园区完成工业总产值12.8亿元，实现全部税收24.78亿元。

【区党委副书记、主席齐扎拉调研】 1月19日，西藏自治区党委副书记、主席齐扎拉，自治区党委常委、拉萨市委书记白玛旺堆，拉萨市委副书记、市长果果等一行在园区调研精准扶贫相关工作。达孜县委副书记、县长春新，达孜县副县长边巴次仁、园区管委会副主任蒋云峰陪同随行。

【那曲地区行署考察团交流参观】 3月14日，那曲地区行署副专员鲍栋率领地区相关领导一行在达孜工业园区交流参观。其间，参观了企业特色产品展示厅并就地进行座谈。达孜县委书记张千，达孜县委副书记、常务副县长李军，达孜工业园区管委会副主任蒋云峰等领导陪同随行。

【西藏威斯凯酒店剪彩仪式在园区召开】 3月17日，西藏威斯凯酒店剪彩仪式在达孜工业园区江苏·拉萨展销中心隆重召开。出席此次剪彩仪式的有拉萨市委副书记、常务副市长胡洪，拉萨市副市长、江苏省援藏副总指挥王国成，拉萨市发改委、住建局、受援

2017年11月19日，西藏自治区党委副书记、主席齐扎拉（前排右二），自治区党委常委、拉萨市委书记白玛旺堆（前排左二），拉萨市委副书记、市长果果（前排左一）一行在达孜工业园区调研精准扶贫工作

办、财政局等相关领导以及达孜县委常务副县长贾云亮、工业园区管委会副主任蒋云峰等。

【召开重点企业环保工作推进会】 3月15日，园区管委会组织镇江市环境保护中心专家组一行及园区相关企业在江苏拉萨展销中心召开园区重点企业环保工作推进会暨专家见面会，指导园区企业迎接中央环保督察相关工作。园区管委会相关负责人、县环保局相关负责人、园区相关企业负责人参加会议，会议由园区管委会副主任蒋云峰主持。

2017年3月17日，西藏威斯凯酒店剪彩仪式在达孜工业园区江苏·拉萨展销中心隆重召开，拉萨市委副书记、常务副市长胡洪（前排左三），拉萨市副市长、江苏省援藏副总指挥王国成（前排左四）出席剪彩仪式

【拉萨市副市长陆从福调研】 4月14日，拉萨市副市长陆从福率市科技局相关领导在达孜工业园区调研“双创”工作推进情况。达孜县副县长朱峰、工业园区管委会主任王斌忠、县工信局长周胜毅陪同调研。调研组一行实地参观达孜工业园区创业基地、中小企业孵化基地中西藏木可工贸有限公司和西藏阿妈羌玛酒业有限公司。

【江苏省委组织部副部长郑跃奇调研】 4月21日，江苏省委组织部副部长郑跃奇在园区开展调研工作。调研组一行参观江苏·拉萨展销中心特色产品展示厅并实地深入西藏吉顺生物科技有限公司调研。拉萨市委副书记、江苏援藏总指挥胡洪，拉萨市副市长方桂林，达孜县委常务副书记贾云亮，县委副书记李军，副县长朱峰，达孜工业园区管委会副主任蒋云峰等领导陪同。

【“四讲四爱”喜迎党的十九大教育实践活动】 4月21日，园区工信党支部开展“四讲四爱，喜迎党的十九大教育实践活动”动员部署专题会议。此次会议由园区工信党支部书记王斌忠主持，支部全体在职干部职工参加会议。会议主要部署了园区全年“四讲四爱”宣讲工作的目标任务。

【各企业参加全县精准扶贫现场招聘会】 4月28日，由达孜县人民政府、县“四业办”、县人社局联合举办的2017年达孜县“春风行动”专题招聘会暨精准扶贫就业促进会在精准扶贫搬迁点成功召开。园区9家企业参与其中，预计招工79人，登记意向用工信息表105份。

【召开创建工业旅游示范区实地考察交流会】 5月13日，达孜工业园区召开创建工业旅游示范区实地考察交流会，由江苏南京中陆必得旅游规划设计研究院院长毛正健作详细汇报。整合园区现有资源，科学设计出符合园区良性发展的工业园区总体规划（初稿），加快推进工业旅游示范区建设。

【“四讲四爱”主题教育实践活动】 5月27日，中华长歌行·拉萨篇—我们的节日“端午”暨“四讲四爱”主题教育实践活动在达孜工业园区企业西藏阳光庄园农牧资源开发有限公司举行。此次活动的主要目的是引导大家学习践行“四讲四爱”主题教育实践活动，做一名讲党恩爱核心、讲团结爱祖国、讲贡献爱家园、讲文明爱生活的文明人。

【西藏调查总队总队长胡国亮调研】 5月21日，国家统计局西藏调查总队党委书记、总队长胡国亮一行在达孜工业园区调研。达孜县委副书记、常务副县长李军，达孜县工业园区管委会主任王斌忠，县工信局、统计局等相关领导陪同随行。调研组此次针对全国规上、规下企业进行情况摸排。

2017年8月13日，国家工商总局、商标局专家一行在达孜工业园区调研品牌建设相关工作

【四川省红原县委书记廖敏调研】 6月5日，四川省红原县委书记廖敏率领该县相关部门负责人一行到达孜工业园区参观考察。达孜县委书记张干，达孜县委常委、组织部部长格西斯满，达孜县委常委、宣传部部长徐远，达孜工业园区管委会主任王斌忠等领导陪同随行。

【国务院安委会第八巡查组副组长王向明调研】 6月30日，国务院安委会第八巡查组副组长王向明一行在达孜工业园区考察指导安全生产相关工作。自治区人大常委会选工委副主任曹边疆，市委常委、常务副市长、市安委会常务副主任王念东，市安监局党组书记、安委办常务副主任达娃次仁，达孜县委副书记、县长春新，达孜县委副书记、常务副县长李军，达孜县副县长张永祥，副县长次仁央宗，达孜工业园区管委会主任王斌忠等相关领导陪同调研。

【国家工商总局、商标局专家调研】 8月13日，国家工商总局、商标局领导专家一行在达孜工业园区考察调研工作。期间，调研了园区西藏优格仓工贸有限公司和西藏阳光庄园农牧资源开发有限公司，对两家公司注册商标进行规范检测。达孜县委副书记、常务副县长李军，达孜工业园区管委会主任王斌忠，达孜县工商局相关领导陪同调研。

【江苏镇江党政代表调研】 8月20日，江苏镇江市委副书记、市长张叶飞，镇江市副市长曹丽虹率领镇江党政代表团一行到达孜工业园区参观考察。考察组参观企业特色产品展示厅，实地调研西藏吉顺生物科技有限公司。达孜县委副书记、县长春新，达孜县委常务副书记贾云亮等领导陪同调研。

【中央第六批督察组调研】 8月29日，中央第六批督察组下沉督查达孜工作组组长李向群率队在达孜工业园区就环保相关工作进行考察指导。考察组参观企业特色产品展示厅，随后在管委会进行座谈，最后到园区排污口进行现场督查。拉萨市副市长方桂林，市环保局、工信局、林业局，达孜县委副书记、县长春新，达孜县委副书记、常务副县长李军，达孜县副县长张永祥，达孜工业园区管委会主任王斌忠，达孜县发改委、环保局、住建局等相关领导陪同随行。

【自治区党委常委、拉萨市委书记白玛旺堆调研】 9月13日，自治区党委常委、拉萨市委书记白玛旺堆一行在达孜工业园区，就全县2017年度党建、精准扶贫等各项重点工作进行现场考评指导。达孜县委书记张干、各部门负责人以及园区管委会主任王斌忠等领导陪同考评调研。

【召开专题工作会】 9月14日，达孜工业园区管委会会同达孜净土公司召开净土健康企业产品“走出去”专题工作会。园区管委会主任王斌忠主持会议，副县长朱峰、达孜净土公司相关人员以及园区近20家净土健康产业相关企业负责人参加会议，此次会议旨在积极助推园区净土健康产品走出达孜，走向全国。

【精准招商】 年内，园区招商引资项目 34 个，实际到位资金 12.83 亿元。其中，包括西藏飞腾医药贸易有限公司、西藏康园乳业有限公司、西藏牧乐农业科技有限公司、青稞啤酒项目、牦牛肚项目、西藏互联网医院等项目。与此同时，园区出台《关于进一步规范自治区级工业园区入园企业审批实施意见》，明确具体审批流程，有效促进招商引资工作的科学化和规范化。

【开发建设】 年内，园区重点推进 9 个工业项目建设步伐，现已投入 93971 万元。其中，西藏宏发盛桃食品有限公司 24000 瓶 /H 饮料生产线、西藏延长医疗器械第三方物流有限公司 1 期附属工程、西藏吞伯古藏香有限公司厂区翻新项目、西藏春光食品有限公司厂区提升改造项目、西藏运高新能源有限公司三期光伏发电项目已完工。

【基础架构】 年内，园区全力开启总投资 1.32 亿元的达孜工业园区物流服务中心、达孜工业园区镇江路提升改造项目、达孜工业园区小微企业创业孵化基地及其周边绿化、达孜县民族手工艺创业基地升级改造工程项目建设工作，现已完成投入 1.12 亿元。小微企业创业孵化基地已完工；达孜县民族手工艺创业基地升级改造工程项目已完成总工程量的 80%；达孜工业园区物流服务中心、达孜工业园区镇江路提升改造项目招投标工作已结束，准备开工。

【园区管理】 园区管委会获批两个内设机构：经济发展与规划建设局和办公室（财政所），现有干部 14 名，其中，县级干部 2 名、科级干部 3 名。严密制定各个部门的办事流程、规章制定，建立健全各项服务机制。制定五年规划，园区发展年计划、年初与各职能部门签订《目标责任书》，确保各项指标任务落实到位。与此同时，县委、县政府领导多方关心关怀。2017 年，县政府第一次常务会议、第七次常务会议、第八次常务会议研究《关于达孜工业园区企业财政扶持相关事项的汇报》《达孜工业园区实施“创业基地”绿化提升项目的汇报》《关于达孜工业园区投资开发总公司变更章程事项的汇报》等重点事项并作了适宜园区发展的相关决定。县政府组织专题会议专题研究达孜工业园区相关事项，审核通过一系列利于园区发展的环保事项。书记、县长更是多次在园区调研经济发展、项目建设、扶贫开发等相关工作开展情况，深入企业、了解其发展现状及困难，千方百计帮助企业、园区解决实际问题，助推其发展壮大。

【品牌效应与科创能力】 企业品牌凸显，中国驰名商标共计三枚：“藏缘”青稞酒、“优敏芭”藏香、“北草地”高原保健品。自治区名牌产品近 20 个，如“优格仓”“美智敏芭”古藏香、“藏缘”“羌塘布”青稞酒、“赛牦岗”牦牛绒、“水墨藏绒”“卡瓦梅朵”羊绒纺织品、“雪域吉顺”青稞醋、“盛桃”抗缺氧芫根饮品等。园区企业新增发明专利 7 项，分别是西藏圣信工贸有限公司申报的一种牦牛绒蚕丝双面呢的加工工艺，西藏优格仓工贸有限公司申报的藏纸及其

2017年9月14日，达孜工业园区管委会联合达孜净土公司召开净土健康企业产品“走出去”专题工作会

制作方法、藏香及其制备方法两项专利，西藏罗占民族手工艺发展有限公司申报的佛手香炉的制作专利，西藏藏真堂藏药产业公司申报的一种含藏边大黄的药物组合物提取液及其运用和一种藏边大黄有效成分的提取方法及用途两项专利，达孜县兴农农机设备开发有限公司申报的高效青稞沙砂机。西藏藏缘青稞酒业有限公司获准为农业产业化国家重点龙头企业、全国“五一劳动奖章”等殊荣；西藏吞柏古藏香有限公司获准为西藏自治区质量协会藏香委员会成员单位；西藏优格仓工贸有限公司新增“嘎玛瑞喜”藏香皂注册商标一枚，荣获优秀中国特色社会主义事业建设者，该公司董事长龙日江措获得自治区“五一劳动奖章”；西藏罗占民族手工艺发展有限公司荣获中国工艺美术文化创意“金奖”；西藏春光食品有限公司“雪域圣谷”青稞香米获得第十五届中国国际农产品交易会参展农产品金奖并荣获“西藏工人先锋号”荣誉奖章；西藏天圣消毒制品有限公司申报5个“藏惠净”注册商标；西藏阿妈羌妈酒业有限公司新注册“古秘藏羌”商标；西藏阳光庄园农牧资源开发有限公司产品荣获中华品牌博览会“金奖”，同时该公司获准为中国民族文化旅游示范基地。2017年，新认定高新技术企业2家：西藏天慈生物科技有限公司和达孜帆软软件有限公司。

【“百企帮百村”】 年内，全力推动“百企帮百村”专项工作迈上新的台阶。管委会积极号召园区企业采取以转移就业、项目分红、原料采购、资金扶持等方式开拓扶贫攻坚工作的新局面。园区“百企帮百村”精准扶贫工作开展以来，筹集帮扶资金总额为324.9万元。2017年，通过开办专项招聘会和管委会无缝对接两种方式切实解决270名达孜籍农牧民就业上岗。

（覃雨菲）

【领导名录】

主　任

王斌忠（副县级）

副主任

蒋云峰（副县级，江苏援藏）

邓　爽（正科级）

办公室主任

覃雨菲（女，藏族）

达孜县安全生产监督管理局

【概况】 2017年，达孜县安全生产监督管理局编制4人，实有3人（副局长1人、副主任科员1人、科员1人）。达孜县安全生产工作坚持以邓小平理论和“三个代表”重要思想和科学发展观为指导，坚持贯彻落实习近平总书记、李克强总理关于安全生产工作重要指示批示精神，认真学习贯彻党的十八届三中、四中、五中、六中全会会议精神，狠抓党建和党风廉政建设，全面落实全国和自治区、拉萨市安全生产电视电话会议精神，坚持科学发展、安全发展，强化红线意识，健全和完善“党政同责、一岗双责、失职追责”的责任体系，以预防事故为主攻方向，以规范生产为重要保障，加强基础建设，加强依法监管，严格安全准入，努力降低事故总量和伤亡人数，有效防范和遏制较大以上事故发生。

【安全生产责任制】 年内，达孜县为更好地抓好安全生产工作，

2017年9月20日，县委常委、副县长、安委会副主任王晓蕾在建筑施工现场检查安全工作

2017年11月8日，安监局副局长拉巴在塔杰乡主西村慰问结对帮扶户

调整安全生产领导小组及安委会成员单位，成立安全生产9个领导小组，制定各项安全生产应急救援预案，与各乡(镇)、驻县企事业单位签订消防、道路交通、食品卫生、烟花爆竹等6个安全目标责任书，拟定安全生产有关文件。使各单位牢固树立“安全第一，预防为主”的思想。并认真抓好落实，牢牢抓住安全生产工作的每一个环节，为2017年安全生产工作奠定了坚实的基础。县委、县政府明确各单位主要负责人为本单位安全生产第一责任人，对安全生产工作负全面责任。按照“谁主管、谁负责”和“三个必须”以及“属地管理”的原则，落实“一岗双责”“三包”责任制及各项规章制度，把安全生产工作纳入县、乡(镇)干部工作政绩考核，形成自我约束和激励机制，健全各单位的安全组织机构建设，将安全生产工作经费纳入财政预算，确保工作的正常开展。

【贯彻落实安全监管责任】 年内，认真贯彻落实县委、县政府关于安全生产“党政同责、一岗双责”的决定。成立安全生产“一岗双责”工作领导小组，认真落实“一岗双责”责任制规定，各负其责，层层签订《2017年度安全管理目标责任书》，并按照要求抓落实。按照规章制度召开防范重特大安全事故会议，全面部署安全生产工作，针对不同季节的安全工作特点难点进行有针对性的部署。安委办对各单位开展安全生产“党政同责、一岗双责”工作落实情况进行深入细致的检查，在检查过程中，结合各单位实际有针对性地沟通了相关情况，提出客观、中肯的意见，并围绕今后如何切实落实安全生产“党政同责、一岗双责”制度，进一步加强安全生产基础工作等方面提出改进建议。

【安全生产治理行动】 年内，结合安全生产规律特点，突出重点企业、重点领域、重点部位和关键岗位，统筹兼顾，突出重点，有计划、有步骤、有针对性开展安全生产治理行动。达孜县安全生产监督管理局积极迎接国务院安委会第八巡查组、第十二督导组、第二十一综合督查组的检查工作和扎实开展安全生产大检查大排查大整治工作和党的十九大期间安全生产专项督导检查，重点行业专项隐患排查整治工作。在元旦、春节、“两会”“五一”、藏历新年、“雪顿节”、国庆节、党的十九大期间等重点时段对安全生产重点行业和领域进行安全大检查，同时对道路交通、危险化学品、非煤矿山、烟花爆竹、工矿贸企业、建筑工地、燃气行业、消防安全等进行专项安全生产大检查。2017年，达孜县开展隐患排查治理共548家次。为促进各乡(镇)、工业园区、各部门和企业落实安全生产责任，抓好安全生产工作，达孜县安委办相继下发《开展安全生产大检查大排查的整治方案》《关于联合大检查大排查整治推进情况的通知》《党的十九大期间安全生产专项检查的通知》等20余份文件并相继成立安全生产工作督导检查小组20余个，对达孜县建筑施工、交通运输、工业企业、旅游景区、人员密集场所、危化企业、非煤矿山等行业领域开展督查检查。依据《关于下发国务院安委会第八巡查组、第十二督查组、第二十一综合督导组反馈问题整改任务分解的通知》所存在的主要问题，县反馈问题整改工作领导小组对存在隐患问题的单位进行

2017年7月12日，达孜县召开安全生产大检查大排查大整治工作部署会

回访督导，对指出的问题再次进行督查，确保安全生产工作落实到实效。

【生产安全事故统计】 年内，围绕安全生产年的统一部署，在全县重点行业（领域）及重要时段（元旦、春节、国庆、全国“两会”、雪顿节）开展安全生产执法行动，严厉打击和严肃查处非煤矿山无证开采、烟花爆竹非法经营、危险化学品项目违规建设等非法违法行为。密切配合公安、交警、消防、工商、交通等职能部门，严肃查处道路交通超载、超速、超员与酒后驾驶以及人员密集场所不执行消防安全法规等非法违法行为。

2017年共检查单位6324家（次），其中，县安监局隐患排查230次，下达责令整改指令书27份，整改率达100%，下达督办整改16份；县消防大队发现火灾或者违法行为1181次，督促整改火灾或违法行为1201次，下达责令整改的602次，下达行政处罚的1次，临时查封的1处，责令三停的1处，罚款3万元；县交警大队出动警力4768人次，车辆1192台次，共检查车辆18.43万台次，发现违法行为1871起，罚款51.8685万元，法治宣传13次，发放宣传资料（展板）共1.5万次，发生道路交通事故22起（其中死亡2人）；县住建局共检查104家（次），排查安全隐患157处，责令当场整改86处，限期整改119处，停产整改56家。对督查发现的隐患和问题及时下达责令整改指令书，要求存在问题的单位严格按照整改时限，对存在的问题进行整改完成，要求存在问题的单位和责任单位把隐患当作事故来看，同类问题要在同行业、同类企业中认真排查，落实整改到位。

【生产安全宣传】 年内，主要通过悬挂标语、发放宣传单、办宣传栏、播放安全教育片、上街宣传等形式进行宣传；学校还通过黑板报、安全知识课等形式进行宣传。2017年，各单位共写条标60余幅，悬挂布标30幅，办安全宣传专栏6期，安全知识培训6次，发放安全生产明白纸15000余份。县政府组织县安监局、工商局、教育局（学校）、消防大队、治安大队、交警大队等23个单位（部门）集中开展6次大型的安全生产上街宣传活动，参加人员500余人。宣传活动现场共悬挂宣传标语80幅，展出宣传展板25余块，挂图25余张，发放宣传资料14000余份，出动宣传车6台次，接待咨询人员10000余人次。通过开展各种宣传活动，不断提高群众的安全生产意识，在全县范围内形成“人人讲安全，时时讲安全，事事讲安全”的气氛。

【建立应急救援管理机制】 年内，紧密结合达孜县的实际情况，重点做好三项制度建设，努力建立健全规范有效的安全生产长效管理机制。大力加强安全生产监督检查工作，坚持定时检查与重点抽查相结合，全面排查全县的各类安全生产事故隐患。抓好安全事故隐患排查管理制度，坚持日常巡查和单位自查相结合，推进监管关口前移，加强安全源头隐患排查。科学制定安全生产应急救援制度，根据达孜县的实际情况，着力建立健全安全生产应急管理机构和应急救援队伍，制定达孜县生产安全事故救援应急预案，不断完善救援体系，有效防范各类重特大事故的发生。

【职业病防治】 年内，为深入宣传贯彻《中华人民共和国职业病防治法》，提高全社会对职业病防治工作重要性的认识，开展以“依法防治职业病，切实关爱劳动者”为主题的宣传活动，着力抓好职业卫生基础工作。及时部署展开年度职业病防治工作，在全面部署年度职业病防治工作和职业健康教育。各企业单位大力搞好职业病防治教育培训。结合职业病危害因素重点行业领域专项整治活动，有力地推动职业病防治工作的有序开展。

（王　勇）

【领导名录】

副局长

拉　　巴（藏族，主持工作）

副主任科员

阿旺罗卓（藏族）

达孜县国家税务局

【概况】 2017 年，在达孜县国家税务局注册的纳税户共 3058 户，其中，个体工商户 786 户，企业 2272 户，包括有限责任公司 1613 户，合伙企业 428 户，农牧民专业合作社 203 户，私营独资企业 28 户。

【税收收入】 截至年底，共组织各项税收收入 244839.52 万元，比 2016 年同期增收 43814.53 万元，增长 21.8%。

【落实各项税收减税政策】 年内，达孜县国家税务局为推动“大众创业、万众创新”的新局势，全面落实小微企业各项税收优惠政策，并深入细致地开展宣传工作，及时掌握相关情况，确保纳税人税收优惠政策落实到位，同时扩大对重点群体创业就业的税收优惠面，通过各项税收优惠政策培植优质税源，为达孜县经济可持续发展奠定良好基础。

【六项减免税收优惠政策落实】 年内，达孜县国家税务局将落实六项减税政策作为履行党组主体责任来抓，建立层层负责的减税政策落实责任体系，确保责任压实、政策落地。同时，达孜县国家税务局通过微信、QQ 等平台向纳税人宣传，在大厅 LED 显示屏滚动播放，办服厅工作人员发放宣传手册等，切实做到全覆盖，对简并税率的征收，工作人员及时更改税率核定信息，让纳税人第一时间享受国家红利，确保六项减免政策全面落实。

【全面落实“放、管、服”】 年内，为深入贯彻落实“简政放权、放管结合、优化服务”的要求，达孜县国家税务局全面落实“放、管、服”改革要求。首先推进网上申报业务，减少纳税人多头跑现象。减少审批流程，提速审批事项。大力推行“三证合一”，实行窗口一次性告知，资料全面限时办结，大大缩短办税时间和流程；随着增值税专用发票自开行业的逐步拓宽，申请专用发票的企业越来越多，达孜县国家税务局成立增值税专用发票审批小组，不定时召开审批会议，及时快速为纳税人审批专票，解决纳税人的燃眉之急；实行一般纳税人登记制度，申请一般纳税人的企业由科室审批转移到办税服务厅前台登记，大大缩减了认定时间。

【法治教育】 年内，达孜县国家税务局全体干部严格按照法定权限和程序行使权力，履行职责，正确

2017年5月18日，拉萨市国税局副局长次仁曲珍（右二）在达孜县国税局调研

处理依法征税与完成税收计划、依法征税与纳税服务之间的关系，把防范执法风险作为一项重要工作来抓，强化税收执法行为的事前、事中和事后监督，督促全体干部加大税收法律法规知识的学习，从思想上树立执法风险意识和依法行政意识。

【对企业信用等级评定力度】 年内，达孜县国家税务局切实有效地开展信用等级评定工作，对评为A级企业的纳税人由局长亲自授牌，并在办税服务厅开通绿色通道，对评为A、B、C级的纳税人，在增值税专用发票认证方面可以自行网上认证，减少纳税人到办税服务厅排队认证，缩减办税时间，分流办税人员，减少等候时间。

【增值税一般纳税人资格登记管理】 年内，实行一般纳税人登记制度，增强“登记在先、管理在后、优化服务”的管理意识，以适应新政策、新形势的需要；组织县局干部全面学习、了解和掌握登记范围、登记标准、登记资料、登记时限等政策规定；加强与县委、县政府的沟通协调，争取当地政府、园区管理委员会等部门对达孜县国家税务局一般纳税人后续管理工作(专票的领用需约谈在前)的理解和支持，避免因政府在开展招商引资工作中急于求成的工作方法和由于行业理解认识的不同形成不必要的误解和矛盾，避免对县国家税务局一般纳税人工作的干预造成税务干部的风险。

【税收收入预测】 年内，为提高税收计划管理和发挥税收预见性，为地方经济提供更好的决策依据。达孜县国家税务局为更准确地提供税收预测能力，县国家税务局通过加强对重点税源户的监控管理，通过实地考察、建立QQ群、电话联系等多种方式，由达孜县国家税务局一把手亲自主抓，及时掌握企业的生产经营情况和有关财务数据，分析企业税源变化和税收完成情况，把企业的税收情况与企业的生产经营状况和财务状况紧密联系在一起，增加收入预测的前瞻性。

2017年12月12日，达孜县国税局党组书记、局长向春海为党员讲党课

【逐步实施实名认证】 年内，为推进依法诚信纳税，加快社会诚信体系建设，进一步厘清征纳双方责任，维护纳税人合法权益，坚决打击涉税违法犯罪，确保简政放权成果落到诚实守信的纳税人和办税人员身上，达孜县国家税务局于2017年逐步实施实名采集工作，进一步落实法人实名登记制，从几个环节严格执行，办税服务厅登记环节，严格执行法人实名登记制，对新增户办理登记或存量户变更登记时，必须实行法人实名登记制；法人变更相关企业基础信息及增值税发票申请领用时，法人约谈必须到位，2017年，达孜县国家税务局共通过实名验证81户，一般纳税人申请变更增值税专用发票限额及票量领用申请的，法人实名申请变更制。

【摸底税源基础，夯实征管基础】 年内，以行业、以区域、核准本局税源自身结构特点，与企业及上级部门做好沟通，明确全年税收征收中存在重点及难点，抓好高危行业(商贸、农副产品、煤炭、医药)招商引资企业政策的解读和审核，做好税源的监控及管理，保证组织收入的有效执行。以夯实基础要求为基准点，结合税收执法大督查自查工作，从县国家税务

2017年11月4日，达孜县国税局召开党建考评工作专题会议

局实际出发，全面梳理纳税人信息基础档案信息完整率和准确率。

【基层党建工作】 年内，完善党建各类制度的设立，以推送全局工作为基准点，以全心全意服务纳税人为理念，将党建工作扎扎实实落实到日常的工作中，确保理论学习和实践服务有机结合。全面深入学习贯彻党的十八大以来中央全面从严治党要求，强化党内监督，强化“四个意识”，推动全面从严治党向基层延伸，构建“条主动、块为主，两结合、互为补，抓党建、带队伍”的全市税务系统全面从严治党新格局，以“两学一做”学习教育为契机，把“便民办税春风行动”、基层党组织建设工作和行业行风建设作为一项重要内容，内抓管理，外抓监督。努力塑造文明高效的税务服务形象、廉洁勤政的公仆形象和秩序优良的部门形象。以党的十九大为契机，振奋斗志，提高自身的政治素养和业务能力，不忘初心，不负使命，扬鞭催马，为实现中华民族伟大复兴的“中国梦”尽一份自己的力量。

【党风廉政建设】 年内，达孜县国家税务局认真贯彻上级党风廉政建设和反腐败工作的决策部署，全面从严治党，强化责任担当，严明纪律规矩，严格落实“一岗双责”，持之以恒落实中央“八项规定”精神和自治区“约法十章”有关规定，压实两个责任，坚持正风肃纪，强化廉政宣传教育，教育引导广大干部坚定不移地筑牢拒腐防变的思想防线，坚定不移地推进廉政制度建设。为达孜县税收事业健康发展提供了强有力的纪律保证和作风保证，加强干部党风廉政建设和组织纪律建设工作。

【优化纳税环境，提升纳税服务】 年内，不断改善纳税服务理念和服务态度，避免和降低任何可能出现的征纳矛盾，坚持预防为主与定期排查相结合，把优化纳税服务工作同维稳工作相结合，增强了纳税服务工作的主动性和针对性，规避了征纳矛盾纠纷，普遍提高了纳税服务能力和处置突发事件的能力。

【“两学一做”学习教育】 年内，开展“两学一做”学习教育常态化、制度化学习讨论，坚持全覆盖、常态化、重创新、求实效，扎实有序开展学习教育，推动了党内教育从“关键少数”向广大党员拓展，从集中性教育向经常性教育延伸，提高了党员的党性意识和党员意识，提升了党组织的创造力、凝聚力、战斗力。达孜县国家税务局通过学习教育，增强基层党组织的战斗力、提高党员干部的精气神，发挥党员先锋模范作用，引领广大税务干部激发积极性和开创精神，进一步提升全体党员的党性修养、政治思想觉悟和实际工作的能力，把“两学一做”学习教育融入日常，切实做到常抓长管。

（常景阳）

【领导名录】

局　长

张 元 凯（9月免）

向 春 海（藏族，9月任）

副局长

姚 孟 拉（2月任）

李　　丽（女，2月任）

纪检组长

扎西央宗（女，藏族，9月免）

常 景 阳（女，9月任）

达孜县工商行政管理局

2017年10月18日，与非公党员人士一同观看党的十九大开幕式

【概况】 2017年，达孜县工商行政管理局现有干部10人，其中，藏族8人、汉族1人、回族1人，平均年龄35岁。党员共7人。2017年，达孜县工商行政管理局认真贯彻落实区、市工商行政管理工作会议精神和县委经济工作会议精神，着力在继续推进“放”、严格依法“管”、切实抓好“服”上下功夫，务实重干，开拓进取，较好地完成了各项目标任务。

【工商注册便利化改革】 年内，全面落实企业“五证合一”、个体工商户“两证合一”改革政策，大力推进工商注册制度便利化，按照方便注册和规范有序的原则，在认真执行“一审一核制”的同时，进一步健全措施，优化办事流程，缩短审批时限，为辖区市场主体发展提供有力的扶持。截至年底，全县共登记各类市场主体3702户，其中，企业2101户，农民专业合作社270户，个体工商户1331户。2017年新登记899户，其中，企业438户，农民专业合作社26户，个体工商户435户。

【年报公示】 年内，召开专题会议，制定工作方案，设置专门服务窗口，配备专用电脑及所需设备，安排专门人员，提供企业年报公示的咨询和指导服务；通过张贴年报公告、发放宣传册、微信发布、电话通知、上门指导等措施，对各类市场主体进行全方位宣传指导；联合县农牧局和各乡镇政府，加强对农民专业合作社年报的督促和指导；分片包干，倒排工期，加强个体工商户年报工作，通过采取采集信息、核查信息、帮助填报纸质版年报表一体化工作方法，逐户登记，提升个体工商户年报率。全县市场主体应年报户2803户，已年报2649户，年报率94.3%，其中，应年报企业1663户，已年报1524户，年报率91.6%；应年报农合244户，已年报240户，年报率98.3%；应年报个体工商户896户，已年报880户，年报率98.2%。

【商标品牌建设】 年内，按照“培育一批、申报一批、储备一批”的发展思路，建立健全辖区商标培育数据库，进一步加强行政指导，提高市场主体申请商标注册的积极性。2017年，共下发注册商标行政指导文书30余份，帮助市场主体申报注册商标15件，续报1件。指导并推荐西藏藏缘青稞酒业有限公司的“羌唐布”注册商标、西藏阿妈羌玛商贸有限公司的“阿妈羌玛”注册商标申报第十一批自治区著名商标；指导西藏阳光庄园农牧资源开发有限公司的“阿佳”注册商标申报全国驰名商标。

【普法依法行政宣传教育机制】 年内，按照“谁主管，谁负责”的原则，制定完善普法教育机制，将责任制落实到位。全年结合“3·15”国际消费者权益日、“4·15”“4·26”等法制宣传日，开展消费维权进学校及普法宣传6次。

【保持对无照经营高压态势】 年内，始终将此项工作作为日常监管工作的重点，常抓不懈。共查处无照经营户6户，其中，引导办照5户，立案1起，罚没款0.16万元。集中力量加大宣传《无证无照经营查处办法》，及时与相关部门沟通协调，为《无证无照经营查处办法》实施营造良好的社会舆论氛围。

【打击传销规范直销】 年内，积极与县综治办、公安局等部门沟通协调，召开专题联席会议1次，在全县范围内开展打击传销专项执法检查和宣传4次。对曾参与传销回流人员进行逐一核实并调取户籍信息，建立电子档案。发放各类打传规直宣传资料400余份，未发现辖区内有涉嫌传销现象。

【维护公平公正市场竞争环境】 年内，按照上级各类专项整治行动的工作部署，在全县范围内深入开展红盾护农、虚假违法广告专项整治、打击侵犯知识产权专项行动、打击制售假冒伪劣商品专项行动等各类专项执法活动，并进一步开展“禁白”“限塑”整治工作。2017年，共开展各类专项检查30余次，检查各类市场主体800余户次，下达责令改正通知书8份，有效地规范了市场经营秩序。

【专项清理整顿】 年内，按照市局统一安排部署，全年对未按要求公示2016年度报告的179户市场主体列入经营异常名录，对未报送2014年度、2015年度、2016年度年报的32户企业，联合县税务局进行专项清理整顿。

【畅通消费维权投诉】 年内，以“12315”消费投诉平台和基层乡镇“12315”消费维权联络站（点）为依托，积极采取多种措施，着力解决消费问题，推动消费维权工作取得实效。2017年，共受理消费纠纷24件，成功调解24例，办结率为100%，为消费者挽回经济损失100余万元。

【党建、党风廉政建设】 年内，按照县委及全市工商系统2017年基层党建和党风廉政建设工作会议精神，组织召开专题部署会议，结合实际制定《达孜县工商局2017年基层党建工作计划》《达孜县工商局2017年党风廉政建设和反腐败工作方案》《达孜县工商局党支部学习计划》；坚持“三会一课”制度、组织生活制度、廉政约谈制等制度，建立健全综合党建工作台账。共召开支委会3次，党员大会5次，党支部书记讲党课3次，约谈干部7人次；按照“两学一做”学习教育常态化制度化要求，组织4名非公党支部党员和党员干部共同学习《中国共产党廉洁自律准则》《中国共产党纪律处分条例》和《中国共产党党内监督条例》《中国共产党问责条例》等；按照落实主体责任和“一岗双责”要求，制定《廉政风险点防控流程图》并上墙。针对行政审批、重大案件、基建采购等涉及重大事项，坚持集体领导、民主集中、会议决定；坚持不懈抓好中央“八项规定”精神，自治区党委“约法十章”“九项要求”市委“九项要求”和县局《廉洁从政暂行规定》的贯彻落实。年内，共开展防“四风”自查自纠7次，有效杜绝“吃、拿、卡、要、赊”以及“门难进、脸难看、话难听、事难办”，优亲厚友、执法不公等不正之风。

（赤　加）

2017年7月5日，工商局组织开展送服务进企业活动

【领导名录】

局　长

晋美朗吉（藏族）

副局长

拉毛太（女，藏族）

拉萨达孜县旅游发展投资有限公司

【概况】 2017年，拉萨达孜县旅游发展投资有限公司以促进经济增长为核心，紧密结合县工作实际，以打造“天上西藏、云上达孜”为工作目标，大力推动全域旅游规划，旅游产业是朝阳产业、无烟产业，达孜全域旅游符合达孜乃至拉萨产业发展总体定位。县委、县政府高度重视旅游产业的发展，2017年，共召开3次专题会议研究部署旅游产业发展计划。积极顶层设计，在拉萨市域，率先启动并全力推进《拉萨市达孜全域旅游发展规划（2017—2025）》，规划已经通过由拉萨市旅发委组织的终期评审，正在根据评审专家的意见对规划进行修改，上报拉萨市政府，届时将由达孜县委、县政府组织实施。该规划明确达孜全域旅游发展的道路和方向，同时，完成扎叶巴旅游区概念规划设计，完成扎叶巴村容村貌、白纳沟阿古顿巴出地主题公园、主西沟徒步营地、高原健康休闲运动步道等重点旅游项目的前期设计。

【重点产业项目】 年内，明确2名“全域旅游”工作专干、2名重点产业项目专干和2名安全生产工作专干，以确保县旅游产业发展有条不紊地进行。年内，积极推进扎叶巴村村容村貌整治项目建设，项目投资3000万元（其中援藏资金1100万元），同时，扎叶巴沟河道整治项目、扎叶巴村级政权项目建设，旨在开发达孜民俗、净土和林卡文化旅游资源，探索产业扶贫脱贫、致富奔小康的发展模式。积极推进白纳沟扶贫及旅游产业项目建设，计划投资3亿元，由达孜旅投公司联合拉萨布达拉集团开发，着力打造休闲林卡、生态田园、民俗文化等产品。积极推进拉北环线产业扶贫交流中心暨“云上达孜”电商创业基地项目，计划总资为2486.6万元（其中援藏资金1300万），打造达孜集旅游综合服务、物流集散和创客创业基地，项目可研已完成。

2017年10月23日，达孜县旅投公司总经理达瓦措姆主持召开工作会议

【重点旅游市场有序展开】 突出“天上西藏 · 云上达孜”全域旅游品牌。与高铁公司合作，邀请央视拍摄《冬游达孜》和《达孜全域旅游》2部宣传片，为有效宣传达孜旅游，吸引游客，在京沪高铁全时段播放，预计全年受众旅客超过6000万人次；9月通过与携程网合作，邀请携程网络知名人士到达孜旅游，撰写6篇达孜旅游游记、攻略，在携程网发布，截至年底，点击率超过50万人次；与高铁杂志《物流与生活》合作，刊登达孜旅游专页，在高铁线下宣传达孜旅游；与《国家地理》杂志合作，推出“拉北环线”精品游线“达孜全域旅游”篇章，该杂志已发行50万册；与南京飞圣网络科技公司合作，推出两款具有达孜特色的纪念金卡；与布达拉旅游集团合作，尝试推出达孜精品一日游、二日游、三日游精品游线；与布达拉文化传媒有限公司合作，推出15款黑颈鹤主题文创产品。2017年，达孜的游客量达到66.57万人次，同比增长21.5%；2017年旅游收入达3191.01万元，同比增长20%。年内，游客满意度达97%，从未接到过相关旅游投诉、旅游纠纷，发生纠纷概率为0；达孜县没有发生过生死亡旅游事故，也会不断加

强旅游安全措施。

【产业管理更趋完善】 年内，达孜旅游市场的投诉率、安全事故率均为0，这得益于拉萨市旅发委的关心支持，得益于达孜县委、县政府的正确领导，得益于全县旅游人的共同付出。与此同时，鉴于达孜旅投公司为新设立的公司，积极参加各级部门组织的赴内地考察学习的活动，先后参加市旅发委组织的在江苏南京举行的旅游产品推介会、旅游人才培训班、全域旅游专题培训班等，确保干部职工赴内地培训的覆盖率达100%。正在积极与镇江市旅发委对接，推进达孜全域旅游导游词的编写等工作。

（白玛玉珍）

【领导名录】

董事长

蒋云峰

总经理

达瓦措姆（女，藏族）

达孜县虎峰城市建设投资有限公司

【概况】 达孜县虎峰城市建设投资有限公司成立于2016年11月7日，注册资本1亿元。虎峰城投采用“以土地换资金”进行土地的一级开发，以及“以项目换资金”的项目融资手段，无论是用土地还是项目换取资金，其拥有者都是国家资本和银行资本以外的社会资本，拥有更强的逐利性和商业性。公司具备的核心优势包括政策优势、资源整合优势、规模优势。其战略目标为以推动达孜县城镇化进程为己任，形成具有自主发展和自我增值能力的投资主体、运营主体。由“城建代理人”转型为城市公用资产的总代表、城市基建融资的总平台，成为以地产和公共事业为主的大型、多元化企业。

邦堆标段二层封顶混凝土浇筑

【精准扶贫集中安置工程项目】 精准扶贫相对集中安置工程是达孜县2017年的重点工程，更是一项惠民工程。该项目通过邀请招标方式公开招标后，各乡镇项目点于2017年10月初陆续进场开工建设。项目建设344套，项目规模：新建扶贫搬迁住房36216.56平方米，共计344户，其中，3人户型73.34平方米50户，4人户型101.59平方米和101.92平方米89户，5人户型120.26平方米38户，6人户型146.97平方米28户，7人户型179.38平方米13户。多为地上二层，部分为一层，砌体结构，建筑高度7.35米（含庭院围墙附属）；德庆镇为框架式3层公寓楼，新建一人户2栋，二人户4栋，共126户。概算总投资15953.91万元，建筑总面积36216.56平方米，绿化总面积78079.65平方米。附属有路面硬化、停车位、绿化工程及院内给排水、电气等工程。截至年底，邦堆乡、塔杰乡、雪乡主体建设已完工，进入附属及配套设施建设，预计2018年5月全部完工，并实现入住。

【集中安置（邦堆乡）工程项目】 10月1日，该项目开工，概算总投资2849.82万元，建筑总面积5582.11平方米，建筑占地总面积10834.63平方米，共52户，其中，三人户型9户、678.06平方米，四人户型28户、2854.6平方米，五人户型10户、1202.6平方米，六人户型5户、734.85平方米，生活水泵房1处，112平方米。截至年底，主体结构建设已全部完成装修、地面硬化及绿化等附属工程正在进行。

【集中安置(塔杰乡)工程项目】 10月1日，该项目开工，概算总投资1256.28万元，建筑总面积2037.23平方米，建筑占地总面积3534.89平方米，共15户，其中，三人户型2户、146.68平方米，四人户型2户、203.9平方米，五人户型4户、481.04平方米，六人户型5户、734.85平方米，七人户型2户、358.76平方米，生活水泵房1处，112平方米。截至年底，主体结构建设已全部完成，装修、地面硬化及绿化等附属工程正在进行。

【集中安置(雪乡)工程项目】 10月3日，该项目开工，概算总投资为1571.95万元，建筑总面积2546.21平方米，建筑占地面积5118.34平方米，共24户，其中，3人户型6户、440.04平方米，4人户型14户1427.3平方米，5人户型2户、240.52平方米，6人户型1户、146.97平方米，7人户型1户、179.38平方米，生活水泵房1处，112平方米。截至年底，主体结构建设已全部完成，装修、地面硬化及绿化等附属工程正在进行。

【集中安置(章多乡)工程项目】 该项目点概算总投资1920.72万元，建筑总面积3942.39平方米，建筑占地总面积7749.43平方米，共9栋37户，其中，3人户9户、660.33平方米，4人户型14户、1427.3平方米，5人户型13户、1563.38平方米，7人户型1户、179.38平方米，生活水泵房1处，112平方米。因该项目点位于318国道与拉林公路之间，项目建设范围与318国道和拉林公路建设控制区有交叉。截至年底，处于重新选址协调阶段。

章多标段地圈梁支模

【安置(唐嘎乡)工程项目】 该项目概算总投资为4434.58万元，建筑总面积10227.86平方米，共90户，其中，3人户型24户、1760.16平方米，4人户型31户、3160.45平方米，5人户型9户、1082.34平方米，6人户型17户、2498.49平方米，7人户型9户、1614.42平方米，生活水泵房1处，112平方米。截至年底，完成主体结构基础建设，因受冬季气温较低影响，基础开挖至冻土层后将重新冻结，导致回暖后造成基础不均匀沉降及主体工程出现贯通性裂缝，混凝土、水泥砂浆等水解质工程强度下降，不能保证工程质量，年底暂停施工。

【安置(德庆镇)工程项目】 10月3日，该项目开工。概算总投资为3901.22万元，规划面积10805.79平方米，共建设126户，总建筑面积11692.84平方米。其中，新建一人户公寓楼2栋，建筑面积3366.36平方米，新建二人户公寓楼4栋、8326.48平方米。截至年底，基础正负零以下圈梁混凝土浇筑完成通过验收并回填，1—4号楼一层梁、柱混凝土已浇筑完成、5—6号楼二层梁、柱混凝土已浇筑完成。

（常星宇）

【领导名录】

县委常委、副县长、董事长
王晓蕾

发改委副主任、交通局副局长、总经理
洛桑旺扎(藏族)

唐嘎乡副乡长、行政副总
尼玛次仁(藏族)

社会事业

达孜县民政局

【概况】 2017年，达孜县民政局下设达孜县城乡居民经济状况核对中心（事业编制）和1所“五保”集中供养机构（事业编制），即达孜县“五保”集中供养服务中心。达孜县民政局现有干部职工32人，其中，包括1名局长、2名副局长、1名城乡居民经济状况核对中心主任、1名“五保”集中供养服务中心主任、5名科员、事业编制3人、3名公益性岗位、16名聘用人员。

2017年，达孜县民政局是达孜县政府主管社会行政事务的一个职能部门，承担全县的城乡最低生活保障、救灾救济、城乡困难群众医疗救助、基层政权建设、地名区划管理、“双拥”、优抚、退役士兵安置、婚姻登记、社团登记、社会救助、殡葬管理和老龄工作等职能。

【城乡最低生活保障】 年内，民政局认真落实区、市、县党委、政府各项惠民政策，做到城乡低保对象“应退尽退，应保尽保”，全县共有农村最低生活保障对象301户763名（其中，建档立卡户为205户、548人），城镇最低生活保障对象155户168人（其中僧尼131人），全年兑现城乡低保共发放低保资金464.05万元，其中发放城镇最低生活保障对象最低生活保障金131.44万元；发放农村最低生活保障对象最低生活保障金169.92万元；按照“两线合一”政策，兑现资金162.69万元，年人均达到4265元“两线合一”的政策标准。同时坚持城乡低保动态化管理工作机制，先后与县工商、税务、农行等部门签订城乡居民家庭经济状况信息共享协议，为核查低保人员家庭经济状况提供有力的数据信息保障，共清退农村低保超标人员22户64人，新增农村低保6户12人，新增城市低保4户5人。

2017年9月13日，西藏自治区党委常委、拉萨市委书记白玛旺堆（右二）在达孜县“五保”集中供养服务中心检查指导工作

【救灾救济】 年内，重新确定全县村、乡（镇）、县灾害信息员48名，实行分管负责人负责制，严格报送制度，做到灾情报送及时、数据准确、口径统一，不瞒报、不虚报、不迟报。根据实际情况调整充实了达孜县减灾委员会。并印发《达孜县自然灾害救助应急预案的通知》，修订完善救灾应急预案，建成县、乡、村、组四级联动的救灾机制。由达孜县人民政府制定出台《关于进一步加强和完善防灾减灾救灾体系建设的实施意见》和《灾情会商和评估制度》，加强防灾减灾救灾体制机制建设。10月，由县政府采购中心采购120万元救灾物资（叉车、救灾装备、个人装备），完成相关手续并已入库存放。年内，共对全县370户1970人受灾群众开展救济，救助粮食8.865万公斤、折款39万元。

【社会救助】 年内，民政局认真落实民政社会救助管理制度，做好灾民生活救助工作，做到公开、公正、公平发放。年内，切实解决低收入群体因临时性、突发性导致生活困难的群众46人，救助金额5.41万元。

【医疗救助】 年内，对全县农村因病致贫的困难群众，尤其是身患重病的农村困难家庭，严格按照《拉萨市城乡医疗救助实施办法》，做好医疗救助申请的审批工作，有效地开展"一站式"即时结算工作。年内，共投入资金108.11万元，开展医疗及临时救助，共惠及城乡居民323人，其中，城乡低保为37人、精准扶贫户为129人、优抚对象为22人、"五保户"为47人、一般户为88人。根据自治区民政厅《医疗救助与城乡居民大病保险有效衔接工作方案》结合实际制定的《城乡居民医疗救助补充办法》，进一步加强重特大疾病医疗救助工作；为解决最低生活保障政策执行中存在的突出问题，民政局专门安排部署规范最低生活保障政策落实工作，对执行政策中存在的问题会同县纪检部门进行专项整改，有力推动了低保政策的规范化执行，有效助推了达孜县精准脱贫各项工作。

2017年9月20日，民政局局长袁自勇在塔杰乡主西村慰问结对帮扶户

【老龄工作】 年内，加大宣传新修订的《中华人民共和国老年人权益保障法》的宣传工作，民政局以张贴宣传画、发放宣传资料和在各村综合服务中心发放宣传资料等方式方法，对新修订的《中华人民共和国老年人权益保障法》进行宣传，并在县社会福利院进行宣传讲座。做好全县寿星老人统计、建档、核查工作，全县共有寿星老人251人，其中80—89岁202人，90—99岁44人，100岁以上5人。

【"五保"供养】 年内，在"五保"集中供养服务中心集中供养"五保"老人100人，分散供养23人，实现五保供养率达81.3%，意愿集中供养率达到100%的目标。县政府为提升"五保"老人供养水平，专项预算五保集中供养中心经费300万元。此举，得到自治区党委常委、拉萨市委书记白玛旺堆的好评。集中供养的"五保户"生活供养金在拉萨市每人5910元/年标准上，提高到每人10044元/年标准（用于"五保"老人生活）。全年共为123名五保老人（其中分散供养23人）发放供养金114.72万元。"五保"老人供养水平得到大幅度提升。为

2017年6月23日，民政局党支部召开党员大会

给“五保”老人提供一个健康、舒适、安全的生活环境，县财政投入20多万元进行消防设备的提升改造，微型消防消防站的各项工作在全市福利院中起到表率作用，并得到市委、市政府领导和民政部督导组及上级民政部门的一致好评。

【“双拥优抚”】 年内，民政局认真制定方案，做好“三大节日”期间驻县军警部队和优抚对象的走访慰问工作：对全县驻军部队送去慰问金共计24000元、为30名特困军人家属每人慰问800元共2.4万元、为6户重点优抚及烈士送去慰问金0.48万元。“八一”中国人民解放军建军节期间对驻军部队送去慰问金1.2万元。并对8户重点优抚对象及烈士特困军人送去慰问金0.4万元。及时为16名退役士兵发放地方性自主就业家庭优待金和一次性生活补助共计130.4万元。为41名年满60周岁以上（含60周岁）、农村籍退役士兵，发放生活补贴共计6.15万元。组织开展2016年度14名退伍士兵参加汽车驾驶职业技能培训，参训率达到100%，就业率达到80%，基本保证退役士兵按需所学，学有所长，长有所用的目的。

【农村社区建设】 年内，继续加强对全县20个村（居）委会的业务指导，督促各村（居）委会财务、政务公开，要求每个村（居）委会必须每3个月将本村享受农村低保和“五保”待遇的人员物款发放情况等民政事务进行公示。县民政局全力协调社区建设工作，大力开展基层党组织建设，将党员管理、无职党员设岗定责、结对帮扶等工作进行的有声有色。健全制度，完善自治功能。各试点村均设有公开栏、宣传栏和村民意见箱，基本做到村务公开、财务公开，村民意见反映畅通。村民自治制度基本健全，部分制度上墙。

【地名与行政区划】 年内，为切实加强达孜县地名文化建设，进一步保护达孜县历史文化特色，制定《达孜县民政局关于开展地名名录调查登记工作的实施方案》，深入开展地名文化遗产保护工作。截至年底，共上报有10个古地名名录。

【民政项目建设】 年内，完成拉萨市老年人日间照料中心建设项目，验收并交付使用。项目总投资1234.78万元。由县政府垫资，完成雪乡雪寺天葬台维修项目，总投资85万元。

【婚姻登记】 年内，民政局以转变工作作风为突破口，以强化服务意识为落脚点，建立行风建设责任制、登记员工作责任追究制、婚姻登记规程等制度，对本职业务、岗位责任、工作纪律进行全面规范，严格依法行政。截至年底，共办理结婚登记524对，补办结婚手续135对，办理离婚手续56对，办证合格率100%。同时做好现有婚姻档案录入和移交工作。

【流浪乞讨人员救助】 年内，健全救助管理服务网络，强化联动协作，加强应急救助服务，发挥救助管理工作的综治维稳作用。继续支持县级流浪未成年人救助保护设施建设，推进救助管理机构的等级评定和规范化管理。

【残联工作】 年内，组织热心公益事业的大学生，配合残联对全县残疾人进行详细的入户调研，建立18户特困残疾人和48户困难残疾人档案，并组织达孜县热心公益事业的10户民营企业，为18户特困残疾人和48户困难残疾人家庭捐助8万多元现金，让残疾人家庭充分感受到党的温暖和社会各界的关心关怀。向市残联争取到49万元残疾人就业培训费，利用罗占公司具备民族手工业的特长，对10名残疾人进行青铜制作、绘画等技能培训，以有效帮助残疾人就业。

2017年8月3日，拉萨市六县二区民政局一行在达孜县福利院观摩学习消防工作

【民政宣传】 年内，在“5·12”国家防灾减灾日、“11·9”消防宣传日、“12·4”全国法制宣传日等重点节日开展民政工作宣讲活动，重点对《中华人民共和国婚姻法》《中华人民共和国老年人权益保障法》《中华人民共和国残疾人保障法》以及医疗救助政策、临时救助政策、低保政策、双拥优抚政策等相关民政工作政策进行了宣传。

【党风廉政建设】 年内，以中共十八届六中全会、习近平总书记系列讲话精神和自治区第九次党代会精神为契机，扎实推动民政局作风建设，严格按照党要管党、从严治党的要求，把党风廉政建设与业务同研究、同部署、同检查、同落实。认真落实“两个主体责任”，大力开展理想信念、党纪法规和警示教育，不断加大廉洁教育力度。根据民政部、民政厅等上级部门到达孜县检查调研工作后反馈的意见，作为推动达孜县民政工作的着力点，通过完善各项制度，深入贯彻落实中央“八项规定”精神，持续加大反“四风”力度，以强化民政专项资金安全使用和“三重一大”事项监督检查为抓手，有效防范廉政风险，保持了民政干部队伍的清正廉洁，营造了风清气正的良好政治生态。

【民政工作典型事例】 3—8月13日，上级民政部门确定达孜县民政局代表拉萨市民政系统，前后迎接民政部6次对达孜县福利院、农村低保、社会救助、全国农村社区示范等民政工作的严格考评，各项民政工作得到民政部各督导检查组、验收组的充分肯定，7月13日，民政部副部长宫蒲光在达孜县民政局考察民政工作时，充分肯定民政局民政工作的开展和对民政政策的准确把握。7月27日，民政部西南片区工作会上，达孜县民政局作了基层民政工作经验交流。

5月，达孜县福利院消防队员在拉萨市福利院配合、帮助该院消防及各项制度建立工作，5月23日顺利通过消防国检组的严格检查，并得到副市长贡扎及市民政局领导的好评。7月2日，在民政部基层民政工作督导组的指导下，在雪乡扎西岗村设立全区首个村级民政事务服务中心，民政部和市委领导专程为雪乡扎西岗村民政事务服务中心挂牌，此项工作民政厅已列为全区示范工作。

（周　伟）

【领导名录】

局　长

袁自勇

副局长

索朗加措（藏族）

尼玛曲珍（女，藏族，8月任）

居民家庭经济状况核对中心主任

顿珠卓嘎（女，藏族）

五保集中供养服务中心主任

洛桑曲达（藏族，8月任）

达孜县人力资源和社会保障局

【概况】 2017年，达孜县有公益性岗位178个，在岗163人。县委、县政府本着鼓励就业的中心思想，为了使公益性岗位人员真正发挥社会效益，增加工作积极性。经县常委会研究决定，将全县公益性岗位从业人员工资待遇提高500—1800元不等，在公益性岗位管理方面严格执行公益性人员考勤管理制度。

【业务知识学习】 年内，达孜县人力资源和社会保障局进一步加强业务知识的学习，并积极参加区、市组织的各种业务知识培训，深入开展社会保障业务知识相关法律、法规及规章制度学习，加强对就业再就业政策措施、专业技术人员管理、机关事业单位社会养老保险制度等业务知识的学习，加强对兄弟单位先进经验的学习，不断提高全局干部职工的业务素质。

【就业再就业】 年内，人力资源和社会保障局围绕达孜县“两年脱贫、三年巩固”的攻坚任务，扎实推动精准扶贫以业脱贫攻坚工作，发挥以业脱贫就业对于扶贫增收的关键作用，实现就业创业脱贫为目标。根据统计出的转移就业培训意愿，各乡镇产业项目发展情况，结合市场需求，举办有针对性的实用技术、转移就业和创业培训。上半年，达孜县已组织开展参加各项培训共计17期，725人（其中建档立卡贫困人员406人）。合格率达90%以上，转移就业培训培训后就业率达75%以上，完成目标任务80.5%，培训合格率为100%；就业再就业培训67人，完成目标任务的95.7%；职业介绍533人次，完成目标任务的89%，职业介绍介绍成功312人，完成目标任务的104%。全县实现新增就业1189人，完成目标的131.3%，其中，就业困难群体140人完成目标任务100%，失业人员再就业159人完成目标任务106%，小微企业新增就业979人。完成目标任务122.3%；建档立卡贫困户就业521人，其中，易地搬迁339人。开发就业岗位500个，完成目标任务100%；农牧区劳动力转移就业11696人次，10790人，实现收入0.3亿元。

进一步加强达孜县高校毕业生信息实名制登记工作，开展高校毕业生就业政策宣传，鼓励达孜县高校未就业毕业生到企业见习、自主创业、在企业就业。并于9月成立达孜县高校毕业生就业见习基地1家。截至年底，达孜县高校毕业生实名制登记应届毕业生304人（建档立卡40人）。已实现就业88人，组织见习8人。积极做好企业用工调查，了解县内企业用工的需求岗位及技能人才，通过搭建供需平台，春风行动专场招聘会入场企业10家提供300余个就业岗位，现场达成就业意向协议102人，让参加招聘会的求职者与入场企业得到了有效对接。

【企业职工养老保险】 年内，参保人数达162人，征缴基金225.17万元。

【城乡居民社会养老保险（含僧尼）】 年内，参保人数达13640人，征缴基金126.76万元，发放养老金共计577.57万元，一次性支付个人

2017年8月16日，北京市人社局一行在达孜县人社局调研

2017年7月25日，达孜县召开全面实施全民参保计划暨社会保障卡数据采集工作推进会

账户养老金170人，返还个人账户养老金共计76384.54元。

【城镇职工基本医疗保险】 年内，参保人数达1460人，征缴基金1290万元，待遇支付1085682.24元。

【城镇居民基本医疗保险(含僧尼)】 年内，参保人数达968人，征缴基金48万元，待遇支付394846.65元。

【失业保险】 年内，参保人数达750人，征缴基金706341元。

【工伤保险】 年内，参保人数达2050人，征缴基金374123元。

【生育保险】 年内，征缴基金948921元。

【劳动监察】 年内，全面落实劳动合同制度，推进集体合同备案制度，不断提高劳动合同签订率；完善解决企业拖欠工资问题的有效机制，加大企业欠薪防处力度，按照“谁主管、谁负责”原则，组织开展解决拖欠工资问题的专项检查；开展依法监察行动，集中解决劳动用工中存在的突出问题；加强劳动仲裁工作，强化基层多元化调解工作职能，落实调解工作制度，及时发现并快速处置劳资纠纷，提升调解争议机构服务社会的能力，使更多的劳资矛盾纠纷化解在基层，消除在萌芽状态。截至年底，劳动监察大队主动全面清查、排查监察61家企业(含建筑工地)，对63个用人单位进行劳动用工备案，督促63个用人单位为劳动者签订劳动合同2700份；受理劳动监察投诉案件71起，涉及农民工474人，办理结案71起，追回被拖欠工资1495.8万元；缴纳民工工资保证金19338044元，退款8843643元。

【工伤管理】 年内，加大对《工伤保险条例》的宣传力度，通过发放工伤保险宣传册、组织政策宣讲、督促高风险行业依法参保、健全保费征管机制等措施，全面推进工伤保险扩面征缴工作；对工伤保险业务职责进行细致梳理，分为工伤保险费征缴、工伤事故调查取证、工伤医疗费用审核报销、参保登记及职工变动录入，以及统计报表、信息报送等多个方面，明确科室负责人全面统领，工作人员各司其职，使工伤保险的各项业务功能得到进一步的加强，使整体工作更加协调合理，工作效能得到进一步提高；大力加强经办人员的教育管理工作，增强服务意识、责任意识和大局意识，通过抓学习、抓业务、抓效能、抓服务、抓作风，不断提升工作人员的理论水平、业务能力和综合素质，及时受理工伤人员的工伤认定申请，依法维护工伤人员的合法权益，使工伤人员及时得到应有的经济补偿。

【基金管理】 年内，严格执行社保基金监督管理的法律法规，进一步完善内部控制制度，使社保基金核定、征缴、支付、管理和存储等各环节有法可依、有章可循；坚持每季度社保经办机构、银行、财政部门三方对账机制，及时掌握社保基金运行状况，妥善处置基金运营过程中存在的问题。

【人事人才】 年内，城镇退伍军人员安置手续7人；工资福利方面，为部分国家机关工作人员的工资进行滚动晋级和正常晋档；

为事业单位工作人员正常增加薪级工资；审批办理退休手续3人；截至年底，教育系统职称结构副高级别36人，中级173人，初级131人；其余机关事业单位副高级别5人，中级25人，初级107人；人力资源和社会保障局在岗位设置工作中做好政策宣传工作，组织召开多次专题工作会议，就岗位设置工作中的疑难问题进行交流座谈。针对教育系统的人员多、岗位设置工作任务重等问题，领导小组研究后又组织教育系统各单位领导及相关工作人员召开岗位设置工作会，由人事部门工作人员就岗位设置的相关政策和要求，做了进一步的讲解，并对一些遗留问题进行研究，对实施中存在问题进行解答，确保岗位设置的结构、比例科学合理。现已顺利完成各事业单位的岗位设置实施方案申报、审核，认定工作。

【开展就业援助帮扶】 年内，结合“春风行动”等专题工作，专题活动期间，通过县级公共就业服务平台，免费为求职者和招工企业提供服务，在春季用工高峰期对达孜工业园区10余家企业招工情况进行动态监测，为人力资源和社会保障局开展就业工作奠定一定的基础。建立达孜县就业困难人员数据库，并就就业困难人员展开一对一的帮扶工作，对5名就业困难人员实施人均500元现金和物资折现260元的帮扶。对4名城镇就业困难人员实施了公益岗岗位援助。推荐10余人转移就业困难人员参加技能培训学习。同时加大就业再就业岗位的开发力度，岗位种类丰富，适合群体面广，涉及各类大小型私营企业、机关事业单位，跨越建筑、食品、加工等行业，岗位涵盖生产、销售、会计、保安等方面。

【基层就业服务平台建设】 年内，先后制定《达孜县基层劳动就业和社会保障公共服务平台建设方案》和《达孜县基层劳动就业社会保障公共服务平台人员招录的方案》并成立相应的领导小组。达孜县基层服务平台均已全部建成，前期人员招录工作已全部完成。达孜县基层就业服务平台场地配备多以业务大厅合署办公为主，部分平台也可独立办公。另德庆镇劳动就业和社会保障服务所已申请新建项目，建成后设培训室、社保大厅、就业大厅和办公室，能较好地满足整个基层工作运转所需，项目前期工作已完成，现已按照相关要求开工。

2017年9月21日，人社局工作人员在异地搬迁点上为搬迁户登记信息、讲解政策

【强化征缴，突出重点】 年内，人力资源和社会保障局实行“主要领导亲自抓，分管领导具体抓，相关部门组织落实”的工作机制，紧密协作，形成合力，共同推进社会保险扩面征缴工作。首先，摸清底数。对全县范围内用工单位及职工参保缴费情况认真摸底，全面掌握情况，逐单位建立台账，并对人员增减情况及缴费情况实行登记管理，做到有的放矢。其次，突出重点。将农民工以及民营企业、非公有制企业、城镇个体工商户和灵活就业人员作为扩面的重点，加大政策宣传力度，完善政策措施，鼓励和督促他们参保。以劳动用工年检为抓手，大力开展劳动保障执法大检查，将社会保险扩面征缴工作纳入重点内容，督促企业办理各项社会保险，特别是对扩面难点单位和欠费大户进行重点检查，对未登记参保、瞒报职工人数和缴费工资基数的用

人单位，下达整改通知书，对拒不整改的企业，采取强制措施，确保到位。

【创新维权工作方式】 年内，进企事业单位、进基层、进工地开展送政策、送法律、送资料等活动，共发放《中华人民共和国劳动法》《中华人民共和国劳动合同法》《中华人民共和国社会保险法》《工伤保险条例》等法律法规知识宣传单1600余份，大大提高用人单位和职工学法、懂法、守法的自觉性，降低了其法律风险系数，矛盾在基层得到化解；做好企事业单位普查工作，督促其规范用工行为；发扬人社部门整体协作精神，建立联动工作机制。部门之间既有分工，又有协作。如遇到拖欠工资案件时，劳动监察成立专班协调处理；受理工伤案件时，劳动监察积极参与工伤的前期调查，掌握第一手资料，为后期的调解处理打下基础；在调解时，办公室做好接待和登记以及信访件处置工作等；实施人性化服务，以调解为主，裁决为辅。将做好当事人双方的思想工作贯穿于整个案件的处理之中。通过努力，使达孜县劳动者和企业之间关系进一步规范、和谐。

【创新内部管理机制】 年内，人力资源和社会保障局大力推行服务承诺制、限时办结制和首问责任制，形成党组织履职尽责创先进、党员立足岗位争优秀、领导干部带头引领做示范、人民群众拥护得实惠的生动局面。通过思想教育、作风建设、例会学习等形式，促使广大干部职工把心思集中到“想干事上”，把本领体现到“会办事上”，把目标锁定在“干成事上”。着力提升人社系统干部职工的工作积极性和社会管理创新能力，进而推动人力资源和社会保障事业的创新和全面发展。

（谢 添）

【领导名录】

局 长

江村旺扎（藏族）

副局长

次仁措姆（女，藏族）

刘 佳 佳（女，藏族）

达孜县净土产业投资开发有限公司

【概况】 达孜县净土产业投资开发有限公司位于达孜县政府院内，成立于2014年1月14日，是达孜县人民政府投资的国有独资企业。公司注册资金1.5亿元。公司设有董事会、监事会，总经理1人，现有职工共14人（研究生2名，本科生6名，专科生6名）。总经理由达孜县委、县政府任命。公司下设现代农业产业园区管委会，2名管理人员，并聘用科技特派员5名，负责达孜县现代农业产业园区2500亩产业基地、高标准温室及净土健康产业的运营管理及项目建设工作。公司主要经营范围：农林牧种植、养殖产品销售、农副产品加工销售、休闲观光农业等。公司已经承担起达孜县净土健康产业相关项目的建设和运营管理，招商引资，农牧业生产、加工、对接等，全力打造全区乃至全国生态、健康、特色农业优秀产品。

【园区项目】 年内，对园区温室及配套设施进行全面提升改造，拆迁原有300栋老旧温室大棚；总投资约1.5亿元的新建高标准温

2017年12月16日，副县长边巴次仁调研净土健康产业发展情况

室大棚项目、总投资约8500万元的标准化钢架结构温室大棚项目持续推进；总投资近6000万元的工厂化智能型育苗育种基地、(藏家乐)休闲体验中心、高效保鲜冷藏室三个援藏项目加快建设，预计2018年上半年竣工投入运营使用。拟投资3000万元，利用14000平方米的三层中空阳光板连栋智能温室，与江苏藏缘公司合作，做成达孜净土产品展销中心。拟投资5000万元，利用7000平方米双层中空钢化玻璃智能温室，与西藏曼杰拉生物科技有限公司就人工虫草养殖项目进行合作，将于近期进驻达孜农业产业园区。

园区作为拉萨市东郊的一个“菜篮子”，种植蔬菜、瓜果、花卉达60余种，并在人参、火龙果、羊肚菌等的培育方面取得突破，经济效益明显，在发挥扶贫带动、维持生态平衡、促进农牧业持续发展等发面发挥着重要作用。年内，已委托专业机构编制完成《达孜县现代农业产业园总体规划》，采用“自然＋人文＋科技”的模式，拟将西藏民俗文化、特色种养产业和农业原生态、纯自然景观融合在一起，形成一个感受自然、体验人文、发掘文化、生态农业的具有藏式风情特色的产业基地。

【唐嘎泰成奶牛养殖示范基地】 该项目由达孜县净土产业投资开发有限公司和西藏泰成餐饮有限公司共同投资，成立西藏泰成乳业有限公司，总投资1亿元，奶牛存栏量为600头，牦牛存栏量为1400头。

2017年12月1日，副县长朱峰主持高标准良种奶牛项目开工仪式

【高标准良种奶牛养殖示范项目】 年内，达孜县因地制宜，坚持以高标准为起点，计划投资1.7亿，建设饲养规模达2000头(引进奶牛1000头)的集新技术新能源展示、有机奶源基地等多功能于一体的生态示范奶牛繁育基地。截至年底，已完成项目前期工作。同时该养殖中心下一步运营的招商引资工作已完成，与青海湟源旺泉奶牛养殖合作社出资1000万元成立运营新公司。

【达孜特色原种藏鸡养殖】 项目由达孜县净土产业投资开发有限公司、达孜县唐嘎益民农牧业开发有限公司、江苏盛世康禾生物技术有限公司、江苏藏缘文化发展有限公司、武汉市蓝海裕景商贸有限公司共同注资500万元组建新公司进行经营管理。截至年底，该公司鸡苗年孵化量达5万只，藏鸡蛋年产量60万枚；预计2018年，藏鸡孵化量达到20万只(销售价格为25元/只)，藏鸡蛋年产量200万枚以上(销售价格为3元/枚)，藏鸡冷链销售15万只(销售价格为100元/只)，年总产值将达到2600万元。净土公司与扶贫办对接扩大藏鸡养殖项目，规模预计达到50万只，项目正在办理前置手续。同时，为实现藏鸡养殖产业化经营，项目配套设施小型藏鸡屠宰场项目已经立项，位于达孜县现代农业产业园区，正在进行环评工作，年屠宰藏鸡规模达80万只。

【援藏产业交流项目】 该项目总投资1600万元，以江苏为中心，在全国60余城市100家门店设立净土展销专柜，宣传、推广、销售净土产品。销售产品有藏鸡蛋、高原藏蜜、冰泉水等，2017年累计销售额近100万元。项目规模初步形成。

【绿色(有机)青稞产业】 截至年底,全县种植青稞面积2.3万亩,其中,绿色(有机)青稞试点推广面积1万亩,总年产量达到1750万斤,年产值达5345万元,下一步计划加大青稞推广、种植力度,打造达孜特色绿色(有机)青稞产业集群。

在打造以青稞为原材料的产品加工链条中,依托自治区级达孜工业园区内西藏藏缘青稞酒业有限公司等多家具有高附加值、高科技含量的龙头企业、重点企业,生产以青稞为原料的青稞酒、青稞醋、青稞饮品、青稞麦片等20余种绿色食品。年均转化青稞4万吨以上,产品市场占有率超过85%。同时,为充分利用和转化青稞资源,提升青稞附加值,使青稞麸皮、酒糟等得到充分利用,企业经济效益提高,社会效益明显。同时,积极启动电商平台交易,实现文化、旅游、净土带动种植业、养殖业实体经济的发展。

【生态经济林实验项目】 该项目位于达孜县邦堆乡叶巴村、塔杰乡塔杰村,种植油桃、水蜜桃共350亩。项目工程总投资约600万元,全部是达孜县净土健康产业发展资金。

项目工程经营管理形式采取"净土公司+园林公司"的形式开展订单、技术指导、资金调配等工作。项目的开展将更好促进经济林实现优质、高产、生态发展,实现自然良性循环,增加经济林比重,实现综合性治理、集约化经营,突出现代农业示范园区的示范引领作用,推进农业供给侧结构性改革。

【不断拓展产品平台】 作为拉萨市的东大门,根据拉萨和达孜县"大力发展净土健康产业""加大援藏工作力度"工作总要求,通过前期调研、方案分析,在镇江市设立西藏达孜产业交流中心,承担达孜形象推广、净土产品展销、重点项目招商及住宿、餐饮、会务、旅游、电子商务等综合性服务,成为达孜县乃至西藏拉萨净土、旅游产品销售的主阵地。

同时牦牛、藏鸡养殖及产品销售方面已与江苏省餐饮协会达成初步合作意向,立足达孜独特的资源优势、产品优势和产业优势,打造达孜净土特色产品销售平台。

(张 利 索朗德吉)

2017年9月4日,达孜县净土产业投资开发有限公司总经理赤列卓嘎在雪乡牛场调研

【领导名录】

董事长

朱 峰

总经理

赤列卓嘎(女,藏族)

达孜县卫生局

【概况】 2017年,达孜县卫生局下设1个县人民医院、1所县疾病预防控制中心、计生办、医管办及基础项目建设办等多个部门,乡村共有5个乡卫生院、14个行政村卫生室、2个自然村卫生室。全县共有医疗卫生工作人员204人,其中,行政人员4人,工人8人,医疗卫生专业技术人员142人(包括副高级职称5人,中级职称18人,初级及以下职称119人),公益性岗位32人,聘用18人。

【医疗卫生基础设施建设】 年内,达孜县完成塔杰乡标准化卫生院以及2个村卫生室新建项目,并完成达孜县唐嘎乡标准化卫生院、达孜县章多乡标准化卫生院、达孜县唐嘎乡标准化卫生院周转房、达孜县章多乡标准化卫生院周转房、达孜县帮堆乡标准化卫生院、达孜县雪乡标准化卫生院、达孜县雪乡标准化卫生院周转房、达孜县卫生系统整体搬迁等项目的前期手续。

2017年6月10日，副县长次仁央宗、卫生局局长俊美次旦在邦堆乡考察包虫病工作

【农牧区医疗管理】 年内，达孜县农牧区医疗制度年人均补助标准为475元，个人筹资额为30元，5月启动家庭账户基金注资入户工作，6月8日完成此项工作，共注资26873人，1—10月门诊总人次数63612人、住院报销人次1303人、报销金额968.91万元，住院分娩人次239人、补偿金额188.43万元，特殊门诊人次78人、补偿金额26.35万元

为切实解决群众“看病难、入院门槛费过高负担不起”的问题，达孜县新增6家“先诊疗、后结算”定点公立医疗机构，均为区内权威性地方及部队医院，并为新增的6家医院预拨120万元就医流动资金，为达孜县患者开通就医“绿色通道”，使达孜县患者可轻松入院，并得到及时治疗。

【人口计生】 年内，达孜县两项体检项目共计有280对人参检。其中，男女比例1∶1，体检率达100%，并将体检结果建档，9月将两项体检结果档案准确地完成网上录入工作、录入率达100%；2017年，达孜县共有429人享受“一孩、双女”奖励扶助金，共计411840元整（每人960元），另外有81人享受“独生子女伤残”特别扶助金，其中，68人享受独生子女死亡家庭扶助金（每人4080元），共兑现277440元，13人享受独生子女伤残家庭扶助金（每户3240元整），共计42120元整。

【计划免疫】 年内，辖区内出生儿童299名，建卡率100%，乙肝疫苗首针及时接种率100%，乙肝应种880、实种870，接种率98.8%；卡介苗应种299实种295，接种率98.7%；百白破应种1143实种1137，接种率99.47%；脊髓灰质炎应种1197、实种1192，接种率99.5%；含麻类疫苗应种548实种544，接种率99.27%；A群流脑疫苗应种581、实种578，接种率99.48%；A+C群流脑疫苗应种601实种594，接种率98.83%；甲肝疫苗应种251、实种248，接种率98.80%。2017年，累计接种本地儿童299人，接种针次5472人次；接种外来流动儿童23人，接种针次88人次。

4月，在辖区内的8月龄至4岁儿童进行麻疹摸底，并对46名适龄儿童开展麻疹疫苗的补种工作。10月与教育部门合作，开展入托入学儿童的预防接种证查验与查漏补种工作，2017年查验学校为一所小学（一年级10个班级共计396人）、15所幼儿园（新生与插班生685人数）共查验接种证1081本，对需要补种儿童提出补种建议并进行补种工作。

【传染病管理】 1—10月，达孜县6个监测点上报法定传染病共152例，11种。均为乙、丙类，无甲类传染病发生，乙类传染病发病123例，丙类传染病发病29例。传染病发病率470.72/10万（总人口数32291），与同期相比下降7.93%（2016年511.25/10万）。无突发公共卫生事件上报，未发生聚集性疫情。县医院开展发热

2017年8月20日，副县长次仁央宗、卫生局副局长尼玛卓嘎在雪乡卫生院检查指导工作

门诊监测，无不明原因发热病例，无监测到AFP病例。

【碘缺乏病及大骨节病防治监测】年内，在居民户现场采集300份盐样进行全定量检测，经实验室直接滴定法检测均为合格碘盐，并对家庭主妇进行现场调查，知晓率达87%。9月，协助市疾控中心完成辖区内8—10岁儿童甲状腺及尿碘检测工作，对200名学生检查甲状腺（B超），并进行甲状腺触诊。2017年，在3个大骨节病村进行临床检查，共筛查出病人43例，其中，Ⅰ度39人、Ⅱ度3人、Ⅲ度1人，并对以上病人建档后进行相应的药物治疗，及时了解病情发展趋势，科学、规范、有序指导重点病区的防控工作。

【卫生监督】年内，达孜县疾病中心对辖区内8个公共场所（理发店5个、淋浴店3个）进行审查及复审，均达到卫生量化C级标准，从业人员健康体检11人，办理健康证11个，经常性监督达47次，监督覆盖率为100%。以学校、城镇、农村生活饮用水为重点监测目标，共开展饮用水监督检查54次，完成城镇及农村生活饮用水丰水期和枯水期两期的22个点52个样本的水质采样送检工作。对5个卫生医疗机构进行医疗卫生检查，对县人民医院进行放射卫生检查，对全县卫生监督员及8个公共场所的卫生从业人员进行了业务培训及宣传相关法律法规。

【慢性病人管理与干预措施】年内，为有效预防和控制高血压、糖尿病等慢性病，对达孜县社区居民的高血压、Ⅱ型糖尿病等慢性病建立健康档案，开展高血压、Ⅱ型糖尿病等慢性病的随访管理、康复指导工作，掌握高血压、Ⅱ型糖尿病等慢性病发病、死亡和现患情况。达孜县估算的高血压患病总人数为人3986（常住人口28090），建档人数2189人，建档率为53.1%；高血压管理人数2189人，管理率为100%；高血压规范管理人数2031人，规范管理率为92.7%；高血压患者管理中新建档案128人，累计随访人数7417人次；达孜县估算糖尿病患病人数为2056人，建档人数23人，建档率为1.1%；糖尿病管理人数22人，管理率为100%，糖尿病规范管理人数为22人，规范管理率为100%；Ⅱ型糖尿病累计随访人数101人次；为全面掌握严重精神障碍患者的底数，县疾控中心与公安局联合再次在辖区内开展排查工作，又排查26例疑似精神病患者，待再次集中送往自治区第二人民医院精神卫生中心进行排查诊断。2017年，累计重症精神病患者共9例，其中，2017年新发1例（8例精神分裂症、1例双向情感障碍）。

年内，在落实慢病防治指导思想，对重症精神病患者人进行心理疏导和康复指导，并进行随访，全年共随访44次。年初制定《达孜县上消化道癌早诊早治项目实施方案》，成立由主管县长为组长的领导小组，根据服务半径大小对辖区内的所有乡镇分配筛查指标任务，2017年，在县疾控与各乡镇卫生院的共同努力下保质保量地完成2016年、2017年两年的项目筛查工作任务共计210例。

【妇幼保健】年内，达孜县共有孕产妇总数为540人，其中，孕妇155人，产妇385人，产妇建卡管理385人，建卡率为100%。分娩总数为

385 人，活产数为 381 人，围产儿死亡 7 人（死胎死产 5 人、7 天内死亡 2 人）；产前检查 5 次以上 382 人，产检≥ 5 次率 100%，产后访视 2 次以上 374 人，访视≥ 2 次率为 98.2%。住院分娩率为 100%，无非住院分娩新法接生。筛选高危孕产妇 104 人，筛选率为 100%，高危产妇产前检查 6 次以上 104 人，检查率为 100%，高危产妇住院分娩 104 人，住院分娩率为 100%。2017 年，无孕产妇死亡。

0—14 岁儿童总数为 5951 人，5 岁以下儿童死亡 7 人，死亡率为 18.4‰；婴儿死亡 3 人，死亡率 7.9‰；新生儿死亡 2 人，死亡率为 5.2‰。儿童“四病”患病总数为 249 人，其中，腹泻 134 人，肺炎 92 人，低体重 22 人，发育迟缓 1 人。

【家庭医生签约服务】 年内，达孜县继续开展村级医生家庭签约式服务工作，以全县建档立卡户贫困户、65 岁以上老年人、0—6 岁儿童、孕产妇和高血压、糖尿病等慢性病患者为重点人群进行优先签约、优先服务，为签约对象提供医疗、预防、保健等服务。截至 11 月，达孜县村级医生家庭签约式服务村级覆盖率为 100%，重点人群签约率为 100%。

【全民体检】 年内，达孜县卫生局联合县人民医院、县疾病预防控制中心与各乡卫生院于 4—8 月，对达孜县农牧民进行全民免费健康体检，此次共体检 26063 人，体检率达到 99.43%，发现白内障疑似患者 211 人、儿童先心病疑似 37 人、妇女“两癌”疑似 30 人、儿童贫血 36 人，为下一步疾病的治疗及控制打下良好基础。

【包虫病综合防治】 截至 11 月 1 日，达孜县共对 28152 名农牧民、城镇居民及干部职工进行包虫病筛查，筛查率达到 99.15%，共确诊患者 77 人，其中，需要药物治疗 7 人已全部完成投药；需要手术治疗的 25 人（4 人建档立卡贫困户，其中，2 人因病致贫贫困户）已经安排到市人民医院接受手术的有 15 人；其余 45 名确诊患者皆属病灶实变或钙化，不需处理。

（张志威）

2017年3月20日，达孜县召开2017年卫生计生工作会议

【领导名录】

局　长

俊美次旦（藏族）

副局长

尼玛卓嘎（女，藏族）

达孜县食品药品监督管理局

【概况】 2016 年 5 月，达孜县食品药品监督管理局办公场所正式搬迁至达孜县政府院内。达孜县食品药品监督管理局承担着餐饮服务单位、食品流通环节、药品、保健食品、化妆品及医疗器械的日常监管工作。2016 年，因业务工作需要，新增 2 名工作人员，以满足监管需求。现行政编制 1 人，事业编制 4 名，其中，领导（局长）1 人，中共党员 5 人，女性 3 人。2017 年，聘请 13 名乡镇协管员、21 名村级信息员，已初步形成县、乡、村三级食品安全管理体系。

【食品监管】 年内，加大食品抽检力度，确保达孜县食品加工、流通质量，切实保障人民群众饮食安全。2017 年，达孜县食品药品监督管理局完成国抽 11 个批次，省抽任务 4 个批次，共计 15 个批次，抽样完成率达到100%，流通环节预包装食品风险抽样不合格1批次、责令整改1家、下架并召回抽样不合格食品。农产品第三方抽样56个批次，抽样不合格5批次。监督立案5件，责令整改6家。年内，共收到江苏丹阳市食药局，日喀则亚东县食药局涉及辖区的食品生产企业案件协查函2个，区、市食药监管局发来食品安全生产案件转办函2个，食品安全举报均在法定时限内办结。

【食品安全保障】 年内，在“三大节日”，全国“两会”，中、小考，叶巴寺叶巴次久宗教活动、党的十九大等期间为确保食品安全保障工作，县食安办对食品生产、流通、餐饮服务单位以及食品小加工店进行专项监督检查和联合执法，重点对节日大宗食品、肉制品、奶制品、卡塞、糖果、酒水、饮料、中秋月饼、儿童食品等重点加强监督检查。以整合执法力量进行联合执法10次，食药局专项整治74余次，2017年还对县人民代表大会、政协代表会就餐场所机关食堂，中、小考期考生就餐场所中学、中心小学的食堂，严格按照《重大活动食品安全保障手册》要求展开保障措施，并按照保障工作的要求，由2名食品安全保障人员全程进行保障，开展餐具洁净度快速检测8次、蔬菜农药残留快速检测8次、大米新鲜度检测6次。食堂负责人与食品安全监督保障员填写了3本重大活动保障手册。共治共管的多举措下，确保了食品安全保障工作，全年无食品安全事故。

【药品、药械日常监管】 年内，达孜县药品监管范围有药品经营企业2家，注册投资型医疗企业6家，零售药店2家、县医院1家、乡卫生院5家、村卫生所16所、县中学医务室、养老院医务室。全面实行药品监管网络和药品供应网络监督，为确保2017年党的党的十九大期间药品安全监管，对辖区的药品经营单位进行4次专项监督检查，对药品及医疗器械使用单位县人民医院、乡镇卫生院进行日常监督检查10次，根据拉萨市食药局印发的《西藏自治区药品化妆品医疗器械不良反应/事件哨点医院创建工作实施方案》的通知要求，组织县人民医院、乡镇卫生院、乡镇人民政府召开达孜县药品化妆品医疗器械不良反应/事件哨点医院授牌仪式，分管副县长次仁央宗在仪式上对县人民医院授牌哨点医院牌子，食药局与哨点医院和5个乡镇卫生院签订《药品安全》及《不良反应工作目标责任书》，同时建立药品安全工作奖惩机制。2017年，医疗器械抽样6批次抽样合格率100%。市局抽样药品中不合格1批次，在法定的时限内进行立案处理。药品投诉举报案件2个，均在法定时限内办结，无药品安全事故和违法违规事件。

2017年3月22日，副县长次仁央宗主持召开达孜县创建食品安全城市工作推进会

【化妆品流通市场监管】 年内，开展化妆品日常督查、检查专项工作10次，出动执法人员34人次，未查出无证经营及不合格产品。

【学习培训】 年内，组织乡镇食品药品安全协管员培训1次；村级信息员培训2次。围绕“四有四责、依法行政”，推进“四品一械”日常监管力度，以“两学一做”主题教育活动为契机，加强理论学习，将理论与实践工作相结合，做食药安全监管工作的“先头兵”和“奠

2017年12月22日，食药局局长琼达主持开展村级食品安全信息员培训

基石”。

【普法宣传】 年内，县食安办、食品药品监督管理局利用全国综治宣传月、食品安全宣传周、“3·15”消费者维权日、“12331”全国食品药品举报电话宣传日，发动青少年志愿者、巾帼妇女志愿者、农牧局畜牧动检人员、警务站民警组成社会义务宣传员的力量，上街宣传食品安全发放宣传资料，共发放饮食用药安全宣传册约2000份，宣传围裙2000余份，粘贴创建食品安全城市海报500余份、达孜县投诉举报电话温馨宣传帖1000余份。为营造创建食品安全城市的声势，开展“廉政执法诚信经营社会共治光彩宣传行动”主题宣传活动。

9月22日，联合达孜县广电局和叶巴村委会、驻村工作队、西藏天圣医药贸易有限公司药师、邦堆乡卫生院的医务人员及食品安全协管员开展喜迎党的十九大共创食品安全城市、“四讲四爱”到基层送医送药送温暖活动。同时，食品药品监督管理局人员讲解食品和药品安全常识。工作人员发放饮食用药安全宣传册，海报、围裙和宣传包，营造良好的饮食用药安全社会氛围，形成人人重视食品安全，人人参与食品安全监督的良好局面。同时开展“5·25”护肤日化妆品宣传活动和药品安全月的宣传活动。上街宣传滥用抗生素危害健康和保健品不能当成食品和药品，达到健康目的的安全常识。

（赵　怡）

【领导名录】

局　长

琼　达（女，藏族）

达孜县人民医院

【概况】 2017年，达孜县人民医院实有职工113人，在编专业技术人员57人，其中，副高级医师2人（藏医1人、西医1人），中级职称8人（外科2人、妇产科2人、藏医科1人、急诊科1人、药剂科1人、护理1人），初级职称31人。医院共设6个临床科室，8个医技辅助科室，8个职能科室。编制床位25张，实际开放床位50张。全年总收入为1011.65万元，其中财政补助332.8万，医疗收入达678.86万元，药品收入达220.33万元，药品占医疗收入的32.46%，业务支出919万，其中，人员支出356万。门诊总人次达42419人；出院病人1163人，比2016年同期增长17.59%；实际病床使用率52.62%，实际占用总床日数为9652日，出院者平均住院天数为8.31日。2017年，开展各类手术96台，比2016年同期增长21.52%，其中，胆囊切除术42台、阑尾切除术44台、骨科手术4台，其他类型手术6台，住院分娩176人次。

【党务管理】 年内，根据县委、县政府的安排部署，全院党员干部深入学习党的十九大会议精神、十九届一中全会及中央第六次西藏工作座谈会精神和全县党风廉政建设和反腐败工作文件精神，认真落实党风廉政建设责任制，开展“两学一做”学习教育常态化制度化学习教育活动，认真贯彻执行加强医疗卫生行风建设“九不准”制度。加强工作作风、党风廉政和医德医风建设为全面推进医院建设再上新的台阶提供有力的思想和组织保证。为切实加强党组织建设，进一步解放思想，规范党建工作，根据各级党组要求，认真开展各项党务工作。

年内，狠抓党风廉政工作，签订个人承诺书，为认真贯彻落实党风廉政建设的部署和要求，在调整充实落实党风廉政建设责任制工作领导小组的基础上，为进一步强化作风建设，狠刹歪风邪气，防止全体党员、国家公职人员大操大办婚丧嫁娶事宜保持良好风气，紧紧围绕廉洁自律的要求，医院与每位职工均签订《承诺书》，同时29名党员均按县委组织部要求填写达孜县党员承诺践诺评诺登记表；践行“两学一做”，关爱民警健康，在党的十九大召开前夕，为深入贯彻落实从优待警政策，10月14日，医院组织“组团式”援藏医疗队深入全县公安检查站点开展送医送药活动，共计检查14个公安检查站点，发放药品20种价值人民币千余元，此次活动进一步增强民警们的健康保护意识，真正落实暖警惠警措施，为圆满完成党的十九大期间各项维稳安保工作提供强有力的身体保障；落实党内关怀制度，慰问退休职工，为体现对退休职工的关怀，弘扬尊老敬老的传统美德，在传统重阳节当日，院长杨江洲带领医务科副主任普布次仁及相关工作人员开展慰问活动，为退休职工检查身体状况，送医送药，表达全院干部职工对他们的深情厚谊，送去节日的问候和美好的祝福。

2017年10月28日，院长杨江洲慰问十八军退休老职工

【行政管理】 年内，落实责任，强化管理，细化工作指标，为提高医疗服务质量，明确相应的风险责任，杜绝差错事故发生，努力实现医院社会效益和经济效益，结合实际，医院与各临床科室签订《医院目标管理责任书》。自实行综合目标量化管理以来，医院进一步加大检查力度，强化监督约束机制，院领导多次明察暗访，职能科室对医护质量、收费、服务等各项工作进行全面检查，特别是医护质量得到高度重视，对医疗纠纷的防范也更加科学；规范流程，完善制度，强化财务管理，针对近几年来财务管理中存在的问题，医院完善《医院现金管理制度》《财务报销管理办法》《票据管理办法》及《支票管理制度》等财务制度，严格报销手续，进一步规范财务票据管理，做到收入合理，支出有据，单据合理。针对财务管理水平不高，管理意识淡薄，力度不够的问题，医院选派财务科人员进行院外业务学习。同时，财务科利用管理知识，对医院发展状况进行了预测和分析，为领导决策提供了信息和依据，在一定范围内节约成本，提高了医院的经济效益，促进医院的发展。

【全民健康体检】 年内，按照县卫计委开展全民健康体检工作的安排部署，2017年度全民健康体检工作自4月15日开始启动，截至9月15日共历时153天，肝包虫病筛查作为2017年自治区强调必须落实的一项重大民生工程，县委、县政府高度重视，副县长次仁央宗多次现场督查工作开展情况，并强调要进一步提高认识，创新思路，强化措施，压实责任，核实核准人口底数，对常住人口和流动人口进行摸排核查，统计汇总，确保掌握的数据有据可依。全院详细制定任务分解表和每周、每月体检任务，优化体检流程，做到登记、体检、反馈有效衔接。

医院先后抽调15名医务人员参与健康体检工作，共建档体检9307人次（僧尼162人，敬老院99人，县幼儿园164人，中、小学学生3112人，村民等5770人）。主要疾病谱如下：学生群体3276人，疑似肝包虫病7例，轻度贫血19人，中度贫血6人，乙肝19人，肝功异常13人，胆结石18人，胆囊息肉1人，脂肪肝12人，高血压6人，血压偏低42人，低血压40人，肾结石4人，肾脏囊肿5人，肾功异常5人，肾脏积液13人，尿路感染14人，血常规三系减少22人，近视眼441人；除学生以外人群6031人，疑似肝包虫病25例，轻度贫血138人，中度贫血44人，重点贫血3人，肝硬化3人，脾大4人，胆结石251人，胆囊息肉18人，胆囊炎19人，脂肪肝482人，肝囊肿55人，肝血管瘤33人，高血压704人（Ⅲ级高血压101人），肾结石10人，肾脏囊肿22人，肾脏积液32人。医院自主检测肝包虫血样5926份，其中，显示阳性409份，疑似132份。32例超声疑似肝包虫病患者由县卫计委安排至上级医院进一步筛查确诊并跟进治疗。

【二级乙等综合医院创建】 年内，为切实推进医院的创建工作，进一步明确责任、加强协调，确保医院各项工作的顺利进行，建立工作协调机制，推动创建工作的开展。推进重点学科建设，按照《二级综合医院评审标准》及《关于加强三级医院对口帮扶贫困县县级医院的工作方案》，1月5日，制定《新建县医院医疗专业设置及学科建设方案》，确立心血管专业作为医院重点科室，依托医疗人才“组团式”援藏的优势，重视“造血”功能，通过“传帮带”，进一步搭建技术骨干梯级培养机制，不断优化人才发展环境；加强人才梯队建设，为创建二级综合医院和适应新医院规模发展的需要，并以此为契机大幅提升全院卫生技术人员的总体素质，更好地为群众提供优质的医疗卫生服务，结合医院的实际，制定《新建县医院和藏医院人才计划方案》，明确培养目标，体现培养层次；积极整改反馈意见。

7月18日，拉萨市卫计委等级医院评审组一行9人对医院进行医院等级评审的预审。四个专家组共梳理出亮点36条，指出存在的问题37条，提出意见建议40条。全院及时按照专家组的意见和建议制订整改措施积极整改。8月21日，通过二级乙等综合医院评审。

【分级诊疗】 年内，根据《拉萨市分级诊疗工作实施意见》，按照“大病不出市，中病不出县、小病不出乡村”的目标，以分级诊疗为重点，医院成立分级诊疗工作领导小组，制定《达孜县人民医院对口支援乡镇卫生院工作实施方案》及《双向转诊制度》，规范双向转诊流程，下发《县级医院分级诊疗目录》《县级分级诊疗藏医疾病谱》《县级分级诊疗藏医外治项目》文件，并由专人负责双向转诊工作。

4月，医院与达孜县卫计委及唐嘎乡卫生院签订《达孜县医联体单位合作协议》，同时与各乡镇签署《双向转诊合作协议书》。自开展双向转诊工作以来，医院积极加强与乡镇卫生院的合作，有利推动医疗资源的合理配置，防止过度医疗，减轻患者的看病负担。

【受援工作】 年内，深入科室检查指导，促使医院通过二级医院评审，“组团式”援藏医疗队通过

2017年3月13日，成立口腔科首日接诊

等级医院评审条款逐条解读，以行政查房、走访等形式进行问题排查，对医院管理思路进一步梳理。逐一完成难点问题整改，同时按照评审细则对手术室、产房、检验科、供应室进行改造，创建供应室、复苏室等科室，规范了医院标识，整改了“死角问题”，全面提升医院管理、医疗、护理等综合实力。在“组团式”援藏医疗队的帮助下，医院上下一心于8月顺利通过二级乙等综合医院评审；成立新建临床科室，积极开展新技术新项目。医院急诊科于2016年10月31日正式启用，在“组团式”援藏医疗队的指导下，已能独立承担内儿、外、妇科急诊病人的急救、处理、分诊、留观及出诊、转诊任务。“组团式”援藏医疗队深入乡镇深入中小学科普宣传急救知识、科普示范急救技能共计5次。

3月13日，在援藏医疗队的帮助下医院成立口腔科，可以开展牙体牙髓治疗、拔牙、洗牙、牙列缺失缺损的修复、前牙美容修复等项目，口腔科的成立填补了医院的专科空白。截至年底，共计接诊739人次。此外，为进一步加大等级医院评审工作力度，每周对医务人员进行评审应知应会考核，累计授课16次，培训337人次，参与率、合格率均为100%；开展优质护理工作，推行责任制护理模式，在“组团式”援藏医疗队的指导下，医院护理部建立并完善各项制度、流程、规范，建立《急危重症专科护理手册》《护理制度（新增）》并予以培训落实。护理部持续开展护士长管理能力专项培训，对全院护理工作进行科学管理，提高管理效率。在内科及外妇科推行责任制护理模式，为患者提供品质护理，进一步落实了优质护理工作；采用“一对一”帮扶带教，加大人才培养力度，采用“一对一”帮扶带教形式，培养卫生技术骨干4名，新任护理部主任已能独立主持各项护理工作的开展；投入援藏专项资金，建成“苏拉远程会诊系统”，2016年至2017年医院共计接受江苏援藏专项资金150万用于建设“苏拉远程会诊系统”。

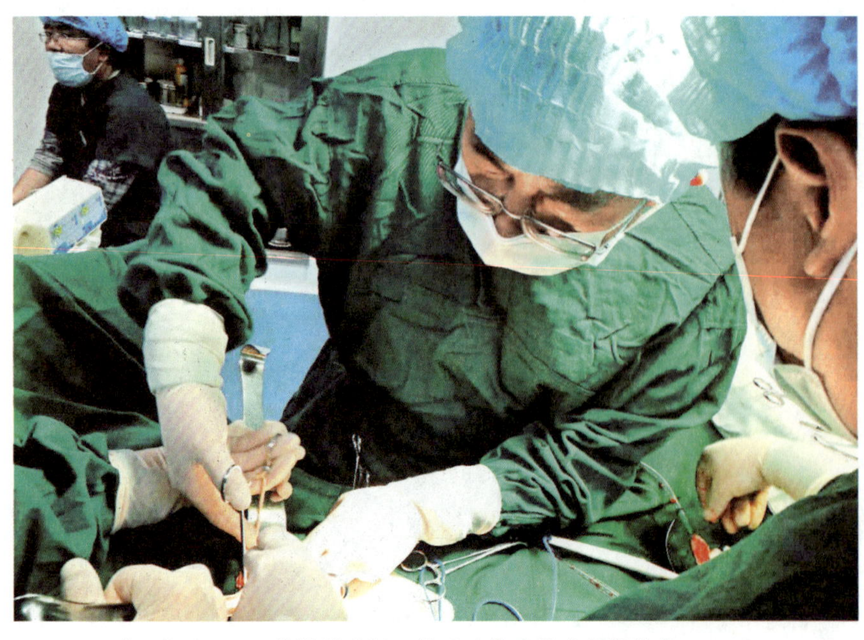

2017年4月13日，江苏援藏医师王锡明开展外科手术新技术

【安全生产】 年内，全院积极贯彻“预防为主、保障安全、综合治理、确保安全”的十六字方针，以服务临床一线为宗旨，认真做好医院内部安全生产、治安保卫、消防安全工作。全年安全生产工作落实到位，无发生重大安全事故和火灾事故，保障了医院正常的医疗秩序。

【基建工作】 2016—2017年，县委、县政府下拨专项资金580万元，用于卫生系统食堂及职工周转房建设，于2017年4月竣工投入使用。体现县委、县政府对基层医疗卫生系统广大医护人员的关怀，是暖心工程、民心工程，有利于解决医护人员的后顾之忧，调动广大医护人员的工作积极性，安心为基层卫生工作服务。

（秦　薇）

【领导名录】

院　长

杨江洲

副院长

李艳青

巴　桑（女，藏族）

达孜县文化广播电影电视（新闻出版、文物）局

【概况】 2017年，达孜县文化广播电影电视（新闻出版、文物）局

共有干部职工18人，其中，行政编制3人、专业技术人员5人、工勤人员5人、公益性岗位5人。自1997年以来，随着在达孜县开展广播电视“村村通”“户户通”“舍舍通”、电影“2131”等一系列工程后，实现有线、无线、卫星等多种广播电视信号接收方式并用，全面巩固和扩大全县广播电视覆盖面，广播电视综合覆盖率分别达到100%和99%。全县共有121处电影放映点，2座室内电影放映室，1座县级数字电影院，1辆流动放映车，1辆新华书店流动售书车，6台数字电影放映机。

2017年3月19日，“拉萨非物质文化遗产传承人对话系列活动”，西藏艺术研究所副所长、西藏非遗保护专家阿旺旦增讲述非遗保护工作

【宣传报道】 截至年底，县有线电视自办台共播出新闻205条、向区、市电视台报送新闻215条，区台采用26条、市电视台采用138条。新闻宣传基调鲜明，主旋律响亮。新闻宣传紧紧围绕县委、县政府的中心工作，充分发挥党和政府舆论喉舌作用，大力宣传党的路线、方针、政策和国家法律法规，大力宣传改革开放、经济发展取得的新成就，大力宣传达孜县的战略部署，以多种形式，多角度、多侧面反映达孜县的改革开放、经济发展、社会稳定等各个方面取得的巨大成就，充分发挥宣传的主渠道作用，为把握导向，弘扬正气，促进三个文明建设发展做出应有贡献。新闻宣传服务中心工作，精品创作硕果累累。紧扣县委、县政府中心工作，抓好新闻宣传工作，把党和政府的声音通过荧屏和声屏传到千家万户。

【广播电视安全播出】 年内，始终抓好安全生产工作不放松，定期召开会议，研究安全播出存在的各类问题，及时做出应对措施。研究制定《达孜县广播电视安全播出应急预案》，与值机人员签订广播电视安全播出目标责任书，并要求工作人员和台值机人员在重要保证播出期间，严格执行24小时值班、带班制度，确保通讯畅通。通过层层把关，责任落实到个人，确保达孜县重大节日、重要活动、重点时段的安全播出，做到广播电视安全播出万无一失。

【“村村通”“户户通”工程实现零盲区】 广播电视“村村通”“户户通”工程是党中央、国务院为解决广大人民群众收听收看广播电视难，把党和国家的声音传送到千家万户而实施的一项民心工程和德政工程；是满足广大人民群众日益增长的精神文化生活需求；是建设社会主义新农村的“一号工程”，对于传播党和国家的方针政策，提高人民群众的思想文化素质，具有十分重要的作用，因此，让广大农民群众在国家实施的新一轮“户户通”“舍舍通”建设中，能看到和听到更优质更清晰的电视、广播节目。广播电视“户户通”“舍舍通”设备运行维护管理情况正常。

截至年底，达孜县已全面完成“直播卫星设备置换升级改造项目（5653台）”，已安调试装5516台；新增用户137户已全部安装完毕；整村推进项目先后安装调试450套（市局配发）、125套（市局配发）、300套（自购）；每月开展“户户通”设备巡查工作；全县20个农家书屋卫星数字电视已达到全覆盖；户户通设备维护、维修工作、更换设备高频头1500个、支架1000余只、F-5线1450根、底座、天线面等设备600余套，确保广大农牧民群众能够及时收听收看清晰的广播电视节目。

【提前完成电影放映任务】 截至年底，全县6个电影放映队均配有数字放映设备，电影流动放映车1辆，电影放映质量得到全面提升，每个行政村平均每月能看到1场电影。农村电影放映基础设施得到改善。年内，共放映40场次，受益干部及群众达1000余人，同时定期于次月2号向市电影公司上报当月电影放映情况。根据达孜县农村电影放映工作时间紧、任务重的状况，对全县6支放映队伍实行加强监管等行之有效的管理模式，确保全县群众看上节目丰富、效果清晰的数字电影。

2017年4月3日，达孜县召开“扫黄打非”专项工作部署会议

【群众文艺活动】 年内，无论是组织承办政府指令性的重大文化活动，还是“五下乡”的演出活动，始终都能按照县委、县政府的要求，高起点、高定位，一丝不苟，扎扎实实地做好活动的组织策划，并力求创新，其影响力和两个效益十分明显。年内，开展各类公益性群众文化活动及服务性社会活动近5场。

每年以公益性活动为主体，全面提升各类活动的档次和品味。在开展的“五下乡”定向主题活动、配合县委、县政府中心工作的近10项活动中，从创意构思、节目的组织、编排，到舞台美术设计、灯光音响运用、现场操作等都是精心策划，力争完美。6场“五下乡”文化活动继续得到社会各界的关注和广大群众的欢迎；藏历新年、春节暨第十一届“虎峰杯”文艺会演，以其内容新颖、富有时代特色，紧扣主题，获得领导及群众的一致好评。在县内产生一定影响，是节庆庆祝活动组织最成功、活动效果最好的一次。

【“农家书屋”“寺庙书屋”】 年内，区、市两级领导不定期的在达孜县进行检查，对文广局“农家书屋”“寺庙书屋”的各项工作给予充分的肯定。截至年底，达孜县完成“农家书屋”20个和14座“寺庙书屋”，每个书屋配备出版物844种、2462册(盘)，每个书屋均配备藏汉文图书及音像制品，图书内容涉及政策法规、文化教育、科学技术、文学艺术、医疗保健、青少年教育等，受到僧尼及群众热烈欢迎，许多僧尼、农牧民从书屋的各类书籍中获取大量科技致富知识，并运用到日常生产生活中，逐步走上致富路。截至年底，全县20个“农家书屋”卫星数字电视已达到全覆盖。

【非物质文化遗产保护】 年内，开展学习宣传《中华人民共和国非物质文化遗产法》暨“文化遗产宣传月”系列宣传展示活动。2017年，文广局将雪乡藏戏、唐嘎乡“卓谐”及白纳“吴琼仓”造佛技艺列入达孜县级非物质文化遗产项目；12月，达孜县罗寺羌姆、雪寺羌姆、帕木寺羌姆、帕尔寺羌姆、雪乡扎西岗金刚舞藏戏服饰制作技艺已成功列入第五批拉萨市级非物质文化遗产代表性项目。

【可移动文物普查申报】 年内，达孜县共有14座宗教活动场所，其中，9座寺庙，5座拉康、日追。9座寺庙均属区级文物保护单位，达孜县辖区内共有97处不可移动文物保护点，已对达孜县辖区内的文物古迹进行全面细致的普查，登记归档。截至年底，达孜县圆满完成非物质文化遗产的调研、分类、图像视频的采集、文字汇编和申报工作。文广局充分认识并高度重视，按照上级部门的统一部署，积极开展相关工作，成立以分管副县长为组长、相关部门领导及文广局人员为工作人员的领导小组，并制定实施方案。截至年底，已完成第一次全国可移动文物普查，现进入录入阶段。

【创建公共文化体系】 年内，为进一步规范文化站设施设备的管理，文广局制定《达孜县文化站文化设备管理规定》，对设备的管理、使用、固定资产上账、移交等作硬性规定，做到设备管理、使用有专人负责。下一步，文广局将积极组织、配合各乡镇，结合文化站免费开放，开展各大节日公益性活动，充分发挥站点及设施设备的效用，不断满足广大群众的文化生活需求，提升广大群众的文化生活水平。截至年底，区城数字化电影院改造项目已经全面完成，预计2018年投入使用。

同时，也清醒的认识到达孜县公共文化基础设施建设总体薄弱，文化事业经费投入不足，非物质文化遗产保护体系不够健全，文化工作队伍人员总量偏少，缺乏人才，特别是乡镇（村）基层公共文化设施“重建设，轻管理”的现象较为普遍，公共文化设施由于后续投入乏力，管理不够到位，导致公共文化设施作用发挥不充分，利用率不高。为继续加强公共文化设施建设，搞好公共文化服务保障，要善于整合公共文化服务资源，促进公共文化资源的共建共享；同时要拓宽投入渠道，努力促进公共文化服务的多元化和社会化；要提高对非物质文化遗产保护认识，做好非物质文化遗产的品牌建设；积极推动工业园区文化产业、文化旅游紧密结合，开发旅游产品，努力形成达孜特色的文化品牌；要继续深化文化体制改革，完善人才培养、管理和使用机制。充分发挥各类文化人才作用；要创新公共文化服务运作模式，积极推动实现公共文化服务标准化、均衡化，促进达孜县公共文化体系建设再上新台阶。

2018年3月28日，达孜县“虎峰”民间艺术团在唐嘎乡演出

【文化市场】 年内，文广局联合县文化执法大队、工商局、公安局等部门，针对非法地面卫星接收设施、违禁及盗版出版物、未成年上网等三大主要源头，以查堵源头、管控渠道、清查市场、联防协作为重点，深入开展“清源·固边”“护苗”等各项专项整治行动。截至年底，共出动执法人员160余人次，在全县辖区内共收缴15台非法卫星接收设施及4个小锅盖（能接收3、5、6、8台）；没收220张盗版碟，其中有25张音像制品内容涉及暴力、8张音像制品内容涉及黄色；已完成音像制品销售经营户换证工作，并建立一户一档。

（达瓦卓玛）

【领导名录】

局　长

旦增罗布（藏族）

副局长

文 丽 敏（女）

达孜县农牧（科技）局

【概况】 达孜县农牧（科技）局位于县政府以西2公里处，为达孜县政府下属正科级行政管理单位，与达孜县科学技术管理局同设，下设达孜县农业技术推广站、达孜县畜牧兽医站、达孜县农牧业机械监理与技术推广站3个正股级事业单位，编制人员数为31人（机关行政编制5人、农业技术推广站10人、农牧业机械监理与

2017年3月29日，自治区农科院专家强珍（左）在邦堆乡开展科技特派员创业服务团队建设培训

技术推广站3人、畜牧兽防站11人、科技协会2人）。实有干部职工35人（党员15人），退休职工11人，其中，行政管理人员7人（正科1人、副科4人、科员2人），专业技术人员16人，工人2人、公益性岗位7人，聘用合同工3人，根据工作职责和分工，设有办公室、科技办、项目办、草补办、畜牧办、党建办等业务科室。

【粮食生产】 年内，落实农作物播种面积8.25万亩，其中，落实粮食播种面积5.92万亩，经济作物1.68万亩，饲草作物0.65万亩。实现粮食作物产量2.53万吨，经济作物产量4.91万吨，饲草作物产量1.226万吨；5个主导品种大田统供率达到85.5%以上，良种覆盖率达95%以上。主要农作物有小麦、青稞、油菜、土豆等；机耕机播机收面积分别为7.1万亩、6.6万亩、6.6万亩，农业机械化达到95%以上，机械作业率达100%；农作物病虫草害防治面积5.75万亩，有效地将农作物有害生物灾害损失控制在0.3%。

【畜牧业】 截至年底，牲畜总存栏8.92万头（只、匹），新生仔畜3.54万头（只），仔畜成活率96.7%，成畜死亡0.094万头（只），成畜死亡率为1.1%，出栏总数3.151万头（只、匹），出栏率达到35.3%以上，实现牛、羊、猪肉类产量0.43万吨，奶类产量1.25万吨，山羊绒产量1.08吨，禽肉产量80吨，禽蛋类产量154吨。牲畜良种年末存栏1.28万头（只），牲畜良种覆盖率达14.38%，完成黄牛改良3460头。

【优势特色产业】 年内，大力实施产业结构调整，积极发展设施农业和特色产业项目。设施农业方面，达孜县农业产业园区2013年被农业部认定为第二批国家农业产业化示范基地，2017年积极申报国家农业综合开发田园综合体。2017年在县委、县政府引导下，净土产业推动下，对已建成农业产业园区内温室进行了提升改造，进一步提升产业园区综合发展能力，园区种植各类果蔬近60余种，平均每栋产值在5万—10万元，人均增收5000元。全县现有标准化基地4处，设施面积达到6350亩，实现产量2.77万吨，安装绿色防控、节能节水面积1500亩。

特色产业发展方面，认真结合达孜农业优势产业和农业产业化发展规划和净土健康产业发展，按照相对优势的发展思路，以专业乡、村为依托，以发展特色产业为主导，围绕产业，发展集约化、标准化规模基地，确立产业发展格局，形成以蔬菜生产、青稞生产、草莓种植、生猪养殖、藏鸡养殖、黄牛改良、奶牛养殖、藏中草材种植、花卉种植等为主的特色产业原料基地，产业化组织基地建设面积达1万余亩，使之成为横贯全县东西、点线相连、以点带面的经济带，为全县经济社会发展和农牧民增收的有效模式，带动农牧民增收。

【产业化经营】 年内，按照“育龙头、兴产业、带农户、连基地”的思路，通过发展民营、私营经济，提高一、二产业的关联度，因地制宜发展特色经济，提高县域工业的加工深度和专业化程度，促进技术体系升级，大力推进农牧业产业化经营。截至年底，达孜县农牧民专业合作社达到269家（农牧备案登记203家），注册资金超过1.5亿元，吸纳社员达到2000

余人，分布全县五乡一镇、20个行政村。培育扶持的涉农龙头企业9家，创办微小企业10家，联营企业2家（畜牧、饲草），现代农业产业园一处，2017年，成功创建拉萨市级示范合作社7家。其中，龙头企业方面，藏缘青稞酒业、圣信工贸、优格仓藏香、春光食品有限公司，第三极羊绒、阿佳牦牛肉等在带动农牧民增收方面优势比较明显。合作组织方面包含种养殖类、传统民族手工技艺类、建设领域类、旅游服务类等几大方面，合作组织效益逐步突显。全县合作社和龙头企业总量不断增加，规模不断壮大，带动辐射作用明显增强，呈现出良好的发展势头。

【产业经营方式不断创新】 年内，加大农牧业结构调整力度，构建优势产业体系。按照品种优质化、种养规模化、生产标准化、经营产业化、营销品牌化的思路，做大做强优势特色产业；加快推进规模化、集约化和标准化发展，构建现代农业生产体系。种植业方面，围绕县域经济发展布局，大力推进土地规模经营。在畜牧业发展上，加快畜禽养殖小区建设和规模养殖模式发展；大力培育农畜产品加工龙头企业，扶持农牧业专业合作组织发展，围绕农牧业主导产业，引进和培育龙头企业，以龙头企业引领农牧业产业化发展，积极构建农牧业产业化发展体系；抓好农牧业科技创新，构建农牧业综合服务体系。结合基层农技推广体系改革与建设等项目实施的有利契机，加快农牧业实用技术推广应用步伐。同时，积极引导龙头企业、农资经营企业、专业合作组织参与农牧业社会化服务，提高社会化服务水平。

【“万户百场十中心”建设】 年内，拉萨市下达达孜县建设任务700户，6个场（基地），1个高标准养殖中心。已完成创建示范户700户，其中，90户为2017年前已完成创建，610户2017年在全县范围内积极统计筛选后（养殖5头以上）已完成筛选创建；已完成创建养殖场（基地）6个，德庆镇索朗达杰奶牛养殖场、邦堆乡林阿村奶牛养殖场、唐嘎乡泰成乳业奶牛养殖场、德庆镇扎西罗布奶牛养殖场、德庆镇刚组奶牛养殖场、德庆镇雪域高产优质奶牛养殖场；建设1个高标准奶牛养殖中心。塔杰乡奶牛高标准养殖中心，农牧（科技）局计划在扶贫产业项目投资（约1.7亿元）的基础上申报项目，进一步投入4000万，用于该养殖中心附属配套设施建设。截至年底，该养殖中心正在处于开工建设阶段。

【农产品质量】 年内，开展农畜产品质量安全综合执法20余次，开具动物产地检疫证18次，处理案件6次、渔政检查2次。全县已建设蔬菜标准化生产示范基地1处、规模化养殖中心2处，种养殖合作社50余家，围绕标准化建设，加大农产品品牌培育力度，全县正在积极开展认证3处无公害蔬菜生产基地，完成地理标识认证2个，商标注册15个，在提升达孜农产品质量安全的同时，也提升了达孜农产品市场影响力与竞争力。

【科技支撑能力】 年内，达孜县示范、推广新品种5.5万亩，包括藏青2000、喜拉22、山冬7号，冬青18、藜麦等品种，新品种覆盖率达95.65%；开展高产创建标准化种植5万亩，测土配方5万亩，按照

2017年9月28日，副县长次吉卓玛在邦堆乡林阿村主持召开农村集体产权制度改革工作动员部署大会

“八个统一”强化农田管理，切实提高了农田产出率，保障了粮食安全；认真开展种子包衣、精选等工作，完成种子精选率达到98%，种子包衣率达100%以上；创建绿色有机示范推广基地。深入贯彻中央农业部“两个零增长”“两下降”的具体目标要求，因地制宜地开展绿色有机创建示范推广，在全县范围内建立青稞绿色有机试点推广面积8112.6亩，通过建立奖励机制、兑现生产补贴、推行高效绿色有机栽培技术，推进达孜县青稞绿色产品有机认证。2017年开展农牧业使用技能培训12期，培训6420人，实现劳务输出累计23221人次，累计转移9516人，实现增收18563万元，各项指标同比2016年均增长16%以上。

【项目建设】 年内，达孜县农牧（科技）局负责实施的项目有9个，总投资为4434万元，其中，2016年未完工的续建项目2个，总投资为1463万元；新建项目7个，总投资为2971万元。

【续建项目】 达孜县2015年第三批青稞生产基地（章多乡高标准农田）建设项目，总投资为988万元，建设5000亩高标准青稞生产基地；达孜县农产品质量检测站建设项目，总投资475万元（国家投资300万，县级配套175万）建设地点为达孜县农业产业园区。

【新建项目】 年内，达孜县级农牧业防抗灾救灾物资储备库建设项目，总投资170万元；达孜县草原监理站建设项目，总投资136万元；达孜县重大动物疫情应急物资储备及冷链设施建设项目，总投资150万元；达孜县人工种草与天然草地改良建设项目，总投资300万元，新建灌溉人工草地1500亩，旱作人工草地1200亩；达孜县章多乡拉木村养猪场建设项目，总投资285万元，为本级财政投资，新建6000平方米的养猪场及附属工程，年底完成建设；达孜县邦堆乡林阿村奶牛养殖基地改扩建项目：项目总投资430万元，正在开工建设；唐嘎乡饲草种植基地建设项目，总投资为1500万，11月初开工建设。

【防抗灾物资储备】 年内，本级财政落实70万元用于防抗灾物资储备，达孜县根据防抗灾工作实际完成县级储备饲料、兽药和乡村户级储备饲料、盐巴等。此外，达孜县防抗灾物资储备库建设项目的落地，进一步提升达孜县防灾减灾物资储备能力和条件，在此基础上，农牧（科技）局积极申报农牧业防抗灾救灾物资储备库项目，已成功获批2018年计划内申报乡级农牧业防抗灾救灾物资储备库项目有3个，后期将继续加大申报力度，力争乡级农牧业防抗灾救灾物资储备库项目全县覆盖。

【强农惠农政策】 年内，涉农政策资金共计1495.4212万元，其中，粮食直补贴87.6695万元，农资综合补贴136.7951万元，成品油补贴9.8166万元，2016—2017草原生态补助奖励机制资金390.36万元，天然草原监督员岗位补贴135.9万元，农机购置补贴资金734.88万元。

【重大动物疫病防控】 年内，农牧（科技）局认真贯彻落实区、市重大动物疫病防控工作会议精神，加强领导，完善措施，突出防疫、

2017年12月20日，副局长吴明辉主持召开达孜县青稞购销协调会议

监测、检疫监管工作重点，建立严谨有序的动物防疫应急秩序和长效机制，规范技术章程和岗位职责，进一步加大动物防疫工作的处置力度，确保全县畜牧业健康发展。在年初及时召开疫病防控专题工作会议，安排部署春季重大动物疫病防控工作，并按照疫病强制免疫实施方案及科学的免疫程序和拉网式的推进方式，进行全县牲畜疫苗注射工作，认真落实相关制度，对免后畜禽建立免疫档案，全县6个乡（镇）14.79万头（匹、只）牲畜全部进行牲畜疫苗注射，切实做到“县不漏乡、乡不漏村、村不漏户、户不漏畜、畜不漏针”的工作目标，牲畜疫苗注射率达到100%。此外，落实防疫经费100万（本级财政投入）用于重大动物疫病防控主要用于乡村兽医误工补贴、储备及应急药品、储备及应急物资等，确保了一旦发生重大动物疫情能快速反应，有效处置。

2017年7月25日，农牧局农业技术推广站在德庆镇白纳村组织开展新型职业农民“青稞产业第三期”田间教学培训

【包虫病防控】 年内，全县家养犬共4142条，根据包虫病工作开展具体任务，积极开展宣传3次，发放宣传资料6000余份。确定每月6日为犬驱虫日，组建县乡村级驱虫管理员队伍，完成建立达孜县包虫病台账电子数据库，纸质档案分类进行归档。截至年底，完成全县家养犬5次驱虫投药工作，尸体和粪便无害化处理，对2434只新生羔羊实施疫苗注射和耳标佩戴，并做好羊棘球蚴免疫记录，实施2397只羊补免工作等相关记录，通过各项措施落实，切实做到“犬犬投药、月月驱虫”，达孜县包虫病防治工作取得了阶段性成果。

【土壤污染防治】 年内，根据拉萨市人民政府《关于印发拉萨市土壤污染防治行动计划工作方案的通知》，成立以县委副书记、县长为组长、分管农牧、环保的副县长为副组长，相关成员单位主要负责人的工作领导小组，为保证工作有序推进，从各相关成员单位派出工作人员4名、联络员8名组成工作专班，指定专人具体负责实施，研究制定达孜县土十条工作实施方案，并对各相关成员单位进行意见征求，广泛论证后以县政府名义下发文件组织实施。为确保此项工作快速推进和高效落实，已召开2次协调推进会议将“土十条”相关工作职责落实到各成员单位，完成整理收集2013—2017年土壤污染防治工作推进落实情况，并梳理工作台账199条，分类归档；敦促各成员单位积极主动制定工作计划和推进方案；为更便捷高效实现各成员单位间沟通协调和信息互通，建立工作联系微信群，畅通沟通联系渠道；认真落实工作每周推进制，上报工作推进周报，积极与上级业务部门进行联系对接，认真学习，及时跟进；结合自治区对拉萨市环保督查工作，认真开展自查和查漏补缺，进一步完善工作台账。

【农村土地承包经营权确权登记颁证】 年内，达孜县以土地流转为中心，多部门联合，成立工作领导小组，建立土地流转登记制度，使流转工作规范化、正常化。按照依法、自愿、有偿的原则，完善土地流转机制，把零散的耕地集中起来发展规模农牧业，使参与规模产业的农户能够从规模农业中获得较高的收益，以达孜县唐嘎乡唐嘎村为试点，达孜县土地确权颁证工作共完成全县五乡一镇20个行政村133个村民小组5960户，9.38万亩的外业测量、公示复测、登记、成果资料归档和信息平台建设工作（完成率达100%）。已完成五乡一镇5849户的新证颁发工作，发证率达98%。同时，不断加快培育新型农牧业经营体系为中心，积极引导专业养殖大户、家庭农场、农牧业产业化龙头企业等经营主体，发展多种形式的适度规模经营。全县流转土地7944亩，覆盖4个乡镇9个行政村，1089户，流转形式以土地出租为主，平均租期3年，流转资金1000元～3000元不等。通过土地流转实现户均增收近2000元。

【农村集体产权制度改革（试点）】年内，按照区农牧厅《关于对自治区级农村集体产权制度改革试点单位的批复》，达孜县邦堆乡林阿村积极开展农村集体产权制度改革工作。及时成立以县委书记组长的专项工作领导小组，成立专项领导小组办公室（设县农牧局）、抽调专人负责工作具体任务落实，召开首届农村集体产权制度改革动员部署大会，研究解决县乡村三级工作经费（实报实销），切实保障工作有序开展。此外，达孜县组织县乡村工作人员共17人到曲水县学习农村集体产权制度改革工作开展情况，进一步增强了政策和程序认识，为下一步开展试点工作奠定坚实基础。

（扎西曲珍）

【领导名录】

局　长

次仁尼玛（藏族）

副局长

吴 明 辉

次仁多吉（藏族）

副主任科员

扎西觉美（藏族）

次吉卓嘎（女，藏族，农口财务）

达孜县扶贫开发领导小组办公室

【概况】2017年，达孜县扶贫开发领导小组办公室严格遵照拉萨市确定脱贫时间表和攻坚任务图，持续推进各项脱贫措施落实，实现591户2593人建档立卡贫困人口脱贫和20个贫困村退出，脱贫摘帽工作顺利通过市级验收、自治区级年终交叉考核及第三方评估，“两年脱贫、三年巩固”目标初步实现。2017年，达孜县共有建档立卡贫困户1079户4162人，其中，已脱贫1015户4001人，剩余64户161人系未脱贫户，贫困发生率为0.59%，贫困群众人均可支配收入达到11892.96元。

【扶贫项目实施】年内，由以业脱贫推进小组牵头，完工运营2016年13个精准扶贫产业项目，完工率达到100%。开工建设2017年精准扶贫产业项目17个，开工率达到100%。年底，带动2075人建档立卡贫困人口，共计分红498.15万元，分红标准在1500—3000元之间。通过与西藏阳光庄园农牧资源开发有限公司合作，帮助该公司获得扶贫贴息贷款2000万元，实施鲜牦牛肉加工项目，扩大牦牛肉产品深加工规模。该公司先后吸纳易地搬迁贫困群众稳定就近就业33人，月工资在2500—5000元之间，且该公司每年兑现30万元带动100人贫困群众，人均分红3000元。

2017年7月2日，西藏自治区综合督查组一行在达孜县检查脱贫攻坚工作

【创新金融扶贫机制】 年内，在中国邮储银行西藏分行设立产业发展资金保障金5000万元，放大7倍贷款额度，全力支持帮助县域内实体企业及农牧民专合组织贷款发展。帮助5家企业获得扶贫贴息贷款3.5亿元，帮助44户贫困群众获得小额信贷209万元。统筹整合2017年涉农资金3393.14万元，用于产业发展和易地搬迁工程。

【转移就业】 年内，依托达孜县工业园区、县农业产业园、县内基建项目工地、拉萨劳动市场等平台，解决贫困群众稳定就业117人，实现劳务输出492人次，月工资在900—4000元不等。组织贫困群众参与各类实用技能培训450人。

【以迁脱贫】 年内，由以迁脱贫推进小组牵头，完成200户集中安置房建设任务，并于12月顺利实现搬迁入住。此外，组织1场招聘会，已累计解决集中安置点搬迁群众中285人就业，月工资在2000元~4000元不等。邦堆乡、雪乡、唐嘎乡、章多乡、塔杰乡、县城6个相对集中安置点，共新建安置房344套，总投资1.56亿元，设置五种安置房户型。6个相对集中安置工程于10月开工建设，塔杰乡、雪乡安置点基本完成工程主体，邦堆乡、唐嘎乡、章多乡、县城安置点完成地基开挖。按照拉萨市规定的搬迁时间节点，2018年4月，344套安置房可达到入住条件。

2017年12月15日，达孜县召开迎接省级交叉验收考核动员会

【以补脱贫】 年内，由以补脱贫推进小组牵头，落实2017年生态补偿岗位2404个（其中建档立卡户1578人、边缘贫困户826人），兑现生态补偿岗位金879万元。此外，兑现2016年1730人政策性补助资金共268.15万元，兑现2017年1841人政策性补助资金共145.25万元。

【以教脱贫】 年内，由以教脱贫推进小组牵头，出台《达孜县教育系统以教脱贫实施办法（修订）》和《达孜县建档立卡贫困子女接受高等教育实施免费教育补助政策》，在落实自治区统一的“三包”政策、享受营养改善计划政策、资助政策的基础上，每年免费为全县中小学、幼儿园购买50元/生的人身意外保险。对达孜县建档立卡贫困家庭子女接受高等教育的学费、住宿费、书本费全额资助，并在自治区、拉萨市补助的每人每年区外6000元、区内5000元生活费的基础上，达孜县额外为每人每年补贴区外6000元、区内5000元的生活费。为拉萨市内就读的大学生每年每人给予一次性路费补贴500元，自治区内就读且不在拉萨的给予一次性路费补贴700元，在区外就读的给予一次性路费补贴1200元。全年兑现区、市、县资助金共395.908万元。

【以助脱贫】 年内，由以助脱贫推进小组牵头，继续落实好区、市、县健康扶贫政策的基础上，建立医疗联合体制，落实县级分级诊疗制度，缓解“县医院患者就诊集中，乡（镇）卫生院闲置”问题，方便群众就近就医。全面启动包虫病筛查救治工作，筛查率达到99.15%。全年有10名贫困患者享受新签约医疗机构的“先诊疗、后结算”医疗服务，为97名贫困群众报销医疗费用58.74万元。

【以保脱贫】 年内，由以保脱贫

2017年6月7日，达孜县2017年精准扶贫产业项目——30兆瓦光伏发电项目在邦堆乡举行集中分红活动

推进小组牵头，全面推行“两线合一”制度工作，农村低保金补助标准2017年达到4265元。“五保”老人集中供养标准每年12044元/人、分散供养标准每年6960元/人。此外，与拉萨市内10家医院签订“一站式”即时结算医疗合同，进一步方便低保户和“五保户”就医。全年兑现低保、“两线合一”金共332.62万元。

【结对帮扶】 截至年底，全县33名县级领导干部、218名科级领导干部、765名一般干部参与帮扶工作。结对干部人均入户帮扶频次均达到4次以上，投入物质折算及现金达27.86万元，帮助贫困群众就业和劳务输出500余人次，帮助贫困群众创业2人。

【宣传教育】 年内，中央、区、市各级媒体报道达孜脱贫攻坚成果20余次，县政府新闻网发布信息460余条，在“网信达孜”微信号推送信息530余条。此外，结合“志智双扶”工作、“四讲四爱”教育活动、扶贫政策宣讲活动及党的十九大宣讲活动，开展集中宣讲活动13场次，组织乡(镇)、村干部及驻村工作队开展入户宣讲工作，贫困户覆盖率达到100%。

【“十项提升”工程和援藏扶贫】 年内，统筹整合6.2亿元用于“水电路讯网、教科文卫保”等十项提升工程，在20个贫困村的道路、互联网、通讯、文化活动室等公共服务和基础设施上加大建设力度。依靠江苏省镇江市的项目援藏、“组团式”医疗援藏、教育交流培训，投入援藏项目资金6200万元，涉及项目6个。

(裴小龙)

【领导名录】

主　任

普布扎西(藏族)

副主任

童 晋 美(藏族)

达孜县林业绿化局

【概况】 2017年，上级下达达孜县林业工程建设包括1个新建防沙治沙项目和3个续建项目，总面积12507.4亩，投资为395.9462万元。涉及5个乡镇，7个村，7个作业点。

新建防沙治沙项目面积12000亩，投资为240万元。涉及3个乡镇，4个村，4个作业点。该项目正在做环评手续，已完成封育部分网围栏及水泥柱等采购，并完成水泥柱的安装；续建达孜县2015年度防护林体系建设工程章多乡尊木采村15号作业点，面积372.4亩，投资99.59万元，已完成建设，成活率达到95%以上；续建拉林高等级(2015年达孜段)变更项目，面积105亩，变更于邦堆乡叶巴村，投资44.0772万元，已完成建设，成活率达到90%以上；续建拉林高等级(2015年达孜段)塔杰乡塔杰村11号作业点建设项目，面积30亩，投资12.279万元，已完成建设；完成义务植树800亩。

【绿化完成情况】 精准扶贫易地搬迁点庭院经济及周边绿化：经济林苗木600余株的栽植；巴嘎雪湿地绿化：县政府投资15万元，于5月6日开始动工，现完成全部绿化种植工作；雪乡扎西岗村机耕道绿化：雪乡扎西岗村在原有的农田面积4452.9亩的基础上，新开垦农田3000亩，现因农田间有5条机耕道，总长28000米，已完成机耕道两侧种植7000株苗木，县政府投资120万元；达孜大桥沿线绿化：项目已完成种植苗木400余株，县政府投资15万元。

【资金拨付】 所有项目严格按照邀请县基建小组成员进行公开招投标方式，项目建成后按照年初签订的合同进行支出，第一批兑现总投资的40%，第二批兑现县级验收后总投资的20%，第三批兑现市级复验后总投资的20%，管护期满（5—6年）后达到造林合同要求的，兑现总投资的20%。

业务性资金采购与支出严格按照县政府采购管理办法进行采购，资金支出由局科级以上干部共同协商，召开局务会议确定后并出具会议纪要，方可进行支出，达孜局采购与支出严格按照相关管理要求进行。

【野生动物肇事补偿】 年内，为进一步完善达孜县野生动物肇事损失补偿的申报工作，使之更加规范化、科学化、合理化，5月统计上报2016年野生动物肇事补偿198.0972万元，7月兑现2015年达孜县野生动物肇事补偿217.53万元。

【救助工作】 年内，共救助黑颈鹤、斑头雁、狼、秃鹫、苍鹰、赤麻鸭等21只。

【保护区保护与管理】 年内，有7名保护区管护人员和1名疫源疫病监测人员。年初签订雅江中游河谷黑颈鹤国家级自然保护区（拉萨河流域达孜管理范围）管护人员、疫源疫病监测员合同。制作建设保护区宣传牌8个，发放宣传册5000余份，共投入上级业务部门下拨资金13余万元，现已全部完成。

【环保督察涉及国家级自然保护区问题】 达孜县涉及国家级自然保护区类7个，即雪乡扎西岗拉萨白鸡养殖项目、达孜县雪乡雪山藏香合作社扶持项目、达孜县唐嘎乡饲草饲料加工项目、达孜县塔杰乡扎西塔杰农牧民利民专业合作社扶持项目、唐嘎乡净土健康产业奶牛养殖示范基地、章多乡100万公斤藏香草生产加工项目、唐嘎乡藏鸡养殖场建设项目。

7月30日，相继开始对保护区内6个违规建设项目采取关闭、拆除等整改措施，并申请保留达孜县唐嘎乡净土健康产业奶牛养殖示范基地建设项目，现已按照整改要求完成整改；对7个项目主体单位下发保护区现场处罚决定书，责令关闭并各罚款10000元，共计罚款70000元，现已上交国库；按照市委、市政府和县委、县政府及上级业务部门的要求，对属地管理及相关单位责任人追责问责。县级约谈6人，问责1人，市级约谈5人。

【环境保护部遥感监测实地核查涉及点位】 达孜县通过进一步核实环境保护部卫星遥感监测点位，县域内共17个自然保护区人类活动遥感监测问题，第一批4个，第二批13个，除唐嘎乡唐嘎村山脚挖方地外已按整改要求完成整改（唐嘎乡唐嘎村山脚挖方地已停工，在2018年4月前进行造林绿化，恢复生态建设）。

【生物防治】 年内，积极向上级部门申请防治药品、喷雾器等设备。

2017年8月31日，县委副书记、县长春新，县委副书记、常务副县长李军，县委常委、副县长张永祥在318国道改扩建工作前期实地调研

5月15日，向乡镇发放药品、喷雾器等开始防治工作，同时要求做好人员安全措施。5月15—17日，在国家林业局昆明勘察设计院野生动物保护与监测室主任的带领下，开展达孜县林业有害生物普查外业工作。通过此次林业有害生物普查，再一次将全面、系统的清查林业有害生物种类、分布、危害及外来有害生物入侵等方面的基本情况，及时填补达孜县林业有害生物发生危害的数据库，提供全面、准确的林业有害生物相关信息，为开展预防和治理提供依据，对维护达孜县生态发展具有重要意义。

2017年4月2日，春季造林场景

【"绿盾2017"专项行动】 10月，开始组建"绿盾2017"保护区监督检查专项行动领导小组，制定《达孜县"绿盾2017"保护区监督检查专项行动实施方案》，并针对全面排查国家级自然保护区内违法违规问题；对已发现问题的整改情况进行监督检查；坚决查处各种违法违规行为；清理整顿不符合要求的涉自然保护区地方法规政策；严格督办自然保护区问题排查整治工作等五个方面完成相关台账工作。

【林业以补脱贫】 年内，根据脱贫攻坚指挥部提供的岗位人员名单，落实岗位1703个，未落实77个，已签订责任书及办理林业生态系统保护岗位上岗证。已兑现以补脱贫岗位补贴681.2万元（含县级每人补贴1000元），具体资金兑现情况已由县精准扶贫指挥部以补岗位组具体兑现数据为准。

【已造林地后期管护】 年内，植树工作以"树上山""造一片、成一片""巩固成果"为重点，并调整充实达孜县林业绿化工作领导小组。以"三分造林、七分管护"为目标，将造林地管护责任落实到具体管护人员，明确责权利关系，履行造林绿化建设保护管理和监督职责。达孜县公益林管护面积490490亩，管护人员238人。11月，兑现2017年生态公益林管护人员工资2378879.71元。

【落实森林防火责任制】 年内，始终坚持"预防为主、积极消灭"的森林防火工作方针，通过全县人民和林业干部职工的共同努力，克服了因气候带来的诸多不利因素，加大防火宣传教育，落实野外火源管理。

【依法保护森林资源】 年内，通过完善森林资源保护管理责任制，把定点定人护林与专业队伍巡山护林结合起来，有效防止乱砍滥伐和毁林开垦。深入开展林业的严打整治专项斗争，继续推进林业行政执法责任制，林政、野保、森防检疫等工作紧密结合，加大林业行政执法的力度，严厉打击各种破坏森林资源的违法犯罪行为，有效地保护了全区森林资源的安全。

【退耕还林】 年内，达孜县退耕还林地合格面积1934.7亩，根据拉萨市财政局下达《关于退耕还林工程2016年度完善退耕还林政策补助资金的通知》对达孜县1934.7亩退耕还林地的粮食折现及生活补助24.18万元，已全部兑现到各乡镇。

【集体林权制度改革】 年内，根据市林业局文件精神，认真贯彻落实，组织工作人员在各乡镇对符合改革范围的林地进行摸底调查，根据统计数据显示：达孜县集体林权制度改革林地总面积 4374.81 亩，其中，新造林地 598.5 亩，经济林 309.6 亩，房前屋后林地 1319.9 亩，退耕还林的林地 1771.5 亩，非林地上的林木 375.31 亩。为确保达孜县集体林权制度改革顺利进行，达孜县专门成立集体林权制度改革工作领导小组，领导小组下设林业局办公室，由林业局局长多吉具体负责。根据区、市集体林权改革工作安排和文件精神，达孜县根据自身实情，特制定集体林权制度改革实施方案，正对照实施方案稳步推进。

【完成林地（林木）征占补偿】 年内，召集全体干部职工召开 2 次专题针对征地拆迁中的廉政会议，严格要求禁止在拆迁征地工作中出现“吃、拿、卡、要”等情况的发生。对全县 2017 年 S5（拉萨至山南）快速通道、318 国道（虎峰大道）改扩建工程和精准扶贫集中安置点建设项目征占林地（林木），特别是 318 国道（虎峰大道）改扩建工程树木移栽工作，已兑现补偿资金 2500 余万元。

（刘小明）

【领导名录】

局　长

多　吉（藏族）

达孜县水利局

【概况】 2017 年，达孜县水利局行政编制 4 人，事业编制 9 人，下设办公室、防办河管科、“河长制”办公室、农水科、规建科等 5 个科室，2017 年，水利局全面贯彻落实中央、自治区关于加快水利改革发展等政策措施，紧紧围绕“以农促农、以工促农、创业富民、产业兴农”的总体思路，以加快水利工作发展为主线，以提高粮食产量和经济增长为中心，稳中求进，统筹兼顾，标本兼治，综合治理，按照县委、县政府的工作部署和要求，认真履行部门职责，积极践行可持续发展治水思路，大力发展民生水利，在水利工程建设、防汛抗灾、项目争取、水利建设管理创新等方面取得了一定的成绩，较好地完成县委、县政府交给的工作任务。

【强化基础】 年内，完成达孜县唐嘎灌区、达孜县桑珠林灌区、达孜县城水源工程的建设任务，总投资 4654.53 万元；完成 2017 年开工建设的达孜县曲尼帕灌区工程、达孜县邦堆乡叶巴沟水土保持生态清洁小流域综合治理项目、2017 年小型农田水利“重点县”建设工程及县本级民生资金投入建设的工程等建设任务的 90% 以上，涉及投资资金 8522.12 万元；确保项目区群众 2018 年的生产创收的顺利实现。

【重点水利项目】 年内，完成达孜县新城区防洪堤工程、达孜县德庆镇新仓沟防洪堤工程、达孜县章多乡恰村防洪堤工程、达孜县章多乡尊木采村防洪堤工程、达孜县德庆镇白纳沟防洪堤工程等项目的前期工作，共计总投资 10048.69 万元。

【农村饮水】 年内，完成批复投资 199.99 万元的 2017 年度人饮巩固提升工程的建设任务，解决 790 人的饮水安全问题，其中包括贫困建档立卡户 244 人。

2017年1月26日，水利局局长索郎达瓦带队在章多乡拉木村慰问驻村工作队

【安全度汛防旱】 年内，水利局超前谋划，狠抓防汛组织机构、防汛责任、防汛预案、防汛物资储备、防汛值班等各项准备措施的落实。专门召开防汛抗旱工作会议，部署防汛工作任务，成立防汛抗旱领导小组，制定相关规章制度和预案，并与各乡镇签订防汛工作责任书，进一步明确落实各级防汛工作责任。在汛前，组织干部职工对全县范围内进行安全隐患排查，并通过县政府及防汛抗旱资金治理8处安全隐患点，共修复排洪渠总长5295米，投入资金427.5万元；并在汛前共储备铅丝笼35000平方米、铅丝8吨、编织袋160000条、彩条布6000平方米、应急照明灯1台、救生衣55件、抗旱抽水设备6套等；在主汛期，全县境内共发生灾情13处，险情1处；累计投入人力2908人，投入资金共109万元。

【"河长制"工作】 年内，按照相关文件要求，成立以县委书记为组长的全面推行"河长制"工作领导小组，确定达孜县河长制办公室，召开达孜县全面推行"河长制"工作部署安排会议，同时结合县情实际，制定《达孜县全面推行河长制工作实施方案》《达孜县河长制联席会议制度》《达孜县河长制巡查机制和治水反馈机制》《达孜县河长制责任追究制度》等工作方案和制度。

达孜县全面推行"河长制"河流19条，2座水库。河流总长为187.26公里，其中，拉萨河达孜段为达孜县尊木采村热古东山脚至桑珠林村4组鹏康村，长45.61公里，流域面积85.77平方公里。除拉萨河按所属辖区分段外，其余骨干支流有桑珠林沟、新仓沟、白纳沟、典沟、主西沟、恰沟、拉木沟、尊木采沟、琼达沟、罗普沟、雪普沟、叶巴沟，长141.65公里，流域面积1314.27平方公里，地域涉及达孜县五乡一镇、20个村民委员会。水库有罗普水库、桑珠林水库，总库容60万立方米。湿地有巴嘎雪湿地和唐嘎乡湿地，总面积有2915.7亩。

年内，达孜县河长办在全县范围已确定27名河长及20名河段公安人员，并对所辖河流、水库和湿地信息进行立牌公示，此外全县河流按所属地域形成了分布图集。

【水利普法宣传】 年内，以"世界水日"（3月22日）和"中国水周"（3月22—28日）为依托，结合县司法局"七五"普法的相关工作要求，向农牧民群众号召自觉养成节水节能的良好习惯，增强农牧民群众依法用水、节约用水意识，进一步提高农牧民群众对河湖保护工作的责任意识和参与意识，营造良好的法制水利宣传氛围。年内，共计发放资料宣传册4000余册、宣传海报2400余张，宣传标语800余张，宣传横幅6条，宣传水杯1200余个，60余人参加宣传活动。

【"两学一做"学习教育】 年内，按照县委"两学一做"协调领导小组办公室的安排部署，水利局认真完成各阶段学习任务，组织集中学习6次，自学12次，共学习篇目60篇，组织集体活动2次，结对了16户认亲帮扶对象，面向业务相关县（直）单位、五乡一（镇）人民政府，20个行政村村委会及群众，通过座谈会议及发放征求意见建议表方式，开展征求意见工作，共发放50份征求意见

2017年3月29日，水利局工作人员开展"中国水周"法制宣传活动

表并建章立制，整改了三大作风问题，切实起到转变工作作风，努力服务人民，为群众多办实事的实质作用。

【规范工程建设管理】 水利是国民经济和社会发展的重要基础设施，是实现可持续发展的重要物质基础，在全面建设小康社会和现代化的过程中具有重要的战略地位和作用。保证水利设施建设与管理则直接关系到水利工程能否长远发挥效益的重要环节，所以要规范工程的建设与管理，使工程长远发挥效益。要继续推进工程管理体制改革，建立健全和认真贯彻落实《水利工程管理条例》；要完善基本建设新机制，推进农牧民用水户协会的群管组织，让群众切实地把农村饮水工程、灌区工程、小型农田水利工程管理起来，使工程持续发挥效益。

水利工作正处于传统向现代、向可持续发展水利转变的重要阶段，进入从加快发展向着跨越式发展的关键时期，面临着水利投资加大、基础设施建设提速、工作标准提高、经济社会对水利的支撑和保障作用要求迅速提升的种种考验与挑战，水利局全体干部职工将以饱满的热情和旺盛的干劲做好水利工作。

（刘　聚）

【领导名录】

局　长

索郎达瓦（藏族）

副局长

史仙凤（女）

达孜县教育（体育）局

【概况】 2017年，达孜县教育（体育）局以“办人民满意的教育”为目标，团结拼搏、开拓进取，圆满完成全年各项预定目标任务。2017年，达孜县共有各级各类学校17所，其中，小学1所，中学1所，幼儿园15所，全县在校学生4338人，其中，小学在校生2202人，初中在校生988人，在园幼儿1148人。全县共有教职工394人、专任教师388人，其中，小学教职工168人、专任教师166人；中学教职工113人、专任教师111人；幼儿园教职工81人，专任教师81人，中小学专任教师学历合格率100%。

【党建工作】 年内，达孜县教育（体育）局召开专题会议，对党建工作进行安排部署，科学设定目标体系，层层分解责任，责任到人、严格考核，构建起上下同心、齐抓党建的良好运行机制。按照《西藏自治区党委组织部 西藏自治区教育工作委员会印发〈关于加强和改进中小学校党的建设工作的实施意见〉的通知》的要求，7月，达孜县教育（体育）局对系统党组织进行全面化，召开教育系统党员大会，成立中国共产党达孜县教育局委员会，并在全县17所学校健全党组织。

截至年底，教育系统共有基层党委2个，党总支1个，党支部14个，教师党员244名，教师党员占教师总人数的62.9%，党组织覆盖面达100%。在组织领导上，做到“四个明确”，即明确中央确定的指导思想、原则和目标要求；明确全县党建活动的总体安排、方法步骤；明确本级党支部每个阶段的工作重点、教育目的；明确各项工作的责任领导和责任人。在落实措施上，达孜县教育（体育）局以“两学一做”为契机，坚持学习习近平总书记系列讲话精神，

2017年8月16日，西藏自治区教工委副书记、区教育厅党组副书记、厅长杜建功（中）一行在达孜县中心小学调研

2017年3月6日，拉萨市教育局副局长缪榕楠（右三）在达孜县检查指导春季开学工作

开展集中学习35次，开展党员活动6次，各支部积极开展“三会一课”，党的建设持续加强，严格落实党风廉政建设责任制，把党建和党风廉政建设作为工作的出发点和立脚点，做到“五有”，有学习计划、有学习资料、有学习记录、有心得体会、有学习效果，保证了党建活动的扎实推进；在方式方法上，采取自学、集中学习、领导讲课、大讨论等灵活多样的形式，确保学习效果。积极开展支部委员和党员、党员和党员之间的谈心活动，结成对子，搞好帮扶，沟通思想，加深感情，增强党的向心力、凝聚力。

【安全教育】 年内，组织开展安全知识教育5次，并督促学校利用班会课、校园广播、宣传栏、校园网络等大力宣传党中央对西藏地区的惠民教育政策，大力宣传自然灾害防治、交通卫生安全知识，确保“安全第一”思想深入人心。

【安全隐患排查整治】 年内，开展校舍安全、饮食卫生安全、防火、防盗检查6次，为县中学配备校园监控系统、数字广播系统，全面加强校园内部及周边安全。

【传染病防治】 年内，开展系统“包虫病”防治工作，发放包虫病宣传资料4000余份，并对4194名学生、教师进行包虫病体检筛查，确保学生健康。

【开展矛盾纠纷排查】 年内，开展矛盾纠纷排查6次，深入排查教工之间、教师之间、师生之间、学生之间的矛盾纠纷，最大限度地减少群体性事件的诱因，有效防止了集体上访、越级上访等群体性事件。2017年，全县各级学校安全事故发生率为0，保持了良好稳定的秩序。

【学前教育稳步发展】 年内，不断改善学前教学环境，加强基础建设，通过集中采购的方式完善15所幼儿园的安全警用器材及消防器材；投入128.4万元完善各个幼儿园窗帘、桌椅、床铺、幼儿玩具和走廊楼梯地板等基础设施；对幼儿园临时工的工资标准进行调整。截至年底，已经提高至2300元，中职班工资提高至3800元，平均增长1450元；加强学前藏汉“双语”教育，更新完善幼儿藏文教材，规范幼儿教学，培养区级骨干教师1名、四有好老师1名、市级优秀教师2名、县级优秀教师13名、优秀团队1个，在教育教学方面，按照3—6岁儿童指南及幼儿新规程的要求认真履行五大领域的教学任务，杜绝学前教育小学化、保姆化倾向；在安全方面，进一步完善各项制度，实施“晨午检”与“一日一查”制度，学校食品、管理、交通、消防等各安全方面做到“零事故”的发生。

【教育教研】 年内，深入贯彻自治区第九次党代会精神，以“服务、指导、跟踪”为原则，以提高有效课堂为抓手，全面落实“五个100%”教育目标。2017年，共组织听课、评课120余节，评选出第二批骨干教师15名；指导小学各科开展“同课异构”活动，有效地提高了小学科目课堂教学，课题成果《提高农牧区学困生数学学业水平的7环节模式》荣获首届自治区教学成果二等奖，并代表西藏与其他30多个成果，参加北京第三届教育博览会；协同市局选派各级各类培训421人次，并在本县内开展两期藏文书法培训，全面加强教师培训；组织中小学开展业务考试，积极组织各学校教师进行试卷分析培训，切实做好质量监测相关工作，促进教育教学工作提升。

【师资建设】 年内，共评聘初级职称教师20名，中级职称教师16名，高级职称教师2名；完成20名非师资教师的资格考试，资格证认定和办理，完成28名转岗教师的资格认定和证书办理；认真开展专任教师、工人、临时工等师资队伍基础数据统计工作并及时上报；严格按照区、市教育部门有关规定，并做好资格审查、体检、检查、考生信息输入的校对等工作，成立教育招生考试应急领导小组，制定《各类事件应急预案》，保障考生安全，确保招生考试工作万无一失；2017年，达孜县小升初报考内地西藏班共计253名考生，内地西藏班录取人数14人。初升高报考人数共计365名。录取内地西藏班人数10，区内重点高中66人，区内普通高中190人，安全顺利完成考试录取工作；起草《达孜县中小学幼儿园教师工作调动管理办法》，规范教育系统人员工作调动，加强教师调动工作的透明度和可操作性；结合西藏自治区教育厅教师信息录入要求，对达孜县388名专任教师进行信息录入、更新，对50多名问题学籍生解决了学籍问题。

【师德师风和德育工作】 年内，全面强化教师政治思想学习、业务理论学习，组织开展师德师风演讲、典型事迹报告会、先进德育人物表彰等一系列活动30多场，提高教师政治思想素质和道德操守；健全德育工作制度，为各学校配齐德育工作人员、法制副校长和校外辅导员。以自治区“四讲四爱”活动为契机，建立起以爱国主义教育、民族团结教育、反分裂斗争教育、新旧西藏对比为主线的德育教育模式，组织开展以“学习雷锋”“铭记历史、珍惜今天”“环境保护从我做起”“我的中国梦”“法制教育进校园”“我们的节日”“画出我的价值”“向国旗敬礼”等核心突出、内容丰富、社会广泛参与的德育主题活动，组织开展以“四讲四爱”为主题的教育实践活动80多场，全面构建起德育工作全时段、全过程、全方位覆盖的工作新模式。

【贫困学生资助】 年内，在全面落实国家助学政策的基础上，全面加强贫困学生资助帮扶力度，县政府结合精准扶贫工作制定出台《达孜县以教脱贫实施方案》，安排专项资金用于对达孜籍大学生资助，对全县所有在校大学生学费、路费实行全额报销制。2017年起，对建档立卡贫困大学生按照区内每人每月500元、区外每人每月600元的标准落实生活补助，全面保障贫困家庭学生入学；2017年上半年为145名建档立卡在校大学生及54名中职在校生发放生活补贴53.9万元；根据西藏自治区教育厅《关于全面启用全国学生“三包”信息系统学前教育、义务教育和普通高中子系统的通知》精神，完成全县近4500名学生的家庭经济情况和受助情况以及困难等级认定；根据《西藏自治区建档立卡贫困家庭子女接受高等教育实施免费教育补助政策管理办法》要求，达孜县教育（体育）局对全县64名区外建档立卡大学生发放资助金14.45万元；按照市政府《关于印发〈拉萨市

2017年7月7日，县委副书记、县长春新在达孜县推进县域义务教育均衡发展自治区评估验收反馈会上代表达孜县作表态发言

建档立卡贫困家庭大学生资助办法〉的通知》,对全县五乡一镇建档立卡贫困大学生134名建档立卡大学生发放资助金56.7万元;积极开展“两后生”培训,组织参加拉萨市驾驶技术类培训8名,厨师技能培训2名,参加学历提升3名,促进“两后生”及时就业。

【教育基础建设】 年内,根据全县各级学校实际需求,争取落实基建项目13个,其中,落实国家资金720万元、投入县级配套资金867.1万元,实施章多乡尊木材村幼儿园、邦堆乡克日村幼儿园、唐嘎乡罗普村幼儿园和唐嘎乡穷达村穷普幼儿园4个村级幼儿园建设;完成县中学理化生实验设备添置、县中学餐厨及功能室设备添置、县中学校容校貌改造、县中学校舍室内装饰改造、县中学实训基地绿化改造、县中学运动场塑胶跑道维修、县中心小学绿化改造等7个项目,全面改善办学条件。

【财务管理】 年内,严格规范教育资金管理,落实“三包”及“助学金”1386.57万元,落实营养改善计划255.48万元,惠及学生4294人,资金及时足额拨付,未出现挪用、克扣、挤占等情况。在资金管理上,达孜县教育(体育)局成立由学生、教师、家长等共同组成的监督小组,坚持经费收支两条线,确保经费落到实处。

【信息化建设】 年内,完成教育城域网建设,为县中小学、幼儿园接通光纤网络;县中小学明厨亮灶项目;校园组织开展多媒体课件制作培训,培训教师253人;投入8.25万元,组织全县222名教师进行80学时“信息技术应用提升”培训;开展“一师一优课”“一课一名师”活动,推荐县优课85节(小学为54节,中学为31节),获得市优课24节(小学15节,中学9节),获得省优课1节;深入开展国家网络信息安全宣传周活动,发放宣传资料300多份;为县中学新建学生计算机网络教室,完成全县均衡工作的教育信息化、图书和电子图书等项目的数据统计,教育信息化水平不断提高。

2017年6月29日,达孜县教育局召开“义务教育均衡发展自治区督导评估验收”迎检准备会

【义务教育均衡发展】 年内,按照《自治区义务教育阶段中小学办学标准》和拉萨市《关于实施义务教育标准化学校建设工程的意见》,有组织有计划的推进各项工作,先后组织召开工作部署会议、通报会等会议9场,组织中小学及局均衡科室工作人员赴康马县参观学习,组织开展民意测评问卷调查。在市级督导评估中达孜县得分为96分,在自治区级评估验收中得分为95分,顺利通过区、市评估,义务教育均衡发展工作卓有成效。

(张海波)

【领导名录】

局　长

扎西顿珠(藏族)

副局长

张玉峰

江　村(藏族)

达孜县中学

【概况】 达孜中学位于美丽的拉萨河畔,距拉萨25公里。学校始建于1976年9月,是达孜县唯一的一所中学,占地面积78003平方米,校舍面积30523平方米。2017年,有24个初中教学班,在校生988人,教职工113人,专任教师108名。学校建有现代教学楼一栋，综合办公楼一栋，职业教育综合楼一栋，青少年活动中心楼一栋，综合实验楼一栋；另学校还配有多种功能教室，网络多媒体教室29间，网络计算机教室3间、录播教室1间，这些功能教室在学校的教学工作中发挥了极大的作用。

【教育理念】 年内，学校坚持“安全是基础，卫生是形象，后勤是保障，教学是中心，质量是生命，突出德育”的办学思想；坚持“为学生的终身发展负责，为教师的终身发展负责，为学校的长远发展负责”的办学理念，抓机遇，促发展，大幅度改善办学条件，本着打造符合区情、校情的校园特色，优化课题教学结构和提升教师综合素质来促进新课程改革在学校的实施。

【内设机构】 年内，学校设有校办、党办、教务处、教研信息科技室、安卫办、共青团、总务处、财务室8个处室。

【文体活动】 年内，为促进校园文化，提高学生的德育文化，学校相关处室开展拔河比赛、广播操比赛、“四讲四爱”藏、汉师生作文、演讲、书法比赛、入团宣誓、喜迎党的十九大歌舞比赛等，在活动中引导学生，锻炼、教育学生，展现教师魅力，体现了寓教于乐的教学观念。

【安全教育】 年内，学校安全管理工作坚持“安全第一，预防为主，

2017年3月15日，达孜县中学党支部书记黄始全主持召开“两学一做”组织生活会

综合治理”方针，狠抓工作落实，积极巩固“平安校园”成果，大力推进隐患排查治理和安全专项整治，不断提升安全管理的规范化和科学化水平，利用主题班会对学生进行法制教育和各类校园安全教育。坚持开展警校共建活动，提高学生的自我保护意识和能力，为师生营造安全、和谐、稳定的校园环境。

【举办校园运动会】 年内，第十九届田径运动会在校运动场顺利举行，运动会为期3天，进行各类中学生运动项目，提高了学生的身体素质，丰富了校园文化。

【师德建设】 年内，学校重视师德师风建设，开展以“创文明校风、树师表形象”为重点的师德教育活动，以提升教师形象。加强常规管理，以制度制约，以机制激励，抓好教学流程的各个环节，规范教师的常规教育教学行为，提高了教师的工作积极性，团结、协调、凝聚的意识增强。

【教师培训】 年内，学校积极主动配合主管部门抓好教师的继续教育工作，支持、鼓励教师参加提高学历层次、业务水平、教研能力的培训，推荐教师参加上级组织的各种培训和学习，该学期学校派出的各级各类观摩、培训学习的教师达到了2/3以上，为教师接受新的教育理念创设平台，拓宽了老师的眼界，丰富了教师的专业知识，提高了教师的教学技能水平。

【均衡教育】 年内，让每位学生都享有相对均衡的教育资源是学校的责任，为此学校在全面贯彻教育方针，开足开齐课程；深化教育改革，加速学校发展；加强教师培训，提高每位教师的教学水平等各方面做出了种种努力，根据上级文件通知精神督导评估相关要

求，认真、努力达到义务教育均衡要求。在评估中得到上级督导部门的肯定，取得可喜的成绩，为达孜义务教育均衡发展交上满意的答卷。

【表彰大会】 9月10日，举行第33个教师节纪念活动，表彰学校优秀教师、优秀中层、优秀干事教学成绩奖，共有80多名教师获奖，县教育局领导莅临表彰大会。王彩彦获得拉萨市李氏教育奖；金花、巴珠获得拉萨市优秀教师的称号；毛志鸿获得自治区级骨干教师的称号。

【以研兴教】 年内，组织教科研活动，各教研组积极开展正常的教研活动。在教学、实践、研究的基础上，引导教师撰写教研论文，鼓励教师参加各级各类教育教学论文大赛。鼓励教师参加各级各类教学设计评比活动，也取得可喜的成绩，普布扎西参加赛课活动，获得自治区级赛课二等奖；达娃仓决等获得自治区“一师一优课”晒课一等奖。

【年终工作】 年内，党办组织开展党的十九大、“四讲四爱”主题教育实践活动，加强支部的先锋带头作用；各办公室组织进行年终工作大检查，认真组织各级各类教学质量监测；各办公室制定下学年工作计划。

（德　吉）

【领导名录】

党支部书记

黄始全（苗族）

校　长

索　朗（藏族）

达孜县供电有限公司

【概况】 达孜县供电有限公司前身为达孜县变电站，始建于2001年7月，主要负责达孜县五乡一镇的电力供应、销售和输变电、配电设施的建设，担负着达孜县工农业生产、人民生活、市政建设供电的职责。2014年11月24日，根据《西藏自治区国家电网覆盖区域农电代管办法》《西藏自治区国家电网覆盖区域农电代管县试点工作方案》等农电体制改革工作的要求，成立达孜县供电有限公司，按统一机构设置标准要求，设置经理、副经理等主要领导职位，综管部、运检部、营销部等三个部门。2016年，根据国家电网公司统一安排，达孜县供电有限公司迎来第一批从国网镇江供电公司选派的优秀帮扶人员，开始对达孜县供电有限公司进行对口帮扶，对县公司专业素质提高、管理水平提升起到重要的作用。

2017年，共有25名干部员工，其中，企业编制6人、事业编制5人、帮扶人员3人、第三方劳务派遣人员11人，本科学历5人、大专学历8人、中专及以下学历12人，平均年龄35.4岁。

【供电有限公司变电站】 年内，达孜县供电有限公司在县域内有110千伏变电站一座，容量为40000千伏安。35千伏变电站一座，容量为20000千伏安。

【供电有限公司输电线路】 达孜县境内现已铺设35千伏输电线路1条，总长10.42公里，所管辖10千伏线路共有6条、总长达到361.08公里，0.4千伏及以下线路195.4公里。电网覆盖农牧民户数为9361户，人数为32291人，

达孜供电有限公司全体职工

最大负荷量达到8600千瓦，2017年售电量达到2905.79万千瓦时。

【工作环境】 自筹资金新建业务大楼，并参照国网标准新建供电营业厅，于2017年上半年完成公司搬迁，大大改善了公司办公和服务环境；职工食堂于5月投入运行，彻底解决达孜公司职工就餐难的问题；与县住建局积极沟通，协调解决10套公租房，从而缓解职工住房问题；开展职工体检，关爱员工的身体健康，激励员工努力工作，以实际行动回报公司的关爱之情。

【安全生产】 年内，达孜县供电有限公司深化本质安全学习教育，牢固树立本质安全理念，完善安全"责任、保证、监督"建设体系，严格落实各级安全主体责任。务实高效开展各类安全大检查及"三查三强化"等专题活动，整改隐患27项。建立专业的安全工器具仓库，制定安全工器具管理制度，完善个人防护用品的配备。开展员工安全教育培训，保证员工能够掌握安全生产知识，并采取安规考试、作业现场考评等方式检验安全培训效果。实行生产作业计划管理，严格执行安全生产管理制度和现场作业安全措施，下大力气整治"习惯性违章"等突出问题，确保不发生安全生产责任事故。开展内、外破危险源点防控和输(配)电线路通道清理工作，在外破行为多发地点设置警示牌，定期巡视，切实防范外破风险。

【服务品质】 年内，针对新一轮农网改造期间产生的一些问题，积极走访，与各乡政府、村委会沟通协调，化解矛盾，确保农网改造稳步推进。严格停电告知制度，利用短信平台及时发布停电信息，让各企业单位提前做好相应准备，减少停电损失。

【党建工作】 年内，在国网拉萨公司党群部和达孜县委组织部的大力帮助和指导下，成立达孜县供电有限公司党支部，从而结束达孜县供电有限公司无党支部的历史。支部成立后，完成党员公开承诺书签订，制订党员学习计划，积极开展"三会一课"活动，定期开展主题党日活动，切实加强党支部建设，努力提高党组织的凝聚力和战斗力。同时成立达孜县供电有限公司团支部，这也是西藏自治区首个代管县公司团支部，为年轻同志积极向党组织靠拢提供了一个平台，在优秀青年与党组织之间起到了一个良好的纽带作用。

【人才培养】 年内，结合达孜县供电有限公司人员现实状况，综合制定全员学习培训计划，开展办公自动化、营业业务、服务礼仪、安规等6个专题的培训，累计参加培训人员35人次，并完成中级工职业技能等级、初级职称申报工作。着力加强对新进大学生的传帮带，建立晚间课堂、"每周一考"制度，考试情况与绩效挂钩。年内，组织人员在江苏镇江公司交流学习，通过现场走访调度中心、市公司营业大厅、抢修站点等，使公司干部员工对国家电网的管理理念和管理模式有了更深入的了解，为工作注入新动力。

（强巴旦增）

【领导名录】

总经理

强巴旦增(藏族)

副经理

焦 国 民

胡 春 光(5月免，江苏援藏)

2017年6月16日，达孜县供电有限公司工作人员在雪乡开展安全用电宣传活动

城市建设·环保

达孜县住房和城乡建设局

【概况】 达孜县住房和城乡建设局是县人民政府组成部门，内设局办公室、建筑行业监管办公室、公房管理办公室、城管办公室、项目管理办公室。2017年，住房和城乡建设局机关在岗人员7人，其中，副局长1人，副主任科员2人，科员1人，工人1人，公益性岗位2人。

【拉萨市东环南线（虎峰大道）市政工程】 年内，为实现“团结美丽健康幸福新拉萨”，改善民生和脱贫攻坚的必然要求和促进达孜净土产业发展，带动农村产业结构的优化升级，实施拉萨市东环南线（虎峰大道）市政工程。项目位于东城区百淀片区，起点接拉林高等级公路，利用现有国道318线进行布设，途径拉林高等级公路，达孜工业园区，达孜县城区，终点接达孜区新建大桥，道路为东西走向，全长约11.249公里，全线采用双向六车道城市主干道设计标准，沥青混凝土路面，道路红线宽度37米；桥梁1座，长约38米；沿线布设电力及通信管沟、给排水管线、防护、交通设施、道路照明、绿化等工程。项目总投资为14亿元，于12月开工建设，预计2018年9月全部完工并投入使用。

2017年10月26日，县委副书记、常务副县长李军带领住建局工作人员慰问环卫工人

【棚户区改造项目】 年内，达孜县棚户区改造项目总投资406.19万元，新建道路5902平方米，水泥混凝土路面；道路两侧新建60座LED太阳能（高7米）；道路下安装给水管铸铁管DN150为230米，衬塑钢管DN25–100为1340米，砼排水管DN300为1278米，DN400为279米，各类井95个（含阀门井、水表井、排水检查井等），渗滤池2座等。该项目由四川省惠山鼎烨建筑工程有限公司承建，计划于2018年4月8日开工建设。

【精准扶贫相对集中安置工程】 年内,为实现资源要素和人口向县城区的适度集中,将易地搬迁与推进城镇化有机结合起来,增强移民群众的开放发展意识,进一步促进搬迁移民群众的观念更新。2017年,相对集中安置共设6个点(县城、邦堆乡、雪乡、唐嘎乡、章多乡、塔杰乡),总投资20820.7万元,共计安置群众344户1170人。其中,部分项目于2017年开工,余下的2018年开工,预计2018年全部完工并且投入使用,该项目由达孜县虎峰城投公司代建。

2017年8月15日,住建局工作人员开展宣传“禁白”活动

【乡村环境整治工程】 该项目总投资约1500万元,其建设范围覆盖全县6个乡(镇),建设内容包括路面硬化、排水设施、围栏、种植土回填、太阳能路灯转运及安装、人行道彩砖铺装等。该项目已完成前期工作,因318国道正在实施维修改造,章多和塔杰乡环境整治项目暂不实施,邦堆乡正在组织招标,雪乡和唐嘎乡已基本完工。

【德庆公园环境提升项目】 年内,为进一步提升达孜县城良好的居住环境,满足人民生活水平日益提高的需要和旅游步入产业化、高效型经济的要求,新建达孜县德庆公园环境提升项目,包括绿化面积24052.15平方米,拆除围墙324.8平方米,混凝土路面2077.90平方米,混凝土道牙321.5米,透水砖铺装151.92平方米,铁艺大门2扇,停车场360平方米,挡土墙139.7米,实心围墙313.75米,铁花围墙146.2米,土石方17564.3立方米,垃圾桶5个,成品座椅8个。项目总投资414.69万元,已完成项目前置手续,将2018年4月开工建设,预计7月完工。

【市容环境质量不断改善】 年内,在城市管理要求提高、人民群众居住环境改善、商业贸易不断扩大的情况下,住房和城乡建设局认真履行职责,积极开拓,克服资金短缺、人员不足、管理手段薄弱的种种困难,保持城市整洁、干净、美化。环卫部门工作尽职尽责,加强内部管理,健全制度,努力调动干部职工的积极性和创新精神。

【保障性住房管理】 年内,房管部门在继续抓好房地产法规政策落实的同时,努力做好服务,积极主动地解决好公产房历史遗留问题,想方设法理顺好当前房管中的突出矛盾,提出合理化建议报请区政府讨论,促成一些制度和规定的出台和实施。2017年以前的保障性住房建设项目(含周转房、公租房、廉租房及棚户区改造项目)全部投入使用和实现入住。对全县干部职工周转房、公租房进行进一步清理,对干部职工周转房进行租赁、转借他人、闲置等违规行为进行查处,共计清理周转房虎峰佳苑418套、政府大院96套,规范了达孜县干部职工周转房管理使用。

【建设市场和建筑工程管理】 年内,建设市场进一步规范,依法建设和依法管建设水平不断提高,根据建筑法律法规和政策,认真贯彻建设工程招投标法和规章,不断完善建筑市场,严格执行招投标工作程序,实现建设工程公开、公正、公平竞争。同时,加大建筑领域监管力度,2017年,共开展工地执法检查112次，下达施工安全监督责令改正单29份，监督责令全面停工整改单20份，全面确保达孜工程领域“零”事故的实现。

【党风廉政建设】 年内，在全力抓好住建工作的同时，坚持党组学习制度，用正确的政治理论指导环境保护、城乡规划建设管理工作，增强领导干部驾驭工作的能力。按照市、县的部署，结合党的群众路线教育、“三严三实”“两学一做”等专题教育活动，围绕县委、县政府确定的发展思路和工作目标，促进团结协作，推进党风廉政建设，营造能干事业，干好事业的良好氛围，增强了凝聚力和感召力。

（吴吉兰）

【领导名录】

副局长

何　松（主持工作）

达孜县环境保护局

【概况】 2017年是全面建成小康社会的关键之年，是深入贯彻党的十八大、十八届四中、五中、六中全会精神和习近平总书记系列重要讲话精神，贯彻落实区、市2017年，严格贯彻环境保护工作会议精神，牢固树立“绿水青山就是金山银山，冰天雪地也是金山银山”的发展理念，以改善环境质量为核心，以深化改革为动力，以迎接中央环保督察为契机，坚持问题导向，补齐环保短板，坚守环境保护底线、红线、高压线，创新体制机制和环境管理方式，加强环境监管执法，加快推进大气和水等重点领域专项治理，狠抓工作落地落实，环境保护各项工作取得了积极进展。2017年，达孜县环境保护局编制3名，实有人数8名。

2017年7月27日，西藏自治区环保厅副厅长扎西顿珠（中）、拉萨市副市长林生（前排右一）在达孜县检查环境保护整改工作落实情况

【开展宣传教育】 年内，全县共出资40余万元订制环保挂历、布袋、围裙等20000余个，购置《中华人民共和国环境保护法》《中华人民共和国环境影响评价法》《中华人民共和国大气污染防治法》等文本30000余册，并下发至各乡镇、村组、企业、学校、机关等。并利用3月综治宣传月、“6·5”世界环境日、世界防治荒漠化与干旱日等活动对县域内主街道、乡（镇）、企业、学校进行环保宣传，同时，将环保挂历、法律文本送至每个县直部门、乡镇、企业，确保环境保护宣传深入人心。且以中央环保督察为契机，在县域内出资15余万元制定环保宣传广告牌，并结合宣传资料向市民宣讲禁白、低碳减排、生态环境保护和环保法律法规知识，全方位宣传保护环境的必要性和紧迫感，呼吁全县人民共同参与，减少污染，节约能源，保护好我们的家园。同时，为增强学生节约资源和保护环境的意识，通过“小手拉大手”的方式开展“禁止白色污染”宣传，制定《达孜县教育局2017年禁止白色污染进校园活动工作方案》，为学生创建一个整洁、舒适、优美的学习环境。

【“水、气、土”污染防治行动】 年内，全面推进“水污染防治行动计划”。按照“水十条”规定，全面推行最严格水资源管理制度，突出抓好县境内拉萨河段、湿地、自然保护区及村容村貌环境综合整治，全面落实“河长制”，明确水污染防治和河道环境监管主体责任。制定《达孜县水污染防治行动计划工作方案》,与相关部门签订《水污染防治目标责任书》,细化各级工作责任,明确工作任务和目标。强化规模化畜禽养殖等重点行业污染治理,加强饮用水源和地表水环境综合整治。大力开展拉萨河道综合整治,清理河道采砂行为,整治河道环境卫生,15家采砂场全部关停并逐步清理出河道。加快县城污水处理厂建设步伐,开足马力全力推进,预计2018年6月建成并投入使用。

同时,加强城市排污口综合治理,对长期存在的一处排污水体及脏乱差现象,制定专门整治方案,投资50万元进行专项整治,防止水源污染,并对整治后的排污口实施监测,极大改善周边群众生活环境。深入实施"大气污染防治行动计划"。制定大气污染防治行动方案,明确各级各部门各单位大气污染防治工作职责。全面整治淘汰10蒸吨以下燃煤锅炉,严控新增燃煤项目,完成西藏藏缘青稞酒业有限公司燃煤锅炉的淘汰工作。针对土建项目多,扬尘污染严重现象,加大扬尘污染防治力度,增加城区机械洒水和清扫保洁频次,规范道路交通项目建设、建筑工地环境管理措施,对县域施工场地、料场、堆场、沙石运输车辆实施全封闭、全覆盖管理,并定期开展专项执法检查,扬尘污染现象得到明显遏制。贯彻落实"土壤污染防治行动计划"。结合实际制定出台《达孜县土壤污染防治行动工作方案》,并以农用地和重点行业企业用地为重点,在县域内逐步开展土壤污染状况详查,掌握全县土壤环境污染与风险状况。

【环境监管】 年内,以中央环保督察工作为契机,环保执法人员严密配合,突出整治重点,划分检查区域,明确工作目标、时限和责任,及时报送工作开展情况,重要信息随时上报,严格按照交办要求,严格执行到位,并准时反馈。同时,开展污染源申报和排污许可证的核发。达孜县高度重视污染源申报和排污许可证的核发工作,提高排污单位的环保意识,树立持证排污理念。认真执行环境监管"双随机"工作制度。结合双随机和达孜县工作实际,科学合理制定和落实污染源日常环境监管随机抽查制度,充分调配使用环境执法监察力量,规范现场执法内容,加大环境处罚力度,进一步提升日常环境监管的效能,实现抽查企业随机、执法人员随机,形成环境执法的高压态势,进一步加大对环境违法行为的震慑力度,减少污染物排放,推动全县环境治理改善。

2017年,检查企业102家次,并认真填写污染源现场监察记录表,严厉打击环境违法行为。2017年,对3家违法违规企业行政处罚共计30000元。并加强危险废物和医疗废物监管,开展环境安全隐患大排查快整治严执法、危险化学品环境安全治理、辐射安全检查等专项行动,确保全县环境安全。且严查群众反映的环境问题。2017年,累计接收各类环保举报15起,核查15起,整改处理到位15起,处理率达到100%。为进一步建立健全重点污染源长效管理机制,实施污染物排放总量控制,预防突发环境污染事件,提高环境管理科学化、信息化水平,达孜县计划于2018年实现县域重点企业的在线监控平台,截至年底,已委托第三方制定《达孜

2017年10月15日,专家验收组检查达孜县创建自治区级生态文明示范村情况

县工业园区部分企业在线监管监控平台建设方案》,待项目审核通过后加快推进项目实施。

【管理与服务相结合】 年内,达孜县投资90余万元与四川益天环保科技有限公司签订两年的技术咨询服务合同,对日常环境监管、环评验收、台账资料的健全等方面提供技术咨询服务,以学、帮、带等方式加强环保人才队伍的建设。同时,达孜县邀请的江苏省镇江市环境服务中心和四川益天环保科技有限公司对园区28家生产企业和县医院一对一进行现场检查,并对企业自身存在的问题下发整改要求,提供技术服务。针对存在的问题及时提出相关意见建议,并要求企业负责人填写承诺书,确保在时间期限内完成整改工作,顺利通过中央环保督察。并为积极调整产业结构,改善大气环境质量,顺利完成大气污染防治年度工作任务,淘汰燃煤等高污染燃料锅炉的企业(西藏藏缘青稞酒业有限公司),补助资金3万元。此外,为牢固树立环保优先的思想,对污染治理设施运行正常、整改落实效果明显、积极响应环保政策、环保工作突出的企业(西藏宏发盛桃食品有限公司),授予其“2016年环境保护工作先进集体”荣誉称号,并奖励3万元。

【开展环境综合整治】 年内,为以“干净、整洁、有序、美观”的环境迎接中央环保督察组及党的十九大胜利召开,达孜县高度重视,进一步加大农村环境整治力度,不断提高工作质量,确保环境面貌根本改观,一共出资60余万元委托第三方对县域五乡一镇全范围、全覆盖的实施为期两个月环境卫生大整治、大清理工作,此次环境卫生整治工作共清理300多吨垃圾,出动200余人,全面改善县容县貌。并充分利用县政府新闻网站及政府门户网站、宣传专栏等作为舆论宣传阵地,提高广大干部群众的思想认识。为有效保护管理达孜县巴嘎雪市级湿地,县环保局与县林业局联合投资30余万元对巴嘎雪湿地实施保护项目,对原先的违建设施进行拆除,设立巴嘎雪湿地管理站、野生动物保护站,并在湿地周边种植树苗1500余颗,保障湿地的基本功能,促进湿地资源的可持续利用。

【生态文明示范村创建】 年内,为进一步推进自治区级、国家级生态文明示范村、生态文明示范县、生态文明示范市的创建工作,全面推进生态西藏建设,根据环保厅《关于确认拉萨市建成国家级生态市时间的通知》精神,按照《关于西藏自治区生态创建工作思路》具体要求,为推动拉萨市创建成国家级生态文明示范市,达孜县按照要求逐级达到省级生态文明示范村、生态文明示范乡镇、生态文明示范县三级创建指标,要求开展创建工作。2013—2016年已成功创建14个行政村和5个乡镇的自治区级生态文明示范村、生态文明示范乡镇工作。2017年,达孜县成功创建5个行政村和1个乡的生态文明示范创建工作。

【完善基础设施】 年内,为进一步规范和加强达孜县农村五乡一镇及县生活垃圾转运站的环境卫生管理及维护,充分发挥生活垃圾转运站的综合效益,根据《中华人

2017年10月29日,开展2017“绿盾”专项行动

民共和国政府采购法》《政府购买服务管理办法（暂行）》的有关规定，结合达孜县工作实际情况，通过公开招投标方式，将全县乡村及垃圾转运站环卫保洁作业按公共服务市场化、政府购买服务的方式，实行市场化运作，交由专业保洁公司代管，全面建设卫生城市、确保美丽健康达孜的目标尽早实现。

2017年6月5日，环保局工作人员开展“世界环境日”宣传活动

【全面完成督察关注问题】 年内，为扎实做好迎接中央环保督察各项工作，围绕中央环保督察组关注的四个重点问题和拉萨市环保督察重点问题清单（5项）、西藏自治区环境保护问题清单（4项）、西藏自治区环境保护问题整改清单（12项）以及西南环保督查中心反馈问题清单（5项）等涉及整改内容，达孜县坚持问题导向，从严、从细、从实抓好整改落实，全县围绕环保督察组关注的26个重点问题进行了任务分解，每个问题由一位分管县长担任责任领导，制定整改措施，明确责任单位和完成时限，扎实推进整改工作。全县涉及的问题中除污水处理厂未建成运行，其余全部整改完成。中央第六环保督察组入驻以来，达孜县共接到转办案件5件，协办案件3件，调阅重点资料3套，接受下沉实地督察2次，对6名负有监管责任的责任人启动追责问责机制。

【开展“绿盾”专项行动】 年内，西藏自治区“绿盾”2017国家级自然保护区监督检查专项行动整改问题清单中，中央督察组转办案件涉及达孜县保护区问题6个，其中，5个项目已全部关闭，恢复原房屋性质。唐嘎净土奶牛养殖项目已完成项目认定备案，环保设施设备已落实。县域内共17个自然保护区人类活动遥感监测问题，第一批4个，第二批13个。经环保局认真实地核查，已将整改落实情况上报至相关部门。

（普布卓嘎）

【领导名录】

局　长

拉巴旺堆（藏族）

副局长

普布卓嘎（女，藏族，6月任）

邮政·通信

达孜县邮政分公司

【概况】 2017年,达孜县邮政分公司紧紧围绕年初邮政工作会议精神,以科学发展观为主线,全力抓好各项业务发展,始终坚持发展是第一要务,服务是第一责任的工作理念,充分利用邮政网络优势,切实把服务“三农”和服务中小企业作为当前和今后一个时期的重点工作,不断夯实基础,做大经营规模,提升服务质量。2017年,业务收入完成311万元,人均劳产率为44.42万元/人/年。其中,储蓄余额规模达到1.37亿元,万元户928户。

【投递报刊杂志】 年内,全县投递报纸杂志共计252.4万份,包裹86400万件,每名投递员日均投递杂志7364份,包裹240件。其中,乡邮员报纸杂志全年84.5万份,日均2300份。

2017年12月30日,拉萨市邮政分公司总经理刘众清(右五)在达孜县邮政分公司慰问员工

【金融业务台席交易】 年内,金融业务台席交易总笔数23400笔,日均65笔,邮务台席交易总笔数9200笔,日均25笔。

【业务宣传】 年内,为加大外拓营销宣传力度,逐步提升邮政储蓄的品牌影响力,提高邮政储蓄的市场竞争力,达孜县邮政分公司“展翅雄鹰”团队深入菜地、商业集中的老城区、工地、村委会等地点开展外拓营销、开卡、手机银行等业务宣传。通过印制宣传单、悬挂横幅、微信朋友圈广告等形式,多渠道、全方位地加大宣传推广力度,全面向广大百姓及农牧民群众宣传邮政储蓄的优势和特点,改变传统邮政只能送包裹、送报纸的传统印象,不断提升邮政储蓄的品牌影响力和社会知名度,提高市场竞争能力。

【服务质量】 年内,达孜县邮政分公司团队坚持以项目为抓手,厅堂营销加外拓等形式为重点,加强客户走访，多种形式开发和维护新老客户，从而不断推动达孜邮政金融业务的健康、较快发展。达孜县邮政分公司一直把服务作为各项工作的出发点和归宿，针对邮政对外服务人员即营业窗口和投递人员，采取“内增素质，外树形象”的有效措施，提高窗口服务水平；充分发挥业务监督检查和社会监督网的作用，促进服务工作的进一步加强，如在各营业厅内设立用户意见簿，对外公布用户举报监督电话等。加强信息反馈，做好来电、来信、来访的处理工作，随时了解邮政服务状况，加大奖惩力度，对提出的意见及时整改，认真实施，提升服务水平。2017 年，达孜县邮政分公司荣获全区邮政 2017 年“迎战鸡年·梦想起航”储蓄余额竞标头雁组优胜奖及 2017 年达孜县获“年度民族团结进步模范先进集体”称号。

（伍妮妮）

【领导名录】

经　理

唐小红（女）

达孜县电信局

【概况】 达孜县电信局于 1999 年正式挂牌成立，自成立以来“用户至上，用心服务”为服务理念。达孜县电信局深入贯彻落实科学发展观，坚定不移地全面落实企业转型战略，坚持国有企业深化改革，发展第一要务和稳定第一责任，努力提升企业核心竞争力和价值创造力，实现企业持续健康发展，发挥企业在信息化建设中的主力军作用。

2017年2月10日，达孜县电信局局长边巴参加维系中心晨会

2017 年，达孜县电信局从事电信服务有 32 人，下设划小承包单元 5 个，有自办营业厅 1 个，指定专营店 7 个，全县五乡一镇覆盖了电信营业厅。截至年底，全县共计建设 58 个基站，覆盖全县五乡一镇所有行政村，全县网络覆盖率现已达到 100% 以上，尤其中国电信 4G 信号覆盖率达到 90% 行政村。行政村宽带资源覆盖率达到 100%，为下一步农村地区“互联网 +”以及实现智慧达孜打下了坚实的互联网基础，同时快速缩小了农村和城市的数字鸿沟。

【网络运行维护】 年内，进一步提升网络维护服务水平，网络设备增加，维护量增加，人员不增情况下，充分利用现有的人员，提升装维能力，缩短故障处理时限，按计划和争取更多 2017 年“光网改造”项目，解决县城、城乡接合部、乡镇、寺庙、菜农等宽带资源。并提升宽带资源利用率，把现有的技术人员培养成能装宽带，能维修。截至年底，达孜境内有 58 座电信 4G 基站，覆盖境内所有行政村及 97% 以上自然村，重要的寺庙及旅游胜地，高速公路沿线。

【惠民政策助精准扶贫】 年内，达孜县电信积极响应国家提速降费，落实为中小企业提速降费倡议，减轻了达孜园区企业经营负担。为改善达孜县农牧区通信条件，加快农牧区全面建设小康社会步伐，在上级部门的支持下实施“村村通光宽”等工程。为农村的“互联网 + 发展”奠定了坚实的信息化基础，让广大农牧民享受优质的通信服务。西藏电信公司按照农牧区经济条件，专门制定“天翼惠农”优惠政策，同时对“天翼惠农”定制最低档的惠农套餐，让广大农牧民享受中国电信的优质服务和惠农政策，尤其是针对精准扶贫易地搬迁户制定帮扶活动，户户免费赠送宽带，通过接触和使用互联网开阔眼界，达到扶贫扶智效果。

（边　巴）

【领导名录】

局　长

边　巴（藏族）

副局长

尼　玛（藏族）

2017年2月3日，移动分公司工作人员开展营销活动

中国移动通信集团西藏有限公司达孜县分公司

【概况】 中国移动通信集团西藏有限公司达孜县分公司成立于2007年6月，现有在岗员工9人，自办厅一家，一家指定专营店。各级渠道代理店35余家，服务23571位客户。

【市场经营成效】 年内，达孜县移动分公司以年度KPI为目标细分市场，科学制定营销方案，进行精细化操作。加强市场细分，深入挖取农村市场及返乡市场，全年制定执行集团专线单位维系计划，各项工作取得实效。累计发展客户数25571户，其中，年新增客户18331户，占比为79.55%，年净增活动客户数16397户，占比为88.83%。完成全年运营收入1362万元。

【“十分满意”客户服务】 年内，达孜县移动分公司加大服务创新力度，争创优质客户服务。为有效提升客户感知，加快服务工作显性化，达孜县分公司将服务领先作为硬性指标在全县范围内开展竞赛，成效不断改善。全面提升营销中心及各渠道效能。针对营销中心未消渠道，分别细化措施开展渠道效能提升工作，从渠道硬件配置、营销能力提升、激励政策等各方面逐渐进行优化，激发渠道积极性、提高发展效能。从营销中心门头、宣传牌、柜台等各方面细化制订达标规范，并组织人员进行多次指导和整改措施。努力提高办理业务的便利性，优化业务服务流程，加强窗口规范管理，不断完善客户经理制，客户服务质量得以提高。

【管理水平不断提高】 年内，提高综合管理能力。在基础管理方面，达孜县移动分公司着重工作责任，加大检查、考核、奖罚力度。加强基础管理，建立公司所有活动资源的账本和员工销售统计登记本，所有关系到现金的都做了登记管理。严格考核制度的落实，为加强员工的积极性，专门考核营业厅服务检测和制定专营的检测，在工作会议上，工作表现较差的员工做出检讨，对表现好的员工给予鼓励。

（土　旦）

【领导名录】

经　理

魏　垚

联通达孜县营业部

【概况】 联通达孜县营业部自2010年成立以来，秉承“以客户为中心，用服务促发展”的服务理念，以为用户提供优质通信服务及促进社会和谐为己任，倾力做到“消费请客户放心，服务让社会满意”。

【客户服务】 年内，联通达孜县营业部加大服务创新力度，客户服务成效不断改善。全面提升营销中心及各渠道效能。从营销中心门头、宣传牌、柜台等各方面细化制订达标规范，并组织人员进行多次指导和整改措施。努力提高办理业务的便利性，固化业务服务流程，不断完善客户经理制，客户服务质量得以提高。

【网络覆盖】 联通达孜县营业部组建于2010年10月，现有自办营业厅1个、员工4人。2017年，达孜县分公司全体员工在联通拉萨分公司的直接领导下，服务于达孜县委、县政府的工作大局，团结拼搏、锐意进取，坚持以发展为中心，积极应对困难和挑战，采取有力措施，加快业务发展步伐；努力抓好集团营销与服务，做好行业信息化和新业务推广；抓好精细化管理，做到管理到位、责任分明；认真搞好服务管理与考核，根据实际情况完善、细化管理办法，制定合理的激励措施，改善了服务短板，确保服务质量的稳步上升，提高了客户满意度。

【开展产品营销活动】 结合季度业务，着重发展主打产品并推进重点指标的改善，提升用户规模，鼓励各经营单元全面开展促销活动，以节日营销为契机，以指标改善为抓手，促进规模发展与效益提升，实现产品客户规模增长和社会渠道快速拓展的双丰收。

【推进渠道建设】 年内，联通达孜县营业部一直把渠道建设作为拓展市场的首要目标。渠道建设工作在省公司的政策指导下，在分公司的全局统筹、周密规划及分公司的全力推行下，共拓展合作营业厅及卡类代理点3个，取得了可喜的成绩。

【网络运行维护】 自2016年12月，网络公司无条件预受理装进以来，固网装机竣工率均维持在97%以上，全年竣工率平均为100%；修障及时率平均达到100%；装拆移满意度都为100%，较好地完成集团下达的任务指标。

【网络建设】 按照拉萨市分公司2014—2018年的网络流动规划，达孜县进行网络规划和移动基站、宽带业务及城区管道、县乡道路等的专业现场摸底，为2018年网络建设提供了翔实的资料。年内，联通达孜县营业部全体员工在县委、县政府的直接领导下，专业知识和管理能力有了明显提高，圆满完成各项工作任务。2018年，分公司将按照公司的总体要求，在大力拓展4G业务、做好固定电话和宽带业务推广的基础上，全面推进分公司各项工作，力争各项工作再上新台阶。

（胡红春）

【领导名录】

经　理

胡红春(女)

2017年12月27日，联通拉萨分公司总经理吴兴义（右二）在达孜县营业部慰问职工

金 融

中国农业银行股份有限公司达孜县支行

【概况】 2017年,中国农业银行股份有限公司达孜县支行下设1个营业网点(县支行),4个营业所(蔡公堂营业所、拉木营业所、邦堆营业所、塘嘎营业所)。员工人数为42人,平均年龄39岁,其中,正行长1名、副行长2名、网点主任及运营主管11名、业务人员26人、安保3人,共有党员23名,占比53%。

【各项任务完成情况】 截至年底,达孜县支行各项存款288788万元,较年初增加80374万元,其中,对公存款215692万元,较年初增加62925万元;储蓄存款73096万元,较年初增加17448万元;各项贷款余额111230万元,较年初增加9931万元,其中,对公贷款72395万元,较年初增加6558万元;个人贷款11202万元,较年初增加2290万元,涉农贷款27633万元,较年初增加1083万元。

【重点支持,带动业务全面发展】 年内,达孜县支行始终坚持把工业园区实体经济作为营销重心,支持具有西藏特色的企业及合作社,支持国家给予经济扶持的高科技产业企业,通过与园区管委会、财政、税务等银企、银政等多方合作,实时了解企业入驻情况、经营发展情况,做到有拓展、有提高,带动支行各方面业务的快速发展。例如:西藏阳光庄园农牧资源开发有限公司、玛钦商贸有限公司等实体企业的贷款支持,满足了企业不同类型的投融资需求。同时,促使企业快速成长,建立一批经济实力强、辐射带动作用大、市场占有率高的龙头企业客户群。

【深化"三农"服务,助力精准脱贫】 年内,达孜县支行累计为全县1746户农牧民群众发放涉农贷款13029万元,户均贷款7.39万元,为全县农牧民群众脱贫致富奔小

2017年1月5日,农行达孜县支行行长张团结主持召开"春天行动"动员部署大会

康提供有力地金融支持。做好建档立卡户金融精准扶贫；精准对接建档立卡贫困户脱贫。按照“跟准政策、找准路径、精准投放”的原则，紧密对接达孜县4426建档立卡贫困人口，根据《农行西藏分行精准扶贫小额到户贷款管理办法》，继续加大精准扶贫小额信用贷款投放力度，向扶贫户提供最高额度5万元、最长期限3年的免抵押、免担保贷款，继续支持建档立卡贫困户脱贫致富；积极对接扶贫部门确定的建档立卡贫困户，继续深入一线调研金融扶贫需求，走村入户、摸清情况、掌握信息，有效落实建档立卡贫困户应贷尽贷、“摘帽不摘政策”的工作要求，力争实现有借款意愿、有还款能力建档立卡户的贷款全覆盖；利用农行网点网络优势，为贫困人口外出务工和返乡创业提供便捷支付、保险理财、电商金融、小额贷款等一揽子金融服务。此外，深入开展与本地贫困户结对帮扶活动，多次为贫困户送去生活必需品和慰问金，并进行交谈，引导其转变思想，首先从思想上脱贫，慰问活动一定程度上缓解了贫困户的生活压力。

2017年11月14日，达孜县支行与工业园区管委会商讨第三季羊绒贷款催收方案

【因地制宜，助推产业金融扶贫】年内，围绕道路、水利、农村危房改造、易地扶贫搬迁等为重点，大力支持全县基础设施建设，助推改善农牧区生产生活条件；围绕达孜县资源禀赋和发展规划，重点支持特色种养业、传统手工业、农产品加工业、乡村旅游以及重大产业项目，促进产业发展，提高贫困地区和贫困群众自我发展能力；围绕《西藏自治区“十三五”时期产业精准扶贫脱贫规划》，加强与扶贫、发改、财政、交通、农牧等政府职能部门的对接合作，积极参与地方扶贫行动、扶贫工程；按照“六个精准”的要求，开展“政府增信+银政共管”的合作模式，利用现有信贷产品开展项目对接，积极对接产业扶贫项目主管单位和承贷主体，建立和完善三级扶贫产业项目库，形成“三级对接、分层营销、分类支持”的服务模式。

【提升服务质量】年内，为了给农牧民客户提供更加优质的服务，组织每日晨会学习藏语的活动，并制作常用《藏汉“双语”知识手册》，方便汉族员工学习藏语和藏族老员工学习汉语。此外，为给客户提供更加贴心的服务，购买小推车，制作移动茶水吧，给客户提供茶水、咖啡、零食等，让客户感受到家的温暖。

【做好小微企业普惠金融服务】年内，做好新产品应用，积极应用智动贷、连贷通、银票通、税银通、小微企业工商物业置业贷等产品，满足小微企业的融资需求。探索互联网金融服务，坚持小微服务小额化、批量化、线上化、便捷化的方向，做好“数据网贷”产品的试点推进工作；做好风险防范工作，严把客户准入关，加强审查、用信和贷后管理，防范信用风险和操作风险，提高信贷资产质量，促进小微信贷业务又好又快发展；加强综合营销，提高金融服务的可获得性和满意度，确保监管目标的实现。

【“三农”金融服务点建设】年内，根据自治区“乡乡有网点、村村有金融服务”的普惠金融服务目标，努力延伸农牧区服务触角，大力实施“三农”金融服务点工程，打通基础金融服务“最后一公里”，将全县5个服务点建设成为宣传优惠政策、落实优惠政策、提供基础金融服务的主阵地、好平台；加大渠道资源投入。重点保障工程所需运营维护费用、巡检交通工具、基础通讯、电力设备等投入，通过采取配齐配全设备设施、扩充交易功能等措施，确保渠道建设中基础设施完备及更新换代要求；拓宽“三农”金融服务点平台，积极推广短信银行、网上银行等新型服务渠道，逐步培养新一代农牧民利用信息化手段办理各类金融业务的能力；继续发挥“四卡”效能，解决农牧民群众融资需求。

【成功发放首笔惠农e贷】 11月22日，成功发放首笔西藏分行“惠农e贷”农牧户信用贷款，该产品的亮点在于平均每3分钟就可发放一笔农户贷款，有力推进了农牧户贷款发放进度，有效提高农行的服务质量，使广大农牧户群众得到高效快捷的金融服务。

【农银e管家，助力企业经营】 年内，成功营销西藏阳光庄园，跟进农银“e”管家相关业务，积极与企业财务人员联系，指导企业操作农银“e”管家系统，催促下游经销商进行有效交易，并通过走访营销成功，新增渠道商户多户，有效推进企业业务开展，方便下游商家采购经营。

【提升内控合规意识】 年内，充分利用三线一网格管理模式，加强对“两个办法”的学习力度，严控各类风险。通过内外部调查和走访，排查员工异常行为。积极开展家访，了解员工家庭状况和生活情况，及时发现潜在风险，守住合规底线，打造团结协作的工作队伍。

【成立党委、推动党建】 年内，成立中国共产党中国农业银行拉萨市达孜县支行委员会，同时建立纪委。根据党中央、各级党委加强基层党建工作的要求，结合达孜县支行党委的具体工作需要，成立纪检办公室、综合管理部、保卫部，综合管理部下设党委办公室、宣传部、党委组织部、群工部，各部门间相互协作，确保各项党建活动扎实开展。

【“两学一做”学习教育】 年内，党支部书记带领支委班子第一时间制定党建工作概要和党建工作图，根据区分行和营业部两级党委对2017年党建工作的总体要求，制定“七个着力”的党建工作新方案，明确2017年支行基层党建工作的总体思路，为支行2017年全年工作指明了方向；根据活动开展要求，第一时间将各级行会议精神传达到支部每位党员，把精神吃准悟透。同时，丰富宣传载体，充分利用网上党支部、行内信息简报等形式广泛报道和宣传关于“两学一做”学习教育相关精神，并利用微博微信、社交网络和手机多媒体平台等进行研讨交流，在支行上下营造浓厚的学习宣传氛围；支行每周召集全体党员按照规定篇目集中学习，同时做好联系实际讲党课；围绕“七一”“三线一网格”、党的十九大开展形式多样、内容丰富的党建活动。组织“七一”新老员工座谈会、“四讲四爱”主题教育实践活动演讲比赛、“三线一网格”知识竞赛、“两个办法”知识竞赛、喜迎十九大舞蹈、观看十九大开幕式等意义非凡的活动。党

2017年12月29日，达孜县支行在各营业所开展年终决算慰问

委书记还提出“家访”的党建活动新形式，通过对员工家属家访，感谢员工家属对员工工作的支持和理解；开展每月一次读书会活动，净化心灵，升华思想；组织开展每月一次的户外活动，提升青年员工组织协调能力，为农行培养优秀的后备干部；加强对关键岗位人员的党风廉政教育，营造支行风清气正的工作氛围。

【学习党的十九大精神】 年内，以党的十九大精神统领农业银行发展全局，把学习十九大精神与提升服务质量结合起来，与支行各项业务发展结合起来，与“两学一做”学习教育常态化、制度化结合起来，与“三线一网格”工作结合起来，全方位、多维度的学习十九大精神。重点把握十九大会议的重要意义，掌握习近平新时代中国特色社会主义思想的内涵，把十九大精神与实际工作紧密联系，每周利用休息时间学习十九大报告，撰写心得体会。同时，创新学习形式，以讲党课、微讲堂等方式学习十九大精神，制定学习方案和学习计划，让十九大精神在达孜县支行落地生根。

（赵忠瑞）

2017年4月27日，达孜县支行员工开展金融知识下乡宣传活动

【领导名录】

行　长

　张 团 结

副行长

　次旺东久（藏族，11 月免）

　边巴琼达（女，藏族，11 月任）

　胡　　菻（女，11 月免）

　王 启 峰（11 月任）

乡（镇）概况

德庆镇

【概况】 德庆镇地处达孜县城以东1.5公里处，318国道穿境而过，是达孜县商流、物流、人流的中心，也是全县经济发展的重要区域。所辖德庆村、桑珠林村、白纳村、新仓村4个村民委员会，共有村民小组36个，其中，5个牧业组。总户数2231户，总人口7892人。辖域面积246.2平方公里（369300亩），其中，耕地面积14263亩（德庆村3272.9亩，新仓村2559.6亩，白纳村4042.8亩，桑珠林村4387.7亩），人均耕地面积1.81亩。境内共有寺庙、日追、拉康3座。

2017年，全镇地区生产总值约为2.53亿元，全镇工业增加值68万元，全镇固定资产投资5800万元，全镇社会消费品零效总额达到3285万元。德庆镇各项经济指标均完成年初制定的增长15%以上的目标。全镇农村人均收入达到2.5万元，比2016年增长超过10%。

2017年，镇政府共有干部职工67人，其中，行政编制47人，事业编制10人，公益性岗位人员7人，工人岗位1人，政府购买人员2人。正科级干部4人，副科级干部13人。下沉干部14人，驻村干部2人，驻油库2人，长期病假2人，产假3人，抽借调人数9人，实际在位人数36人。

【基层党建】 年内，辖区内共有基层党组织38个，基层党委5个，党支部33个（含易地搬迁点临时党支部1个），现有党员614名（正式党员572名，预备党员42名），其中，农牧民党员564名，约占全镇党员总数的90%。按照区、市、县关于加强基层组织建设的有关要求，德庆镇高度重视，召开专题会议，传达学习会议精神和相关文件，研究制订实施方案，并成立以党委书记为组长，党委副书记、镇长、党委副书记、纪委书记为副组长的基层组织建设活动领导小组，负责全镇基层组织活动的组

2017年11月11日，西藏自治区党委副书记、主席齐扎拉（前排右一）在德庆镇白纳村开展宣讲党的十九大精神

织领导；为加强服务队伍建设，德庆镇所辖村村干部实行轮流坐班制，2017年，各村党组织开展5次志愿服务活动。德庆镇严格贯彻落实“三会一课”制度，将“三会一课”作为从严治党的有力抓手，通过夯实责任、创新形式、健全机制，促进“三会一课”基本制度落实规范化、实效化、常态化，每月至少召开1次支部委员会，每季度至少召开1次党员大会，共上5次党课，明确了党支部党员大会、党支部委员会、党课的具体内容和要求。

2017年11月26日，德庆镇辖区四个行政村村党委换届投票中

【党风廉政建设】 年内，德庆镇组织镇党委政府班子成员、各村党支部书记第一书记开展述责述廉工作，认真对班子各项工作进行回顾总结，加强领导干部自身教育，促进工作能力和领导水平的不断提高。采取会议、文件和手机短信等方式，重申领导干部廉洁自律和厉行节约、制止奢侈浪费的各项规定，提醒领导干部严格执行党风廉政建设各项规定。2017年，德庆镇纪委加强对德庆镇各单位的督查，联合各村村民监督委员会，对德庆镇下辖行政村、寺庙、加油站等进行60余次督查，督查内容包括在岗情况，“四议两公开”落实情况，公车使用情况等。认真贯彻落实中央“八项规定”、自治区“约法十章”“九项要求”和市委“八项要求”精神，继续加强“三公”经费管理制度，制定严格的车辆管理制度。截至年底，德庆镇未发现任何腐败问题和违规违纪现象。

【村党支部升格党委】 年内，在县委组织部的指导下，德庆镇下辖的3个行政村即白纳村、新仓村、桑珠林村均以完成党支部升格工作。3个行政村党员人数分别为139人、141人和149人，均已达到建立党委的规模。经过升格，白纳村党委共建立11个党支部，新仓村党委共建立4个党支部，桑珠林村党委共建立5个党支部。德庆镇党委在升格期间对每个村都进行专门的指导，以德庆村党委为模板，帮助它们建立一套完善的制度和规范。截至年底，各党委已经基本对工作熟悉，各项党的工作逐步展开。

【村级组织换届选举】 年内，根据县委的统一部署，德庆镇村级党组织和第九届村民委员会换届选举工作于9月正式启动。工作开展以来，德庆镇始终坚持加强党的领导，尊重群众意愿和依法办事的原则，以选好配强村“两委”班子为第一要务，以确保选举工作稳定为第一责任，严格按照县委统一要求，做到该走的程序一步也不能少，确保换届选举工作的顺利进行，截至年底，全镇4个村级党组织和村民委员会全部完成换届选举任务。德庆镇换届选举总的特点概括为“一好两高三个满意”，“一好”即秩序好，没有出现选举秩序混乱情况，更没有出现违法选举情况；“两高”即成功率高和选民参选率高，全镇4个村均一次性获得成功，成功率高达100%。本届登记在册的选民共5156名，95%以上的选民都参加了投票；“三个满意”即组织满意、干部满意和群众满意。

【“两学一做”学习教育】 2017年，镇党委在2016年专题教育的基础上，继续常态化学习工作。把“两学一做”教育和党委中心组理论学习、党员干部读书计划等学习有机结合，制定了完善的

2017年7月31日，达孜县“五下乡”活动在德庆镇举行

学习计划。截至年底，共进行集中学习33次，并要求个人自学20学时以上，全镇干部阅读必读书目，手写心得体会每人至少3篇共计100余篇。6月，德庆镇党委召开“两学一做”学习教育常态化制度化教育座谈会，会议邀请各村书记、第一书记、驻村工作队队长等参加，按照县委精神把德庆镇“两学一做”学习教育真正常态化制度化。自6月以来，镇党委学习力度不断加强，学习频率稳中有升，保证每周周四进行至少2小时的集中学习，每周报送一篇学习简报，每月报送一个典型事迹。

【“四讲四爱”主题教育实践活动】 4月，镇党委第一时间召开“四讲四爱”动员部署会议，在全镇范围内展开“四讲四爱”主题教育实践活动，并成立以镇党委书记占堆为队长，吸纳优秀干部职工、各村“两委”和农牧民先进典型的宣讲队，同时要求各村也成立相应宣讲队。截至年底，镇宣讲队共计进行宣讲20余次，连同村宣讲队共计进行大小30余次宣讲，新旧西藏对比故事会3次，习近平总书记100句重要讲话大比拼1次，宣讲涵盖了全镇农牧民群众，318国道沿线全部商户和各村幼儿园。6月底，在镇政府院内，进行德庆镇“爱国歌曲大家唱”主题活动暨镇“四讲四爱”主题教育实践活动文艺会演，由4个村上报的12个歌舞节目和县虎峰文艺团一起参演。活动取得全县范围内的一致好评，并得到拉萨市电视台的报道。截至年底，一共发放宣传单800余份，宣传海报500余份，“四讲四爱”主题教育实践活动挂历200余份，《习近平总书记100句重要论述摘编》7000余册。

【学习传达党的十九大精神】 年内，德庆镇党委要求全镇干部职工，要把学习贯彻党的十九大精神作为一门政治必修课，努力提高自己的政治素养和思想理论水平，以更好担负起党和人民赋予的重要职责；要发挥示范带头作用，将十九大精神宣讲工作放在首位，深入基层进行宣讲，在全镇掀起学习宣传贯彻的热潮。

【群团工作】 年内，顺利完成4个村团支部、妇联选举工作，为下一步开展群团工作提供有力保障。德庆镇团委严格按照团县委要求，完成了全镇14—28周岁青少年、残疾青少年、贫困青少年和团员登记造册，对“五类重点青少年”核实登记，并开展慰问。年内，组织2次预青普法宣传活动。

【农业发展】 年内，德庆镇地区生产总值约为2.53亿元，农村人均收入达到2.5万元。德庆镇共有耕地面积8361.1亩，其中，冬小麦4653.8亩、青稞2903亩、箭舍豌豆109.3亩、紫花苜蓿188亩、油菜306亩、土豆201亩。通过德庆镇“三农”办与村委会共同努力，2017年顺利完成2723.8亩种子包衣工作以及辖区内4个村的秋播工作。2017年共开展农牧民技能培训3期，发放资料1500余份。

【林业工作】 年内，根据市、县关于清除“无树村、无树户”的工作要求，德庆镇党委、政府把植树造林工作放到突出位置，对4个村无树户进行登记，并清理枯死树木1230株；镇林业负责人和工作人员根据德庆镇实际制订德庆镇相关工作方案，与各村签订《消除无树户责任书》，并及时兑现全镇专职护林员工资。

【水利工作】 年内，制定《防汛应急预案》和《山洪灾害防御预案》，落实应急物资储备，确保德庆镇不发生险情；落实“河长制”，对辖区内42.86公里的河流建立完善的管理制度，由镇长担任镇级河长，村委会主任担任村级河长，每月至少开展两次巡查巡护。

【畜牧业】 年内，圆满完成春、秋季重大动物防治强制免疫工作，累计接种48712头（只）份，免疫率达到100%；完成牲畜饲养12684头，出栏1463头。

【教育事业】 年内，统计建档立卡在校生共计262人，统计48名高校毕业生就业相关信息，统计10名“两后生”就业状况，并对上述几大群体持续关注，确保其相关权益。德庆镇坚持促进义务教育均衡优质发展、推动教育普及的发展思路，经全镇上下共同努力，德庆镇教育事业不断进步。德庆镇有3所幼儿园，在园幼儿共175人，中、小学共有德庆镇学生746人，其中，小学530人（7—12周岁残疾儿童12人），中学216人。6—12周岁儿童入学率100%，7—12周岁残疾儿童入学率为100%，13—15周岁入学率为100%。辍学率：小学为0，初中为0；在校学生巩固率达100%；毕业率：小学为100%，初中为100%。

此外，德庆镇还对中职生、在读大学生进行较为详细的信息统计：在校中职生12人，在读大学生277人。总体来说，德庆镇大学生总量在达孜县位居前列，说明德庆镇学生发展潜能较大，教育发展前景可观。

【民政工作】 年内，德庆镇共有困难残疾补贴人员215名，重度残疾补贴人员70名，低保户70户149人，已发放低保金262543.8元。

2017年10月11日，西藏自治区党委常委、拉萨市委书记白玛旺堆（右四）在德庆镇调研

2017年德庆镇确定全镇村、镇灾害信息员9名、制定镇村《自然灾害应急预案》，并在镇政府领导下发放冬春救助口粮共计82440公斤，362736元。

【卫生健康】 年内，组织88对新婚夫妇进行免费孕前体检，对39对怀孕夫妇进行检查。7月协助国家卫计委抽取白纳村6组、12组中20人作为入户调查样本；顺利完成全国生育状况抽样调查；积极开展食品药品安全宣传，向群众发放双语宣传资料1000余份；加强包虫病综合防治，对1258户犬主1447只家犬进行登记并按时每月给辖区内犬只投药，对全镇93.8%（6910人）的人口进行包虫病筛查，发放共计1000余份藏汉“双语”包虫病防治知识宣传册等宣传资料。

【合作医疗】 年内，组织开展2017年度合作医疗农牧民家庭医疗账户注资登记工作，把全镇农牧民群众都纳入到合作医疗体系中来。

【就业创业服务】 年内，在便民服务大厅安排专人办理就业失业登记证，受理创业人员小额担保贷款；组织城乡下岗失业人员、高校毕业生、返乡农民工参加就业创业培训3期，共26人；实名制登记农村劳动力4523人，全面完成目标任务；推荐共计89人参加基层平台技能培训；完成全镇7497人公共就业系统平台数据录入工作。

【社会保险】 年内，德庆镇全镇城

2017年9月13日，拉萨市委督导组组长、市委组织部调研员李艳红（中）在德庆镇调研换届工作

乡居民社会养老保险共计3254人参保；全镇办理死亡、户口迁出等退保2人，受理养老保险补贴824人，申报养老保险补贴123600元，办理新增农牧民社会养老保险61人；2017年还完成全镇54名职工“五险合一”，2014—2016年工资录入；完成全镇干部职工及农牧民全民参保登记工作，共计5260人。

【精准扶贫】 年内，德庆镇国民经济和社会发展“十三五”规划时期建档立卡贫困户220户820人（2017年，人员出现增减变动，现为219户819人），2016年，已脱贫111户376人。2017年，经过区、市验收，又有共计105户443人实现脱贫，全镇还有3户10人未脱贫，基本实现德庆镇2年脱贫的工作目标。2017年，德庆镇共计投入2588251.42元用于全镇精准扶贫工作，其中，以业脱贫共惠及190人，共计510000元；以迁脱贫惠及102户，其中，搬迁户共39户；以教脱贫惠及236人，涉及学费实报实销、路费补贴、生活费补助等多项政策；以补脱贫涉及445人，包含多家单位共13种工作岗位，共计兑现资金298242元；以保脱贫共计52户108人，已经全部实现社保兜底，另外共计382人可享受政策性补贴；以助脱贫合计脱贫35人。德庆镇共计为448人安排生态补偿岗位，61人安排专职护林员工作，共计兑现工资2290009.42元。

【环保工作】 年内，协助做好环保“迎国检”各项工作，做好日常辖区内各类环保工作实施验收；积极做好德庆镇辖区内新、扩、改建项目环评表的报批工作；加强督促检查，确保整治效果，建立健全督查机制、考核机制及问责机制；认真抓好保洁队伍建设，建立完善了农村垃圾治理长效管理机制。

【推进重要工作任务】 2017年，德庆镇人民政府协助上级党委、政府完成桑珠林村木材交易市场建设征地项目，拉萨山南S5线建设征地项目，还按照全县规划做好县医院搬迁、精准扶贫易地搬迁安置点等征地项目，有力地为全县基础设施建设做出贡献。截至年底，镇政府的工作重心放在318改扩建沿线征地上，工作进展十分顺利。

（高 帅）

【领导名录】

党委书记

占　堆（藏族）

党委副书记、镇长

徐海伟

党委副书记、人大主席

次仁顿珠（藏族）

党委副书记

次旦央吉（女，藏族）

党委委员、纪委书记

李海祥

党委委员、人武部部长

多吉欧珠（藏族）

党委委员、组织委员

郭馨蔓（女）

副镇长

强巴平措（藏族）

哈米达（女，回族）

达　珍（女，藏族）

普布次仁（藏族）

邦堆乡

【概况】 邦堆乡地处达孜县以北6公里处，东临林周县边交林乡，西邻城关区纳金乡，北与林周县接壤，南与德庆镇、塔杰乡隔河相望，拉林公路贯通全乡，距市中心30公里，交通便利。面积181.2平方公里，共有1143户4005人。下辖4个行政村，18个村民小组，2所幼儿园，1所卫生院，1所派出所，1个兽医站，2座寺庙，1家工业企业光伏电站，全乡共有3个基层党委、2个党总支，18个党支部，党员437名，预备党员34名。全乡县级人大代表12人、乡级人大代表42人，县级政协委员5人。

2017年，邦堆乡政府共有行政编制27人，事业编制35人，实际在编行政编38人，事业编19人，工人1名、公益性人员2人，另外乡卫生院16人、2所幼儿园老师11人。截至年底，在乡机关的行政干部22人（班子9人）、事业4人、公益性2人，共28人，全乡下沉干部共12名。

【党风廉政建设】 年内，为更好地推进邦堆乡干部作风建设工作，切实加强对作风建设工作的领导，邦堆乡党委年初重新调整充实党风廉政工作领导小组，成立工作机构。进一步完善机关管理制度。对原有的规章制度重新进行修订和完善，制定更加严格规章制度，明确学习制度、考勤制度、接待制度、领导班子民主决策制度，同时对机关公用经费管理进行了再明确，有效限制各种不合理支出情况的发生；坚持公开公示制度。深入推进政务公开、村务公开。在乡政府大厅醒目处设党风廉政建设监督栏，对乡领导班子及普通干部的照片、工作职责及联系号码等进行公示，主动接受群众点名反映问题，方便群众，提高办事效率，缓解干群关系；认真贯彻落实中央“八项规定”、自治区“约法十章”“九项要求”和市委“八项要求”精神，继续加强“三公”经费管理制度，制定严格的车辆管理制度。截至年底，邦堆乡没有出现任何腐败问题和违规违纪现象。

【党建工作】 年内，邦堆乡认真贯彻执行“坚持标准，保证质量，改善结构，慎重发展”的工作方针，有领导、有计划地搞好党员发展工作。2017年，邦堆乡共发展正式党员50人，预备党员33人，吸收积极分子41人。

【落实“七项重点”任务】 年内，邦堆乡从抓细抓实关键环节着手，使“七项重点”任务得到全面落实。经排查核实：全乡437名党员、34名预备党员，都纳入党组织管理；不存在党员、党代表、政协委员违纪违法行为和未按期换届的基层党组织；2017年，全乡实收党费23540.75元，上交上级组织部门9416.3元；52名机关党员干部共结对认亲帮扶89户困难户。

【“四讲四爱”主题教育实践活动】 年内，在县委宣传部、县“四讲四爱”主题教育实践活动领导小组的关心指导下，邦堆乡及时制定方案，成立领导小组和督导小组，召开动员大会，走村入户，深入田间地头进行宣讲，开展集中宣讲，适时抽调乡干部开展各类宣传教育，使干部和群众更好地了解“四讲四爱”主题教育实践活动的意义。

【村级组织换届】 12月，邦堆乡辖4个行政村顺利完成村级党组织、村民委员会、村民监督委员会等村级组织换届工作。

2017年10月19日，西藏自治区纪委副书记王瑞田（右二）在达孜县邦堆乡调研

2017年6月1日，拉萨市人大常委会副主任计明南加（中）在达孜县邦堆乡检查指导工作

【经济发展】 年内，邦堆乡地区生产总值达到1.499亿元，同比2016年增长39.7%，农村居民人均可支配收入13090元，同比去年增长12%。

【农业发展】 年内，邦堆乡总耕地面积10516.4亩，落实粮食作物面积5901.37亩，粮食总产量275.14万公斤。

【牧业发展】 年内，邦堆乡畜牧业以牦牛、黄牛、山羊、绵羊、生猪等养殖为主。2017年，牲畜存栏总头数8907头（只、匹），全乡开展春秋疫苗接种，接种率达100%。

【劳务输出】 年内，全乡劳务输出2300余人次，劳动力转移1800余人，分别在拉萨市、县工业园区、乡农业产业园务工，实现劳务输出收入达到900余万元，组织农牧民参加各类培训及招聘1000余人次。

【精准扶贫】 邦堆乡作为达孜县精准扶贫脱贫摘帽试点乡，一直将抓好精准扶贫作为当前一项重大的政治任务，采取有力措施，狠抓工作落实，大力实施“以业脱贫、以迁脱贫、以教脱贫、以补脱贫、以保脱贫、以助脱贫、以包脱贫”七大工作措施。邦堆乡建档立卡户共计132户、465人，截至年底，邦堆乡117户421名建档立卡户已实现脱贫，全乡共有24户108人易地搬迁。

【文教、卫生】 年内，向68名大学生发放学费、路费共计59.48万元，同时向25名建档立卡户大学生发放生活费18.8万元。乡卫生院严格管理和做好乡、村级卫生保健、农村合作医疗工作，增强应对突发公共卫生事件的应急能力。邦堆乡合作医疗参保人数4005人，参保率达到100%。

【民政社保】 年内，积极落实农村“五保”、低保政策，做到应保尽保，应退尽退，广泛宣传新型农村社会养老保险制度的优越性，进一步提高广大适龄群众的参保率，年内，邦堆乡新农保有1874人参保，上缴参保金19.07万元。

【维权普法防灾工作】 年内，积极落实《达孜县领导干部和国家工作人员学法用法制度》，全力做好消费维权和防灾宣传工作，妥善处理消费纠纷，开展应急演练，做到灾情报送及时、数据准确。6、7月雨季汛期邦堆乡党委、政府第一时间将发生的汛情逐级上报并利用储备的编织袋、石块、装载机和挖掘机积极展开抢汛工作，使损失降到最低。

【环保土管工作】 年内，制定环保工作计划、方案、应急预案，成立领导小组，与4个行政村签订目标责任书。向保洁员发放夏冬环卫服装，为各村委会和各村民小组发放环卫垃圾收集保洁车1辆。3月，全乡范围内共开展植树造林活动2次，植树2000余株。同时邦堆乡通过增设宣传栏、悬挂横幅等方式不断加大环保宣传教育力度，以创建全区生态文明乡村和迎接“中华环保世纪行”为契机，全年组织干部职工、群众进行6次环境卫生大整治，全年乡环境保护投资费达8万元以上。截至年底，全乡共有环卫保洁员23名、均为建档立卡户，每人每月工资900元。严守耕地红线，开展形式多样的土地政策宣传，2017年未发生违法买卖土地行为。

【水利与交通】 年内，邦堆乡辖区内水利设施完善，寺庙僧尼和农牧民群众能喝上干净卫生的自来水，农村公路总里程已达到 79.75 公里，其中，沥青路 43.2 公里，砂石路 36.55 公里，桥梁 115 座，涵洞 87 个。为做好邦堆乡汛期灾害事件的防范与处置工作，保证防汛抢险工作高效有序进行，最大限度地减少人员伤亡和财产损失，乡党委、政府高度重视，严格按照上级的统一部署，成立邦堆乡防汛领导小组，并结合邦堆乡实际，制定《邦堆乡防汛工作应急预案》，将责任层层落实到村小组组长。针对雨季强降雨可能发生的汛情，乡政府储备了编织袋、石块、并预约一台装载机和一台挖掘机随时待命，为汛期邦堆乡经济社会全面、协调、可持续发展增强了保障。

【林业工作】 年内，邦堆乡党委、政府把植树造林工作放到突出位置，按照计划任务要求，将植树重点区域放在邦堆乡辖区内的拉林公路沿线，拉萨河沿线，各村群众聚集地等，3 月起，在达孜县林业局的大力支持及各村的积极配合下，组织村“两委”班子成员及青年农牧民群众在叶巴村纳金山开展了植树造林工作。在开展的植树造林工作中，加强对所植林木的管理，并调用水车 3 台，对拉林公路沿线进行绿化巩固工作，全年灌溉 5 次，对苗木进行施肥 1 次、修剪 2 次，苗木成活率达到 85% 以上。

【文化建设】 年内，邦堆乡拥有一处 500 平方米的文化活动中心，位于乡政府东侧 200 米处，全年开展多次文化活动：结合精神文明创建活动，积极贯彻落实区、市、县文明办工作部署，形式多样的向农牧民宣传党的方针政策。高度重视互联网工作，纳入到全年工作计划，指定专人为网评员；以节日为契机，开展丰富多彩的文化活动。在“三八”妇女节、“望果节”“3・28”西藏百万农奴解放纪念等节日期间，邦堆乡组织农牧民群众及干部职工自编、自演，增加节日气氛，激发对生产、生活的热情。此外还积极配合达孜县委宣传部等多家单位，开展“五下乡”活动，以文艺表演、送医送药、科普宣传、种养殖技术培训等形式，丰富农牧民精神文化生活，解决农牧民生活中的实际困难。

2017年5月22日，邦堆乡召开第十三届人民代表大会第二次会议

【宗教领域管理】 年内，进一步加强和创新寺庙管理，寺庙僧尼养老、医疗、低保等社会保障体制。邦堆乡党委综治办及寺管会对“流散僧尼”“流动从事宗教活动人员”“云游僧尼”进行登记造册，掌握其基本信息及流向。

【信息报送】 年内，邦堆乡积极报送信息材料，上报简报和各类信息 400 余期，网信达孜采用 300 余条，力争每件事情都能及时反映到上级组织。并指定专人保管、归档所有的机密文件及下发文件，时刻做好保密工作。

【提案办理】 年内，组织乡人大代表及政协委员参加培训 6 次和现场观摩 5 次，参与达 174 人次。乡人大十三届二次会上共提出意见、建议 17 条，其中，农牧 4 件，水利 11 件，教育 2 件，社会治安类 2 件，住房类 1 件，已办理的 14 件，因各种因素乡里无法解决的已上报 6 件；县政协委员提出议

2017年11月25日，邦堆乡邦堆村党组织换届工作

案、提案5条，乡党委、政府高度重视，专门召开人大代表意见建议交办会，按照乡领导班子成员分管工作进行交办，并由人大办公室负责跟踪督办，认真抓好落实。

（宋　潜）

【领导名录】

县人大常委会副主任、党委书记

李　君

党委副书记、乡长

益西曲珍（女，藏族）

党委副书记、人大主席

边巴卓玛（女，藏族）

党委副书记

占　堆（藏族）

党委委员、纪委书记

宗　吉（女，藏族）

党委组织委员

徐金梅（女）

党委委员、人武部部长

单真旺杰（藏族）

党委委员、副乡长

李　鹏

达娃桑珠（藏族）

陈　艳（女，藏族）

塔杰乡

【概况】 塔杰乡隶属西藏自治区拉萨市达孜县，居念青唐拉山南麓，雅鲁藏布江之东北，处于北纬29°18′，东经90°18′—91°38′之间，拉萨市以东36公里，距达孜县城13公里处，平均海拔3680米。其东部与达孜县章多乡相连，西部与达孜县德庆镇相连，南部与山南市扎囊县隔山相望，北部靠拉萨市林周县，全境南北地长58公里，东西宽41公里，著名的川藏公路（318国道）贯通境内。

2017年，塔杰乡机关干部职工总数为68人，包括行政编制43人（部队生源5人），事业编人员14人，公益性岗位人员9人、工人岗位2人。借调16人、产假3人、病假3人。

【生态环境】 塔杰乡为传统的农业区，水热条件优越，光能资源充足，具有较宽阔的草地资源，山地面积大，植被种类丰富，其中有乔本科、莎草科、豆科、毛茛科、蔷科、玄参科、石竹科等。土壤类型多，水资源丰富，生态条件良好，无污染源。

【换届工作】 年内，塔杰乡展开村级组织换届工作，乡党委、政府高度重视，及时成立换届领导小组、指导小组及办公室。严格按照“四个到位”（调查摸底到位、宣传引导到位、规范程序到位、选举环节到位）原则于12月5日完成村级组织换届工作，村级党组织、村委会成员均已高票当选，为推进基层的各项工作奠定了坚实基础。

【基层党建】 年内，塔杰乡有1个乡级党委、2个村级党委、1个村级党总支、14个党支部，党员人数为312名，农牧民党员人数为263名。2017年，共发展正式党员17人，发展预备党员16人。2017年，结合“两学一做”学习教育常态化制度化，全年书记讲党课12次，党员撰写个人心得体会24篇，集中研讨会11次，党员干部自学人均达90学时。

【“四讲四爱”主题教育实践活动】 年内，塔杰乡党委高度重视“四讲四爱”喜迎党的十九大主题教育实践活动，年内，共组织开展宣讲活动50余次，文艺会演活动2次，集中讨论3次，发放宣传手册4000余册，利用村组广播播放

20 余次。2017 年，塔杰乡荣获达孜县“四讲四爱”喜迎党的十九大主题教育实践活动优秀奖。

【经济指标完成情况】 2017 年，塔杰乡实现地方生产总值（GDP）达到 1.98 亿元，同比增长 1.57%，固定资产投资 2.32 亿元，同比增长21.62%，工业增加值达61 万元，同比增长 31.5%，农牧民人均可支配收入达到 2.02 万元，同比增长 16%，劳务输出人数 1345 人，完成塔杰乡财政收入 45 万元，同比增长 15%。

【招商引资】 年内，塔杰乡抓住脱贫攻坚的机遇，促使拉萨市达孜县高标准良种奶牛养殖项目（投资 1.69 亿）和高争水泥沙混场（投资 4500 万元）2 个项目成功落地，总投资金额达 2.14 亿元，2 个项目均处于建设阶段，征地费总计 276.4 万元，待建成后可带动 50 个就业岗位，带动 100 余人实现增收。

【固定资产完成情况】 年内，完成固定资产投资产项目 21 个，总资金 2.32 亿元，其中，基础设施建设资金达 1200 万元；水利设施项目资金达 1418 万元；房屋建设资金达 1256 万元；引进项目资金达 1.45 亿元；合作社建设项目投资 1298 万元；其他投入资金达 3487 万元。

【农业发展】 年内，塔杰乡农作物总播种面积为 9019 亩，2017 年粮食产量达 3758.22 吨，同比持平。完成箭舌豌豆连片种植 500 亩，兑现净土补贴资金 10.5 万元。规模化流转土地 10740 亩，流转资金达 96.76 万元，农村土地承包经营权确权登记颁证发证率达到 98%。

【牧业发展】 年内，塔杰乡牲畜存栏数 10167（头、只、匹），100% 完成春、秋两季重大动物疫病防疫工作。兑现 2016 年度和 2017 年度草补资金 45 万元，草补草化工作全面完成，已通过市级验收。积极推进“万户千乡奶牛养殖示范”项目，完成创建养殖示范户 125 户，发放饲草 37500 公斤。投资 398 万元，新修建巴嘎雪村 1 组边巴奶牛养殖合作社建设项目，处于施工阶段。

【林业工作】 年内，完成植树造林 20.5 亩，投入资金 12.5 万元。巴嘎雪村工作队投入资金 10.5 万元，新建果林 30 亩；防沙治沙 10000.5 亩，兑现防沙治沙资金 3 万元；完成退耕还林 372.7 亩，兑现退耕还林资金 4.66 万元；兑现森林抚育建设款 12.9 万元，兑现野生动物肇事补偿款 24 万元。全面完成乡域国土绿化“五消除”规划工作。

【水利工作】 年内，水利设施建设共投资 1418 万元。其中，完成主西村 960 米防洪堤建设，完成小桥建设 2 座和水塘 1 座，2000 米水渠建设等项目，总投资达 582 万元；完成塔杰村夏扎瓦防洪堤 2400 米建设、水渠 3170 米建设等项目建设，总投资 700 万元；完成巴嘎雪村 4000 立方水塘修建和水渠 2382 米建设，总投资 136 万元。全面推行“河长制”工作，确定4 名河长及54 名河段工作人员。

【脱贫攻坚】 年内，塔杰乡共有建档立卡贫困户 179 户 718 人，通过实施“六项脱贫措施”，实现

2017年2月21日，拉萨市副市长贡扎曲旺（左一）在塔杰乡慰问

精准脱贫170户698人，未脱贫9户20人，贫困发生率由20.92%下降至0.6%。贫困户人均可支配收入由6158.7元增至10779元。2017年，完成建档立卡贫困户户档资料的核查工作，并通过自治区和拉萨市及第三方评估验收工作。

【以业脱贫】 年内，产业扶贫项目分红资金达34.8万元，涉及116人（曲杰拉日60人，人均分红3000元；阳光庄园56人，人均分红3000元）。

【以补脱贫】 年内，提供以补岗位372个，发放以补岗位工资163.2万元。

【以教脱贫】 年内，教育扶贫资金发放33.1万元（建档立卡贫困生每年发放10个月生活补助，县内县外分别为10000元、12000元），受助学生57人。

【以保脱贫】 年内，兑现“两线合一”资金21.5万元，实现应保尽保，兑现328人定向补贴资金25.88万元。

【以助脱贫】 年内，医疗救助补偿资金8.3万元，救助35人次。

【以迁脱贫】 年内，完成易地搬迁61户，相对搬迁15户。

【为民办实事好事】 年内，投入资金1200万元用于巴嘎雪村、主西村、塔杰村委会基层政权建设项目；与主西村工作队对接，筹资63万元，对全长12公里的主西村路段安装路灯140盏，解决群众出行难的问题。塔杰村工作队投资10.5万元购买网围栏，实现对830亩草场的防护；巴嘎雪村工作队短平快投资23.06万元，新修公路200米。

【民政工作】 年内，落实兑现各类民政资金69.19万元，其中，低保55.77万元，寿星老人1.48万元，两项补贴11.94万元。

【卫生工作】 投资600余万元新建塔杰乡标准化卫生院综合楼。全面完成全民参合、参保计划，2017年，塔杰乡新型农村合作医疗参保人数3299人，筹资总额为9.9万元。家庭医生签约率达93.5%。包虫病筛查率达96.11%，婴幼儿建档接种率达100%，孕产妇住院分娩率达100%。扎实开展食品安全专项整治、联合派出所、综治办执法12次。

【教育工作】 年内，深入推行九年义务教育政策，学费和路费均按照相关标准进行返还，切实解决贫困户因学致贫的问题。塔杰乡域2所幼儿园，在校生115名，入学率达100%，小学在校生巩固率达100%，初中在校生入学率96.52%，巩固率达99%。

【社保工作】 年内，养老保险参保1483人，筹资16.06万元，参保缴费率达100%。开展就业技能培训共215人次，转移就业人数达90人，人均增收2000元。

【社会治理】 年内，平安塔杰建设扎实推进，网格化管理体系的更加完善及双联户作用的有效发挥，使塔杰乡圆满完成“三大节日”、党的十九大维稳安保工作，确保社会大局和谐稳定。开展安全生产大检查专项行动24次，未发生一起安全事故，安全生产形势总体平稳。实行书记接访制

2017年7月11日，县委书记张千、县委副书记巴桑顿珠、副县长次旺多杰在塔杰乡主西村调研

度，受理来信来访案件8件，解决8件，化解率为100%。全面开展矛盾纠纷排查工作，2017年，共排查矛盾纠纷9件，调处9件，化解率达100%。司法人民调解调处12起，成功调处率达100%，并成立乡村两级司法调解委员会，消除纷争，确保和谐。2017年，荣获信访、司法工作先进集体。不断创新民族团结进步创建活动，进一步巩固民族团结进步工作成果，2017年，塔杰乡荣获达孜县民族团结先进集体。应急处理机制更加健全，防灾、减灾、救灾能力有较大提高，2017年，未发生重特大安全生产和食品药品安全事故。“七五”普法活动扎实开展，切实推进依法治乡工作。2017年，共开展法制宣传60余次，受众人数达2100人次，发放宣传资料2000余册。

【建立健全各项规章制度】 年内，塔杰乡3个行政村都已创建成生态村。为扎实推进城乡环境综合治理工作，努力实现“美丽塔杰”的工作目标，切实提升塔杰形象，全力打造干净、舒适、优美的人居环境。塔杰乡以“净白”和“创模”为抓手，建立健全一整套切实可行的规章制度和管理体系，环境卫生分片包干负责、定期不定期检查评比、相应配套奖惩办法及制度确保环境治理、管理长效机制的相对稳定。全乡共有保洁人员23人，每周一、三、五在318国道沿线做保洁工作，二、四、六在村组做保洁工作。

【重点整治】 年内，塔杰乡以中央环保督查为契机，针对环境问题的企业、合作社进行整顿，关闭2家。拆除保护区内违章建筑3栋、取缔违规沙场1处，生态修复3处；清理318国道两旁乱堆乱放现象并整治废弃大棚45栋；2017年，与临主干道的商户、住户签订《“门前五包”责任书》。

2017年8月4日，塔杰乡开展“四讲四爱”喜迎党的十九大主题教育实践活动文艺演出

【人大、政协工作】 年内，全乡共有人大代表42人，政协委员3人，其中，女性代表9人，党员人数30人。监督工作是人大工作的重要职责，乡人大把监督工作摆在重要位置，突出监督重点，改进监督方式，加大监督力度。全年高效办理人大代表议案建议20件、答复率100%，办结率和满意率均达100%。

【提效率转作风】 年内，塔杰乡在努力做好各项工作的同时，更加注重自身建设。扎实推进“两学一做”学习教育常态化制度化，不断提高政治站位。切实把纪律和规矩挺在前面，强化监督执纪问责，驰而不息纠正“四风”，党风廉政建设和反腐败工作取得新成效。

（杨向东）

【领导名录】

党委书记
　　伦珠次仁（藏族）
党委副书记、乡长
　　刘军民（女）
党委副书记、人大主席
　　拉巴次仁（藏族）
党委副书记
　　单　增（藏族）
党委委员、纪检书记
　　兰春红（女）
党委组织委员
　　普布卓嘎（女，藏族）
党委委员、副乡长、塔杰村第一书记
　　拉　巴（藏族）
党委委员、副乡长
　　边巴顿珠（藏族）
副乡长
　　唐世英（女）

司法所所长

次丹朗杰(藏族)

唐嘎乡

【概况】 唐嘎乡位于达孜县城以东,距拉萨市60公里,距达孜县37公里,东邻墨竹工卡县唐加乡,西接达孜县雪乡,南与达孜县章多乡拉木村隔拉萨河相邻,北与林周县接壤,唐嘎乡所辖地区处于藏南谷地拉萨河上游,平均海拔4500米左右,河谷最低海拔3830米。气候条件基本与拉萨市和墨竹工卡县相近,属于温凉半干旱高原气候,年平均气温7.5℃,最高气温27.6℃,最低气温-17℃,多年平均年降雨量为450毫米左右,太阳辐射强烈,气温低,昼夜温差大,日照时间长,年平均日照3065小时,无霜期短,年无霜期130天左右。乡域内受温度、地貌与水分条件的影响,耕地分布是有明显的区域性,分布也很集中,水资源也丰富。

2017年,唐嘎乡下辖3个行政,25个村民小组,总户数1362户、总人口5409人,其中,农业人口4782人,牧业人口627人。乡境内有3座寺庙、1座尼姑庵。乡机关共50名干部职工,包括24名行政人员,6名事业人员,1名工人,9名聘用人员,其中正科4名,副科7名。2017年,下派6名下沉干部,驻村干部1名,借调9名。乡幼儿园教师20名,乡卫生院医务工作人员19名,其中正式职工9名。公益性4名,合同工2名,聘用医生1名,村医4名。

2017年10月27日,拉萨市政协副主席孙宝祥(中)一行在唐嘎乡检查指导工作

【经济发展】 2017年,唐嘎乡国内生产总值(GDP)达到10015.93万元,第一产业达到8255.01万元,第二产业达到1061.89万元,第三产业达到699.03万元。完成固定资产投资12271.1万元;全乡公共财政收入40.11万元,社会消费品零售总额2092万元,同比增长16.5%;工业增加值达到38.8万元,同比增长18.2%;人均收入达到13499.57元,同比增长15.7%。

【精准扶贫】 年内,唐嘎乡认真贯彻落实中央和区、市、县扶贫开发工作会议及齐扎拉书记在市扶贫开发工作领导小组推进会上的重要讲话精神,在深入摸排、认真分析研究的基础上,以农民增收为重点,以全面脱贫摘帽为目标,按照"扶贫到户、精准到人"的原则,切实瞄准扶贫对象,采取精准扶贫措施,不断提高精准扶贫工作实效,坚决打赢"双百攻坚战",保质保量按期完成精准扶贫脱贫工作任务。唐嘎乡精准扶贫建档立卡户280户1104人。其中,一般贫困户5户8人;一般农户246户997人;低保贫困户20户87人;纯低保户6户9人;"五保户"3户3人。全乡总脱贫人数1084人,其中,唐嘎村341人,穷达村353人,罗普村390人。贫困户年人均纯收入均已达到3645元脱贫标准线,实现整乡脱贫。

【产业项目】 年内,唐嘎乡通过"企业+贫困户""合作社+贫困户"二种运营模式,把扶贫投资资金转化为贫困户产业分红,精准发力,找准路子,卡准位置,利用本地优势产业基础,大力发展藏鸡养殖、奶牛养殖、蔬菜种植、砖厂加工等项目,不断打造规模化、标准化的大产业扶贫格局,2017年,唐嘎乡各村产业共计分红2019000元,带动281户1062人产业分红，仅产业分红，较2016年多出427500元，同比增长26.86%，产业促脱贫支柱性地位进一步得到巩固，并通过大众创业、万众创新等政策，鼓励返乡的有志青年参与创业，加强企业之间沟通协调，实现互利共赢，发展产业集群，引导贫困户流转土地2000余亩，每亩900元/年，创收180万元。

【基层党建】 年内，唐嘎乡结合县委党建工作目标，制定《唐嘎乡2017年党建工作计划书》，确定工作目标。坚持党员发展标准，按照发展党员“十六”字标准，组织全乡37名入党积极分子教育培训，致力于把乡村致富能手培养发展为党员，已严格稳妥地发展党员20名，使全乡党员队伍的数量达到421人。严格党员干部管理，制定《唐嘎乡干部管理规定》。

【换届工作】 11月26日、27日，下辖3个行政村村党委召开党员大会进行换届选举。通过无记名投票的方式选举产生新一届党委委员，并召开第一次全委会，选举产生书记、副书记。12月4日、5日，下辖3个行政村召开村委会（村务监督委员会）换届选举大会进行换届选举。通过无记名投票的方式等额选举产生新一届村委会（村务监督委员会）主任、副主任、委员。3个村共选举产生村委会主任3人、副主任3人、委员6人，村务监督委员会主任3人，委员6人。其中，连任人数为20人，占总数的95.56%；45岁以下的共有5人，占总人数的23.81%；女性干部1人，占总人数的4.76%；新当选主任、副主任、委员全部达到初中以上学历。

【“四讲四爱”主题教育实践活动】 年内，领导班子成员带头学习，坚持每月组织一次党委中心组学习，每周四组织全体党员学习，不断提高党员干部素质，全年开展集中学习48场次，组织专题讨论17次。其次强化宣传。制作“四讲四爱”主题教育实践活动板报1期，组织人员撰写教育实践活动简报48期，张贴宣传标语230幅。结合民主评议活动，开展规范党员干部作风承诺活动。先后组织召开2次座谈会，对党员领导干部作风进行评议。利用年度工作总结、半年工作总结及“进村入户结对认亲、交朋友”活动等有利时机，从全面履行职责、优化发展环境、加强廉洁从政等方面，向农牧民群众公开承诺并接受监督。再次深入开展“结对认亲、交朋友”活动。

【农业发展】 年内，粮食种植面积19256.8亩，其中，青稞种植面积8559.6亩、小麦种植面积8437.8亩、油菜籽种植面积1267.4亩、土豆种植面积978亩、蔬菜种植面积14亩。全年粮食产量9866.7475吨，其中，青稞产量3381.042吨、小麦产量3775.9155吨、油菜籽产量101.92吨、土豆产量2557.47吨、蔬菜产量50.4吨，实现“箭舌豌豆”种植1000亩。

【林工作业】 年内，唐嘎乡林地面积为3078亩，其中，退耕还林269亩，经济林面积55亩，2017年新耕面积118亩。2017年唐嘎村组织1次大规模植树活动，新增造林面积达300亩，共动用人力达180余人次，种植树苗达20000多棵，造林成活率在90%以上，林业绿化工作成绩显著。

2017年3月16日，县副书记、县长春新在唐嘎乡考察春耕仪式

【畜牧业】 年内,唐嘎乡藏鸡养殖合作社已孵化出50000只雏鸡,并形成规模化销售,同时,唐嘎乡牲畜蓄养形势一片大好,共计牛19525头:黄牛9187头、良种及改良乳牛1678头、牦牛8516头、犏牛144头;羊4485只:山羊2014只、绵羊2471只;马19匹;猪496头。

【农田水利设施建设】 年内,罗普村、唐嘎村农田改造,使受益村民达到711户2523人;穷达村水渠改造项目,改造面积3亩,人工种草2350亩,受益村民达到88户268人。乡党委、政府高度重视农田改造,年内,全乡组织干部职工进村入户,深入田间地头实地查看农田改造,为全国农业普查进行摸底调研。

【劳动力转移】 年内,参加各种技能培训农牧民700余人次,主要以青壮年为主,培训类别包括蔬菜种植、养殖业、裁缝、驾校等培训项目,为农民增收、农村发展开辟了新的途径。

【民生工程】 年内,唐嘎乡农村低保58户176人,发放农村低保金共计773095.3元。新型农村合作医疗制度运转正常,2017年,唐嘎乡参加新型合作医疗人数5409人,参保率100%,计划免疫“七苗”接种率100%;完成3个村养老保险参保工作,适龄参保人数达到3260人,已参保人数达到3260人,参保率为100%,总金额为231300元,群众看病难、看病贵的问题得到有效解决。

2017年12月23日,副县长、发改委主任陈伟在唐嘎乡慰问贫困户

【科教工妇】 年内,唐嘎乡建设完成唐嘎村幼儿园、罗普村幼儿园及穷达村幼儿园;同时,加强村级幼儿园的师资力量,确保唐嘎乡幼儿园的均衡教育。乡政府对工青妇工作进一步重视,安排专干全面负责工青妇工作。2017年,工会对会员进行规范化管理,面向全乡发放工会会员证1400本;开展法律知识讲堂活动,向广大的妇女同志讲解《妇女儿童权益法》,让她们懂得用法律的武器保护自己的权益。充分利用有利时机,集中清理乡出入口等交通沿线视野范围内暴露的垃圾,切实改变“脏、乱、差”现象,逐步实现“乡风文明、乡容整洁”。

【信访矛盾纠纷排查】 年内,成立乡党委、政府主要负责人为领导的唐嘎乡调解工作领导小组,各村以村民委员会党支部书记、主任为组成的各村调解领导小组,坚持“依法治乡”原则,巩固和完善“依法治村”工作,充分发挥调解委员会和治保组织的作用。截至年底,共成功调解矛盾纠纷7起。另有1起婚姻纠纷、1起劳资纠纷正在调解当中。

(薛文丹)

【领导名录】

党委书记
李　安
党委副书记、乡长
普　多(藏族)
人大主席
达瓦泽仁(藏族)
党委副书记
米玛央金(女,藏族)
纪委书记
扎西卓玛(女,藏族)
党委委员、组织委员
赵　晶(女)
人武部部长
扎西罗布(藏族)
副乡长
江才顿珠(藏族)
尼玛次仁(藏族)

亓　昊

派出所所长

罗松扎西（藏族）

司法所所长

洛桑旦增（藏族）

雪　乡

【概况】 雪乡位于达孜县城以东往北28公里，面积185.9平方公里，占全县总面积的13.6%。东与唐嘎乡接壤，南与章多乡相靠，西与林周县边交林乡相邻，北界林周县阿郎乡相邻。境内最高海拔4317米，最低海拔4210米，平均海拔4231米。雪乡属于高原温带半干旱季风气候，昼夜温差大，日照时间长，太阳辐射强烈。境内主要河流有拉萨河、雪普曲河，地下水资源丰富。雪乡下辖2个行政村（扎西岗村、雪普村），14个村民小组，699户、2844人。

【经济发展】 年内，实现农村经济生产总值1.17亿元；全社会固定资产投资额1.93亿元；工业总产值130万元；社会消费品零售额0.15亿元。农牧民人均纯收入11837.9元，同比增长15%以上。

【农业】 年内，雪乡农作物播种面积10145.3亩，其中，粮食播种面积7355.7亩，经济作物627.3亩，土豆播种面积136亩，其他农作物面积2026.3亩。实现粮食作物产量2827.4吨（青稞970.9吨，小麦1856.5吨）；经济作物产量198.7吨（土豆136吨、油菜62.7吨）；其他农作物产量5065.75吨。2017年，组织培训农牧民群众参加科普宣传活动13场次，受培训1600余人次，大大增加农业生产的科技含量与知识含量。落实强农惠农政策，2017年，兑现粮食直补农资综合补贴24.1万元，农机具购置补贴16万元。积极发展农牧业专业合作组织。加大对农牧民专合经济组织扶持力度，全年新增专业合作社4家。截至年底，已注册31家合作社，共争取专业合作组织扶持资金1500余万元。

【牧业】 截至年底，牲畜总存栏11259头，成畜死亡率控制在2.1%，仔畜成活率控制在94.2%，出栏率达到50%以上，实现畜产品总产量1452.9856吨：牛、羊、猪肉类产量82.095吨，奶类产量1215.264吨，酥油产量81.0176吨，奶渣产量67.514吨，禽蛋类7.115吨。2017年对全乡11259头（匹、只）牲畜注射疫苗，注射率达100%。同时，雪乡和村委会以及村小组层层签订《牲畜疫情管控责任书》，2017年，雪乡未发生任何重特大疫情。草场总面积22.6275万亩（重要放牧场21.4万亩、割草地332.4亩、人工草地11308.4亩、灌木林地634.2亩），基本草原划定共39块。草畜持续平衡，无超载现象。2017年兑现2016年草场补贴32.72万元、2017年草场补贴31.92万元、牲畜死亡保险106.1万元。

【旅游产业】 年内，雪乡着眼雪寺资源优势，全面带动第三产业发展，促进全乡经济发展和农牧民群众收入增加。投入资金进一步完善基础设施建设。2017年，雪寺接待游客达到1.6万人次以上，增加收入40余万元。

【净土健康产业】 年内，雪乡高度重视净土健康产业发展，结合雪乡发展实际，对续建项目扎西岗

2017年10月18日，拉萨市委副书记肖志刚（右三）、市政协副主席孙宝祥（左五）一行在雪乡检查指导工作

村次布唐3000亩箭舍豌豆、紫花苜蓿进行验收，县净土扶持60.78万元对扎西岗村朗杰绿色产品加工合作社实施500亩紫花苜蓿种植。同时做好对产业的规划、指导、对策研究，不断提高服务水平。

【救灾救济】 年内，加强灾害监测评估和救灾信息建设，提高灾害紧急救助能力，在各村设有4名灾情信息员。

【严格落实各类基本生活保障政策】 年内，累计为11户19人发放低保户资金3.02万元；为27名寿星老人发放资金1.29万元；为8名“五保户”发放资金4.77万元；为24名优抚对象发放资金0.45万元；为88名困难残疾人发放资金5.28万元和9名重度残疾人发放资金1.19万元。

【劳务输出】 年内，雪乡农牧民职业介绍和新农保工作得到持续加强，参加合作社培训5人、保安培训6人、厨师培训2人、创业培训9人；新农保参保人数达1354人，参保率90%。积极抓好劳务输出培训、就业规划与保障等环节，全力确保农民工合法权益。实现劳动转移151人，劳务输出1560人次，实现劳务收入280.8万元。

【林业】 年内，雪乡始终抓好重点区域、安全生态屏障建设、荒山荒地造林、农田林网、义务植树造林建设任务，共开展植树造林宣传6次。2017年，清查枯死树木425株，并在乡道路沿线补栽及新种植柳树、藏青杨共1830株、在扎西岗村次布唐环路沿线新栽7000株。

【“禁白”工作】 年内，制定印发《关于做好迎接中央环境保护督查工作的工作方案》，明确各项工作的责任人。开展辖区内青石板加工、沙场砖厂等合作社的集中整治，明确集中整治工作的重点内容，时间安排、责任分工和具体要求。严格防止白色污染反弹，严格禁止农牧民、合作社、商店使用一次性塑料袋，与2个村委会和周边商户签订《雪乡“禁白”工作目标责任书》。2017年，雪乡共清理出3个环保“违法违规建设项目”，对涉及自然保护区的2个合作社和项目进行摘牌拆除工作，对当事人和负责人进行约谈并处以2万元的罚款上缴国库。年内，共组织开展环境集中整治工作10余次。

【“河长制”及水利发展】 年内，雪乡坚持河长管河、源头护河、多管齐下，成立领导小组，按照“建立管护机构、明确管护责任、落实管护经费、统一管护标准、严格管护考核”的要求，在全乡全面推行“河长制”，通过综合整治和加强监管，切实改善河道水质及周边生态环境，所辖20.17公里的河道基本实现“水清、流畅、岸绿、景美”的目标。

【民族团结】 年内，雪乡认真贯彻落实党和国家民族政策，加强民族团结宣传教育，紧紧围绕民族团结进步的战略目标，切实把民族团结作为精神文明建设的一项重要内容，将“法治宣传月”活动与“五下乡”结合起来，通过举办法制讲座、图片展览、分发法制宣传材料、法律咨询等灵活多样的形式，进一步提高普法宣传教育工作的质量和效果，增强法制教育的渗透力。同时，结合“平安寺院”建设，调查了解寺院开

2017年12月5日，拉萨市委常委、统战部部长、市精准扶贫精准脱贫考核验收组组长阿努次仁（左一）在雪乡指导脱贫验收工作

展“平安寺院”建设和政策法规宣传教育活动情况，有效促进寺院的法制化、社会化管理发展进程。2017年，雪寺获区、市、县三级和谐寺庙称号，雪乡获得市级民族团结先进集体称号。

【卫生工作】 年内，基本医疗制度综合覆盖率100%；合作医疗筹资率达到100%；分娩率达到100%，无一例死亡；医疗报销44人次，共计报销医疗费用40.29万元。民政医疗救助44人次，发放15.75万元。2017年雪乡农村合作医疗参保人数达2760人，参保金额达8.28万元。2017年，新申报“一孩双女”扶助对象11人，新申报独生子女伤残死亡扶助对象1人。包虫病筛查率达到98.95%，对7名患者完成包虫病手术。持续加大日常监督管理和排查整治的力度，对辖区内的餐饮、零售商店发现的不合格产品进行了没收，确保群众吃得放心。

【教育发展】 年内，认真贯彻落实《中华人民共和国教育法》《中华人民共和国义务教育法》，坚持不断完善教育的软硬件建设，教学环境进一步改善，教学水平不断提高。为54名2017—2018学年大专及以上学生发放33.19万元资助款，帮助他们继续接受教育；对有意愿的13名“两后生”进行培训，以促进“两后生”就业率。“两后生”学历提升2人，毕业大学生就业人数7人，参加招聘会2次。

【文化发展】 年内，积极参加市、县组织的各项文化体育活动，成功举办雪乡庆祝“3·28”西藏百万农奴解放纪念日活动。

【脱贫攻坚】 年内，雪乡根据区、市、县精准扶贫精准脱贫工作的总体部署，集中精力、攻坚克难，确保雪乡如期完成贫困户132户，其中扎西岗村88户，雪普村44户，543人的脱贫任务。

2017年7月10日，县委副书记、县长春新，副县长次旺多杰，副县长次仁央宗一行在灾情一线指挥

【以迁脱贫】 年内，符合条件的扶贫户鼓励易地搬迁，在尊重群众意愿的基础上，做到应搬尽搬，完成易地扶贫搬迁19户98人；相对集中搬迁24户97人的搬迁工作正在有序推进中。

【以业脱贫】 年内，带动扶贫户207人，共计分红39.3万元。

【以教脱贫】 年内，兑现17名建档立卡扶贫户大学生生活费35000元和4名中职生生活费共计10500元，兑现13名市级建档立卡扶贫户在校大学生生活补贴共计49000元，兑现免费教育资助5名在校大学生共计8300元，兑现资助普通高校家庭困难学生24名生活费共计17500元，兑现下半年资助大专生及以上学生学费44100元、路费3201元、生活费28000元。坚决做好以教脱贫考核工作，防止贫困家庭出现“因学致贫、因学返贫”现象。

【以补脱贫】 年内，根据全乡精准扶贫家庭实际情况，按照一人一岗原则，生态补偿转移就业岗位落实到户到人，建档立卡贫困户中共安排以补岗位287个，共兑现岗位补贴资金114.8万元；兑现公益林管护员工资40.948万元。此外，兑现14名环卫工工资15.12万元。

【以保脱贫】 年内，对社会保障兜底对象脱贫情况进行跟踪调查，形成以保脱贫工作长效机制，完成以保脱贫低保5户10人，“五保户”7户9人，共发放低保金42707元。

【以助脱贫】 年内，严格执行“新农村合作医疗+大病保险+民政医疗救助”政策，加大商业健康保险对健康扶贫的支持力度，防止出现“因病致贫、因病返贫”的情况发生，截至年底，共完成以助脱贫24人次，其中扎西岗村19人次，雪普村5人次。可领取定向补助人数为225人，共发放定向补助金额为17.7525万元。

2017年4月20日，雪乡宣传小分队在雪普村开展“四讲四爱”主题教育宣讲活动

【以包脱贫】 年内，派3名正科级领导，6名副科级干部进行包村，全乡干部职工进行包组，每年包村包组干部多次看望慰问结对贫困户。截至年底，共计送出近8万元的物资和慰问金。同时加大督促雪乡结对帮扶干部职工对贫困户的思想意识进行正确的引导和教育，帮助结对贫困户进一步转变思想，积极主动转移就业。雪乡及扎西岗村委会被市委、市政府授予“2016年脱贫攻坚先进集体”称号。

【政府自身建设】 年内，建立健全各项政府工作制度，从严从实加强政府班子建设，做到按制度办事，加强民主决策，建立班子个人廉政档案，转变作风，增强班子凝聚力和战斗力。积极配合乡党委认真开展换届选举工作。通过调查摸底，开展“回头看”工作，进一步总结经验、分析问题，查找不足、对照整改，为村级组织换届选举工作奠定了坚实基础。

【党风廉政建设】 年内，制定《雪乡2017年度党风廉政建设主体责任清单》，层层签订责任书，将党风廉政建设和反腐败工作落实到个人。充分利用“两学一做”和“三会一课”专题教育学习活动等平台，组织全乡干部职工深入学习中央、自治区、拉萨市纪委全会精神，掌握思想精髓，领会精神实质。将党风廉政教育纳入学习计划的重点内容，定期安排专题学习，组织专题学习16次，主题研究职责范围内党风廉政建设会议7次。同时，对个别工作拖拉、作风疲沓和廉洁自律方面存在问题的干部职工进行诫勉谈话。2017年，雪乡对干部职工开展监督检查48次，诫勉谈话23人次，有效提高了乡领导班子切实履行职责、搞好党风廉政建设工作的责任感和自觉性。

（贾　媛）

【领导名录】

党委书记

李唐蓉（女）

党委副书记、乡长

扎西朗杰（藏族）

党委副书记、人大主席

普布次仁（藏族）

党委副书记

朗杰卓嘎（女，藏族）

纪委书记

索朗扎西（藏族）

人武部部长

尼　玛（藏族）

组织委员

次　央（女，藏族）

宣传委员

周　源

副乡长

洛松卓玛（女，藏族）

李小飞

司法所所长

褚晶琎（女，土家族）

章多乡

【概况】 达孜县章多乡地处318国道沿线，位于县城以东23公里，距离拉萨市46公里，平均海拔3750米，辖区内有著名的景点“甘丹寺”。西面与塔杰乡相邻，东面与墨竹工卡县甲玛乡相接，北面与雪乡、唐嘎乡相邻，现辖4个行政村，24个村民小组。

2017年，章多乡共有1210户，其中，农业户1130户，牧业户80户，总人口4477人，劳动力2294人，全乡建档立卡贫困户139户494人。农牧民年人均收入12761元，比2016年增长8%。2017年，章多乡有干部职工68名（包括行政人员44名，事业16名，工人3名，公益性岗位3名，临时工2名），其中，正科5名，副科10名；另有乡卫生院在职工作人员11名（其中，正式职工6名、聘用2名、公益性岗位3名）。

【基层组织建设】 7月，章多乡恰村党支部、章多村党支部升格调整为村级党委，章多乡拉木村党支部、尊木采村党支部升格调整为村级党总支部。章多乡现有党委3个（乡级党委1个，村级党委2个），党总支2个，机关党支部1个，其他党支部19个。2017年，章多乡有党员397名，其中，机关党员41名，农牧民党员356名。2017年，新发展党员20名，预备党员20名，积极分子35名。

【换届工作】 年内，严格按照中央、区、市、县委有关要求，为有序推进村级组织换换届选举工作，进一步夯实基层基础，配强配齐村级班子建设，及时成立领导小组和工作机构，并结合实际，认真制定选举工作实施方案，明确任务目标和方法步骤，从准备阶段到会议结束，章多乡召开多次摸底、动员部署专题会议，并积极营造换届气氛，在全乡范围内悬挂横幅14条，张贴宣传标语300余张，确保换届宣传工作到点到面，不留死角，严肃换届纪律要求，确保换届风清气正，于12月初顺利完成2017年章多乡村“两委”换届工作。

【“两学一做”学习教育】 年内，为推进全乡“两学一做”学习教育常态化制度化，乡党委书记达珍主持召开工作座谈会，传达学习文件精神，及时调整充实章多乡“两学一做”学习教育领导小组，并制定2017年实施方案。全年章多乡开展“两学一做”学习教育集中专题研讨17次，个人自学26次，党员干部共撰写发言材料、心得体会60余篇。

【党风廉政建设】 年内，为全面加强党员干部的党风廉政建设，确保党风廉政建设和反腐败工作落到实处，章多乡将党风廉政工作任务进行分解，落实到个人，并逐级签订目标责任书，健全各项规章制度，加强监督和学习，切实加强党员干部的作风建设。先后召开各项工作会议共计7次，要求全乡干部职工认真学习领会精神，严格执行文件内容。同时，充分动员和组织相关力量，强化村务、财务、政务的监督；强化“强基惠民”项目的监督；强化维稳各项措施落实方面的监督；强化干部的管理和作风建设方面的监督，从而确保党风廉政各项工作任务落到实处。

2017年10月15日，拉萨市委副书记肖志刚（右二），市政协副主席孙宝祥（右三）在章多乡调研

【"四讲四爱"主题教育实践活动】 年内，章多乡共开展宣讲活动20场次，利用LED宣传屏幕滚动播放"四讲四爱"主题教育实践活动宣传条幅标语50余条；在下辖4个村悬挂横幅20余条，发放宣传单4000余份；开展"爱国歌曲大家唱"等主题教育活动6次；创新宣传方式，利用公共广播系统累计循环播放音频资料2000小时，宣传范围覆盖全乡干部群众，使"四讲四爱"主题教育实践活动深入人心。

2017年9月14日，市委组织部调研组一行在章多乡检查指导村"两委"换届工作开展情况

【基层阵地建设】 年内，由县委组织部牵头、县财政拨款3522.07万元的4个村委会改扩建工程正式开工建设。截至年底，尊木采村改扩建工程已竣工，章多村和恰村主体已建成，拉木村框架建设初步完成。

【人大工作】 5月18日，依法召开乡十三届人大第三次会议，共收到意见建议34条，内容涉及水利方面13条，农牧方面9条，发改方面5条，乡政府3条，县政府、环保、商务、移动公司各1条，这些建议已及时转交乡政府以及相关部门分别落实，并要求及时将办理情况向代表反馈。乡人大主席团通过多种形式监督办理代表提出的意见建议，截至年底，已解决13条，纳入计划5条，正在争取14条，由于政策限制等问题无法解决的2条，对人大代表答复率为100%。

章多乡人大主席团组织人大代表深入实地考察2017年在建民生工程（水渠、桥梁、村级阵地建设、村医务室）建设情况，督促工程进度与质量。

【农牧业】 年内，章多乡农作物总播种面积717.16公顷，种植青稞235.09公顷，小麦300公顷，油菜30公顷。4月初全面完成章多乡2017年春耕种子包衣工作任务，对全乡青稞、春小麦种子进行包衣和精选；及时向农户发放春耕、秋播良种、化肥和农药，其中，氮肥68.72吨、尿素25.6吨、二胺44.95吨、复合肥143吨，保障农业工作的有序开展。2017年，章多乡流转农村土地100亩，农村土地承包经营权确权登记颁证发证率达100%。全乡现有农牧民专业合作社32家。截至年底，牲畜存栏13610头，出栏4586头，同比增长16.2%。积极做好春秋两季防疫工作，接种率达99.7%，有效预防了牲畜疾病的发生。

【精准扶贫】 年内，章多乡建档立卡贫困户139户，494人，截至年底，已实现125户460人脱贫，剩余14户34人未脱贫，4个行政村完成脱贫摘帽，章多乡党委、政府基本完成脱贫任务。

【以业脱贫】 年内，章多乡根据拉萨市"万户百场十中心"工程工作部署，立足乡域实际，大力发展奶牛牦牛到户养殖项目，向各村有意愿、有能力的建档立卡贫困群众发放奶牛96头、牦牛48头，以畜牧业发展带动贫困群众脱贫致富。恰村积极发展"合作社+能人+贫困户入股"模式，通过大力发展藏香草加工产业，实现全村40户139名贫困群众共计分红24万元，人均分红1726.62元。拉木村民族手工艺项目为全村30户贫困群众共计分红9万元。

【以补脱贫】 年内，章多乡对以补岗位人员进行清查，取消60周岁以上人员岗位名额，将一人双岗调整为一人一岗，共调整70余个岗位，经协调后，将剩余岗位调整给各村没有岗位的边缘户。新增低保贫困户，边缘户和贫困户致贫、返贫风险防控能力进一步提升。截至年底，已发放238个以补岗位资金累计达86.9万元。

【以包脱贫】 年内，章多乡共结对帮扶贫困户139户，其中，章多乡干部55人结对帮扶贫困户64户，达孜县干部106人结对帮扶贫困户129人，积极组织结对帮扶干部利用假期时间，深入村组贫困家庭，与贫困户交心谈心，重点了解贫困户的生活状况，掌握帮扶措施成效，宣讲党和政府的惠民利民政策和民族团结政策，并为结对户送去慰问品和探望金等，增强了他们脱贫致富的决心，营造起全乡“藏汉一家亲、先富帮后富”的和谐友善良好氛围。

【产业项目】 年内，国家投资300万的章多乡旺果日工贸有限公司藏香草加工初具规模，全乡藏香草加工产业产品种类进一步丰富，产业附加值明显提升，周边群众参与藏香草收购的热情不断高涨，真正实现产业发展与群众收益的良性互补。根据产业发展和生态环境保护需求，经初步试点成功后，逐步开展流转土地和藏香草规模种植等各项工作。带动全村建党立卡贫困户40户，139人增收致富，年分红24万元。

【水利工作】 年内，发动各方力量，积极动员部署，贯彻落实全面推行“河长制”实施方案，层层签订目标责任书，强化山水林田系统治理，建设和保障优良的环保型乡村水环境。2017年汛期，章多乡根据县委、县政府防汛工作要求，24小时紧盯全乡防汛形势，组织全乡干部职工扎根抗洪第一线，哪里有险情哪里就有乡村干部，哪里最危急，乡村干部就去哪里，真正把人民群众的生命和财产安全放在心上、扛在肩上。2017年，新修水渠5处25.8千米，进一步加强水利设施建设，方便群众农田灌溉。

【林业工作】 年内，围绕建设国家生态安全屏障，大力落实“环境立市”战略，章多乡现有专职护林员41名，管护林8.17465万亩，定期不定期组织乡干部和护林员植树造林、保养林地，2017年，种植树木2200棵。6月，根据拉萨市《关于加强枯死树木清理工作的要求》，共识别、标记枯死树木850棵。截至年底，已完成全乡无树户统计，并完成2018—2020年全乡林业绿化计划。

【医疗卫生】 年内，按照每人30元的标准收缴个人医疗资金，筹资132090元，覆盖面率达100%。截至年底，章多乡卫生院门诊西医人数达12419人次，其中，核销11015人次，实收1404人次，核销金额为24.9624万元，实收金额7.7507万元。藏医门诊4340人次，其中，核销3470人次，实收870人次，核销金额为8.1979万元，实收金额1.2106万元。乡卫生院以村为单位，安排各村村医与本辖区每户群众签订家庭医生服务协议。共完成签约902户。2017年，参加农牧区合作医疗自愿筹资率达100%。全乡共组织开展包虫病等各类疾病防治宣讲24期，参会群众4200余人次；组织全乡农牧民群众参加包虫病体检筛查工作，

2017年10月9日，县委副书记、常务副县长李军安排部署十九大期间相关工作

体检覆盖率达98.24%,其中,B超筛查3284人,血清筛查2411人;发现包虫病疑似病例31人,已联系上级卫生部门进行确认、诊疗。

【农村新型合作医疗保障】 年内,4个行政村投保2022人,共收保费212400元。

【民政工作】 年内,全乡低保户79户,191人。2017年,兑现农村低保金和"两线合一"资金77.9066万元;向226名建档立卡贫困群众兑现定向补助资金17.8314万元;为全乡161名残疾人发放"两项补贴"160380元,发放2015年、2016年残疾人燃油补贴4560元。

【教育工作】 年内,加快教育事业均衡发展,认真落实国家"三包"政策和义务教育阶段农牧民子女营养改善计划,实施贫困大学生学杂费、住宿费、交通费实报制和生活补贴全覆盖,全面杜绝因贫失学、因学致贫现象。2017年,共为34名在校大学生兑现"金秋助学"资助金114000元;为乡幼儿园153名学前儿童每人每月发放"三包"经费260元。2017年,为全乡在校大学生报销学费路费261人次,共计86.1623万元。

【技能培训】 年内,深入推进"四业工程"和"以业脱贫"工作,结合净土健康产业发展,瞄准市场需求,着力开展职业就业技能培训,畅通就业信息,帮助农牧民群众多养一头奶牛、多种一棚蔬菜、多学一门技术、多输转一名劳务,让更多群众掌握一技之长,拓宽致富渠道。3月,章多乡共组织225名农牧民群众参加由县人社局组织的挖机、装载机、汽车驾驶员培训。

【生态环境保护】 年内,取缔辖区内非法采石点4处、采沙点3处,关停黑颈鹤保护区内藏香草加工厂项目。加强国家重点野生动物保护,健全完善生态综合补偿机制,落实各项生态补偿资金,扎实推进生态资源的恢复,全力做好中央环保督察迎检工作。4月28日,兑现2016年和2017年草原生态保护补助奖励资金14余万元,资金补助覆盖全乡3个村361户1308人。全面推行"河长制",扎实做好拉萨河流域章多乡段水环境系统治理,严守水资源开发利用控制、用水效率控制、水功能区限制纳污"三条红线",落实用水总量控制、用水效率控制、水功能区限制纳污制度、水资源管理责任和考核制度"四项制度"。多次组织党员干部、农牧民群众开展"美丽家园 人人行动"环保专项行动,通过清理318国道和拉萨河沿线垃圾、干部宣讲,全年共处理垃圾150余吨,积极营造了良好的生态环境。

【援藏项目】 9月,章多乡深水机井项目开始立项实施,工程总投资40余万元,包括90米深机井及相关附属设施,工期四个月。预计2018年1月投入使用,深水机井项目的建设一方面解决乡干部的用水,同时也为恰村一、二、八组群众提供了更优质水源,该项目的实施深受基层干部群众的欢迎。

【宣传工作】 年内,通过宣传日、宣传周和宣传月,在农牧群众中广泛开展各类法律宣传、食品药品安全宣讲、安全生产宣讲8次,悬挂宣传标语10余条,发放宣传资料1000余份。

（肖婷婷）

【领导名录】

党委书记
达　珍（女,藏族）
党委副书记、乡长
王　力
党委副书记、人大主席
顿珠次仁（藏族）
党委副书记
曲军委
党委委员、人武部部长
普布格桑（藏族）
党委委员、纪委书记
阿旺群珠（藏族）
党委委员、副乡长
柯豆读
副乡长、主任科员
龙　珍（女,藏族）
副乡长
吉米旺久（藏族）
司法所所长
乔　坚

受县(区)级以上表彰的先进集体名录

表 2

获奖单位	获奖名称	表彰时间	授予单位
达孜县食品药品监督管理局	全国食品安全法律知识竞赛半决赛第四赛区团体三等奖	2018 年	全国食品安全法律知识竞赛活动办公室
达孜县政府	牦牛产业发展先进县(区)	2018 年	自治区党委、自治区政府
达孜县委组织部	自治区创先争优强基础惠民生活动优秀组织单位	2017 年	自治区党委、自治区政府
唐嘎乡政府	2017 年西藏自治区民族团结进步模范集体	2017 年	自治区党委、自治区政府
雪寺	和谐寺庙	2017 年	自治区党委、拉萨市委、达孜县委、县政府
达孜县司法局	西藏自治区 2011—2015 年法治宣传教育先进集体	2017 年	自治区党委宣传部、司法厅、普法办
达孜县公安局	全区优秀公安局	2017 年	自治区公安厅
达孜县国土资源规划局	2016 年度全区国土资源管理先进集体	2017 年	自治区国土资源厅
达孜县人民医院	二级乙等医院	2018 年	自治区卫生和计划生育委员会
达孜县科技局	西藏自治区基层科普行动计划先进单位	2017 年	自治区科协、自治区财政厅
达孜县邮政分公司	2017 年“迎战鸡年．梦想起航”储蓄余额竞标头雁组优胜奖	2017 年	自治区邮政分公司
达孜县政府	拉萨市第三届服务非公经济发展先进单位	2017 年	拉萨市委、市政府
达孜县委办公室	拉萨市民族团结进步创建活动示范单位	2017 年	拉萨市委、市政府
达孜县司法局	拉萨市创先争优强基础惠民生活动优秀组织单位	2017 年	拉萨市委、市政府
达孜区农牧局	2017 年度全市农牧业工作先进集体一等奖	2018 年	拉萨市委、市政府
雪乡政府	民族团结先进集体	2017 年	拉萨市委、市政府
雪乡政府	“双联户”先进乡	2017 年	拉萨市委、市政府
达孜县政府办公室	2016 年度全市政府系统办公室工作先进集体	2017 年	拉萨市政府

续表2

获奖单位	获奖名称	表彰时间	授予单位
达孜县总工会	2017年度第四届拉萨市篮球联赛体育道德风尚奖	2017年	拉萨市政府
达孜县藏语文工作委员会办公室(编译局)	2016年全市藏语文工作先进集体	2017年	拉萨市政府
达孜县工信局(商务局、国资委)	2016年度全市招商引资工作目标考核三等奖	2017年	拉萨市政府
达孜县司法局	拉萨市2011—2015年法治宣传教育先进集体	2017年	拉萨市委宣传部、司法局、普法办
达孜县委组织部	拉萨市党建手机报信息报送工作先进集体	2017年	拉萨市委组织部
达孜县委组织部	拉萨市组织编制老干部工作先进集体	2017年	拉萨市委组织部
达孜县委组织部	拉萨市网宣(评)工作先进集体	2017年	拉萨市委组织部
达孜县总工会	2017年度全市工会工作目标责任考核二等奖	2017年	拉萨市总工会
达孜县公安局	妇女儿童维权岗先进集体	2017年	拉萨市妇联
达孜县公安局	2016年度党风廉政建设先进单位	2017年	拉萨市公安局
达孜县公安局工业园一区110便民警务站	2016年度优秀110便民警务站	2017年	拉萨市公安局
达孜县人民检察院	基层检察院考核中争先进位奖	2017年	拉萨市人民检察院
达孜县人民法院	2017年度优秀法院	2017年	拉萨市中级人民法院
达孜县人民法院	2017年度全市目标考评先进集体	2017年	拉萨市中级人民法院
达孜县人民法院	2017年度调研先进集体	2017年	拉萨市中级人民法院
达孜县司法局	拉萨市司法行政系统先进集体	2017年	拉萨市司法局
达孜县国家税务局	全市税务系统先进集体	2017年	拉萨市国家税务局
达孜县工商行政管理局	2017年优秀基层党组织奖	2018年	拉萨市工商行政管理局
达孜县工商行政管理局	2017年度目标考核三等奖	2018年	拉萨市工商行政管理局
达孜县工信局(商务局、国资委)	2016年度全市质监工作先进单位	2017年	拉萨市质量技术监督局
达孜县食品药品监督管理局	全市食品药品监管系统庆祝“三八”妇女节摄影书法比赛二等奖	2017年	拉萨市食品药品监督管理局
达孜县食品药品监督管理局	全市食品药品监管系统庆祝“三八”妇女节摄影书法比赛三等奖	2017年	拉萨市食品药品监督管理局
达孜县食品药品监督管理局	拉萨市食药监管系统首届食品安全法律知识竞赛三等奖	2017年	拉萨市食品药品监督管理局
达孜县食品药品监督管理局	拉萨市2017年食品安全工作先进奖	2017年	拉萨市食品安全委员会
达孜县中学	先进基层党组织	2017年	拉萨市教育(体育)局
达孜县中学	拉萨市先进基层党组织	2017年	拉萨市教育(体育)局

续表2

获奖单位	获奖名称	表彰时间	授予单位
达孜县中学	先进基层党组织	2017 年	拉萨市教育(体育)局
达孜县中心小学	拉萨市优秀教师团队奖	2017 年	拉萨市教育(体育)局
达孜县“四讲四爱”主题教育实践活动领导小组	2017 年度全市“四讲四爱”主题教育实践活动先进集体	2017 年	拉萨市“四讲四爱”主题教育实践活动领导小组
达孜县供电有限公司	2017 年国网拉萨公司“安康杯”知识竞赛组织奖	2017 年	国网拉萨供电公司
农行达孜县支行	2016—2017 年度先进基层党组织	2017 年	农业银行拉萨分行
农行达孜县支行	五星党支部	2017 年	农业银行拉萨分行
农行达孜县支行	2017 年迎“七一”诗歌朗诵比赛第三名	2017 年	农业银行拉萨分行
农行达孜县支行	“两个办法”暨“三线一网格”知识竞赛二等奖	2017 年	农业银行拉萨分行
农行达孜县支行	2017 年度储蓄存款突出贡献奖	2018 年	农业银行拉萨分行
农行达孜县支行	2017 年度“四好”班子	2018 年	农业银行拉萨分行
达孜县委办公室	2017 年度先进基层党组织	2017 年	达孜县委
达孜县政府办公室	2017 年度先进基层党组织	2017 年	达孜县委
达孜县人民检察院	2017 年度先进基层党组织	2017 年	达孜县委
达孜县农开办(扶贫办)	2017 年度目标绩效三等奖	2017 年	达孜县委
达孜县教育(体育)局	2017 年度先进基层党组织	2017 年	达孜县委
章多乡政府	达孜县 2017 年度先进乡(镇)党委	2017 年	达孜县委
达孜县委组织部	信访工作先进集体	2017 年	达孜县委、县政府
达孜县委宣传部	2017 年度目标绩效考核一等奖	2018 年	达孜县委、县政府
达孜县委办公室	达孜县第六批创先争优强基础惠民生活动优秀组织单位	2017 年	达孜县委、县政府
人大办公室	环保工作先进集体	2017 年	达孜县委、县政府
达孜县政府办公室	2016 年度环境保护工作先进集体	2017 年	达孜县委、县政府
达孜县总工会	目标绩效考核三等奖	2017 年	达孜县委、县政府
达孜县公安局	2016 年度信访工作先进集体	2017 年	达孜县委、县政府
达孜县公安局	2016 年度县直目标绩效考核一等奖	2017 年	达孜县委、县政府
达孜县人民检察院	2011—2015 年法治宣传教育先进集体	2017 年	达孜县委、县政府
达孜县人民法院	2011—2015 年全县法治宣传先进集体	2017 年	达孜县委、县政府
达孜县人民法院	2016 年度年信访工作先进集体	2017 年	达孜县委、县政府
达孜县发展和改革委员会	优秀驻村派驻单位	2017 年	达孜县委、县政府

续表2

获奖单位	获奖名称	表彰时间	授予单位
达孜县民政局	2017 年度目标绩效考核二等奖	2018 年	达孜县委、县政府
达孜县净土产业投资开发有限公司	国有企业突出贡献奖	2018 年	达孜县委、县政府
达孜县卫生局	2017 年度目标绩效考核三等奖	2017 年	达孜县委、县政府
达孜区农牧局	2017 年度目标绩效考核三等奖	2018 年	达孜县委、县政府
达孜区农牧局	2017 年度民族团结进步模范先进集体	2017 年	达孜县委、县政府
达孜县水利局	2016 年度环境保护工作先进集体	2017 年	达孜县委、县政府
达孜县水利局	2016 年度县级目标绩效三等奖	2017 年	达孜县委、县政府
达孜县水利局	2017 年信访工作先进单位	2017 年	达孜县委、县政府
达孜县水利局	2017 下半年寺庙管理先进单位	2017 年	达孜县委、县政府
达孜县教育(体育)局	2011—2015 年全县法制宣传教育先进集体	2017 年	达孜县委、县政府
达孜县中学	民族团结模范先进集体	2017 年	达孜县委、县政府
达孜县中学	先进集体	2017 年	达孜县委、县政府
达孜县中学	优秀团队	2017 年	达孜县委、县政府
达孜县中心小学(德少办)	优秀团队	2017 年	达孜县委、县政府
达孜县幼儿园	优秀团队	2017 年	达孜县委、县政府
达孜县供电有限公司	2017 年下半年寺庙管理先进集体	2017 年	达孜县委、县政府
达孜县供电有限公司	2017 年度目标绩效考核国有企业突出贡献奖	2018 年	达孜县委、县政府
达孜县邮政分公司	2017 年民族团结进步模范先进集体	2017 年	达孜县委、县政府
塔杰乡政府	2017 年度民族团结进步模范先进集体	2017 年	达孜县委、县政府
塔杰乡政府	达孜县第六批创先争优强基础惠民生活动优秀组织单位	2017 年	达孜县委、县政府
塔杰乡政府	2017 年度目标绩效考核一等奖	2017 年	达孜县委、县政府
达孜县国家税务局	目标责任绩效考核特殊贡献奖	2017 年	达孜县政府
达孜县工商行政管理局	第十三届体育道德风尚奖	2017 年	达孜县政府
达孜县工商行政管理局	2017 年度目标绩效考核特殊贡献奖	2018 年	达孜县政府
达孜县中学	教育先进集体	2017 年	达孜县政府

说明：由于各单位资料提供不全，可能有遗漏

受县(区)级以上表彰的先进个人名录

表3

姓名	性别	民族	工作单位	获奖名称	表彰时间	授予单位
阿旺群珠	男	藏	章多乡政府	2017年自治区级先进工作队员	2017年	自治区党委、自治区政府
茹格叶	女	藏	达孜县人民检察院	2017年度全区驻村工作先进个人	2017年	自治区党委
边巴	女	藏	达孜县委组织部	全区优秀老干部工作者	2017年	自治区党委组织部、自治区老干部局、自治区人力资源和社会保障局
乔坚	男	汉	章多乡司法所所(抽调县强基办)	自治区级先进工作者	2017年	自治区强基办
刘军民	女	汉	塔杰乡政府	爱国拥军模范个人	2017年	自治区双拥工作领导小组、自治区人力资源和社会保障厅、自治区民政厅、西藏军区政治部
杜良平	男	汉	武警达孜中队	三等功	2017年	武警西藏总队
冉杰	男	汉	武警达孜中队	西藏总队军事训练大比武中荣获“雪域勇士第三名”	2017年	武警西藏总队
达娃仓决	女	藏	达孜县中学	“一师一优课”“一课一名师”晒课获得自治区级优课	2017年	自治区教育厅
卓玛	女	藏	达孜县中学	西藏自治区中小学教师论文大赛三等奖	2017年	自治区教育厅
毛志鸿	男	汉	达孜县中学	自治区级骨干教师	2017年	自治区教育厅
顿珠曲措	女	藏	农行达孜县支行	2017年度中国银行业文明规范服务“明星大堂经理”	2018年	中国银行业协会
格桑曲珍	女	藏	达孜县委组织部	先进驻村工作队员	2017年	拉萨市委、市政府
晋美朗吉	男	藏	达孜县工商行政管理局	2016年度深化全国文明城市创建工作先进个人	2017年	拉萨市委、市政府
格桑玉珍	女	藏	达孜县农牧局	2015—2017年拉萨市科技工作先进个人	2017年	拉萨市委、市政府
次仁多吉	男	藏	达孜县农牧局	2017年度全市农牧业工作先进个人	2018年	拉萨市委、市政府
巴珠	男	藏	达孜县中学	拉萨市优秀教师铜奖	2017年	拉萨市委、市政府
金花	女	藏	达孜县中学	拉萨市优秀教师铜奖	2017年	拉萨市委、市政府
德吉	女	藏	达孜县中学	拉萨市民族团结先进个人	2017年	拉萨市委、市政府
马武	男	汉	唐嘎乡政府	在拉萨市创先争优强基础惠民生活动第六批驻村(居)工作中被评为先进工作者	2017年	拉萨市委、市政府
顿珠多吉	男	藏	达孜县藏语文工作委员会办公室(编译局)	2016年区市藏语文工作先进个人	2017年	拉萨市政府

续表3

姓名	性别	民族	工作单位	获奖名称	表彰时间	授予单位
拉珍(体)	女	藏	达孜中学	拉萨市首届羽毛球联赛，获得个人体育道德风尚奖	2017年	拉萨市政府
黄 俊	男	汉	达孜县委组织部	手机报信息报送先进个人	2017年	拉萨市委组织部
胡朝辉	男	汉	达孜县委宣传部	2017年度全市宣传思想文化先进工作者	2018年	拉萨市委宣传部
曾治友	男	汉	达孜县司法局	拉萨市2011—2015年法治宣传教育先进个人	2017年	拉萨市委宣传部、司法局、普法办
拉 仓	女	藏	治安大队	妇女儿童维权先进个人	2017年	拉萨市妇联
张 强	男	汉	塔杰乡人民政府科员（抽调县强基办）	拉萨市级先进工作者	2017年	拉萨市强基办
周 宇	男	汉	武警达孜中队	嘉奖	2017年	拉萨市公安局
赵 博	男	汉	武警达孜中队	嘉奖	2017年	拉萨市公安局
次 旦	男	藏	达孜县公安局警务保障室	2016年度三等功	2017年	拉萨市公安局
江村赤列	男	藏	达孜县公安局刑警大队	2016年度三等功	2017年	拉萨市公安局
啊 里	男	回	达孜县公安局治安大队	2016年度三等功	2017年	拉萨市公安局
赵 阳	男	汉	达孜县公安局	2016年度三等功	2017年	拉萨市公安局
白玛桑珠	男	藏	达孜县人民检察院	拉萨市人民检察院2017年先进个人	2017年	拉萨市人民检察院
桑 吉	女	藏	达孜县人民法院	全市法院三等功	2017年	拉萨市中级人民法院
卡 珍	女	藏	达孜县人民法院	2016年度全市优秀法官	2017年	拉萨市中级人民法院
白玛玉珍	女	藏	达孜县人民法院	2016年度全市法院办案标兵	2017年	拉萨市中级人民法院
顿珠措姆	女	藏	达孜县人民法院	2017年度全市优秀法官	2018年	拉萨市中级人民法院
拉姆玉珍	女	藏	达孜县人民法院	2017年度信息工作先进个人	2017年	拉萨市中级人民法院
常景阳	女	汉	达孜县国家税务局	先进工作者	2017年	拉萨市国家税务局
王俊平	男	汉	达孜县国家税务局	优秀公务员	2017年	拉萨市国家税务局
冯 琳	女	汉	达孜县国家税务局	巾帼标兵	2017年	拉萨市国家税务局
晋美朗吉	男	藏	达孜县工商行政管理局	优秀党员	2018年	拉萨市工商行政管理局
次仁央吉	女	藏	达孜县工商行政管理局	先进个人	2018年	拉萨市工商行政管理局
杨 帅	男	汉	达孜县工信局（商务局、国资委）	2017年度全市质监工作先进个人	2018年	拉萨市质量技术监督局

续表3

姓名	性别	民族	工作单位	获奖名称	表彰时间	授予单位
伏军建	男	汉	达孜县教育局	优秀教师铜奖	2017年	拉萨市教育(体育)局
德吉	女	藏	达孜县中学	“一师一优课,一课一名师”晒课获得市级优课	2017年	拉萨市教育(体育)局
卓嘎	女	藏	达孜县中学	“一师一优课,一课一名师”晒课获得市级优课	2017年	拉萨市教育(体育)局
次仁旺姆	女	藏	达孜县中学	“一师一优课,一课一名师”晒课获得市级优课	2017年	拉萨市教育(体育)局
央卓嘎	女	藏	达孜县中学	“一师一优课,一课一名师”晒课获得市级优课	2017年	拉萨市教育(体育)局
普布扎西	男	藏	达孜县中学	拉萨市微课大赛二等奖	2017年	拉萨市教育(体育)局、拉萨市互联网信息办公室
金花	女	藏	达孜县中学	优秀教师铜奖	2017年	拉萨市教育(体育)局
巴珠	男	藏	达孜县中学	优秀教师铜奖	2017年	拉萨市教育(体育)局
王彩彦	女	汉	达孜县中学	李氏教师个人奖	2017年	拉萨市教育(体育)局
达珍	女	藏	达孜县中心小学	优秀党务工作者	2017年	拉萨市教育(体育)局
巴桑仓决	女	藏	达孜县中心小学	优秀教师银奖	2017年	拉萨市教育(体育)局
米玛仓决	女	藏	达孜县中心小学	优秀教师铜奖	2017年	拉萨市教育(体育)局
多布杰	男	藏	达孜县中心小学	优秀教师铜奖	2017年	拉萨市教育(体育)局
巴桑	男	藏	达孜县中心小学	李氏教师个人奖	2017年	拉萨市教育(体育)局
琼吉	女	藏	达孜县桑珠林幼儿园	李氏教师个人奖	2017年	拉萨市教育(体育)局
扎西卓嘎	女	藏	达孜县白纳村幼儿园	优秀教师铜奖	2017年	拉萨市教育(体育)局
李为	女	汉	邦堆乡政府	2017年度全市“四讲四爱”主题教育实践活动先进工作者	2017年	拉萨市“四讲四爱”主题教育实践活动领导小组
强巴旦增	男	藏	达孜县供电有限公司	拉萨供电有限公司“十九大”维稳保电工作先进个人	2017年	国网拉萨供电公司
张宇	男	汉	达孜县供电有限公司	拉萨供电有限公司供电劳模演讲竞赛二等奖	2017年	国网拉萨供电公司
张江飞	男	汉	达孜县供电有限公司	拉萨市限公司“同心共迎十九大 砥砺奋进跟党走”主题故事分享会三等奖	2017年	国网拉萨供电公司
张团结	男	汉	农行达孜县支行	2017年度先进个人	2018年	农业银行拉萨分行
边巴琼达	女	藏	农行达孜县支行	优秀党务工作者	2017年	农业银行拉萨分行
阿旺顿珠	男	藏	农行达孜县支行	2017年度先进个人	2018年	农业银行拉萨分行
赵忠瑞	女	汉	农行达孜县支行	优秀党务工作者	2017年	农业银行拉萨分行

续表3

姓名	性别	民族	工作单位	获奖名称	表彰时间	授予单位
王彩彦	女	汉	达孜县中学	李氏教育个人奖	2017年	李氏教育奖励促进会
平措列旦	男	藏	达孜县纪委	优秀共产党员	2017年	达孜县委
格桑曲珍	女	藏	达孜县委组织部	优秀党务工作者	2017年	达孜县委
格桑曲珍	女	藏	达孜县委组织部	优秀公务员	2017年	达孜县委
丹增罗宗	女	藏	达孜县委组织部	民族团结进步模范先进个人	2017年	达孜县委
李肖丽	女	汉	达孜县委组织部	优秀共产党员	2017年	达孜县委
李肖丽	女	汉	达孜县委组织部	优秀公务员	2017年	达孜县委
李晓静	女	汉	达孜县委组织部	优秀事业人员	2017年	达孜县委
黄俊	男	汉	达孜县委组织部	优秀党务工作者	2017年	达孜县委
黄俊	男	汉	达孜县委组织部	宣传工作先进个人	2018年	达孜县委
黄俊	男	汉	达孜县委组织部	优秀公务员	2017年	达孜县委
黄俊	男	汉	达孜县委组织部	优秀民兵	2017年	达孜县委
东勇	男	藏	达孜县委政法委	优秀共产党员	2017年	达孜县委
杨四海	男	汉	达孜县发展和改革委员会	优秀公务员	2017年	达孜县委
泽仁卓玛	女	藏	达孜县发展和改革委员会	优秀公务员	2017年	达孜县委
琼达	女	藏	达孜县食品药品监督管理局	优秀公务员	2017年	达孜县委
拉巴平措	男	藏	达孜县食品药品监督管理局	优秀事业管理人员	2017年	达孜县委
德吉桑姆	女	藏	达孜县人民检察院	优秀公务员	2017年	达孜县委
格桑玉珍	女	藏	达孜县人民检察院	优秀公务员	2017年	达孜县委
董予川	男	汉	达孜县人民检察院	优秀公务员	2017年	达孜县委
裴小龙	男	汉	达孜县农开办(扶贫办)	优秀共产党员	2017年	达孜县委
洛央	女	藏	达孜县中学	优秀公务员	2017年	达孜县委
王彩彦	女	汉	达孜县中学	优秀党务工作者	2017年	达孜县委
强巴旦增	男	藏	达孜县中心小学	优秀共产党员	2017年	达孜县委
巴桑	女	藏	达孜县穷达村幼儿园	优秀共产党员	2017年	达孜县委
朱鹏举	男	汉	章多乡政府	优秀公务员	2017年	达孜县委

续表3

姓名	性别	民族	工作单位	获奖名称	表彰时间	授予单位
李　为	女	汉	邦堆乡政府	优秀公务员	2017年	达孜县委
刘军民	女	汉	塔杰乡政府	优秀公务员	2017年	达孜县委
贡　桑	女	藏	塔杰乡政府	优秀公务员	2017年	达孜县委
杨向东	男	汉	塔杰乡政府	优秀公务员	2017年	达孜县委
伊达依杜啦	男	藏	塔杰乡政府	优秀公务员	2017年	达孜县委
伦珠次仁	男	藏	塔杰乡政府	优秀公务员	2017年	达孜县委
普布卓嘎	女	藏	塔杰乡政府	优秀公务员	2017年	达孜县委
拉巴次仁	男	藏	塔杰乡政府	优秀公务员	2017年	达孜县委
央　金	女	藏	达孜县纪委	2017年度县级优秀驻村工作队员	2017年	达孜县委、县政府
刘美荣	男	汉	达孜县委政法委	达孜县民族团结进步模范个人	2017年	达孜县委、县政府
格桑玉珍	女	藏	达孜县人民检察院	2011—2015年全县法治宣传教育 工作先进法制副校长	2017年	达孜县委、县政府
桑　吉	女	藏	达孜县人民法院	全县法治宣传先进个人	2017年	达孜县委、县政府
曾治友	男	汉	达孜县司法局	2011—2015年法治宣传教育先进个人	2017年	达孜县委、县政府
邓玉芳	女	汉	达孜县司法局	2011—2015年法治宣传教育先进个人	2017年	达孜县委、县政府
高　鸽	女	汉	达孜县司法局	2011—2015年法治宣传教育先进法制副校长	2017年	达孜县委、县政府
边巴晋美	男	藏	达孜县发展和改革委员会	优秀驻村工作队员	2017年	达孜县委、县政府
麻　松	男	回	达孜县工商行政管理局	2011—2015年全县法治宣传教育工作先进个人	2017年	达孜县委、县政府
次达杰	男	藏	达孜县水利局	2011—2015年法制宣传教育工作先进个人	2017年	达孜县委、县政府
任友良	男	汉	达孜县教育（体育）局	优秀教育工作者	2017年	达孜县委、县政府
巴　桑	男	藏	达孜县教育（体育）局	优秀教育工作者	2017年	达孜县委、县政府
多布杰	男	藏	达孜县教育（体育）局	优秀教育工作者	2017年	达孜县委、县政府
边　巴	女	藏	达孜县中学	教育教学先进个人	2017年	达孜县委、县政府
边　片	女	藏	达孜县中学	模范班主任	2017年	达孜县委、县政府
索朗玉珍	女	藏	达孜县中学	模范班主任	2017年	达孜县委、县政府

续表3

姓名	性别	民族	工作单位	获奖名称	表彰时间	授予单位
巴　桑	女	藏	达孜县中学	模范班主任	2017 年	达孜县委、县政府
边　珍	女	藏	达孜县中学	优秀教师	2017 年	达孜县委、县政府
德吉央宗	女	藏	达孜县中学	优秀教师	2017 年	达孜县委、县政府
孙华英	女	汉	达孜县中学	优秀教师	2017 年	达孜县委、县政府
久美多吉	男	藏	达孜县中学	优秀教育工作者	2017 年	达孜县委、县政府
边巴仓决	女	藏	达孜县中学	优秀教育工作者	2017 年	达孜县委、县政府
范加明	男	藏	达孜县中学	优秀教育工作者	2017 年	达孜县委、县政府
贡　嘎	男	藏	达孜县中学	优秀教育工作者	2017 年	达孜县委、县政府
黄始全	男	苗	达孜县中学	优秀校长	2017 年	达孜县委、县政府
央　金	女	藏	达孜县中学	教坛新秀	2017 年	达孜县委、县政府
德　吉	女	藏	达孜县中学	师德标兵	2017 年	达孜县委、县政府
多吉扎西	男	藏	达孜县中学	先进驻村工作队员	2017 年	达孜县委、县政府
次仁卓玛	女	藏	达孜县中心小学	教育教学先进个人	2017 年	达孜县委、县政府
达　珍	女	藏	达孜县中心小学	教育教学先进个人	2017 年	达孜县委、县政府
达　珍	女	藏	达孜县中心小学	模范班主任	2017 年	达孜县委、县政府
卓玛央宗	女	藏	达孜县中心小学	模范班主任	2017 年	达孜县委、县政府
普布旦增	男	藏	达孜县中心小学	模范班主任	2017 年	达孜县委、县政府
强巴卓嘎	女	藏	达孜县中心小学	模范班主任	2017 年	达孜县委、县政府
扎西平措	男	藏	达孜县中心小学	模范班主任	2017 年	达孜县委、县政府
大卓嘎	女	藏	达孜县中心小学	模范班主任	2017 年	达孜县委、县政府
边巴旺堆	男	藏	达孜县中心小学	优秀教师	2017 年	达孜县委、县政府
巴桑扎西	男	藏	达孜县中心小学	优秀教师	2017 年	达孜县委、县政府
次仁平措	男	藏	达孜县中心小学	优秀教师	2017 年	达孜县委、县政府
次　吉	女	藏	达孜县中心小学	优秀教师	2017 年	达孜县委、县政府
拉巴旺久	男	藏	达孜县中心小学	优秀教育工作者	2017 年	达孜县委、县政府
次　仁	男	藏	达孜县中心小学	优秀教育工作者	2017 年	达孜县委、县政府

续表3

姓名	性别	民族	工作单位	获奖名称	表彰时间	授予单位
占　堆	男	藏	达孜县中心小学	优秀教育工作者	2017年	达孜县委、县政府
洛桑多吉	女	藏	达孜县中心小学	优秀教育工作者	2017年	达孜县委、县政府
次仁尼玛	男	藏	达孜县中心小学	优秀教育工作者	2017年	达孜县委、县政府
达瓦巴珠	男	藏	达孜县中心小学	优秀校长	2017年	达孜县委、县政府
拉巴卓玛	女	藏	达孜县中心小学	教坛新秀	2017年	达孜县委、县政府
卓　嘎	女	藏	达孜县中心小学	师德标兵	2017年	达孜县委、县政府
次仁罗布	男	藏	达孜县中心小学	师德标兵	2017年	达孜县委、县政府
白　央	女	藏	达孜县幼儿园	模范班主任	2017年	达孜县委、县政府
扎西卓嘎	女	藏	吉珠幼儿园	模范班主任	2017年	达孜县委、县政府
次　珍	女	藏	主西村幼儿园	模范班主任	2017年	达孜县委、县政府
阿　珍	女	藏	拉木村幼儿园	优秀教师	2017年	达孜县委、县政府
马备敏	女	汉	唐嘎乡幼儿园	优秀教师	2017年	达孜县委、县政府
周毛措	女	藏	白纳村幼儿园	优秀教育工作者	2017年	达孜县委、县政府
边巴卓玛	女	藏	邦堆乡幼儿园	优秀教育工作者	2017年	达孜县委、县政府
李成纲	男	汉	章多乡幼儿园	优秀教育工作者	2017年	达孜县委、县政府
巴桑卓玛	女	藏	桑珠林幼儿园	优秀园长	2017年	达孜县委、县政府
次仁央宗	女	藏	雪乡幼儿园	优秀园长	2017年	达孜县委、县政府
索朗卓嘎	女	藏	唐嘎乡幼儿园	优秀园长	2017年	达孜县委、县政府
嘎玛玉珍	女	藏	邦堆乡幼儿园	教坛新秀	2017年	达孜县委、县政府
白玛确吉	女	藏	卓康村幼儿园	师德标兵	2017年	达孜县委、县政府
多　吉	男	藏	唐嘎乡政府	民族团结进步模范先进个人	2017年	达孜县委、县政府
索郎达瓦	男	藏	达孜县水利局	优秀公务员	2017年	达孜县政府
德吉央宗	女	藏	达孜县水利局	优秀公务员	2017年	达孜县政府
巴桑次仁	男	藏	达孜县水利局	优秀事业工作者	2017年	达孜县政府
索朗玉珍	女	藏	达孜县中学	模范班主任	2017年	达孜县政府
德吉央宗	女	藏	达孜县中学	优秀教师	2017年	达孜县政府

续表3

姓名	性别	民族	工作单位	获奖名称	表彰时间	授予单位
边　片	女	藏	达孜县中学	模范班主任	2017 年	达孜县政府
边　巴	女	藏	达孜县中学	教育教学先进个人	2017 年	达孜县政府
央　金	女	藏	达孜县中学	教坛新秀	2017 年	达孜县政府
孙华英	女	汉	达孜县中学	优秀教师	2017 年	达孜县政府
边　珍	女	藏	达孜县中学	优秀教师	2017 年	达孜县政府
巴　桑	女	藏	达孜县中学	模范班主任	2017 年	达孜县政府
黄始全	男	苗	达孜县中学	优秀校长	2017 年	达孜县政府
边巴仓决	女	藏	达孜县中学	优秀教育工作者	2017 年	达孜县政府
贡　嘎	男	藏	达孜县中学	优秀教育工作者	2017 年	达孜县政府
范加明	男	汉	达孜县中学	优秀教育工作者	2017 年	达孜县政府
久美多吉	男	藏	达孜县中学	优秀教育工作者	2017 年	达孜县政府
德　吉	女	藏	达孜县中学	师德标兵	2017 年	达孜县政府
土　登	男	藏	达孜县中学	首届藏文书法比赛三等奖	2017 年	达孜县政府

说明：由于各单位资料提供不全，可能有遗漏

索 引

说 明

一、本索引采用主题分析法编制。索引范围包括篇目、类目、部(门)目、条目等。
二、本索引按主题词首字汉语拼音音序(同音按音调)排列,若首字拼音相同则按第二字音序排列,以此类推。
三、索引款目后的数字表示内容所在的页码,数字后的拉丁字母(a、b、c)表示栏别(从左至右)。
四、篇目、类目、部(门)目用黑体字。

A

B

C

D

E

F

G

X

H

K

L

M

N

P

Q

R

S

W

X

Y

Z